여행과 동아시아 고전문학

여행과 동아시아 고전문학

심경호

고려대학교출판부
KOREA UNIVERSITY PRESS

들어가며

1.

여행은 인간의 본능이다. 그렇기에 여행은 인간의 사유와 감정을 다룬 모든 매체 속에 들어 있다. 인간 이외의 다른 동물들도 여행을 한다. 하지만 인간은 동물과 달리, 생리적이거나 본능적인 이유 이외의 특별한 목적을 가지고 여행을 한다. 여행을 통해서 인간은 한곳에서 다른 곳으로 물질문화를 전달할 뿐 아니라, 바로 그 여행의 노정에서 즐거움을 느끼고 또 자기 자신을 성숙시켜 나간다. 인간의 내면을 성숙하게 하는 일련의 과정을 흔히 여행에 비유하거나 삶 자체를 여행이라고 말하는 것도 여행의 그러한 특성에 근거한다.*

현대의 여행은 지금 여기로부터의 '떠남'이다. 일상에서 벗어나 낯선 것에 몸을 내맡기는 행위다. 그 행위는 두려움과 호기심을 유발하고, 그 두 감정은 서로 긴밀하게 연계된다. 여행에서 맞닥뜨리는 사물과 사건이 처음에는 무척 낯설다가 차차 친숙하게 변하지만, 그것은 일상의 친숙함이 아니다. 낯선 풍경과 기이한 풍속과 처음 보는 사람이 여행자의 자아를 변모시키고 그러한

* 인류는 수렵, 채집하며 이동생활을 했기에, 여행의 본래 형식은 표박漂迫이었다고 한다. 하지만 농경과 목축의 정착 생활이 이루어지면서 떠돌이 생활은 비일상적인 일로 되었다. 게다가 집단 사이의 분쟁이 일어나자 여행은 새로운 의미를 지니게 되었다. 旅는 원래 '깃발 언'(㫃+人)과 '무리 중'(衆=人+人)의 합자로, 씨족의 깃발을 들고 앞으로 나아가는 씨족의 군단, 혹은 그 군단이 멀리 출타하는 것을 말한다. 游(=遊)의 본래 글자 斿도 씨족의 깃발을 든 사람을 뜻했는데, 씨족의 깃발을 들고 나간다는 뜻을 지녔다. 한편 서구의 travel은 중기프랑스어(middle french)로 '애써서 어디로 가다'라는 뜻이다. trip은 짧은 여행을 의미하고, journey는 육로를 이용한 장기간의 여행을 의미한다. voyage는 라틴어로 여비旅費를 의미하는 말이었다. 배나 비행기를 이용한 비교적 긴 여행을 의미하는데, 항해航海의 의미로 많이 쓰인다. tour는 그리스말에서 회전하는 도구를 의미하되, 일반적 의미의 관광, 여행 등을 가리키는 단어로 널리 쓰인다. excursion은 라틴어에서 '밖으로(ex=out) 뛰어나가다'의 뜻으로, 현재는 짧은 여행, 유람, 왕복 여행을 의미한다. 한편 불교에는 운수雲水라는 말이 있다. 하늘의 구름처럼 흐르는 물처럼 쉬지 않고 떠돌아다닌다는 뜻의 행운유수行雲流水를 줄인 말이다.

타자들이 다시 여행자의 자아에 의해 재해석되어 친숙하게 되는 것이다. 그 과정에서 여행자는 자신의 잠재된 모습을 발현하고 또 발견하게 된다.

여행은 실상 고생스러운 일이다. 'travel'이란 말의 어원에 해당하는 라틴어 'travail'이 고생이나 고된 일 등을 뜻하는 것은 우연이 아니다.

그러나 집 떠나면 고생이라는 것을 알면서도 우리는 여행을 감행한다. 견문을 넓히기 위해서, 외국어를 익히기 위해서, 때로는 여행을 떠나지 못한 이들에게 자랑하기 위해서 길은 떠난다. 혹은, 지금의 나와는 다른 사람으로 태어나기 위해 집을 나선다.

설령 여행사가 정해 준 스케줄대로 움직이는 관광이라 해도 그것을 두고 여행이 아니라고 말할 수는 없다. 열차나 비행기의 시간표를 들여다볼 때에 우리는 가벼운 긴장을 느끼고, 낯선 곳에서 여장을 푸는 순간 그곳에 묵어 갔을 많은 사람들의 이야기를 창틀에서 읽어 내는 것이다. 또한 공무 때문에 여행을 하게 되더라도 얼마든지 개인적인 오락을 추구하고 일상을 벗어난 모험을 경험할 수 있다.

여행은 기대했던 깨달음이나 즐거움을 주지 못할 수도 있다. 남들과 다른 경험을 했다는 우쭐함과 그저 시간을 설렁설렁 보내지는 않았다는 안도감으로 만족해야 하는 경우도 많다. 게다가 여행을 떠난 사람들은 불과 며칠 만에 노스탤지어를 느끼기도 한다. 노스탤지어는 희랍어로 '집에 돌아가는 일(노스토스, nostos)을 하지 못하는 데서 생기는 괴로움(알고스, algos)'을 뜻한다. 그러나 여행의 어떠한 괴로움도 여행의 끝에 이르러서는 아련한 추억으로 변화된다. 게다가 이곳 아닌 저곳의 바람과 햇살을 한껏 받은 얼굴은 이미 여행을 떠날 때의 얼굴과는 다르다.

최근 나도 이러저런 이유에서 여행을 많이 했다. 투루판의 야시장에서 마주친 위구르족 여인의 아름다운 눈빛, 러시아 붉은 광장(아름다운 광장)의 저녁노을, 우크라이나 키예프 지하철의 소음, 중국 서부 끝 곤륜(쿤룬) 산 의 붉은 흙, 이집트 룩소르의 열주 회랑, 백사막의 한밤중 여우 울음, 펜실베이니아 중앙역의 고풍스러운 계단, 요세미티 공원의 불에 그을린 나무들, 야마가타현의 토토로가 나옴 직한 전원 풍경 등등. 이것들은 너무도 뚜렷한 잔영을 남겨, 지친 나를 늘 되살아나게 해 준다.

하지만 여행의 순간순간 느꼈던 감동은 시간이 지나면서 퇴색하고, 그날 그 시각에 대한 사색의 기회는 여행 이후 좀처럼 갖지 못하게 된다. 앨프래드 히치콕은 일 때문에 여행하는 중에도 카바레, 콘서트, 연극, 박물관 전람회, 아트 갤러리 전시회에 참석하고 최고급 레스토랑에서 식사를 하면서 머릿속에 풍광을 기록해 넣었으며, 그것은 그의 영화 인생에 큰 바탕이 되었다고 한다. 그에 비하면 나의 경우는 어떤가. 여행 때마다 많은 양의 사진을 찍지만, 시간이 지나면 그것들이 어느 폴더에 들어 있는지조차 알 수 없게 된다. 여행에 들인 시간에 비해 여행이 내게 끼친 영향은 그렇게 크다고 할 수 없을 듯도 하다. 어째서일까.

2.

벌써 20년 전 일이다. 다산 정약용이 유배에서 풀려나 60세 무렵에 춘천을 두 번이나 여행한 사실을 알고는, 다산이 거쳤을 곳을 지도에서 확인하는 일에 흥미를 느꼈다. 그러다가 아예 근무지를 춘천으로 옮기고 다산의 여행 경로를 따라가 보기도 했다. 그 뒤 '여행과 동아시아 고전문학'이라는 교양과목을 담당하면서, 여행의 정신사에 대해 생각하게 되었다.

2008년에는 고 김찬삼 님의 추모 모임이 열렸다는 소식을 신문에서 읽고 문득 여행의 의미에 대해 다시 생각하게 되었다. 고인은 생전에 "히말라야의 산길에서 홀로 여행을 하다가 그냥 길가에 쓰러져 죽고, 다음에 그 길을 지나는 다른 여행자에 의해 길가에 조용히 묻히고 싶다"라고 하셨다 한다. 여행의 방법이 남달랐고 여행의 철학이 각별했다.

젊은 시절에 나는 언젠가 방랑을 떠나겠다고 생각한 적이 있다. 하지만 내가 선택한 전공은 원문 자료를 해독하기 위해 많은 시간을 들여야 하기 때문에, 학술 조사나 임무 때문이 아니고는 책상을 벗어난 여행을 실제로 감행할 여유가 거의 없다. 지금 나의 여행은 옛 사람들이 걸음마다 스스로의 내면을 돌이켜보고 주변 사물을 관찰하여 글로 남기는 것과는 전혀 다르다. 하물며, 어느 인디언이 그랬듯이 하늘에 떠도는 솔개를 따라 훌훌 길을 나서는 것과는 비교할 수조차 없다.

책상머리에서의 상상 여행은 다산이 마현의 소내(초천苕川) 앞에서 배를 타고 북한강을 거슬러 춘천의 소양정 아래에 이르기까지 240리 36여울을 하나하나 헤아렸던 그 여행의 깊이를 도저히 추체험할 수가 없다. 또 여행사에 부탁해서 《김찬삼의 세계여행》에 언급된 지역을 돌아볼 비행기 표와 기차표를 구한다고 해도, 고인이 맨발로 걷고 히치하이킹을 하고 오토바이를 타고 지났던 히말라야 산길과 아프리카, 남미의 흙길을 결코 같은 방식으로 지나가지는 못할 것이다.

근대 이전의 사람들은 현재보다 훨씬 불편했을 노정에서, 지금 사람들과는 전혀 다른 방식으로 여행의 고통과 기쁨을 경험했다. 때로는 현실의 질곡을 박차고 일어났고, 때로는 역사지리의 공간을 조사하러 나섰으며, 때로는 자신도 어쩔 수 없는 운명의 장난 때문에 떠돌아야 했다. 그러면서 그들은 당대의 현실을 뛰어넘어 무언가 장대한 이상을 꿈꾸거나, 현실의 틀을 분쇄할 만한 새로운 경험으로 가득 차서, 자기가 본래 있었던 공간으로 되돌아왔다. 그들은 자석에 이끌리듯, 본래의 거처로 돌아가거나, 돌아가고자 했다. 한 번도 떠난 적이 없다는 듯이 원래 그 자리로 돌아가, 그 모든 것들이 다 자기 것인 양 느꼈다. 마치 귀향하기 위해 그 먼 길을 돌아왔다는 듯이 안도했다.

그렇다. 여행에 관한 기록을 남기거나 여행의 체험을 시문으로 남긴 사람들을 보면, 그들에게 여행은, 그것이 개인적인 것이었든 공적인 것이었든, 우연적인 것이었든 계획적인 것이었든, 그들의 내면을 변혁시킬 큰 계기가 되어 왔다.

게다가 옛 사람들은 여행을 떠나지 못할 때 남이 지은 시문을 읽거나 남이 그린 그림을 보면서 방 안에서 감상하는 와유臥遊를 즐겼다. 실제의 여행만이 아니라 상상의 여행을 통해서도 자신의 시야를 넓힐 수가 있었으며, 그럼으로써 세계의 광활함을 느끼고 호연지기를 기를 수가 있었다.

사실, 다른 사람들이 쓴 기행문학이나 여행을 소재로 삼은 소설을 읽을 때 우리는 작가의 눈에 비친 세계만을 간접 체험하게 된다. 하지만 작가가 깊이 생각하지 못한 문제를 그의 우연한 기록 속에서 찾아내고, 거기서부터 세계를 새롭게 구성하여 상상의 여행을 떠날 수도 있다.

스웬 헤딘의《열하—황제의 도성》, 다치바나 다카시의《사색기행》등등은 정말로 흥미진진하다. 우리는 손에 잡히는 대로 여행의 기록들을 펼쳐 읽으면서, 현재의 공간을 벗어나 먼 여행을 떠나는 행복한 상상에 젖을 수 있는 것이다.

3.

J.W. 괴테는 바이마르에서 10년 가까이 궁정생활에 시달리고 슈타인 부인에 대한 정신적 사랑이 차츰 괴로움으로 변하여, 1786년 9월, 아무에게도 알리지 않고 이탈리아로 여행을 떠났다. 그리고 1788년까지 고국 친구들에게 보낸 편지와 일기문을 정리하여 1829년에《이탈리아기행》(*Italienische Reise*)을 간행했다. 이 책에는 예술적, 인간적으로 규제와 조화를 추구하는 고전주의 지향이 잘 나타나 있다.

E. M 포스터의 소설《전망 좋은 방》(*A Room with a View*)은 영국의 부유한 집 딸인 루시 허니처치가 플로랜스 여행 중에 내면의 감성이 환기되어 베르톨리니 여관에서 만났던 과묵한 청년 조지 에머슨과의 연정을 발전시켜 그와 결혼을 한다는 이야기다.

이렇게 서구의 기행문, 영화, 소설들은 여행을 소재로 하거나 여행을 플롯의 중요한 요소로 삼은 예가 많다. 근대 이후 동아시아의 기행문, 영화, 소설도 마찬가지다.

그렇다면 동아시아 고전문학은 여행이라는 소재를 어떻게 다루었고, 고전문학의 작가들은 여행을 삶의 어떠한 요소로 생각했는가?

이 질문에 답하려는 것이 이 책을 엮는 첫 번째 목적이다.

근세 이전의 지식인들은, 구도의 길에 올랐다든가 관료로서 임지로 향한다든가 귀양길에 우연히 새로운 장소에 들른다든가 하더라도, 전설과 설화가 깃든 곳, 고향으로 돌아가지 못한 원혼이 울부짖는 전장, 세속과 절연된 신성한 사원을 둘러보면서, 바로 자신의 내면에 귀를 기울여 왔다.

그렇기에 우리는 근세 이전의 동아시아 지식인들이 남긴 여행 기록을 통해 그들이 세계의 관념을 어떻게 확장시켜 나왔는지 이해함으로써, 우리 자신의 여행을 풍부한 체험여행이 될 수 있도록 변화시킬 수가 있다.

이 책에서 나는 동아시아의 기행문학을 되읽어 보면서, 동아시아의 지식인들이 자신의 삶을 구속하는 공간을 벗어나서 드넓은 세계의 공기를 들이마시려고 했던 그 자유의 의식을 반추하고자 한다. 이것이 이 책을 엮는 두 번째 목적이다.

강의록을 토대로 이 책을 이루기까지 여러 사람의 도움을 받았다. 교정과 지도 작성에 큰 도움을 준 연구실 조교 노요한 군에게 특히 감사의 뜻을 표하고 싶다.

이제 나는, 나의 교양 강의를 듣는 학생들과 혹 듣고 싶어할 분들과 함께 즐겁고도 의미 있는 여행을 떠나고자 한다.

2011년 6월

심경호

차례

도판·지도·표 목록

한국 고전문학과 여행

노정기와 서정시의 만남,

혜초,《왕오천축국전》

1.

산 중에는 절이 또 하나 있는데, 이름은 나게라타나那揭羅馱娜〔나가라다나(Nagaradhana)〕라고 한다. 여기에 중국인 승려 한 분이 있었는데, 이 절에서 입적했다. 그 절의 대덕大德이 말하기를, 그 승려는 중천축에서 왔으며 삼장三藏〔불교의 원리〕의 성스러운 가르침을 환히 습득하고 고향으로 돌아가려 하다가 갑자기 병이 나서 그만 천화遷化〔죽음〕하고 말았다고 했다. 나는 그 말을 듣고 너무 상심하여, 사운四韻〔4개의 운을 사용하는 8구시〕의 시를 적어 그의 죽음을 애도한다. 오언시다.

고향의 등불은 주인을 잃고
객지에서 보배나무 꺾이고 말았구나
신령스러운 그대 영혼은 어디로 갔나
옥 같은 용모가 재가 되다니
생각하면 슬픈 마음 간절하거니
그대 소원 못 이룸이 못내 섧구나
누가 고향 가는 길을 알리오
돌아가는 흰 구름만 부질없이 바라본다

故里燈無主(고리등무주)
他方寶樹摧(타방보수최)
神靈去何處(신령거하처)
玉皃〔貌〕已成灰(옥모이성회)
憶想哀情切(억상애정절)
悲君願不隨(비군원불수)
孰知鄉國路(숙지향국로)
空見白雲歸(공견백운귀)

혜초(704-787)의 《왕오천축국전往五天竺國傳》 가운데, 인도의 신두고라국新頭故羅國에서의 일을 적은 부분이다. 혜초는 慧超라고도 적고 惠超라고도 적는다. 고대, 중세에서 승려 이름의 慧는 흔히 惠와 통용했다.

이 글에 들어 있는 시는 구도의 불안감을 담아내어, 주제가 심각하다. 고향으로 돌아가지 못한다는 것은 자기의 본질을 회복하지 못한다는 말이다. 당시唐詩의 고향상실 주제와 매우 닮아 있다.

《왕오천축국전》은 현재 프랑스 파리국립도서관에 두루마리 1권이 소장되어 있다. 문서정리 번호는 'Bibliothèque Nationale, Pelliot chinois Touen-houang 3532'이다. 프랑스의 펠리오(Paul Pelliot, 1878-1945)가 중국 감숙성甘肅省(간쑤성) 돈황敦煌(둔황)에서 발견한 문서임을 알 수 있다. 2010년 12월부터 2011년 4월까지 국립중앙박물관에서 특별 전시된 바 있다.

천축天竺이란 중국에서 인도와 네팔 일대를 가리키던 이름으로, 산스크리트어 신도(Shindo), 즉 인더스에서 유래했다고 한다. 한자로는 '身毒'이라 적되 '신독'이 아니라 '연독'이라 읽는다. 예전에는 인도를 다섯으로 나누어 오천축이라고 불렀다. 혜초는 다섯 지방을 다 돌아보지는 않았다. 남천축과 서천축은 전문傳聞을 기록해 두었다.

동천축 : 캘커타(Calcutta) 지방
중천축 : 룸비니(藍毘尼, Lumbinī) 일대
남천축 : 데칸(Deccan) 고원
서천축 : 뭄바이(Mumbai) 일대
북천축 : 잘란다르(Jalandhar) 일대

혜초의 여행기는 마르코 폴로(Marco Polo, 1254-1324)의 《동방견문록》(세계 경이의 서, *Le livre des merveilles du monde*)과 오도릭(Odoric da Pordenone, 1265?-1331)의 《동유기》(*Le voyage en Asie*), 이븐 바투타(Ibn Battuta, 1304-1368)의 《여행기》(리흘라, *Rihla*)와 함께 세계 4대 여행기의 하나로 꼽힌다.

《왕오천축국전》은 노정기路程記 형태로 인도 지역 40여 곳의 견문과 전문을 개괄하여 내용이 소략하다. 지명·국명이 없는 부분도 있고, 언어·풍습·정치·산물의 기록도 간단하다. 하지만 현재로서는 8세기의 인도와 중앙아시아에 대한 유일한 기록이다.

2.

1905년에 펠리오가 돈황의 막고굴莫高窟(Mogao Caves)에서 《왕오천축국전》을 발견했을 때, 이 두루마리는 겉장과 앞부분이 훼손되어 책 이름도 저자도 알 수가 없었다. 하지만 펠리오는 당나라 승려 혜림慧琳이 만든 《일체경음의一切經音義》 100권(초고 817년 완성)에 《왕오천축국전》 3권의 음의의해音義義解 84조를 부기한 것이 있음을 알았으므로, 1908년에 그 두루마리를 혜초의 《왕오천축

1_**《왕오천축국전》**(프랑스국립박물관 소장. 국립중앙박물관, 《실크로드와 둔황—혜초와 함께하는 서역기행》, 동아일보사, 2010)

국전》이라고 판정했다.

1915년에 이르러 일본의 다카쿠스 준지로(高楠順次郞, 1866-1945)는 당나라 밀교 승려인 원조圓照의 《대종조 증 사공대판정 광지삼장화상 표제집代宗朝贈司空大辨正廣智三藏和尙表制集》의 사료를 이용하여, 혜초가 신라 출신이라고 밝혔다. 《표제집》은 원조가 정원貞元 16년(800) 무렵에 혜초와 불공不空 등 십여 승려들의 표제表制·사표謝表·답비答批·제문祭文·비문碑文·유서遺書 등 180여 편을 모은 것으로, 모두 6권이다. 다카쿠스 준지로는 《신수대장경新修大藏經》을 편찬한, 일본을 대표하는 불교학자다. 그는 혜초가 유년기에 당나라로 들어가 남천축 출신의 밀교 시조 금강지金剛智〔671-741, 바즈라보디(Vajrabodhi), 跋日羅菩提〕의 제자로 있었다는 사실도 밝혀냈다. 금강지의 법명은 삼장三藏인데, 용수보살龍樹菩薩의 제자 용지龍智 보살(나가보디 보살)로부터 밀교를 전수받고 바닷길로 중국에 들어와 《금강정경金剛頂經》 계통의 밀교를 선포했다.

《왕오천축국전》은 1938년에 발터 푹스(Walter Fuchs, 1902-)가 독일어로 번역(*Huei-ch'ao's Pilgerreise durch Nordwest-Indien und Zentral-Asien um 726*)함으로써, 세계적인 연구의 대상이 되었다.

펠리오가 수집한 《왕오천축국전》은 9장의 황마지黃麻紙를 이어붙인 길이 358㎝, 너비 28.5㎝의 두루마리다. 마모된 글자(160여 개)까지 합해 글자 수는 약 6,300자(227행×28자)다. 107개 글자는 이설이 있다. 원래 분량은 3권에 모두 1만 1,300여 자(405행×28자)였다고 추산되고, 펠리오 수집본은 9세기의 절략본節略本이라고 추정되어 왔다.

하지만 일본의 다카다 도키오(高田時雄, 1949-) 교수는 펠리오 수집본이 8세기 때 혜초가 작성한 초고라고 주장했다. 그 한문이 한국한문의 특성을 지니고 있기 때문이라는 것이다.

혜초는 신라 성덕왕 때인 704년에 태어났다고 하는데, 언제 불교에 귀의했는지는 모른다. 20세 때인 723년에 당나라 광주廣州(광저우)에 도착한 그는 금강지의 제자가 되었다. 금강지는 제자 불공不空〔705-774, 아모가바즈라(Amoghavajra)〕과 함께 실론(스리랑카)과 수마트라(Sumatra)를 거쳐 719년에 광

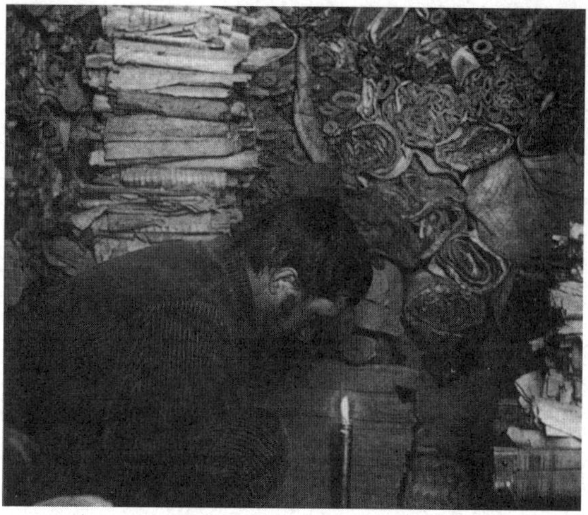

2_장경동에서 문서를 분류하는 펠리오(국립중앙박물관, 《실크로드와 둔황—혜초와 함께하는 서역기행》, 동아일보사, 2010)

주에 도착해 있었다. 불공은 금강지가 죽은 뒤 인도로 가서 수년간 《금강정경》 계통의 밀교를 배운 다음, 746년에 장안으로 되돌아와 밀교를 전파했다. 이때 당나라 현종이 도교를 존숭하자, 다시 인도로 도항하려 하다가 병에 걸려 입적했다.

혜초는 금강지의 권유로 723년에 배를 타고 광주를 떠나 인도로 향해서, 수마트라 섬과 그 서북부의 파로(Breueh)을 거쳐 동천축(현재의 캘커타)에 상륙했다. 그 뒤 약 4년 동안 인도와 서역의 여러 지방을 여행하고, 727년 11월 상순에 당시 안서도독부가 있던 구자龜玆〔신강성 위구르자치구 쿠차(Kucha)〕에 이르렀다.

현존본《왕오천축국전》의 노정을 살펴보면 이러하다.

> 인도 동북의 폐사리국〔바이샬리(Vaiśālī)〕에 도착했다고 추정된다.
>
> 한 달가량 길을 가서 중천국의 석가 열반처 쿠시나국〔쿠시나가라(Kuśinagara)〕에 이르러, 다비장茶毘場과 열반당涅槃堂 등을 보았다.
>
> 남쪽으로 향해서, 석가모니가 깨달음을 얻어 삼칠일三七日에 다섯 비구를

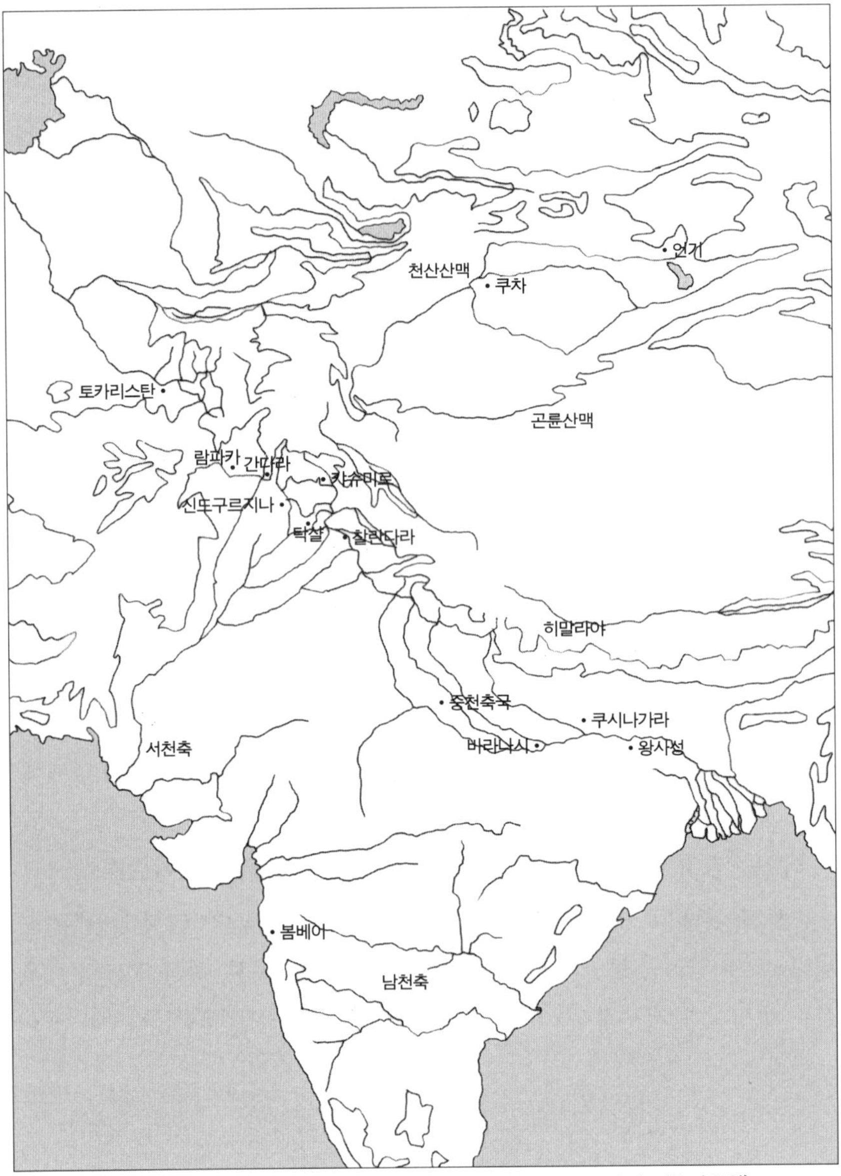

지도1_혜초 관련 인도·중앙아시아 개략도〔구와야마 쇼신(桑山正進)의 작도를 이용함〕

제도했다는 녹야원鹿野苑, 즉 바라나시(varanasi/Vārānasī)에 이르렀다.

중천축국의 사대영탑四大靈塔과 룸비니를 방문했다.

서천축국·북천축국을 거쳐 지금의 파키스탄 남부와 간다라문화 중심지, 카슈미르 등을 답사했다.

실크로드를 따라가다가 동·서양 교통의 중심지였던 토화라吐火羅, 즉 토카리스탄(Tokhara/Tokhāristān, 현 아프가니스탄)에 이르렀다. 토화라의 서쪽에 파사국波斯國〔페르시아(Persia)〕과 대식국大食國〔사라센(Saracen)〕이 있다는 사실을 기록했다.

파미르고원을 넘어 727년 11월 상순에 쿠차에 이르렀다.

쿠차에서 동쪽으로 언기국焉耆國〔카라샤르(Kharashahr)〕에 이르렀다.

혹자는 혜초가 실제로 대식국(사라센)의 니샤푸르(Nishapur)에까지 갔다고 본다. 단, 파미르고원을 넘어 쿠차에 이른 후 호탄(우전국于闐國)을 언급했으나, 거리로 볼 때 그곳으로 되돌아갔을 리 없다. 《왕오천축국전》은 언기국에서 끝난다.

혜초의 무렵에는 인도로 구법 여행을 떠난 승려가 적지 않았다.

도를 추구하여 이곳저곳을 떠도는 승려를 행력승行歷僧이라고 한다. 혜초는, 말하자면, 행력승이었다. 689-691년에 당나라 승려 의정義淨이 기록한 《대당서역구법고승전大唐西域求法高僧傳》이나 1215년에 고려 승려 각훈覺訓이 기록한 《해동고승전海東高僧傳》에는 인도로 구법 여행을 떠난 승려들의 이야기가 많다. 6세기 무렵 백제의 겸익謙益은 배로 인도에 가서 율종律宗을 배웠다. 당나라 초기 구본求本도 인도로 갔다. 7세기 초 신라승 혜업慧業, 현각玄恪, 아리야발마阿離耶跋馬(아난야발마阿難耶跋摩), 현태玄太 등은 인도로 가서 거기서 세상을 떴다. 그들도 여행기를 적었을지 모르나, 전하지 않는다.

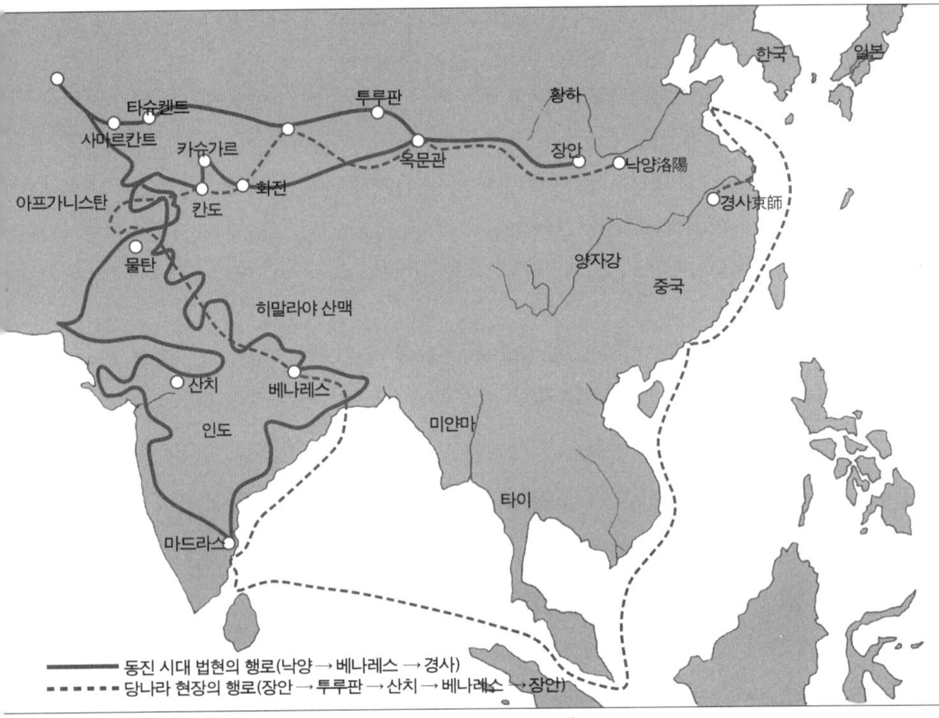

지도2_중국 승려 법현法顯과 현장玄奘의 인도 여행로

3.

《왕오천축국전》은 신라의 최치원崔致遠(857-?)이 당나라에서 활동한 시기보다 무려 110년 이전에 작성되었다. 이 여행기가 존재하기에 한국문학의 역사는 문헌상 8세기 이전으로 소급된다.

《왕오천축국전》은 노정을 한문 산문으로 적었다. 직접 지나간 곳은 '從-지명', '방향-行', '經-숫자-日(月)', '至-지명'의 형태로 적었다. 이를테면 다음과 같다.

> 又從此闍蘭達羅國(우종차도란달라국), 西行(서행), 經一月(경일월), 至一社吒國(지일사탁국).

다시 사란달라국에서 서쪽으로 가서 한 달 지나 탁사국〔원문의 사탁국은 탁사국의 잘못임〕에 이르렀다.

그 다음에는 각지의 자연지리와 풍습, 불교의 성황 정도를 기록했다. 서술은 4언의 어구를 중심으로 하고, 어구의 중복은 꺼리지 않았다. 탁사국(원문의 사타국)의 예를 들면 다음과 같다.

言音稍別(언음초별), 大分相似(대분상사). 衣着人風(의착인풍), 土地所出(토지소출), 節氣寒暖(절기한난), 與北天相似(여북천상사), 亦足寺足僧(역족사족승), 大小乘俱行(대소승구행). 王及首領百姓等(왕급수령백성등), 大敬信三寶(대경신삼보).

언어만 조금 다르고, 다른 것은 〔사란달라국과〕 대체로 비슷하다. 의복과 풍속, 풍토와 소출, 절기와 기후 등이 북천축과 비슷하다. 절도 많고 승려도 많으며, 대승과 소승이 함께 행해지고 있다. 왕과 수령 및 백성들은 삼보를 크게 공경하여 믿는다.

'相似'(상사)라는 말을 중복하고, '절도 많고 승려도 많다'를 정식 한문이 아닌 '足寺足僧'(족사족승)이라는 식으로 적었다.

《왕오천축국전》에는 다섯 수의 한시가 들어 있다. 형식이 완벽할 뿐 아니라, 그 가운데 3수는 매우 서정적이다.

혜초는 인도에 도착한 뒤 파라나사국波羅痆斯國에 이르렀을 때, 구도 여행의 바람이 충족된 것을 기뻐하여 다음 시를 지었다.

보리菩提의 멂도 걱정 않거늘
어찌 녹야원鹿野苑을 멀다 하랴
다만 험준한 길을 시름할 뿐이니
사나운 바람이야 염려하지 않는다
여덟 탑을 보기는 진실로 어렵구나
오랜 세월 겪으며 어지러이 타 버렸으니
어쩌다 이 사람은 원만圓滿했던가

눈으로 오늘에 보게 되다니

不慮菩提遠(불려보리원)
焉將鹿苑遙(언장녹원요)
只愁懸路險(지수현로험)
非意業風飄(비의업풍표)
八塔誠難見(팔탑성난견)
參差經劫燒(참치경겁소)
何其人圓滿(하기인원만)
目睹在今朝(목도재금조)

여덟 탑이란 불강생처탑佛降生處塔, 보리도량성불처탑菩提道場成佛處塔, 선인녹야원전법륜처탑仙人鹿野苑轉法輪處塔, 설법화등경처탑說法華等經處塔, 현불사의처탑現不思議處塔, 종천강하삼도보계탑從天降下三道寶階塔, 서다림급고독원설마하반야바라밀다도제외도처탑逝多林給孤獨園說摩訶般若波羅蜜多度諸外道處塔, 사라쌍림현입열반처탑娑羅雙林現入涅槃處塔을 말한다. 당시 여덟 탑은 타 버리고 없었던 듯하다. 하지만 혜초는 성불한 분의 사적을 눈으로 보게 된 기쁨을 토로했다. 원만圓滿은 신만성불信滿成佛(믿음이 완전해지면 성불함)인데, 여기서는 자신의 믿음이 신실하여 평소의 바람이 이루어진 것을 가리킨다.

그런데 나르마다(Narmadā) 강 남쪽의 남천축국으로 접어들 때 혜초는 객수客愁를 느껴 다음 시를 지었다. 단, 혜초는 남천축국으로는 가지 않았다.

달 밝은 밤 고향 길 바라보니
뜬구름 너울너울 돌아가네
서찰 봉해 그 편에 부친다 해도
바람 급해 화답이 돌아오지 않으리
우리나라는 하늘가 북쪽에 있고
이곳 남의 나라는 땅끝 서쪽
남방에는 기러기 없으니
누가 계림으로 전해 주랴

月夜瞻鄉路(월야첨향로)
浮雲颯颯歸(부운삽삽귀)

緘書忝去便(함서첨거편)
風急不聽廻(풍급불청회)
我國天岸北(아국천안북)
他邦地角西(타방지각서)
日南無有鴈(일남무유안)
誰爲向林飛(수위향림비)

신라의 불교시는 원효元曉(617-686)의 《대승기신론소大乘起信論疏》, 의상義湘(625-702)의 《화엄일승법계도華嚴一乘法界圖》, 태현太賢(경덕왕 재위기인 742-765년 활동)의 《성유식논학기成唯識論學記》·《보살계본종요菩薩戒本宗要》 등에 붙인 게송偈頌, 《삼국유사》에 실려 있는 사복蛇福의 게송으로 이어진다. 혜초의 삽입시들은 그 뒤를 잇는다.

혜초의 시들은 구도의 불안감과 향수의 절절함을 담아내어 서정성이 매우 높다. 다섯 수가 모두 오언율시다. 오언율시는 내면의 심리를 진솔하게 드러내는 데 유효하기 때문에 이 양식을 택한 듯하다.

뿐만 아니라 혜초의 시는 공간적 배경이 광대하다. 토화라국(토카리스탄(Tokhāristān))에서 동쪽으로 호밀胡蜜(와칸(Wakhkhān)) 왕의 거성에 이르렀을 때, 혜초는 이역으로 가는 중국 사신을 만나 다음 시를 지었다.

그대는 서쪽 이역이 멀다 한탄하고
나는 동쪽 길이 멀다고 탄식하네
길은 험하고 눈 덮인 산은 굉장한데
험한 계곡에는 도적이 길을 막네
새도 날다가 아스라한 산에 놀라고
사람은 길을 가되 기우뚱한 다리를 건너기 어려우니
평생 눈물 훔친 적 없건만
오늘은 하염없이 눈물을 뿌린다오

君恨西蕃遠(군한서번원)
余嗟東路長(여차동로장)
道荒宏雪嶺(도황굉설령)
險澗賊途倡(험간적도창)
鳥飛驚峭嶷(조비경초의)

人去難偏樑(인거난편량)
平生不捫淚(평생불문루)
今日灑千行(금일쇄천항)

이보다 앞서 토화라국에 있었을 때는 눈이 온 날 파밀 고원을 바라보면서 구도행의 험난함을 되새겼다.

차디찬 눈은 얼음에 들러붙고
찬바람은 땅을 가를 기세
큰 바다는 얼어서 끝없이 펼쳐져 있고
강물은 벼랑을 덮쳐 갉아먹는다
용문龍門에는 폭포가 끊기고
우물 입구도 꽁꽁〔도사린 뱀처럼〕 얼어붙었다.
횃불을 잡고 해저에 올라본다만〔층층 오르며 노래한다만〕
어찌 저 파밀을 넘을 수 있으랴

冷雪牽氷合(냉설견빙합)
寒風擘地烈(한풍벽지렬)
巨海凍墁壇(거해동만단)
江河凌崖囓(강하능애설)
龍門絶瀑布(용문절폭포)
井口盤蛇結(정구반사결)
伴火上胲〔陔歌〕(반화상해가)
焉能度播密(언능도파밀)

4.

혜초는 밀교 승려였다. 이 사실은 신라 불교사뿐만 아니라 동아시아 불교사에서 중요한 의미를 지닌다.

밀교는 범어(산스크리트어)로 바즈라야나(Vajrayāna)라 한다. 현교顯敎에 대응되는 명칭으로, 비밀불교 또는 진언불교眞言佛敎라고도 한다. 인도 대승불교의 말기인 7세기 후반, 대승불교의 《반야경般若經》과 《화엄경華嚴經》, 중관파中觀派·유가행파瑜伽行派 등의 사상을 기반으로 하고 힌두교의 영향을 받아 이루어졌다. 전설에 의하면 대일여래大日如來가 비밀법을 금강보살에게 전수하고 그것이 용맹龍猛·용지龍智에게 전해졌다고 한다. 하지만 뿌리는 베다(Veda) 시대에 만트라(mantra, 진언眞言)를 외워 재앙을 물리치고 복을 불러들이던 의식儀式에 있는 듯하다. 원시불교 교단은 치병治病·연명延命·초복招福 등의 주술을 금했지만, 점차 그러한 것들을 인정하게 되면서 밀교가 성하게 된 것이다.

인도 밀교는 힌두교 성력파性力派의 설을 도입하여 탄트라 불교 즉 좌도밀교左道密敎로 되어 13세기 초까지 전하다가 이슬람교가 들어오면서 괴멸했다. 한편 8세기 말에 파드마삼바바(Padmasambhava, 《티베트 사자의 서》의 저자)가 밀교를 티베트에 전해, 그것이 브라만교와 합하여 라마교喇嘛敎(Lama)로 되었다. 라마교는 1042년 아티샤(Atisha, 982-1054)의 개혁 이후 몽골과 중국 동북 지방

3_밀교의 3대 근본 경전 중 가장 먼저 손꼽히는《대일경大日經》. 정식명은《대비로자나성불신변가지경大毘盧遮那成佛神變加持經》(《弘法大師入唐1200年記念—空海と高野山》, NHK大阪放送局, 2003)

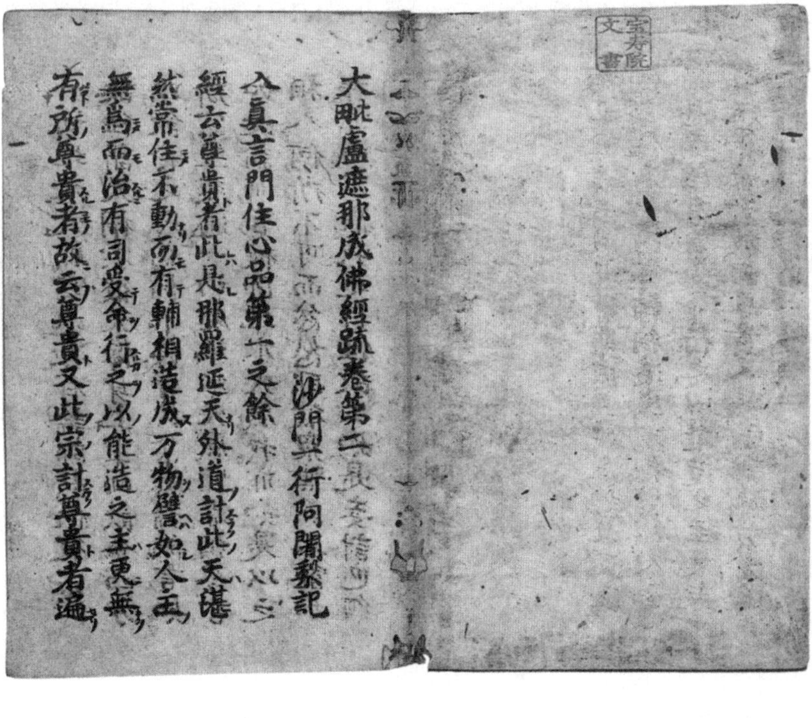

4_〈양계종자만다라도兩界種子曼荼羅圖〉(《弘法大師入唐1200年記念—空海と高野山》, NHK大阪放送局, 2003). 태장계胎藏界 만다라는 《대일경大日經》을 기본으로 하며, 어머니의 태내에 잠들어 있는 태아와 같이 인간이 본래 지니고 있는 불성의 씨앗이 부처님의 자비에 의해 자각되고 길러지고 꽃피워지는 결실의 과정을 그린 것이다. 한편 금강계金剛界 만다라는 《금강정경金剛頂經》을 기본으로 하며, 사람들의 마음속에서 작용하는 식識이 부처님에게로 이르러 가는 과정을 표현한 것이다. 그러나 두 가지가 모두 대일여래의 본질과 활동(지혜)을 보이고 있어 본래는 하나의 것이므로, '금태불이金胎不二'라고 표명되기도 한다.

으로 확대되었다.

중국에서는 밀교 경전이 동진 시대에 일부 번역되고, 남북조와 수나라, 당나라 초에 이르기까지 단속적으로 전해졌다. 8세기 초엽에는 선무외善無畏〔637-735, 시바카라싱하(Śubhakarasiṃha), 깨끗한 사자獅子라는 뜻. 수바게라승하戍婆揭羅僧訶·수바가라輸婆迦羅 등으로 음사〕가 와서 《대일경大日經》을 한역했고, 8세기 중엽에는 금강지가 와서 《금강정경》을 번역했다. 이후 불공이 스리랑카에 가서 밀교를 배우고 80여 부의 밀교 경전을 가져와 그중 여러 경전을 번역했다. 혜초는 바로 금강지의 제자이기도 하고, 불공의 제자이기도 하다. 당나라 말기에 이르러 밀교는 쇠미해졌다.

일본의 경우는 헤이안(平安) 시대〔794년 간무왕(桓武王)이 헤이안쿄(平安京) 즉 교토(京都)로 천도한 때부터 미나모토노 요리토모(源賴朝)가 가마쿠라(鎌倉) 막부幕府를 개설한 1185년까지의 시기] 초에 밀교가 번성했다. 특히 구카이(空海, 774-835)는 진언종眞言宗을 열었다.

신라에서도 선덕여왕 원년(서기 632)에 당나라에서 밀교를 배운 명랑明郞 법사가 밀교를 창시했다.《삼국유사》〈신주神呪〉편은 밀본密本의 최사摧邪(사악한 요괴를 꺾음), 혜통惠通의 항용降龍(용을 항복시킴), 명랑明郞의 신인神印 등을 거론했는데, 밀본, 혜통, 명랑은 모두 밀교 신인종神印宗 계통의 승려들이다.

'밀본의 최사'란, 흥륜사興輪寺의 법척法惕이 병든 선덕여왕을 수발했지만 진전이 없다가 밀본 스님이 육환장六環杖을 던져 늙은 여우와 법척을 찔렀더니 선덕여왕의 병이 나았다는 이야기다.

'혜통의 항룡'이란, 혜통이 당나라에서 무외 삼장의 가르침을 받고 독룡을 쫓아내어 당나라 공주의 병을 치료했는데, 그 독룡이 신라에 와서 사람들을 해치자 혜통이 본국으로 돌아와 독룡에게 불살계를 주어 해를 그치게 했다는 이야기이다.

한편 명랑은 당나라에서 귀국하다가 용궁으로 가서 비법을 전하고 황금 천 냥을 받아 자기 집 우물 바닥을 통해 나왔는데, 그 집을 희사하여 금광사金光寺라는 절을 만들고 용왕이 준 황금으로 탑상塔像을 만들었다고 한다. 또한 《삼국유사》〈기이紀異〉 제2 '문호왕법민文虎王法敏'조에 의하면, 당나라 고종이 671년에 10만 대군을 보내어 신라를 정벌하려 했을 때 명랑은 낭산狼山 남쪽에 사천왕사四天王寺를 세우도록 했다. 그리고 당나라 군사가 바다로 쳐들어오자, 오색 비단으로 임시 절을 짓고 풀로 오방신상五方神像을 만들고는, 유가종의 열두 승려를 시켜 문두루文豆婁(Mantra, 신인神印) 비법을 외워 바다에 풍랑을 일으켜 당나라 배를 모두 침몰시켰다고 한다.

혜초는 천축국의 여행을 마치고 중국의 장안에 돌아와, 733년 정월 1일부터 약 8년 동안 금강지와 함께 천복사薦福寺에서《대승유가금강성해만수실리천비천발대교왕경大乘瑜伽金剛性海曼殊實利千臂千鉢大敎王經》이라는 밀교 경전을 연구했다. 740년 정월에는 금강지의 지도로 이 경전을 한역하기 시작했으나 741년 중추에 금강지가 입적하자 중단했다. 773년 10월부터는 장안 대흥선사大興善寺에서 금강지의 제자 불공으로부터《대교왕경大敎王經》의 강의를 받았다. 774년 5월 7일에 불공이 입적하자 황제의 부조가 내렸는데, 혜초는 동료들과 함께 황제에게 표문을 올려 감사했다. 그 표문에 따르면 혜초는 불공의 여섯 제자 중 제2위를 차지했다.

혜초는 대흥선사 등 밀교 사원에서 혜랑慧郎과 함께 관정도량灌頂道場을 개최했고, 대종代宗(재위 762-779) 때는〈하옥녀담기우표賀玉女潭祈雨表〉를 지어 올렸다. 780년 4월 15일에 산서성山西省 오대산五臺山 건원보리사乾元菩提寺에 들어가 5월 5일까지 20일간《대교왕경》의 구 한역본을 얻어 다시 필수筆受(경전 번역의 역어를 전수받아 필기하는 일)했다. 그리고 그해 그곳에서 열반했다.

5.

혜초는 신라의 승려로서 당나라에 들어가 밀교를 공부하고, 구도의 한 방편으로 천축국을 여행했다. 그 여행의 과정을 노정기 식으로 적은《왕오천축국전》은 한국문학사에서 완결된 형태로 전하는 최초의 작품이다. 그런데《왕오천축국전》은 1905년에 둔황 석실에서 잔권의 형태로 발견되기까지 우리 문학사에 아무런 영향도 끼치지 못했다. 그렇다면 혜초의 문학 활동은 국내의 문학사와 관련이 없다고 할 수 있다. 그렇지만 혜초의《왕오천축국전》은 우리 문학사의 처음 부분을 장식하는 작품으로서 큰 가치를 지닌다. 또한《왕오천축국전》은 동아시아 불교사상사에서 일정한 가치를 지니는 것으로서 재해석할 필요가 있다.

그런데 중국의 학자들은《왕오천축국전》의 표점본標點本을 간행하면서 혜초를 당나라 승려라고 했다. 중국의 불교사는 신라 승려들이 당나라 때 불교를 발전시키는 데 크게 기여했던 사실들을 옳게 평가하지 않는다.

이를테면 당나라 때 사천성四川省 성도成都의 정중사淨衆寺에서 포교한 신라의 김화상 즉 무상無相(680-756)은 문하에서 마조馬祖(道一)를 내고 마조의 문하에서 백장百丈(懷海)·남전南泉(普願)을 나오게 했으나, 중국의 불교사는 김화상

무상의 존재를 말살하고 말았다.

앞으로 우리는 상고 시대의 역사와 문화에 관한 자료를 더 발굴하고 우리의 관점에서 깊이 연구해야 할 것이다.

참고문헌

慧超,《往五天竺國傳》, 동국대학교 한국불교전서편찬위원 편, 韓國佛敎全書 第3冊 : 신라시대 편, 동국대학교출판부, 1979.

慧琳,《一切經音義》卷一百〈惠超往五天竺國傳〉, 海印寺藏板의 影印, 京城帝國大學法文學部, 1931.

정수일 역,《혜초의 왕오천축국전》, 학고재, 2004.

張毅 箋釋,《往五天竺國傳箋釋》(張一純 箋釋 經行記箋注와 합본), 中外交通史籍叢刊, 中華書局, 2000. 4.

桑山正進 編,《慧超往五天竺國傳研究》, 京都大學人文科學研究所報告 改訂第2刷, 臨川書店, 1998.

국립중앙박물관,《실크로드와 둔황—혜초와 함께하는 서역기행》, 동아일보사, 2010.

시로 엮은 원나라 내지의 여행기록,
이제현,《서정록》

1.

한심하다 서생으로서
잘못 생각과 그릇된 계획으로
얻은 게 무어더냐①
하루아침 성군 만나
용이 구름 따르고 호랑이가 바람 따르듯 하다가②
벼슬 버려 오호로 돌아가③
달 아래 배 띄우고 내 낀 강에 도롱이 입으려 했다만④
사람 일이란 어긋나기만 하니
님의 은혜 갚기 어려운데
어찌하랴 세월만 물결 따라 흘러가니
내 무슨 일로
고향 만 리 등지고
이제 또 민아 땅을 향한단 말인가

堪笑書生(감소서생)
謬算狂謀(류산광모)
所就幾何(소취기하)
謂一朝遭遇(위일조조우)
雲龍風虎(운룡풍호)

五湖歸去(오호귀거)
月艇煙蓑(월정연사)
人事多乖(인사다괴)
君恩難報(군은난보)
爭奈光陰隨逝波(쟁나광음수서파)
緣何事(연하사)
背鄉關萬里(배향관만리)
又向岷峨(우향민아)

다행히 지금 천하는 한 울안
돌이켜보면 지난날은 적고 앞날은 많으니⑤
가벼운 옷 빠른 말로
멋진 경치 한껏 둘러보고
강산을 말달려
모두 맑은 노래 속에 담으리라⑥
어찌 평생을
굴뚝 검게 하고 구들이나 덥혀
짐승들에게 낙양궁 금동 낙타 같다고 비웃게 만들건가⑦
애끓는 마음 달래고
양관곡 제4구⑧ 들으며
연잎 모양 술잔을 기울이노라

幸今天下如家(행금천하여가)
顧去日無多來日多(고거일무다래일다)
好輕裘快馬(호경구쾌마)
窮探壯觀(궁탐장관)
馳山走海(치산주해)
摠入淸哦(총입청아)
安用平生(안용평생)
堗黔席暖(돌검석난)
空使毛群欺臥駝(공사모군기와타)
休腸斷(휴장단)
聽陽關第四(청양관제사)
倒捲金荷(도권금하)

① 소식蘇軾의 만강홍조滿江紅調 사詞 〈기악주주사군수창寄鄂州朱使君壽昌〉에서 점화.
②《주역》〈건괘建卦〉와 왕포王褒의 〈성주득현신송聖主得賢臣頌〉에서.
③ 범여范蠡 고사에서.

④ 장지화張志和의 〈어부사漁父詞〉에서.
⑤ 조조曹操의 〈단가행短歌行〉과 소식蘇軾의 만정방조滿庭芳調 사詞에서.
⑥ 조비曹丕의 〈선재행善哉行〉에서.
⑦ 소식의 〈백보홍百步洪〉 둘째 수의 '奈何捨我入塵土(내하사아입진토) 擾擾毛群欺臥駝(요요모군기와타)'에서.
⑧ 왕유王維의 〈송원이사안서送元二使安西〉 제4구 '서출양관무고인西出陽關無故人'.

고려 충숙왕 때인 1316년에 이제현李齊賢(1287-1367)이 중국 사천성四川省의 아미산峨眉山에 제사지내러 가면서 심원춘沁園春 가락에 맞춰 지은 〈정흥노상定興路上〉이라는 사詞이다. 사는 장단이 들쑥날쑥하고 악곡에 맞춰 평측이나 압운을 맞추어야 하는 서정 한시의 일종이다. 심원춘 가락은 상단과 하단의 두 단으로 되어 있다.

시 속의 민아岷峨란 민산과 아미산이 있는 서촉西蜀 땅, 즉 지금의 사천성을 가리킨다. 이제현은 이 시에서 청몽淸夢(맑은 꿈)을 좇으려는 정신과 군주에게 충성을 다하려는 모순된 심경을 토로했다. 이 두 정신은 명철보신明哲保身(현명하게 자기 자신을 보존함)과 겸제천하兼濟天下(천하를 아울러 구제함)의 이상에 각각 대응한다.

이제현은 원元 왕조의 명으로 아미산에 제사지내기 위해 연경을 떠났다. 원나라 수도였던 대도大都를 출발해서 보정로保定路, 진정로眞定路, 기녕로冀寧路, 진녕로眞寧路, 봉원로奉元路, 봉상부鳳翔府, 광원로廣元路, 성도로成都路를 거쳐 아미산에 이르고, 아미산에서 봉원로로 돌아와 하남부로河南府路로 바꾸어 정주鄭州에서 창덕로彰德路, 순덕로順德路를 거쳐 석가장石家莊에 이르러 다시 보정로를 통해 대도로 돌아갔다.

아미산에서 돌아오던 그가 지금의 서안西安(시안) 부근에서 지은 수조가두水調歌頭 가락 〈화산을 바라보며〉(望華山)는 다음과 같다.

천지가 기특한 기운 부여하여
천고에 서주가 웅장하고
세 봉우리①우뚝 마주 솟아
긴 칼인 양 가을 하늘 아래 늠름하다②

쇠 사다리는 푸른 벽에 높이 드리우고
옥 우물은 은하수를 차갑게 머금어
오색구름 머리에 있으리니
조물주야 없을 것이나
손길은 또렷이 남아 있네

天地賦奇特(천지부기특)
千古壯西州(천고장서주)
三峰屹起相對(삼봉흘기상대)
長劒凜淸秋(장검름청추)
鐵鏁高垂翠壁(철쇄고수취벽)
玉井冷涵銀漢(옥정랭함은한)
知在五雲頭(지재오운두)
造物可無物(조물가무물)
掌跡宛然留(장적완연류)

기억나네, 순임금이
산의 신격을 높여 제사지내자③
신령한 상서祥瑞로 보답했지
참 정성이 진실한 경지에 부합하면
파랑새가 붉은 다락으로 날 인도하리
저 바람 타고 가고 싶다만
내와 노을 자욱한 깊은 그곳이
너무 그윽해 사람을 수심케 할까 두려워라④
나귀 거꾸로 타고 길게 읊조렸던
번랑이야말로 풍류객이었도다⑤

記重瞳(기중동)
崇祀秩(숭사질)
答神休(답신휴)
眞誠若契眞境(진성약계진경)
靑鳥引丹樓(청조인단루)
我欲乘風歸去(아욕승풍귀거)
只恐烟霞深處(지공연하심처)
幽絶使人愁(유절사인수)
一嘯蹇驢背(일소건려배)
潘閬亦風流(번랑역풍류)

① 화산의 연화봉(중봉)·선인봉(동봉)·낙안봉(남봉). 이백·소동파·익재 자신을 상징.
② 완적阮籍의 〈영회시詠懷詩〉에서 점화.
③ 순임금은 요임금에 의해 등용되어 섭위한 첫해 8월에 서쪽을 순수하여 서악(화산)에 이르러 태산의 제사와 같은 규모의 제사를 지냈다.
④ 소식의 수조가두조水調歌頭調 사詞의 '我欲乘風歸去(아욕승풍귀거) 又恐瓊樓玉宇(우공경루옥우) 高處不勝寒(고처불승한)'에서 점화.
⑤ 번랑은 진송晉宋 때 시인. 허도령許道寧이 그린 〈번랑이 나귀 거꾸로 탄 모습을 그린 그림〉(潘閬倒騎驢圖)이 전한다.

이제현은 "저 바람 타고 가고 싶다만, 내와 노을 자욱한 깊은 그곳이, 너무 그윽해 사람을 수심케 할까 두렵다"고 했다. 소동파가 "바람 타고 가고 싶다만, 달 속 멋진 궁궐은, 너무 높아 추위에 이기질 못하리로다"라고 한 뜻을 취하여, 신선의 경지를 추구하지 않고 현실에 남아 현실을 개혁하겠다는 뜻을 밝힌 것이다.

2.

이제현은 고려가요를 한자시로 번역한 소악부를 엮고 한문 수필집 《역옹패설》을 남겨, 한국문학사에서 매우 중요한 위치를 차지한다.

호는 익재益齋·실재實齋·역옹櫟翁이며, 본관은 경주다. 충렬왕 27년(1301)의 성균시에 합격하고 15세로 문과 급제한 후 여러 내외직을 거쳐 충숙왕 원년(1314)에는 내부부령內府部令으로 있었다. 그런데 그해 상왕인 충선왕忠宣王(1275-1325)이 원나라 대도에 만권당을 설치하고 그를 불렀다.

충선왕은 원나라 쿠빌라이의 외조카로, 20세 때 부왕 충렬왕 측근의 권문세가들을 제거하고 24세로 왕위에 올라 여러 제도들을 개혁했다. 그러자 원나라는 왕비인 계국공주와의 불화를 이유로 그를 폐위시키고 말았다. 1308년에는 심양왕에 봉해졌다가, 그해 7월 충렬왕이 죽자, 복위해서 혁신정치를 실시했다. 그런데 원나라 무종武宗을 옹립한 공으로 원 왕실의 총애를 받자 복위하고도 귀국하지 않고 최유엄崔有渰 등에게 정치를 대행시켰다. 이때 각염법(소금전매법)을 제정하고 토지개혁을 시도했다. 1313년에는 왕위를 충숙왕에게 물려주고, 이듬해 대도에 학문 연구기관인 만권당을 설치했다. 충선왕은 원나라에 과거제도를 시행하도록 건의했고, 고려 학자들도 원나라 과거에 응시할 수 있도록 했다.

이제현은 충선왕의 부름을 받고 백이정白頤正과 함께 개성을 떠나 대도로 갔다. 당시 조맹부趙孟頫(1254-1322) 등 한족 유학자들은 원의 지배 관계에 동화되지 못하고 만권당을 드나들며, 옛 향수에 젖어 송나라 때의 대표적 문학 장르였던 '사詞'를 즐겨 지었다. 이제현은 그들에게서 많은 영향을 받아 사를

표 1_고려 왕과 원나라 황실의 통혼 관계

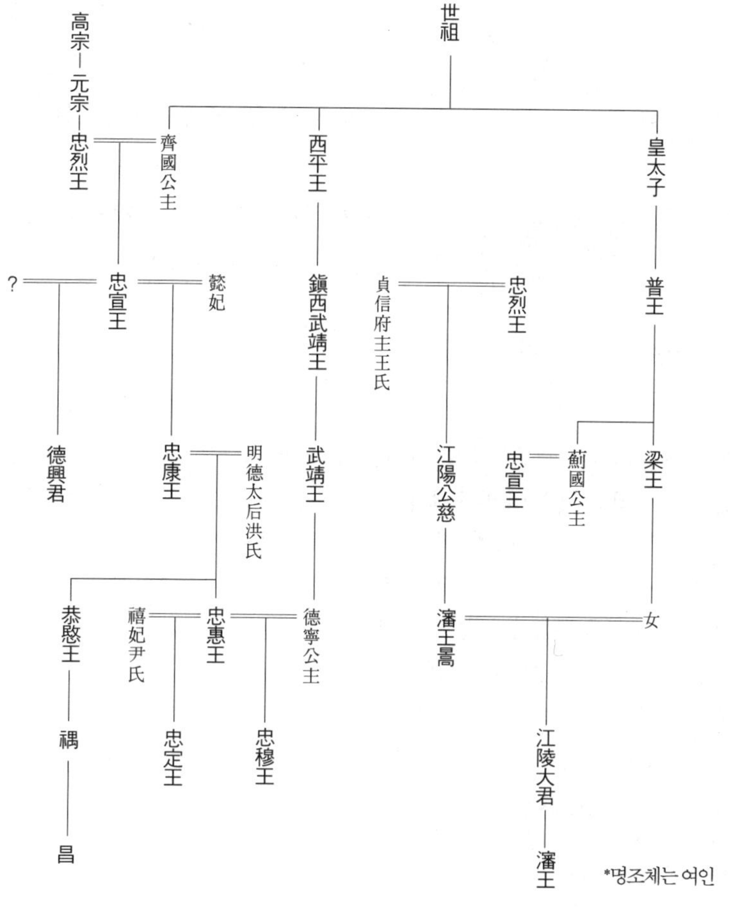

5_조맹부의 글씨(吉田良次 著, 吉田實 編,《趙子昻—人と藝術》, 二玄社, 1991)

짓게 되었다.

이제현은 30세 되던 해인 1316년에 충선왕을 대신하여 아미산에 제사를 지내러 가서 3개월간 여행했다. 조맹부는 전별연 때 "금성錦城〔성도〕이 즐겁다 하지 말고 일찍 돌아오는 것이 상책이다"라는 내용의 시를 주었다. 이제현은 서안(옛 장안) 근처에 있는 효崤·함函 부근에서 그 시를 문득 상기하고, 조맹부에게 답장의 시를 부쳤다.《익재난고》 권1에 〈이릉二陵에서 아침 일찍 떠나다〉(二陵早發)라는 제목으로 들어 있다. 이릉은 하나라 걸桀왕의 조상인 하후고夏侯皐의 무덤과 주나라 문왕이 비바람을 피하던 구릉을 말한다.

꿈을 깬 여관에는 새벽 등불 깜박이는데
말 타고 가려 하니 몸이 비틀거리오
구름은 주하사〔노자〕가 단약 만들던 부엌에 끼어 있고
눈은 문왕이 비 피하던 언덕에 쌓였구려
일 닥칠 때 가슴 드넓음을 누가 알겠소
시 읊을수록 머리칼만 부스스한 것을
두건은 꺾이고 갖옷조차 뚫어졌기에
용문을 향하여 이응 보기 부끄럽소

夢破郵亭耿曉燈(몽파우정경효등)
欲乘鞍馬覺凌兢(욕승안마각릉긍)
雲迷柱史燒丹竈(운미주사소단조)

雪壓文王避雨陵(설압문왕피우릉)
觸事誰知胸磈磊(촉사수지흉외뢰)
吟詩只得鬢鬅鬙(음시지득발붕승)
塵巾折角裘穿縫(진건절각구천봉)
羞向龍門見李膺(수향용문견이응)

"구름은 주하사가 단약 만들던 부엌에 끼었다"는 표현은 노자가 장생불사약을 만들었다는 부엌은 구름이 끼어 어딘지 알 수 없다는 말이다. 노자는 주나라의 주하사라는 벼슬을 지냈다는 전설이 있고, 또 푸른 소를 타고 함곡관函谷關을 나갔다는 말이 있다. 여기서는 그 전설처럼 자신도 신선 되기를 바라지만 그렇지 못하다고 말한 것이다. "용문을 향하여 이응 보기 부끄럽소"라는 구절은 이응李膺의 고사를 이용했다. 후한의 이응은 명망이 높아, 그의 대우를 받는 사람은 마치 잉어가 용문을 거슬러 올라 용이 되는 듯이 여겼다고 한다. 이 구절은 조맹부를 이응에 견주어 예찬한 것이다.

조맹부는 송나라 태조의 후손이면서도 원나라를 섬겨 영달했으므로, 후세에 비난을 면하지 못했다. 하지만 당시 대표적 교양인으로서, 특히 서화에 뛰어났다. 자는 자앙子昂, 호는 송설도인松雪道人이다. 그는 우리나라의 서화에 많은 영향을 끼쳐서, 조선 초기의 서예는 그의 서체인 송설체가 주류를 이룰 정도였다. 석봉 한호韓濩에 이르러서야 왕희지의 서체를 중시하게 된다.

이제현은 1319년에 충선왕이 절강성浙江省 보타산寶陀山의 보타사로 향을 바치러 갈 때 수행했다. 그런데 1323년에는 감숙성甘肅省 타사마朶思麻(두오스마)로 더욱 먼 여행을 떠나야 했다.

이제현은 1320년에 잠시 고려로 돌아와 지밀직사知密直事에 올라 단성익찬공신端誠翊贊功臣이 되어 있었다. 그런데 그해 연경으로 들어가다가, 황토점이란 곳에서, 충선왕이 원나라 환관 빠이엔투그스(伯顏禿古思)의 모략으로 토번吐蕃(서장西藏, 티베트) 살사결撒思結의 샤카 사원(薩迦寺, 사 지아 쓰, Sakya monastery)으로 유배되었다는 소식을 들었다. 그는 네 편의 시를 지어 충분의 정을 토로했다. 이후 원나라 조정에 탄원하여 1323년에 충선왕이 유배에서 풀려나게 했다. 그리고 임조臨洮를 지나 하주河州를 거쳐, 충선왕을 맞이하러 갔다 왔다.

또한 이제현은 1323년(충숙왕 10)에 유청신柳淸臣 등이 고려에 성省을 두어 원나라의 지방 행정구역으로 격하해 주도록 원에 요청했을 때 고려의 자주성을 역설하는 글을 도당都堂에 보내 그 계획을 철회시켰다. 1339년(충숙왕 복위 8)에는 조적曹頔 등이 심양왕 고暠와 역모하다 잡혀 죽은 후 남은 무리들이 고려 왕실을 비방하자, 원나라에 가서 사태를 수습했다. 1351년에 공민왕이 즉위하자 우정승 권단정동성사權斷征東省事로 발탁되어 도첨의 정승이 되고, 이듬해 동덕협의찬화공신同德協議贊化功臣의 호를 받았다. 1353년 사직했다가 다음해 우정승에 재임되어 1356년 문하시중에 올랐다. 이어 사직하고 저술과 학문 연구에 전심했다. 1362년 홍건적의 침입 때 왕을 청주로 호종하여 계림부원군에 봉해졌고, 은퇴한 후 왕명으로 실록을 편찬했다.

표2_이제현의 원나라 관련 활동, 서적 편찬 사실(고전번역원, 신용남 작성《익재난고》해제에 근거)

서력 (갑자)	고려 왕 (원 연호)	나이와 관직, 활동	여행	서적 편찬
1314 (갑인)	충숙왕1 (연우1)	28세. 이전까지 내부內府 풍저豐儲의 부령副令으로 재직하다. 1월, 충선왕의 부름을 받고 원나라로 가다.	원나라 수도로 감.	
1315 (을묘)	충숙왕2 (연우2)	29세. 선부의랑選部議郎이 되다. 가을에 성균좨주成均祭酒가 되다.		
1316 (병진)	충숙왕3 (연우3)	30세. 판전교사사判典校寺事가 되다. 4월에 진현관제학進賢館提學이 되다. 사명使命을 받들고 서촉西蜀에 가다.	서촉 여행.	《서정록西征錄》을 엮다.
1317 (정사)	충숙왕4 (연우4)	31세. 선부전서選部典書가 되다. 9월, 원에 가서 상황(충선왕)의 탄일誕日을 축하하다.	원나라로 감.	
1319 (기미)	충숙왕6 (연우6)	33세. 강향사降香使로서 강남江南으로 가는 충선왕을 호종하다.	강남 여행	
1320 (경신)	충숙왕7 (연우7)	34세. 7월 연오燕吳 지역에서 시종한 공으로 지밀직사知密直事로 단성익찬공신端誠翊贊功臣이 되다. 또한 고려왕부단사관高麗王府斷事官에 제수되다. 9월, 지공거知貢擧가 되어 이곡李穀 등을 선발하다. 겨울에 원나라로 가다가, 황초점黃土店에서 상왕이 참소를 당했다는 말을 듣다.	겨울, 원나라로 감.	〈황토점黃土店〉시와 〈명이행明夷行〉시를 짓다.

1321 (신유)	충숙왕8 (지치1)	35세. 상왕이 토번吐蕃의 살사결撒思結로 귀양가자, 원나라 연경에서 〈재상도 봉정 유정승청신 오찬성잠在上都奉呈柳政丞淸臣吳贊成潛〉 시를 지어 억울함을 호소하다.	토번 여행.	《후서정록後西征錄》을 엮다. 토번으로 향하는 도중에 지은 〈경주涇州〉 시가 《익재난고益齋亂藁》 권3에 실려 있다.
1323 (계해)	충숙왕10 (지치3)	37세. 원나라가 고려에 정동성征東省을 두려 하자 원에 가서 도당都堂에 글을 올려 이를 중지시키다. 원나라의 낭중郎中과 승상丞相에게 글을 올려 상황이 토번에서 타사마朶思麻로 양이量移되다. 4월 20일에 대도를 출발해서 토번으로 향하다.		
1325 (을축)	충숙왕12 (태정2)	39세. 추성량절공신推誠亮節功臣의 호號를 받고 첨의평리僉議評理 정당문학政堂文學으로 전임하여 김해군金海君에 봉해지다.		
1336 (병자)	충숙왕 복위5(지원2)	50세. 영예문관사領藝文館事가 되다		
1339 (기묘)	충숙왕 복위8(지원5)	53세. 충혜왕을 따라 원나라에 가서 조적曺頔 등을 죽인 사실에 대하여 변론하다.	원나라로 감.	
1340 (경진)	충혜왕 복위1(지원6)	54세. 4월에 고려로 돌아오다. 이후 은둔하다.		
1342 (임오)	충혜왕 복위3(지정2)	56세.		《역옹패설櫟翁稗說》을 짓다.
1343 (계미)	충혜왕 복위4(지정3)	57세. 원나라 사신 타적朶赤이 왕을 위협하여 잡아가자 글을 올려 사면을 청하다.		
1344 (갑신)	충혜왕 복위5(지정 4)	58세. 겨울에 판삼사사判三司使가 되다. 부원군府院君을 거쳐 영효사관사領孝思觀事가 되다.		
1346 (병술)	충목왕2 (지정6)			11월에 민지閔漬의 《본조편년강목本朝編年綱目》을 증수增修하다. 충렬왕, 충선왕, 충숙왕의 실록을 찬수하다.
1348 (무자)	충목광4 (지정 8)	62세. 3월에 경사도감제조經史都監提調가 되다. 12월에 충목왕이 죽자 원에 가서 충정왕을 세우도록 청하다.	원나라로 감	
1351 (신묘)	충정왕3 (지정11)	65세. 우정승으로 정동성征東省의 일을 맡다. 도첨의정승都僉議政丞이 되다.		
1352 (임진)	공민왕1 (지정12)	66세. 우정승이 되고 순성직절동덕찬화공신純誠直節同德贊化功臣의 호를 받다.		

1353 (계사)	공민왕2 (지정13)	67세. 5월에 부원군으로서 지공거가 되어 이색李穡 등을 선발하다.		
1356 (병신)	공민왕5 (지정16)	70세. 12월에 문하시중이 되다.		
1357 (정유)	공민왕6 (지정17)	71세. 치사致仕하다.		《국사國史》와 《금경록金鏡錄》을 엮고 국사의 〈기년전지紀年傳志〉를 찬수하다.
1362 (임인)	공민왕11 (지정22)	76세. 홍건적 침입으로 왕이 파천播遷하자 상주尙州에 달려가 배알하고 청주淸州로 어가를 호종하다. 계림부원군鷄林府院君에 봉해지다.		
1363 (계묘)	공민왕12 (지정23)			아들 이창로李彰路와 장손 이보림李寶林이 시문을 모아 문집을 편찬, 간행하다.

3.

이제현은 1316년에 사천성 성도에 갔을 때 그곳의 제갈공명 사당을 방문하고서 다음 시(〈제갈공명사당諸葛孔明祠堂〉)를 지었다.

> 영웅들 봉기하여 세상사 어지러울 때
> 경륜의 뜻을 품고 초가에 누웠던 이
> 나라 위해 몸 바친 의리는 삼고초려 뒤에 높았고
> 중원 정벌의 계획은 칠종칠금 뒤에 깊었다
> 목우와 유마의 기술을 그 누가 알았으랴
> 우선과 윤건으로 태연자약했던 모습
> 천고에 충성은 일월같이 빛났으나
> 돌아보면 위진 지역은 그저 빈터뿐

> 群雄蜂起事紛挐(군웅봉기사분나)
> 獨抱經綸臥草廬(독포경륜와초려)
> 許國義高三顧後(허국의고삼고후)
> 出師謨遠七擒餘(출사모원칠금여)

木牛流馬誰能了(목우유마수능료)
羽扇綸巾我自如(우선윤건아자여)
千載忠誠懸日月(천재충성현일월)
回頭魏晉但丘墟(회두위진단구허)

이제현이 이 시를 지었을 때는《삼국지연의》가 등장하기 이전이지만, 이 시에는 제갈공명의 형상이 잘 각인되어 있다. 제갈공명이 삼고초려의 뒤에 정치활동과 군사작전에서 공을 세우고, 맹획을 칠종칠금하여 신기에 가까운 병법과 전술을 펼쳐 보였던 모습이 선명하다. 또한 이 시에는 오장원五丈原에서 진몰陣沒했던 제갈공명의 최후를 애도하는 뜻도 들어 있다. 그런데, 제갈공명의 죽음 이후 중원을 통일했던 위나라와 그 뒤를 이은 진나라 왕조는 그리 오래 이어지지 못했다. 왕업王業을 이루지는 못했지만 제갈공명의 사업은 영원히 빛나지 않는가! 이제현은 이렇게 제갈공명을 추모한 것이다.

그러나 약소국 촉을 위해 원대한 계획을 세우고 중원 지배의 방안을 실천에 옮기고자 했던 제갈공명의 사적은, 원나라의 내정간섭으로 고려의 자주권을 유지하기 어려웠던 시기에, 이제현으로 하여금 나약함을 이기고 떨쳐 일어설 힘을 끓어오르게 했다.

"죽은 제갈이 산 중달을 물리치다"(死諸葛走仲達)라는 말은 제갈공명의 신기에 가까운 풍모를 잘 예시해 준다. 명나라 대중소설《삼국지연의》는 제갈공명을 종횡무진의 기략을 펼치는 인물로서 흥미진진하게 그려 내었다. 하지만 제갈공명은 난세의 현실에 맞서 고투했던 정치가, 사심을 버린 공정한 인물로서도 전형성을 띠고 있다. 그가 세운 '천하삼분지계天下三分之計'는 중국 서남부에 위치한 변경 지역인 사천성 일대를 손안에 넣고, 위나라와 오나라가 천하를 양분하고 있었던 상황을 무너뜨리고 새로운 국면을 만들어 내고자 한 냉철한 전략이었다. 제갈공명은 '천하삼분의 계책'을 완전히 실현하지는 못하고 오장원에서 죽어갔지만, 미완의 삶은 미완인 그대로 큰 의미를 지닌다.

정사正史인 진수陳壽의《삼국지》에 의하면, 제갈공명은 전쟁의 지휘 능력이 부족했다. 일곱 번이나 북벌군을 출동시켜 기산祁山을 넘은 것이 여섯 번이라 전하지만, 고증에 의하면 실제로 기산을 넘은 것은 두 번에 불과하다. 그것도 노련한 장수 위연魏延과 오의吳懿를 활용하지 않고 마속馬謖을 선봉으로 내세웠다가 실패했다. 또한 자오곡子午谷을 나와 장안을 일거에 취하고 관중을 평정해야 한다는 위연의 건의를 묵살했으므로, 오장원에서의 진몰은 자초한 것이라 할 수밖에 없다. 그래서 진수는 《삼국지》〈제갈량전〉에서 제갈공명을 평하여 "정치를 아는 훌륭한 인재로서, 관중管仲과 소하蕭何에 필적한다고 말할 수 있다. 하지만 해마다 군사를 동원하면서도 성공할 수 없었던 것은 대개 변화에 응하는 장수로서의 지략은 그가 장점으로 하는 것이 아니었기 때문이리라"고 했다.

이렇게 제갈공명의 '장수로서의 지략'은 인정하지 않았으나, 진수는 제갈공명이 걸출한 정치가였다는 사실은 칭송했다. 농민봉기군과 군벌이 혼전을 하던 시기에 제갈공명은 유비를 보좌하여 양자강 상류에 통일 정권을 수립시켰다. 제갈공명의 원대한 이상과 견인불굴堅忍不拔의 정신력은 후대인들의 의식을 고무시키는 데 충분했다. 원나라의 지배를 받던 고려 때는 특히 제갈공명과 같은 위대한 정치가의 출현이 희구되었으리라.

제갈공명은 기존의 권위에 기대지 않고 기성의 권력에 편들지 않고 스스로의 숙고와 담력을 가지고 스스로의 길을 열었다. 이제현은 제갈공명의 그러한 삶에서 바로 자기 자신의 삶의 방향을 읽었다.

이제현은 1320년에 충선왕이 샤카 사원으로 유배되었다는 소식을 듣고 황토점에서 지은 시에서도 충군애국의 뜻을 토로했다. 황토점은 연경 즉 현재의 북경 근처에 있다. 현재 북경에서 북동쪽의 포두包頭에 이르는 경포선京包線은 베이징(北京)—베이징동(北京東)—씽훠이(星火駅)—왕징이(望京駅)—황투띠엔이(黃土店駅)—사허(沙河)—창핑(昌平)의 경로로 나아간다.

세상일 갈수록 차마 들을 수 없어
다리 위에 말 멈추고 말없이 서 있네
어느 때 백일이 심정을 비추어 줄는지

이곳은 청산이 눈물에 가렸네.
잔도 태운 장자방①이 어찌 신의를 저버렸으랴
예상의 영첩②도 벌써 은총을 알았다오
마음 아프구나 이 몸에 날개 돋울 길 없어
하늘로 날아가 옥황상제에게 하소하지 못하니

世事悠悠不忍聞(세사유유불인문)
荒橋立馬忽忘言(황교입마홀망언)
幾時白日明心曲(기시백일명심곡)
是處青山隔淚痕(시처청산격루흔)
燒棧子房寧負信(소잔자방영부신)
翳桑靈輒早知恩(예상영첩조지은)
傷心無術身生翼(상심무술신생익)
飛到雲霄一叫閽(비도운소일규혼)

① '잔도棧道'는 산골짜기에 사람이 건너다닐 수 있도록 설치해 놓은 다리를 말한다. 초한 전쟁 때 자방子房, 즉 장량張良은 한나라 고조 유방劉邦에게, 다시 관중關中으로 돌아갈 뜻이 없음을 천하에 보여 항우의 의심을 받지 않도록, 서촉으로 들어간 뒤 잔도를 불태워 끊어 버리게 했다. 장량은 본래 한韓나라 사람으로, 멸망한 고국을 위해 신의를 저버리지 않았다.

② '예상翳桑의 영첩靈輒'은 춘추 시대 진晉나라 사람이다. 진나라 조돈趙盾이 예상에서 사냥을 할 적에, 굶주림에 지친 영첩을 보고 먹을 것을 주어 구해 주었다. 뒤에 영공靈公이 복병을 시켜 조돈을 죽이려 하자, 영첩이 마침 영공의 무사가 되어 창 뿌리를 거꾸로 돌려 도리어 영공의 군사를 방어하여 조돈을 죽이지 못하게 했다. 조돈이 그 이유를 묻자, 말하기를 "나는 예상에서 굶주리던 사람입니다" 하므로, 이름을 물었으나 대답하지 않고 가 버렸다고 한다.

허공에 돌돌이라 쓰며① 그저 탄식만 하다니
식미②의 오늘 어디가 토구③런가
십 년 험악한 길에 물고기처럼 천 리를 다녔고④
만고 흥망은 담비 떼가 한 언덕에 몰리는 듯⑤
서쪽으로 해 저물 때 혼이 끊어지고
동으로 흐르는 강물에 눈물 먼저 쏟아진다
문 가득 손님들 가운데 계명구도⑥ 없으니
은덕 한껏 받은 나는 부끄러워 죽을 듯

咄咄書空但坐愁(돌돌서공단좌수)
式微何處是菟裘(식미하처시토구)

十年艱險魚千里(십년간험어천리)
萬古升沈貉一丘(만고승침맥일구)
白日西飛魂正斷(백일서비혼정단)
碧江東注淚先流(벽강동주루선류)
滿門簪履無鷄狗(만문잠리무계구)
飽德如吾死合羞(포덕여오사합수)

① '돌돌'은 '돌돌괴사咄咄怪事'의 준말로 '쯧쯧, 놀랍고 괴이하다'라는 뜻이다. 동진 때 권세가였던 은호殷浩가 축출된 후, 종일토록 허공에 '돌돌괴사' 네 글자만 썼다는 데서 온 말이다.
② '식미'는 왕실이 쇠미해졌다는 뜻으로, 《시경》 패풍 〈식미式微〉에 "쇠미해지고 쇠미해졌는데, 어찌 돌아가지 않으랴"라고 했다.
③ '토구菟裘'는 춘추 시대 노나라 은공隱公이 은거하던 곳이니, 안식처를 가리킨다.
④ 춘추 시대 도주공陶朱公 즉 범려范蠡가 못 가운데다 섬 아홉 개를 만들고 고기를 길렀는데, 고기가 하루에 천 리를 다녀서 살이 쪘다고 한다.
⑤ 담비 떼가 한 언덕에 몰린다는 것은 전한 때 양혼楊惲이 "고금의 흥망성쇠가 마치 한 언덕에 몰린 담비 떼와 같다"라고 한 데서 왔다.
⑥ '계명구도鷄鳴狗盜'는 닭 울음을 흉내 내고 개구멍으로 들어가 도둑질하는 사람이란 뜻. 전국 시대 진秦나라 소왕昭王은 제齊나라의 실력자인 맹상군孟嘗君을 초청해서는 죽이려고 했다. 맹상군의 문객 가운데 도둑질 잘하는 사람이, 맹상군이 이미 소왕에게 바친 호백구狐白裘를 훔쳐내 오자, 맹상군은 그것을 소왕의 애첩에게 바치고 자신을 풀어 주도록 소왕을 설득해 달라고 했다. 이렇게 해서 맹상군은 풀려나 함곡관까지 왔으나, 닭이 울어야 관문을 열게 되어 있어서 문이 닫혀 있었다. 이때 문객 한 사람이 닭 울음을 흉내 내자 다른 닭들까지 따라 울어 관문지기가 문을 열어 주어 탈출할 수 있었다.

마음속에 온갖 걱정 뒤섞여
연산을 바라볼 때마다 아홉 번 탄식하네
고래가 개미에게 욕볼 줄① 누가 알았으랴
벼룩이 하마에게 대항하다니 가련해라
환란을 미리 막는 재주 없기에 얼굴만 붉어지고
국가 기강 붙드는 책임 중한데 머리만 희었다니
만고에 금등유책 남아 있으니②
관숙과 채숙이 주나라를 그르치지 못했었지

寸腸氷炭亂交加(촌장빙탄란교가)
一望燕山九起嗟(일망연산구기차)
誰謂鱣鯨因螻蟻(수위전경인루의)
可憐蟣虱訴蝦蟆(가련기슬소하마)
才微杜漸顔宜赭(재미두점안선자)
責重扶顚髮已華(책중부전발이화)

萬古金縢遺冊在(만고금등유책재)
未容群叔誤周家(미용군숙오주가)

① 고래가 개미에게 욕본다는 것은 하찮은 존재에게 곤욕을 당함을 말한다. 가의賈誼의 〈조굴원부弔屈原賦〉에 "강호의 고래가 횡행함이여, 정말로 개미에게 제재를 당하다니"라고 한 데서 온 말이다.

② 금등유책金縢遺冊 운운한 것은은 소인들이 참소를 하더라도 끝내 억울한 누명을 벗게 되고 국가가 바르게 될 것이라는 뜻이다. 금등은 주나라 무왕이 병들었을 때 아우 주공周公이 단壇을 만들고 자신을 대신 죽게 해 달라고 신명께 기도한 사실을 사관이 기록하여 철사로 봉인한 궤에 간직하여 둔 것을 말한다. 무왕의 아들 성왕이 즉위한 후 주공이 성왕을 해칠 것이라는 유언비어가 있자 성왕이 주공을 의심하게 되었다. 주공은 동도 낙양으로 피신했는데, 큰 우레와 바람이 일어나는 이변이 있어 성왕이 금등의 궤를 열어 주공의 기도문을 보고는 의심을 풀었다고 한다.

이제현은 원나라 조정에 탄원하여 1323년에 충선왕이 풀려나게 했다. 그리고 귀환하는 충선왕을 맞이하러 여행길에 올랐다. 그때 다음 시를 지었다. 〈지치至治 계해 사월 이십사일에 서울을 떠났다. 상왕께서 서번에 계셨으므로 가서 뵈려고 해서다〉(至治癸亥四月二十日發京師 上王時在西番 將往拜)라는 제목이다.

태산 같은 군은을 보답하지 못했으니
만 리 달려가길 어렵다 말할 수 있으랴
아녀자 이별하듯 하지 않고 호기 있게 칼을 치고
친구와 마음껏 즐겨 술잔을 들리라
돌아보니 오색구름은 금궐에 둘러 있고
조각달은 다정하게 옥문관을 비추누나
다만 머리 흰 늙은 어머님 생각에
서너 줄 맑은 눈물이 안장을 적신다

主恩曾未答丘山(주은증미답구산)
萬里驅馳敢道難(만리구치감도난)
彈劍不爲兒女別(탄검불위아녀별)
引杯聊盡故人歡(인배료진고인환)
五雲廻首籠金闕(오운회수롱금궐)
片月多情照玉關(편월다정조옥관)
唯念慈親鬢如雪(유념자친빈여설)
數行清淚洒征鞍(수항청루쇄정안)

당시 토번을 왕래할 때 쓴 시문들은 많이 흩어지고 없다. 가장 나중의 것은 토번으로 향하는 도중에 지은 〈경주涇州〉라는 시다.

송나라는 서쪽 오랑캐가 자주 침범하자
나라 운명의 끝을 서생에게 맡겼다만①
원나라 조정은 천하 정치가 거울처럼 맑기에
흉중의 십만 군사②를 시험할 것도 없으리

宋日西羌屢震驚(송일서강루진경)
因將國尾付書生(인장국미부서생)
聖元四海淸如鏡(성원사해청여경)
未用胸中十萬兵(미용흉중십만병)

① 서생에게 맡겼다는 것은 문천상文天祥 등 문인들에게 국운의 부흥을 기대했다는 뜻이다.
② 송나라 양만리楊萬里의 〈조광솔이 임기가 차서 단양의 외직으로 나가는 것을 전송하며〉(送廣帥秩滿之官丹陽) 시에, "북궐의 문을 덕망 높은 분이 누워 지켜, 흉중의 십만 병사를 잠깐 시험했도다"(北門臥護要耆英, 小試胸中十萬兵)라고 했다.

송나라 말엽의 문천상은 문인이면서도 원나라 침략에 대항하는 군사를 이끌었다. 원나라 군대에 사로잡히고도 굴복하지 않고 〈정기가正氣歌〉를 부르고 시시柴市에서 죽었다. 이제현은 송나라 말기와 달리 당시의 원나라 정치는 정치가 거울처럼 맑아 십만 군사를 운용하는 병법을 쓸 필요가 없다고 말했다. 물론 품은 뜻이 있다. 충선왕을 티베트로 유배 보낸 것은 결코 맑은 정치라 할 수 없으며, 이렇게 맑은 정치를 하지 않는다면 송나라가 멸망했듯이 원나라도 멸망하리라고 경고한 것이다.

4.

이제현은 아미산 여행 때 지은 시들은 《서정록西征錄》으로 엮고 티베트 여행 때의 시들은 《후서정록後西征錄》으로 엮었다. 이 두 '서정록'은 전하지 않고, 일부의 시들만 문집 《익재난고益齋亂藁》에 전한다. 이제현은 《서정록》의 서문을 초승楚僧 가모옥可茅屋에게 부탁했고, 《후서정록》의 서문을 고려의 문인 최해崔瀣에게

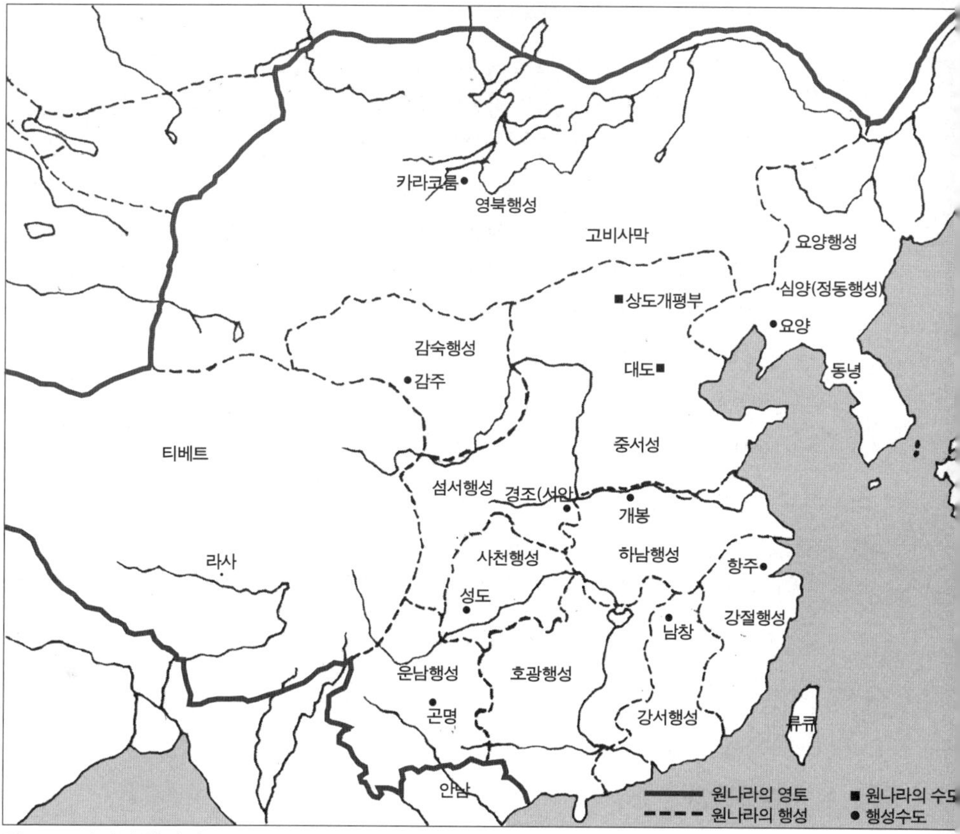

지도3_원나라 행정지도

부탁했다. 최해의 〈이익재 후서정록서李益齋後西征錄序〉는 이러하다.

> 익재 선생이 연우延祐(원나라 인종의 연호, 1314-1320) 초에 사명을 받들고 아미산에 강향降香할 적에 《서정록》을 지어 초승楚僧 가모옥可茅屋이 서문을 지었다. 지치至治(원나라 영종의 연호, 1321-1323) 말에 또 태위왕太尉王(충선왕)을 맞기 위하여 임조臨洮를 지나 하주河州에 이를 적에 《후서정록》을 지었는데, 그것을 내게 내보이며 서문을 지으라 했다.
>
> 만 리의 땅을 가 보지 않고 만 권의 서적을 읽어 보지 않고서는 두보杜甫의 시를 이해할 수 없다는 말을 알고 있기에, 천박한 지식으로 이 훌륭한 책에 눈을 붙이는 것만도 오히려 참람하다 하겠거늘, 하물며 제사題辭를 쓰라는

명령은 당치도 않은 일이다.

그런데 삼가 두어 번을 내리 읽을수록 표현 어구의 뜻이 침착하니, 본시 가슴속에 충만한 충의가 외물에 접촉하여 발로되었기 때문에 형세로 보건대 그렇게 될 수밖에 없었던 것이다. 겉만 꾸민 말이나 설렁설렁한 말은 한 구절도 없으며, 옛 역사를 추억하고 당시 사실에 느껴 지은 구절들은 뜻이 아주 정미하여, 선배의 가려운 곳을 긁은 데가 많았다.

회암부자晦庵夫子〔주희朱熹〕는 일찍이 구양수歐陽脩의 한 연〔〈당 숭휘공주의 친필을 보고 한내한의 시에 화운함〉(唐崇徽公主手痕和韓內翰)의 "옥안은 자고로 신세를 망친다 하였으니, 육식하는 사람치고 누가 국가 계책을 도모하랴"(玉顔自古爲身累, 肉食何人與國謀)〕을 칭찬하여, "시로 말하더라도 이는 제일등의 좋은 시요, 의논으로 말하더라도 이는 제일등의 의논이다"라고 논평한 일이 있다. 나는 이 시에 역시 공감되는 바 있기에, 이렇게 제사를 적어서 하명에 부응하는 바이다.

이제현의 원나라 내지 여행은 조국의 자주권을 찾으려는 충성의 뜻을 확인하는 한걸음 한걸음이었던 것이다.

참고문헌

이제현李齊賢,《익재난고益齋亂藁》, 한국문집총간 2, 민족문화추진회, 1988.
지영재,《서정록을 찾아서》, 푸른역사, 2003.
이제현 저, 신구현·상민·김찬순 역,《길에서 띄우는 편지》, 보리, 2005.
심경호,《간찰, 선비의 마음을 읽다》, 한얼미디어, 2006.
吉田良次 저, 吉田實 편,《趙子昂人と芸術》, 東京:二玄社, 1991.
岡田英弘,《モンゴル帝国から大清帝国へ》, 東京:藤原書店, 2010.

자유를 추구한 깨끗한 놀이,

김시습, 《사유록》

1.

그대는 보지 못했나 신라 이승 원욱元旭 씨가
머리 깎고 신라 저자에서 도를 행한 것을
당나라에 가서 불교를 배우고 고국으로 돌아와
승속僧俗을 넘나들며 민간에 다니면서
거리 아동과 아녀자도 쉽게 깨우치니
그를 두고 아무개 집 아무개라 가리킬 정도
그러나 큰 무상無常의 도를 가만히 행하여
소 타고 법을 펴서 종지宗旨를 풀이하니
불경의 소초疏抄가 책 상자에 가득해
후인들이 보고서 다투어 따랐도다
뒤늦게 국사로 추존하고 무쟁이라 시호 내려
곧은 돌에 새겨 자못 칭송했으니
비갈 위 금가루는 광채가 찬란하고
불화와 사辭도 역시 좋아라
우리도 환어幻語 잘하는 무리라서
환어에 대해서는 대략 아는 편
다만 나는 옛 도를 좋아해 뒷짐 지고 읽을 뿐

아아, 서쪽서 오신 분〔달마,부처〕을 보지는 못하누나

君不見新羅異僧元旭氏(군불견신라이승원욱씨)
剔髮行道新羅市(척발행도신라시)
入唐學法返桑梓(입당학법반상자)
混同緇白行閭里(혼동치백행여리)
街童巷婦得容易(가동항부득용이)
指云誰家誰氏子(지운수가수씨자)
然而密行大無常(연이밀행대무상)
騎牛演法解宗旨(기우연법해종지)
諸經疏抄盈巾箱(제경소초영건상)
後人見之爭仰企(후인견지쟁앙기)
追封國師名無諍(추봉국사명무쟁)
勒彼貞珉頗稱美(늑피정민파칭미)
碣上金屑光燐燐(갈상금설광린린)
法畵好辭亦可喜(법화호사역가희)
我曹亦是善幻徒(아조역시선환도)
其於幻語商略矣(기어환어상략의)
但我好古負手讀(단아호고부수독)
吁嗟不見西來士(우차불견서래사)

김시습金時習(1435-1493)이 지은 〈무쟁비無諍碑〉 시로, 군불견체君不見體라는 칠언고시 형식이다.

경주 남산에 머물면서 김시습은 분황사에 있던 화쟁대사和諍大師, 곧 원효元曉의 비를 보고, 성聖과 속俗을 넘나들며 매임이 없었던 원효의 삶을 추모했다.

첫 구에서 말하는 '신라이승 원욱씨'는 원효를 가리킨다. 원효를 원욱元旭이라 한 것은 '曉'와 '旭'이 모두 아침 해를 뜻하는 글자라서 바꾸어 쓴 것이다. 고려 왕의 이름에 堯라는 글자가 있어서, 글자를 피한 것이다.

원효는 서른넷에 의상과 함께 당나라로 가려다가 고구려 군사에게 붙잡혀 돌아왔고, 마흔넷에 다시 의상과 함께 당나라로 가다가 도중에 해골에 괸 물을 마시고는 진리는 밖에서 찾을 것이 아니라고 깨달아 그냥 돌아왔다고 한다. 그런데 김시습은 원효가 당나라에서 불교를 배웠다고 했다. 원효가 중국에 유학했다는 전승도 있었던 듯하다.

〈무쟁비〉 18구는 세 부분으로 나뉜다.

제1분단 : 원효가 불법을 깨우친 뒤 민간에서 불법을 선포한 일을 서술
제2분단 : 원효가 《금강삼매경론金剛三昧經論》·《대승기신론소大乘起信論疏》 등 100부 240여 권이나 되는 저술을 남겨 후대 교학의 존경을 받은 사실을 서술
제3분단 : 원효가 고려 때 추시追諡받은 일을 서술하고, 자신은 불법을 논하지만 참된 진리에는 도달하지 못했다는 안타까움을 토로

이 시는 심정의 자유로운 표출을 위해 여러 시형식을 한데 얽어 두었다. 그것은 성과 속을 넘나들었던 원효의 불기不羈(얽매이지 않음)의 삶을 그리는 데 매우 적절한 방법이었다. 또한 김시습 자신의 자유 추구 정신을 표출하는 데도 효과적이었다.

원효는 고려 때 보살菩薩이나 성사聖師라 일컬어졌다. 고려 숙종 6년(1101)에는 원효와 의상에게 국사國師의 호를 추봉했으며, 70년 뒤 명종(재위 1171-1197) 때는 최유청崔惟淸(1095-1174)이 '화쟁국사비'의 비문을 지어, 그 글을 새긴 비석을 분황사에 세웠다. 글씨는 최선崔銑(?-1209)이 쓴 듯하다. 비석은 정유재란(1597)으로 분황사가 소실될 때 파손되고 대좌만 남았다. 1976년에 작은 조각이 발견되어 현재 동국대학교 박물관에 소장되어 있다.

원효는 "일체에 걸림이 없는 사람은 단번에 생사를 벗어난다"(一切無㝵人, 一道出生死)라고 주장했다. 곧 중생의 마음에 철저한 자유가 내재하고 있다고 보았으며, 그 스스로 자유인으로서 일생을 보냈다.

《삼국유사》는 원효의 전기를 〈원효불기元曉不羈〉라는 제목으로 실었다. 원효는 소를 타고 거리를 다니면서 빨래하는 여인에게 말을 걸고, 냇가에서 고기를 잡아먹었으며, 사복蛇福의 어머니를 장사지냈다. 그런가 하면 분황사에서 《화엄경소華嚴經疏》를 쓰고 황룡사에서는 사자후를 토했다. 설총을 낳은 이후로 속인의 의복으로 바꾸어 입고 소성거사小姓居士라고 자칭했는데, 광대 짓을 모방하여 큰 박을 가지고 놀았다.

고려 중엽의 이인로李仁老(1152-1220)는 이렇게 적었다. "원효 대성大聖은 백정과 술장사 같은 시정잡배들 속에 섞여 지냈는데, 한번은 목이 굽은 조롱박을 어루만지면서 저자에서 노래하고 춤추며 무애라고 이름했다. 이러한 일이 있은 뒤로 호사가가 금방울을 위에 달고 채색 비단을 밑에 드리워 장식하고 이를 두드리면서 앞으로 나아갔다가 뒤로 물러갔다가 했다. 그리고 경론經論에서 게송偈頌을 취하여 '무애가'라고 하니, 밭 가는 노인까지도 이것을 본받아 유희로 삼았다."

김시습의 〈무쟁비〉의 넷째 구에 나오는 '혼동치백混同緇白'이란 말은 원효가 승려의 영역과 속인의 영역을 넘나들었던 사실을 가리킨다. 치緇는 승도僧徒, 백白은 속인을 가리킨다. 또 〈무쟁비〉 시에서, 거리의 아동과 부녀자도 원효를 손가락으로 가리키며 아무개라 했다고 적은 것은 중국의 마조馬祖에다 원효를 견준 것이다. 마조는 당나라 십방什邡의 키 장수 집 아들이었는데 득도하여 고향에 가자, 빨래하던 노파가 "저 애가 참 기특하기도 하군, 키 장수 집 아들이 아닌가!"라고 했다. 민중도 친근하게 여길 만한 인물이었다는 것이다. 원효도 그러했다.

그런데 김시습은 불법의 이치를 글로 읽어 터득할 수는 있지만 불교의 진리를 진정으로 체득하지 못한다고 한탄했다. 그래서 불교 교리를 환어幻語라는 자조적인 말로 표현했다.

김시습은 유교든 불교든, 또 불교의 어떤 종파든, 모두 절대 전리를 구현한다고는 보지 않았다. 그는 종파적 분별식分別識을 중시하지 않았다. 참된 진리에 도달하는 것이 크나큰 바람이었다.

김시습은 원효의 탄생설화에는 관심을 두지 않았다. 《삼국유사》를 보면, 원효는 그 어머니가 별똥이 품안으로 들어오는 꿈을 꾸고 나서 잉태했고, 해산 때는 오색구름이 땅을 덮었다고 한다. 원효의 어머니는 골짜기의 밤나무 아래를 지나다가 홀연 해산을 하게 되었으므로, 남편의 옷을 나무에 걸어 두고 거기서 지냈으며, 그래서 그 밤나무를 사라수라 부르게 되었다고 한다. 이 이야기의 숨은 뜻은 잘 알 수 없지만, 요컨대 신성한 존재의 탄생을 알리는 설화라고 할 수 있다.

또한 김시습은《삼국유사》에 기록된 원효와 사복의 이야기에 대해서도 언급하지 않았다. 사복은 경주 만선북리에서 과부의 아들로 태어나 열두 살이 되어도 말을 못 하고 일어나지도 못했다. 어느 날 어머니가 죽자 고선사高仙寺로 원효를 찾아가서 "그대와 내가 옛날 경經을 싣고 다니던 암소가 지금 죽었으니 같이 가서 장사지내자"라고 청했다. 원효는 그의 집으로 가서 시체 앞에서 축원하기를 "나지를 말아라, 죽는 것이 괴롭다. 죽지를 말아라, 나는 것이 괴롭다"(莫生兮其死也苦, 莫死兮其生也苦)라고 했는데, 사복이 그 말이 너무 길다고 하자 원효는 다시 "죽고 사는 것이 모두 괴롭구나"라고 했다. 두 사람은 시신을 메고 활리산 기슭으로 갔는데, 사복이 풀뿌리를 뽑고는 시체를 업고 그 속으로 들어가자 땅이 갑자기 합해졌다고 한다.

아마도 김시습은《삼국유사》를 읽지 못했던 것 같다.《삼국유사》는 조선초에 간행된 듯하지만 비교적 널리 읽히게 되는 것은 1512년(중종 7)에 경주부윤 이계복李繼福이 중간한 뒤다. 김시습이《삼국유사》를 읽었더라면, 비단 원효에 관계된 설화만이 아니라 신라 불교의 문화와 사상을 깊이 연구했을 터인데, 아쉬운 일이다.

2.

1456년(세조 2) 6월에 성삼문·박팽년·이개·하위지·유성원·유응부 등 여섯 신하가 단종의 복위를 꾀하다가 사형 당했다. 그리고 뒤에 김문기도 관련 사실이 드러나서 처형되었다. 병자년에 벌어진 앙화라고 하여 병자화丙子禍라고 한다. 이 사건의 주동자를 '사육신'이라고 부르게 된 것은 남효온南孝溫(1454-1492)의 〈육신전六臣傳〉에서 비롯되었다.

이듬해인 1457년 6월, 단종은 노산군으로 강등되어 영월로 유배되었다. 이 무렵 순흥(경상북도 영풍군 순흥면)의 부사 이보흠李甫欽이 금성대군 이유李瑜와 함께 단종의 복위를 도모하다가 발각되었다. 금성대군은 세조의 넷째 아우

6_단종이 유배됐던 영월 청령포清泠浦

7_왕방연 시조비

로, 계유정난 이후 수양대군의 견제를 받아 오다가, 사육신과 연관이 있다는 이유로 순흥에 유배되어 있었다. 금성대군과 이보흠은 남쪽 지방 인사를 모아, 새재(조령)와 죽령을 거점으로 단종을 복위시키기로 했다. 그런데 순흥 관청의 관노가 그들의 대화를 엿듣고 금성대군의 시녀를 꾀어서 격문을 훔쳐서는 한성으로 향했다. 그러자 이보흠은 한성으로 말을 달려 관노보다 먼저 모반의 변고를 스스로 알렸다. 이 일로 금성대군은 사사되고, 이보흠 자신도 격문의 초안자라는 이유로 교살당했다. 좌찬성 벼슬에 있던 신숙주는 단종을 제거하자고 주장하고, 영의정 정인지와 좌의정 정창손, 이조판서 한명회도 거들었다. 이로써 10월 24일, 단종(노산군)은 영월에서 죽음을 맞았다.

1458년 봄, 김시습은 동학사에서 전 제학 조상치曺尙治, 전 진사 조려趙旅, 승려 명선明禪·월잠月岑·운파雲波 등과 함께 단종을 제사지냈다. 세조가 단종의 제사를 허가한 이후, 제삿날에 맞추어 각자 여러 방향에서 모여든 듯하다.

김시습은 충의의 분노를 억누를 수가 없었다. 그는 승려 차림으로 명산을 편력하면서 가슴속 불평을 발산하기로 했다. 구름 따라 물 따라 다니는 '호탕한 유람'을 추구하기로 한 것이다.

김시습은 우선 북쪽으로 향했다. 평양을 들러 대동강을 건너고, 묘향산에 이르렀다. 1458년 가을에는 관서 유람의 시를 《탕유관서록宕遊關西錄》으로 엮었다. 그는 그 〈후지後志〉에서, 자신이 불의의 세간을 차마 보지 못하는 까닭에 승려의 행각으로 산수에 은거하게 되었다고 밝혔다.

> 어느 날 갑자기 개탄스러운 일을 당하고는, 남자가 이 세상에 태어나 도를 행할 수 있는 상황이라면 제 한 몸을 깨끗이 한다면서 인륜을 어지럽힘〔결신난륜潔身亂倫〕이 부끄럽지만, 도를 행할 수 없을진댄 홀로 자기 자신만을 착하게 수양함〔독선기신獨善其身〕이 옳다고 여겼다. 속세의 바깥을 떠다니면서 북송 때의 도사 진단陳摶과 당나라 때의 도사 손사막孫思邈의 풍모를 사모하여 그들처럼 도사의 행각으로 살아갈까 했으나, 우리나라에는 아직 그러한 풍속이 없어 머뭇머뭇했다. 그러다 어느 날 저녁에, 만약 장삼을 걸치고 산인山人〔산승〕이 된다면 소원을 풀 수 있으리라고 문득 깨달았다.

김시습은 처음에 도사로 나설까 생각했으나 당시 조선의 풍속과는 맞지 않았으므로, 승려의 행색을 취하기로 했다.

그가 장삼을 걸치고 방랑하면서 좋은 경치를 만나면 시를 읊고는 했던 것은, 그것이 현실의 구속을 벗어날 수 있는 유일한 길이기 때문이었다. 김시습은 또 이렇게 말했다.

> 만약 내가 벼슬길에 있으면서 이 깨끗한 놀이〔청완淸翫〕을 다하려 했다면 그럴 수 없었을 것이요, 그리고 자유자재하게 놀지도 못했을 것이다. 아! 사람이 천지 사이에 생겨나 명리에 근심하고 생업에 급급하여 그 몸을 고달프게 하기를, 뱁새가 들의 완두를 그리워하고 박이 나무에 매달리듯 한다면 어찌 괴롭지 아니하랴? 그래서 이 글을 적어 속사俗士를 격동시키고자 한다.

김시습은 자신의 방랑을 '호탕한 유람'(탕유宕遊)이라 일컫고 '깨끗한 놀이'

(청완淸翫)라고 불렀다. 방외에 노닐어 도력을 양성하겠다는 목적을 내걸지 않았다.

고려 말 조선 초의 승려들은 대개 방외의 유람을 통하여 도력을 키우고자 했다. 그러나 김시습은 목적 없이 자유로운 여행을 했다. 또한 그 유람은 조선 중기 이후 많은 선비들이 산수 유람을 통해 기세를 양성해서 글쓰기의 바탕으로 삼았던 것도 달랐다.

김시습은 호남의 여행이 끝나 가던 1462년, 팔라현(팔량치)과 운봉현을 넘어 경상도 함양으로 들어갔으며, 거기서 견암사를 거쳐 해인사로 향했다.

해인사에서는 최치원崔致遠이 신선들과 놀았다고 전하는 유상곡수流觴曲水(굴곡진 물길을 따라 술잔이 떠가게 만든 유지)의 유적지를 돌아보았다. 현재 유상곡수의 유적지로는 경주의 포석정이 있지만, 김시습 당시에는 해인사 앞에도 유사한 유적지가 있었던 것 같다.

28세의 김시습은 경주에 정착하기로 결심했다. 무너진 전각밖에 남지 않은 선방사禪房寺, 석조石槽와 솥만 남은 흥륜사興輪寺, 목탑만 남은 영묘사靈廟寺를 보면서 무상감을 느끼기도 했지만, 사찰 경내에 여염이 들어선 것을 보면서 성聖과 속俗의 상생 관계를 문득 떠올렸다. 그렇기에 "흥망이란 곧 끝이 없이 반복되는 법이어서, 옛일과 지금 일로 미래를 추론하며 눈을 자주 돌린다"(興亡便是無窮事, 今古推來眼屢回)라든가, "어디가 가장 길손의 한을 더하는가, 무너진 담에 봄비 내려 풀이 무성한 그곳"(何處最堪添客恨, 壞垣春雨草芃芃)이라고 애상감에 젖는 한편, "속인은 옛날 승려에게 시주하고 지금 승려는 속인에게 시주하니, 윤회하여 덕 갚음도 또한 무방하다"(俗古施僧僧施俗, 輪回報德亦無嫌)라고 생각했다.

경주 사정리沙正里에는 신라 최초의 사찰인 흥륜사가 있었다. 《삼국유사》에 따르면 아도가 미추왕 2년에 성국공주成國公主의 병을 낫게 하고 천경림天鏡林에 절을 세워 주기를 청한 것이 이 절을 창건하게 된 연기라고 한다. 법흥왕 14년 이차돈의 순교가 있자 천경림의 공사를 진행시켜 진흥왕 5년인 544년 2월에 절이 완성되었으며, 왕은 이 절에 '대왕흥륜사大王興輪寺'라는 호를 내려주었다. 그 뒤로 흥륜사는 왕실의 원찰願刹로서 번영다. 하지만 조선조에 들어와 흥륜사는 허물어지고 거대한 석조와 배례석拜禮石만 남았다. 김시습은 흥륜사의 폐허를 보고 "돌구유는 팽개쳐지고 가마솥은 불꽃을 끊었으며, 전각의 남은 터는 여염으로 변했다"(石槽遇困鑊辭炎, 殿閣餘墟化里閭)고 묘사했다.

김시습은 황룡사黃龍寺의 황룡대상 즉 장륙상 동상이 홀로 언덕에 서 있는 모습을 보고, 주나라 태조 묘에 있었다는 함구緘口의 금인金人을 상상했다. 《공자가어孔子家語》라는 고전에 보면, 공자가 주나라 태조 후직后稷의 사당에 들어가 보니 그 오른쪽 계단 앞에 말을 조심하라는 뜻에서 입을 봉함해 둔 청동상이 있었다고 한다. 김시습은 생각했다. 보리심을 발휘하여 중생을 구제한다고 하는 것도 도리가 행해지는 시대의 일이다. 만일 온 세상이 파괴되는 괴겁壞劫의 시기라면, 함구하여 원통한 일을 당하지 않는 것이 상책이다. 그렇기에 저 금동의 장륙존상도 지나간 시절의 흥망성쇠를 자잘하게 논하지 않고 언덕에 우뚝 말없이 서 있는 것이 아니겠느냐.

언덕에 우뚝 선 저 동상은
지나간 흥폐를 말하려 않네
주나라 군주를 만나더라도 괴겁의 시기에 처한다면
이타利他가 어찌 원통한 일 당하지 않음만 하랴

銅人屹立向丘原(동인흘립향구원)
興廢從來欲不言(흥폐종래욕불언)
周主若逢遭壞劫(주주약봉조괴겁)
利他何似勿遭寃(이타하사물조원)

김시습은 장륙존상처럼 함구하여 시사時事를 입에 담지 않으리라고 결심한 것이다.

경주에는 신라 왕조의 번영상을 말해 주는 유적이 많았다. 경순왕 묘는 정수원淨壽院 옛 절터에 위치하여 있었고, 고을 아전이 제사를 지내고 있었다. 그것을 보고 김시습은 마음이 아팠다.

김시습은 천주사天柱寺에서 봄꽃을 구경했고, 안하지安夏池 유지에 벼가 우쑥 자란 것을 보았다. 천주사는 신라의 내불당으로, 제석원帝釋院이라 했다. 사람들이 명화를 뜰에 심어 불상에 바쳐 복을 빌어 왔지만, 성가시게 생각한 승려들이 모두 파 없앴다고 한다. 안하지는 곧 오늘날의 안압지이다. 김시습은 다음과 같이 묘사했다.

못을 파서 바다 만들고 물고기와 소라 키웠으니
용 목에서 물을 끌어대어 형세가 높고 높아라

鑿池爲海長魚螺(착지위해장어라)
引水龍喉勢岌峨(인수용후세급아)

첨성대瞻星臺를 두고는 다음과 같이 문답을 주고받았다.

〈첨성대에게 묻는다〉(問瞻星臺)

높은 누대가 아스라이 푸른 하늘에 접하여
질서정연한 천문이 시야 속에 자세하다
너는 하늘을 살펴 군주의 덕을 닦는 기구이거늘
어찌하여 옛 성 곁에서 뻗대고 있단 말인가

高臺卓犖接穹蒼(고대탁락접궁창)
歷歷乾文一望詳(역력건문일망상)
此是仰觀修德器(차시앙관수덕기)
如何屓屭〔贔〕故城傍(여하희희〔비〕고성방)

〈첨성대를 대신하여 답한다〉(代瞻星臺答)

주나라에는 영대가 있었지만 나라 엎어져 망했고
당나라 때는 측천무후가 별도로 명당을 세우지 않았던가
당시 군주들이 천문의 변화를 살피지 않았던 것이지
내가 재앙을 가져다준 것은 아니라오

周有靈臺赧覆亡(주유영대난복망)
則天曾自立明堂(측천증자입명당)
時君不省乾文變(시군불성건문변)
非是由吾致禍殃(비시유오치화앙)

8_경주 남산의 금오정

김시습은 이렇게 첨성대와의 문답을 가설해서, 국가 흥망의 원인은 군주 자신의 덕에 있다는 점을 강조했다.

김시습은 백률사栢栗寺 누각에 올라 멀리 석탈해의 사당 곁에 속절없이 달만 둥그렇게 뜬 모습과 경애왕의 능 곁에 여염이 들어찬 모습을 바라보면서 무상감에 젖었다. 또한 서천 넘어 김유신 묘, 월성 터, 문천蚊川, 동정東井(나정蘿井), 분황사芬皇寺 석탑, 동천사東川寺의 사계화, 봉덕사 종, 불국사, 김알지대왕릉, 신라 재상 차공의 묘, 선덕왕릉, 월성당月城堂, 천왕사天王寺 유적지, 북천의 김주원 유적지, 천룡사天龍寺, 남쪽 교외의 대로원大櫓院, 사다내상舍那大像 등을 두루 찾아보았다.

1481년(성종 12)에 왕명으로 편찬된《동국여지승람東國輿地勝覽》에 언급된 광의의 고적들과 비교해 보면, 김시습은 경주의 역사적 아름다움을 매우 깊이 있게 파악하고 있음을 알 수가 있다.《동국여지승람》은 세종 때의《신찬팔도지리지》를 대본으로 삼고 명나라의《대명일통지》의 체제를 따라 각 도의 지리, 풍속, 역사 사실을 정리하고 관련되는 시문을 항목마다 부기한 것으로, 현재는 1530년(중종 25)에 증보된《신증동국여지승람新增東國輿地勝覽》의 목판본이 전한다. 제21권 경상도 경주부의 조항을 보면, 경주의 유적은 〈표3〉과 같다.

한편 《동국여지승람》의 편찬에 참여한 서거정徐居正(1420-1488)은 경주의 전설과 유적을 12편의 절구로 노래했는데, 그 제목들을 보면, 계림영이鷄林靈

표3_《신증동국여지승람》 제21권 경상도 경주부慶州府 조항에 등재된 경주의 유적
('고적' 조항에는 부곡과 목책도 포함되어 있다)

성곽城郭	읍성邑城·부산성富山城
궁실宮室	집경전集慶殿
누정樓亭	빈현루賓賢樓·의풍루倚風樓·남정南亭·이견대利見臺·금장대金藏臺(《신증》 함벽정涵碧亭)
학교學校	향교鄕校(《신증》 소학당小學堂)
교량橋梁	대교大橋·효불효교孝不孝橋
불우佛宇	영묘사靈妙寺·분황사芬皇寺·불국사佛國寺·기림사祇林寺·감은사感恩寺·백률사栢栗寺·천주사天柱寺·석장사錫杖寺·광법사法光寺·천룡사天龍寺(《신증》 무장사鍪藏寺·용장사茸長寺
사묘祠廟	사직단社稷壇·문묘文廟·성황사城隍祠·혁거세묘赫居世廟·석탈해사昔脫解祠·성모사聖母祠·경순왕영당敬順王影堂·신모사神母祠
능묘陵墓	혁거세릉赫居世陵(오릉五陵·사릉蛇陵)·미추왕릉味鄒王陵(죽현릉竹現陵·죽장릉竹長陵)·법흥왕릉法興王陵·태종무열왕릉太宗武烈王陵·진흥왕릉眞興王陵·선덕왕릉善德王陵·효소왕릉孝昭王陵·성덕왕릉聖德王陵·헌덕왕릉憲德王陵·흥덕왕릉興德王陵·김유신묘金庾信墓·김인문묘金仁問墓·김양묘金陽墓(태종왕릉배장太宗王陵陪葬)
고적古蹟	진한육부辰韓六部·양산나정楊山蘿井(혁거세 거서간이 탄생한 곳)·알영정閼英井(혁거세의 두 아내가 용에게서 출생한 곳)·금성정金城井·금성金城·만월성滿月城·명활성明活城·남산성南山城·관문성關門城·영창궁永昌宮·요석궁瑤石宮·황학루黃鶴樓·금송정琴松亭·포석정鮑石亭·첨성대瞻星臺·구성대九聖臺·아진포阿珍浦(석탈해의 궤가 표착漂着한 곳)·서출지書出池·안압지雁鴨池·성부산星浮山·여나산余那山·봉생암鳳生巖·월명항月明巷(처용의 가무처)·만파식적萬波息笛·옥대玉帶·사절유택四節遊宅·재매곡財買谷·일정교日精橋(춘양교春陽橋)·월정교月精橋·귀교鬼橋(비형鼻荊과 귀신이 만든 다리로 두두리頭頭里의 유래처)·운량雲梁·상서장上書莊·봉덕사종奉德寺鍾·담암사曇巖寺·천관사天官寺·황룡사黃龍寺·사천왕사四天王寺·봉성사奉聖寺·영흥사永興寺·흥륜사興輪寺·신원사神元寺·창림사昌林寺·남산사南山寺·주암사지맥석朱巖寺持麥石(하지산下枝山 즉 부산富山의 절의 대석臺石)·곤원사북연坤元寺北淵(고려무신 이의민李義旼이 살해된 곳)·거제巨濟(목랑木郎 즉 두두리頭頭里를 제사한 곳)·임관군臨關郡·상성군商城郡·동안군東安郡·음즙화현音汁火縣·남기정南畿停(근내정根乃停)·서기정西畿停(두량미지정豆良彌知停)·북기정北畿停(서곡정雨谷停)·막야정莫耶停(관아양지정官阿良支停 즉 북하량北河良)

異·오산기승鰲山奇勝·포정감회鮑亭感懷·문천빙망蚊川騁望·반월고성半月古城·첨성노대瞻星老臺·분황폐사芬皇廢寺·영묘구찰靈妙舊刹·오릉비조五陵悲弔·남정청상南亭淸賞·문옥저성聞玉笛聲·과김유신묘過金庾信墓 등이다. 서거정의 문집인《사가집四佳集》시집 보유와《동국여지승람》에 '경주십이영慶州十二詠'이란 제목으로 실려 있다.

김시습은 서거정보다 경주의 역사적 아름다움을 진정으로 사랑했다.

3.

김시습은 술에 취해 경주의 거리를 쏘다녔다. 그러나 다른 한편으로는 맑은 정신으로《금오신화金鰲新話》를 집필했다.

제목의 '금오'는 경주 남산, 그 가운데서도 금오봉을 가리킨다고도 하고, 우리나라 전체를 가리킨다고도 한다. '신화'는 새 이야기란 뜻이니,《전등신화剪燈新話》등 당시에 널리 읽히던 전기소설傳奇小說과는 다른 발상으로 새로운 이야기를 엮었다고 밝힌 것이다.

《금오신화》의 〈만복사저포기〉는 고려 말 왜적의 침략을 배경으로 했고, 〈이생규장전〉은 고려 말 홍건적의 난을 배경으로 삼았다. 두 작품은 외적의 침략으로 민족 구성원의 삶이 유린당한 사실을 아프게 그려 내었다. 한편 〈취유부벽정기〉는 옛 도읍 평양을 무대로 삼아, 풍경 속에 민족사의 흐름이 스며들어 있다는 사실을 환기시켰다. 〈남염부주지〉는 지옥왕환地獄往還의 설화를 소재로 삼아 등장인물의 대화를 통해 올바른 이념이 실현되지 못하는 현실의 악惡을 고발했다. 〈용궁부연록〉은 환상의 공간을 그려 보였으나, 그 공간은 개성의 박연폭포에 연관된 용 전설을 소재로 삼았다. 이 소설들에서 각각의 주인공은 환상의 공간을 여행하는 과정을 통하여 현실의 무게를 깨닫고 자신의 주체적 존재를 자각하게 된다.

사실 김시습이 언제《금오신화》를 엮었는지는 분명하지 않다. 다만, 임진왜란 이전의 목판본〔중국 다롄(大連) 도서관 소장〕에 김시습이 경주 남산에서 편집한《유금오록遊金鰲錄》의 후지後識가 그대로 붙어 있다. 또 권문해權文海(1534-1591)는《대동운부군옥》에서 "금오산은 동도〔경주〕에 있으니, 김동봉〔동봉은 김시습의 호〕이 일찍이 이 산에 거주하면서《전등신화》를 본받아《금오신화》서너 권을 저술했다"고 했다.

37세 때 김시습은 현실정치에 참여할 생각으로 서울로 올라왔다. 그 희망이 좌절되자 서울 근교 수락산에 머물면서 유교, 불교, 도가사상을 연구했다. 잠시 환속하기도 했다. 김시습은 높은 지위의 임명 소식을 들을 때마다, "이 백성이 무슨 죄가 있기에 그 사람이 이 임무를 맡는가?"라고 여러 날 통곡했다. 밭 갈고 김매는 농사꾼 형상을 나무로 100여 벌이나 깎아서 책상 옆에 벌여 놓고 온종일 응시하다가 통곡하고는 태워 버렸다.

환속해 있던 40대에 영의정 정창손鄭昌孫의 행차에 마주치고는 그의 이름을 부르면서 "이놈아, 그만 쉬어라"라고 했다. 정창손은 세조 원년(1455)에 좌익공신 3등이 되고, 이듬해 사육신의 단종 복위 계획을 사위 김질金礩에게서 듣고 거사 계획을 고발하여 좌익공신 2등에 올랐다. 예종이 즉위한 뒤에는 남이·강순의 옥사를 처리하여 익대공신 3등, 성종 초에는 좌리공신 2등이 되었으며, 1475년에는 영의정에 올랐다.

김시습은 49세 때인 1483년, 두타승의 행색으로 관동으로 향했다. 그 어느 곳에서도 수심 가득한 창자(愁腸)를 묻을 수가 없었고 현실을 변혁하지 못하는 무기력감을 느꼈다.

김시습은 동해가에 머물던 1485-1486년 무렵에 지은 〈동봉 여섯 노래〉(東峰六歌)에서 자신의 일생을 돌아보면서 자조했다.

> 나그네여, 동봉이란 이름의 나그네
> 헝클어진 흰머리에 초라한 모습
> 젊어서는 서書와 검劍을 배웠으나
> 시큼한 선비 모습 짓기 부끄러워
> 하루아침에 가업을 뜬구름처럼 여기고
> 흘러 떠돌았으니 누가 날 상종하랴

아아 첫 번째 노래! 구슬픈 노래
검푸른 저 하늘은 도무지 모르누나

有客有客號東峯(유객유객호동봉)
鬖髿白髮多龍種(삼사백발다용종)
年未弱冠學書劍(연미약관학서검)
爲人恥作酸儒容(위인치작산유용)
一朝家業似雲浮(일조가업사운부)
波波挈挈誰與從(파파설설수여종)
嗚呼一歌兮歌正悲(오호일가혜가정비)
蒼蒼者天多無知(창창자천다무지)

김시습은 성균관 부근에서 자라면서, 어머니 뜻을 받들어 유학을 공부했다. 그러나 단종의 손위와 사육신의 죽음 등을 목도하면서 이 세상은 훼손되어 있어 이상을 실현할 수가 없다는 사실을 똑똑히 알았다. 그렇다고 염치를 버리고 시큼한 선비로 살아갈 수는 없었다. 학문에 입문했던 처음 뜻을 내팽개칠 수 없었던 그는, 결국 승려가 되어 방랑길에 올랐다. 명리에 마음을 빼앗긴 '속된 선비'(俗士)이기를 거부했으며, 자유자재하게 유희하려고 했던 것이다.

김시습은 또 이렇게 말했다.

활을 당겨 천랑 별을 쏘려 했더니
태일 별이 하늘 중앙에 있구나
긴 칼 뽑아 여우를 치려고 했으나
백호가 산모퉁이에 버티고 있네
강개한 이 마음을 토로 못하고
방약무인하게 휘파람 불어본다
아 여섯째 노래! 노래하다간 한숨 쉬네
장대한 뜻이 꺾여 수염만 매만질 뿐

操余弧欲射天狼(조여호욕사천랑)
太一正在天中央(태일정재천중앙)
撫長劍欲擊封狐(무장검욕격봉호)
白虎正負山之隅(백호정부산지우)

慷慨絶兮不得伸(강개절혜부득신)
劃然長嘯傍無人(획연장소방무인)
嗚呼六歌兮歌以吁(오호육가혜가이우)
壯志濩落兮空撚鬚(장지확락혜공연수)

천랑이나 큰 여우는 악의 존재를 상징한다. 태일과 백호는 군주를 상징한다. 천랑과 여우를 제거한다는 것은 태일과 백호에게 반역하는 것을 뜻했기에, 김시습은 그러한 뜻을 함부로 지닐 수 없다는 것을 잘 알았다.

김시습은 '오활敖豁'했다. 그런데 사람들이 그를 두고 "경망하고 조급하다"고 욕하면 그는 더욱 좋아했다. 《장자莊子》〈천도天道〉편에 보면, "나를 소라고 부르면 소라고 여기고, 나를 말이라고 부르면 말이라 여긴다"(呼我牛也, 而謂之牛. 呼我馬也, 而謂之馬)는 구절이 있다. 그도, 남들이 소나 말이라 부르면 자기는 그것을 받아들이고 거역하지 않았다.

김시습은 세간의 명예나 오욕을 벗어나 스스로의 이념을 지키면서 살아가려 했기에 스스로의 호를 청한자淸寒子라고 했다. 관동을 다니던 1485년에는 췌세옹贅世翁이라는 호를 사용했다. 세상에 쓸모없는 혹부리라는 뜻이다. 승려의 행각일 때에는 설잠雪岑이라고 했다.

김시습은 자유인으로서 동서남북을 떠다니는 '한인閑人'을 자처했다. 그가 자유인이 된 것은 사실은 풍진세계에 영합하여 살 수 없었기 때문이었다. 그는 이렇게 탄식했다.

뱀과 돼지 횡행하여 길이 아득하고
승냥이 이리 날뛰어 풍진세계 어두워라

蛇豕縱橫迷道路(사시종횡미도로)
豺狼跳躑暗風塵(시랑도척암풍진)

4.

조선 조정은 신하들의 충절을 고취시키기 위해 김시습을 절의의 인물로 부각시켜 그에 대한 제사 예식의 등급을 차츰 올리다가 정조 때 이르러 이조판서의 직을 추증하고 청간淸簡이란 시호를 내렸다.

또한 김시습은 시인으로서 명성이 높았다. 그가 죽은 지 얼마 되지 않아 조정의 신하들은 김시습을 모범으로 내걸고 젊은 문신들로 하여금 산과 강에 노닐며 기氣를 길러서 시문을 짓도록 권하자고 건의한 바 있다.

하지만 김시습은 이미 20대 후반에 불법에 밝은 승려로 알려져 있었기에 효령대군의 청으로 《묘법연화경妙法蓮華經》 언해 사업에 초빙되었다. 또 《묘법연화경별찬妙法蓮華經別贊》, 《화엄경석제華嚴經釋題》, 《대화엄일승법계도주병서大華嚴一乘法界圖註幷序》, 《십현담요해十玄談要解》를 집필했다.

동시에 그는 조선의 수련도교를 개창했다. 세상에서는 그가 맹호를 부리고 술을 피로 변화시키며, 기운을 토해서 무지개를 만들며, 오백 나한을 청해 왔다고 전한다. 실제로 김시습은 수진修眞·복기服氣·용호龍虎 3편을 지어 도교 양생술을 논했다.

김시습의 사후, 1521년(중종 16)에 이자李耔(1480-1533)는 김시습의 시문을 수집하여 《매월당집梅月堂集》을 엮었다. 1560년대에 윤춘년尹春年(1514-1567)은 〈매월당선생전〉을 지었다. 그 후 선조는 재위 15년인 1582년에 김시습의 유고를 운각芸閣, 즉 교서관에서 인쇄하라고 명령했다. 이때 율곡 이이가 김시습의 전기를 다시 썼다. 그 이듬해 활자본 《매월당집》 23권 11책이 세상에 나왔다. 단, 김시습의 불교 관련 저술과 《금오신화》는 제외했다.

김시습의 저술은 활자본 문집 이외에 《매월당관동관서록梅月堂關東關西錄》, 《매월당시사유록梅月堂詩四遊錄》, 《금오신화》가 별도로 간행되었다. 《매월당관동관서록》은 윤춘년이 1551년(명종 6) 가을에 간행했다. 《매월당시사유록》은 기자헌奇自獻(1562-1624)이 김시습의 《유관동록》, 《유관서록》, 《유호남록》, 《유금오록》에서 시를 고르고, 말미에 이 네 유록과 관련이 있는 시들을 '별집'으로 엮어 1624년에 목판으로 간행했다. 이 책은 50장에 불과하다. 하지만《매월당집》에 없었던 김시습의 〈원각사낙성회圓覺寺落成會〉 시와 세조의 〈수계권受戒券〉 시를《유금오록》에 실어 두었다. 이로써 김시습이 세조의 찬탈 이후에 절의의 결심을 굳히기는 했지만 원각사 낙성회에 참여했음을 똑똑히 알 수가 있다.

이산해李山海(1539-1609)는 활자본《매월당집》의 서문에서 김시습이 방랑을 통해 높고 거룩한 문장을 이루었으며, 그 시가 성정에 뿌리를 두어 장편이든 단편이든 군색하지 않다고 높게 평가했다.

> 〔김시습은〕 극도로 근심하고 강개하는 마음과 굴곡지고 뒤엉킨 가슴을 시원하게 할 수 없으면 반드시 글로 발산했다. 자유자재로 붓을 놀려, 처음에는 장난하는 듯 희롱하는 듯 조금도 마음에 두지 않았으나, 들었다가 꺾어 내리고 열었다가 닫아 버리는 변화를 이루 다 헤아릴 수 없을 정도였으며, 여러 체제를 모두 드러내고 일만 가지 형상을 다 나타내었다. 혹은 높이 올렸다가 급히 꺾어 내리고, 그윽하고 미묘하게 감추고 돌리고 서리게 하여 사람으로 하여금 허전할 정도로 슬프게 하고 엄숙할 정도로 두렵게 한다. 혹은 호기 있고 빼어나며 질펀하고 질탕하며, 혹은 깨끗하고 쌀쌀하며 허전하

9_무량사(김시습 영면의 곳)

고 아득한데다가, 큼직큼직하고 설렁설렁하며 방탕스럽고 허망하며 기이하고 보배스러운 말을 뒤섞어서, 착한 마음을 감동시켜 일으키고 악한 마음을 징계하여 조심하게도 하여 세상의 교화를 부지하고 인문의 윤리를 돈독하게 하는 것이 한둘이 아니다. 이는 마치 물이 평온하게 흘러서 파도가 없어 크게 넘실거리고 서서히 흘러내려 가다가, 갑작스러운 폭풍을 만나고 기슭과 바위에 부딪쳐 성내어 울부짖고 분격해서 격동하여 그칠 줄 모르는 것과 같다.

김시습은 58세 되던 1492년부터 충청도 홍산鴻山의 무량사에 있었다. 〈무량사에 병들어 누워〉(無量寺臥病)에서 당시의 심경을 이렇게 토로했다.

봄비 흩뿌리는 이삼 월
선방에서 병든 몸을 일으켜 앉는다
달마가 서쪽에서 온 까닭을 묻고 싶다만
다른 중들이 거양할까 두렵구나

春雨浪浪三二月(춘우낭랑삼이월)
扶持暴病起禪房(부지폭병기선방)
向生欲問西來意(향생욕문서래의)
却恐他僧作擧揚(각공타승작거양)

10_전傳 김시습 부도(무량사 소재)

김시습은 사상의 육화肉化를 강조했다. 유학에서는 의義와 이利를 엄별해야 한다고 가르치거늘 당시의 유학자들이 기술 관료로서 고민 없이 살아가는 것을 그는 보았다. 불교는 이타행을 궁극의 보살생으로 삼거늘 왕실 법사에 동원된 승려들이 보신에 급급한 것을 그는 보았다. 그는 유교인가 불교인가 도교인가 하는 구별을 중시

하지 않고, 사상을 체득하고 실천하는 것을 중시했다.

김시습은 사상이 사상으로서만 권위를 지니고 실생활에서 구현되지 않는 현상을 우려했으며, 스스로 사상을 실천하려고 했다. 부처를 만나려 하지만 만나지 못하는 애절함을 솔직하게 토로할 수 있었던 진정한 구도자였다.

참고문헌

심경호, 《김시습평전》, 돌베개, 2003(초판)/2010(7쇄).
심경호 역, 《금오신화》, 홍익출판사, 2000(초판)/2011(개정판).

표류로 인한 의외의 견문 확장,

최부, 《표해록》

1.

윤 정월 18일, 이날은 큰비가 내렸습니다.

〔…〕 날은 저물어 가는데 비는 그치지 않았습니다. 그러므로 해문위海門衛 허청許淸은 신 등을 절에 머물러서 하룻밤을 지내게 하려고 했으나, 그 마을 사람들이 모두 안 된다고 했습니다. 허청이 신에게 말하기를, "이 지방 사람들이 모두 당신들을 해적으로 의심하는 까닭에 머무르게 하지 않는군요. 당신이 비록 걷기가 힘들더라도 가지 않을 수 없겠소"라고 했습니다. 군리를 시켜 신 등을 몰아 큰 고개 하나를 넘게 했습니다.

밤 2경에 어느 냇가에 이르자 종자 이정李楨 등도 또한 힘이 다하여 자기 몸도 가누지 못했으니 신을 업고 갈 수 없게 되었습니다. 종자들 또한 모두 피곤하여 걷지 못했습니다. 허청이 몸소 신의 손을 잡아 일으켰으나, 신의 두 다리가 절룩거려 한 걸음도 옮겨 놓을 수 없었습니다. 격군 고이복高以福이 크게 성을 내며 신을 가리키며 말하기를, "이놈아! 이놈아! 미친 거 아냐? 네가 만약 힘들다면 사지를 뻗고 일어서지 못해야 옳다!"라고 했습니다. 신은 그 말에 굴욕을 느끼고, "내가 차라리 죽을 지경에 이르렀다면 마땅히 여기서 죽으리라" 하고 다시 드러누워 일어나지 않았습니다. 종자들도 모두 쓰러져 여기저기 드러누워 버렸습니다. 이정이 군리들을 독려하기도 하고 구타하기도 했지만 신들을 몰아갈 수는 없었습니다.

한참 후에 또 한 관인이 횃불을 든 군사를 거느리고 이르렀습니다. 갑옷과 투구를 걸치고 창검과 방패 따위로 무장한 그들은 쇄납嗩吶〔납태평소〕, 바라哱囉, 나팔, 징, 북, 총통銃熗으로 요란스러운 소리를 내며 갑자기 겹겹 둘러싸더니, 칼을 빼고 창을 써서 치고 찌르는 동작을 해 보였습니다. 신 등은 눈과 귀가 몹시 놀라 넋을 잃고 어찌할 바를 몰랐습니다.

관인은 허청과 함께 군사의 위용을 정돈하고 나서 신등을 몰았습니다. 3, 4리쯤 가니, 큰 옥사屋舍가 있고, 성곽이 빙 둘러서 관방關防과 같기에 물었더니, 곧 두독장杜瀆場〔두독염장杜瀆鹽場. 원나라 때부터 설치된 염장鹽場으로 무관 1인을 두었다〕으로 현재 도지소桃知所〔도저소桃渚所의 오기인 듯함〕라고도 하고 비험소批驗所〔사염私鹽 방지를 위해 산염구産鹽區로부터 행염구行鹽區에 이르는 중간의 교통 요지에 설치한 검열 기구〕라고도 했습니다. 성안에 안성사安性寺란 절도 있었는데, 신 등을 절에 머물러 유숙하도록 했습니다.

신은 그 관인이 누구인가 물으니, 어떤 중이 말하기를, "이 분은 곧 도저소 천호桃渚所千戶요. 왜인이 국경을 침범했다는 소식을 듣고 무기를 가지고서 여기에서 대비하고 있었는데, 허 천호許千戶의 보고로 군사를 거느리고 가서 당신들을 몰고 온 것이오. 그러나 아직 당신 마음이 진실한지 거짓인지를 알지 못하므로 내일 도저소에 이르면 당신들을 심문할 것이오"라고 했습니다.

—박원호 역, 《표해록 역주》(고려대학교출판부, 2006), pp. 74-76, 일부 윤문.

조선 성종 때 최부崔溥(1454-1504)의 《표해록漂海錄》의 일부다. 이 책은 저자의 호를 따서 '금남표해록錦南漂海錄'이라고도 한다.

최부는 1488년 음력 윤정월에 제주에서 육지로 나오다가 풍랑을 만나 13일간 사투를 벌인 끝에 중국 절강성浙江省(저장성) 영파寧波(닝포) 앞바다 삼문현에 다다른 후 영파, 태주, 항주, 소주, 양주, 서주, 천진, 북경, 산해관, 심양을 거쳐 압록강을 넘어 한양에 이르렀다. 중국 체류 기간은 135일간이었다.

위의 기록은 최부 일행이 윤정월 17일에 절강성 태주부台州府 임해현臨海縣 우두산牛頭山 해안에 상륙했다가, 선암촌仙岩村(삼문현三門縣 이포진里浦鎭 선암촌)에서 마을 사람들에게 봉변을 당한 후, 당두채塘頭寨를 지키는 해문위海門衛

천호千戶 허청許淸에게 인계되어 도저소桃渚所에 도착하기까지의 사실을 적은 것이다.

일행은 최부를 수행한 광주목리, 화순현리, 승사랑, 나주배리, 청암역리, 호노戶奴, 가노家奴 등 7명, 항해와 통솔, 기록을 담당한 진무鎭撫, 기관記官, 총패總牌, 영선領船, 초공梢工 등 5명, 배에서 노 젓는 군인들인 격군格軍 17명, 호송을 책임진 호송군護送軍 9명, 제주 관노 4명이었다. 생사의 위험한 고비에서 격군들은 양반에 대한 반감을 노골적으로 드러냈다.

최부는 귀환 후 성종의 명으로 표류 및 중국 여행에서 겪고 들은 일을 3권의 책으로 작성해서 바쳤다. 처음에는 '중조문견일기中朝聞見日記'라고 했다.

최부보다 51년 뒤 일본 임제종의 승려 샤쿠겐 슈료(策彦周良, 1501-1579)는 최부와 거의 비슷한 경로로 명나라 내부를 여행하고 《입명기入明記》를 저술했다.

최부의 '중조문견일기'는 중종 연간에 《표해록》이란 제목으로 갑인자 활자로 간행되었다. 일본 도쿄의 도요문고(東洋文庫)에 완본完本이 있고, 고려대 화산문고華山文庫에 권1이 있다.

1569년(선조 2)에 이르러 최부의 외손 유희춘柳希春(1513-1577)은 평안도 관찰사 오상吳祥에게 부탁해서 이 책을 정주定州에서 목판으로 간행했다. 유희춘은 방대한 규모의 개인 일기인 《미암일기眉巖日記》(국보 400호)의 저자다. 정주 목판본은 일본 교토의 요메이문고(陽明文庫)에 소장되어 있다. 유희춘은 다시 1573년(선조 6)에 전라도 관찰사 이양원李陽元에게 부탁해서 남원에서 목판으로 간행했다. 이 판본은 일본 가나가와현(神奈川縣)의 가나자와문고(金澤文庫)에 소장되어 있다.

임진왜란 이후 1676년(숙종 2)에는 외6세손 나두춘羅斗春이 나주목사 이희년李喜年의 도움으로 최부의 문집 《금남집錦南集》과 《표해록》을 합편하여 목판으로 간행했다. 1726년(영조 2)에는 외6세손 나두동羅斗冬이 《표해록》을 《금남집》과 분리해서 목판으로 간행했다. 1896년(고종 33)에는 강진에서 목활자로 간행했다.

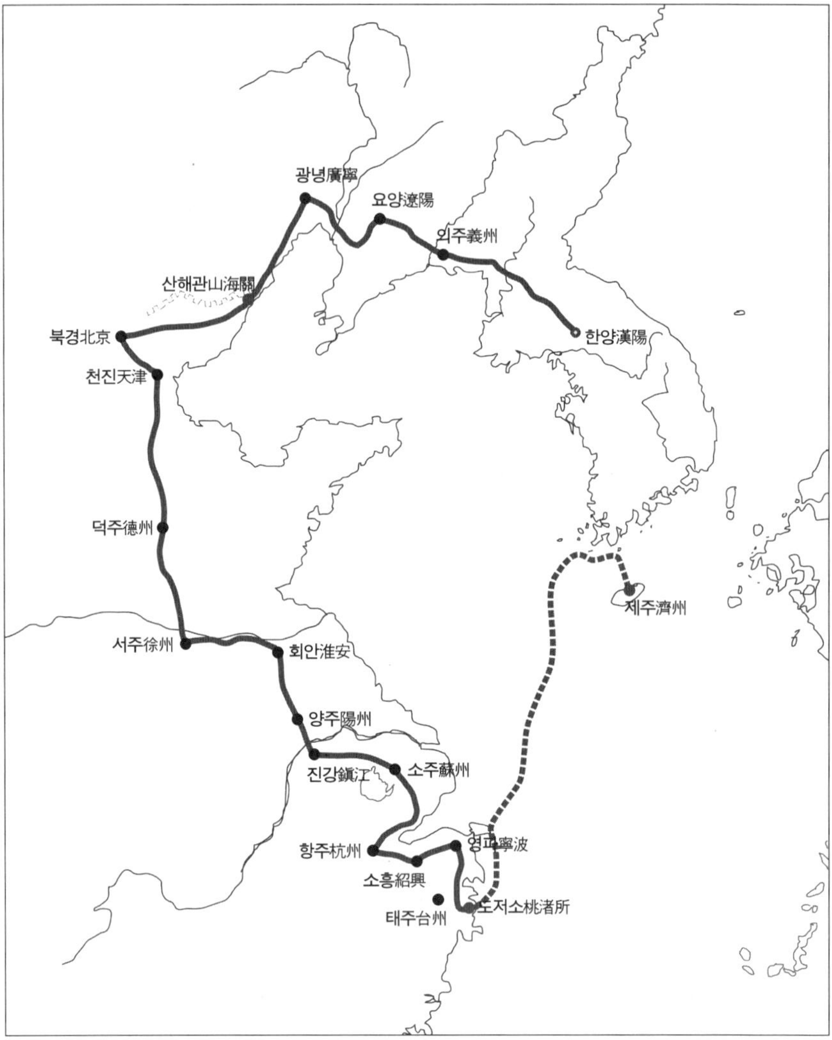

지도4_최부의 이동 경로(박원호, 《표해록 연구》, 고려대학교출판부, 2006)

조선 전기에는 중국 강남으로 가는 교통로가 열려 있지 않았으므로, 이 책은 중국의 강남에서 북경에 이르는 교통로와 주변의 인문지리를 이해하는 데 중요한 자료가 되었다. 일본에서도 이 기록을 중시해서 쓰시마(對馬) 문서에 그 필사본이 존재한다. 1769년에 이르러 일본의 유학자 기요타 군긴(淸田君錦)

은 '당토행정기唐土行程記'라 개명하여 간행했다.

19세기 후반에는 박씨부인의 언해본《표해록》이 나왔고, 일본에서도 원본을 윤색한《통속표해록通俗漂海錄》이 목판 간행되었다. 1964년에는 북한에서 국역본이 나오고, 1965년에는 미국 컬럼비아대학 교수 존 메스킬(John Meskill)이 박사학위 논문으로《표해록》을 영역했다. 2002년 7월 11일, 최부의 후손 최병일崔秉一씨는 영해현寧海縣 월계향越溪鄕의 영파금약시 희망소학교 안에 최부표류사적비를 세웠다.

2.

최부는 조선 성종 때 29세로 문과 급제하여 교서관, 군자감, 성균관, 사헌부, 홍문관 등에서 관직에 있었고,《동국통감東國通鑑》과《동국여지승람》의 편집에 참여했다. 연산군 때 발생한 무오사화(1498) 때 김종직의 문집《점필재집佔畢齋集》을 소장하고 있다는 이유로 장형을 받고 단천端川으로 유배되었다가, 1504년의 갑자사화 때 처형되었다. 본관은 나주이며, 해남이 처가였다.

최부는 1488년에 도망간 노비들을 잡아오는 특별 파견관인 추쇄경차관推刷敬差官으로 제주에 갔다가, 부친의 부음을 듣고 음력 1월 3일에 육지로 나오는 중 배가 풍랑을 만나 표류했다. 그는 수행원 42명과 함께 들은 중국 절강성 영파에 접근했지만, 해안에 오르지 못하고 다시 표류하여 태주부台州府 임해현臨海縣 우두 외양의 해안에 상륙했다. 처음에는 일본 해적단으로 오인을 받았다. 그러나 후에 조선인임이 밝혀지자, 곳곳에서 후한 대우를 받았고, 명나라의 표류민 송환 절차에 따라 생환할 수 있었다. 압록강을 건너 의주로 입국한 날은 그해 6월 4일이었다.

당시 명나라는 사행로를 지정하고 조선 사신들의 행동을 억제했으므로 다른 사대부들 어느 누구도 중국의 남동부를 여행한 일이 없다. 그런 만큼 최부가 호송의 형태로 중국의 남동부에서부터 북경까지 여행한 일은 매우 진기한 일이다.

표4_《표해록》에 나타난 최부의 노정

일자	장소	특이사항
1487년(조선 성종 18/명나라 성화 23) 9월 17일	최부는 제주삼읍추쇄경차관濟州三邑推刷敬差官에 임명되어 대궐을 하직	
11월 11일	전라도 해남현海南縣 관두량舘頭梁에서 제주로 향하는 배를 탐.	
11월 30일	부친의 부음을 들음.	
1488년(성종 19/명나라 홍치 원년) 음력 윤정월 3일	제주 애월에서 육지로 향하다가 표류.	초란도草蘭島에 임시 정박했으나, 닻줄이 이미 끊어져 있어서 표류함.
윤정월 14일	절강성 영파부寧波府의 하산下山이란 작은 섬에 표착했으나, 해적을 만나 의복과 식량을 빼앗김.	하산下山은 현재 절강성 주산시舟山市에 속한 주산열도舟山列島의 대산垈山이란 섬이라고 함.
윤정월 17일	절강성 태주부台州府 임해현臨海縣 우두산牛頭山 앞바다 해안 상륙.	
윤정월 19일	해문위海門衛 도저소桃渚所에서 조사를 받음.	
윤정월 21일	도저소에서 파총관把總官 유택劉澤의 조사를 받음.	
2월 4일	소흥紹興에서 총독비왜도지휘첨사總督備倭都指揮僉事 황종黃宗 등의 조사를 받음.	
2월 6일	2월 5일에 소흥을 떠나 절강성 성도省都인 항주杭州에 도착. 무림역武林驛에 머뭄.	
2월 7일	항주에서 진수태감鎭守太監 장경張慶 등의 조사를 받음. 9일까지 계속됨.	
2월 8일	항주 무림역 체류.	명나라 사신 장녕張寧을 따라 조선에 갔다온 진량陳梁, 장녕의 생질 왕개王玠를 만남.
2월 13일	일행은 3척의 배를 나누어 타고 항주를 출발하여 북경으로 향함.	최부는 호송 부책임자인 천호千戶 부영傅榮, 안찰제조학교부사按察提調學校副使 정대인鄭大人 등과 필담을 나눔.
2월 17일	소주蘇州에 도착. 고소역姑蘇驛을 거침.	
2월 18일	소주를 출발하여 석산역錫山驛, 호야진滸野鎭 초관鈔關을 거침.	
2월 22일	광릉역廣陵驛에 도착.	
3월 1일	비주邳州 북쪽 60리의 신안역新安驛에 묵음.	

3월 2일	방촌역房村驛을 지나 여량대홍呂梁大洪에 이름.	운하의 모습을 상세하게 묘사함.
3월 8일	산동성山東省 노교역魯橋驛을 지나면서 멀리 태산泰山을 바라봄.	천호 부영傅榮 및 또 다른 인솔자 진훤陳萱과 필담을 나눔.
3월 21일	창주滄州를 지남.	
3월 25일	천진위天津衛를 지남.	
3월 28일	북경 도착. 옥하관玉河館(정식 명칭은 사이회동관四夷會同館)에 묵음.	
4월 3일	옥하관 체류.	홍려시주부鴻臚寺主簿로서 조선어 통사通事인 이상李翔이, 조선사신 안처량安處良이 절강진수浙江鎭守 즉 총독비왜도지휘첨사 황종黃宗이 올린 공문인 주본奏本을 베껴 지니고 3월 22일에 떠난 사실을 알려주었다. 안처량은 요양遼陽에서 통사를 먼저 귀국시켜, 최부 일행의 생존 사실은 4월 15일에 조선 조정에 전달되었다. 안처량이 베낀 황종주본은 조선왕조실록의 《성종실록》 성종 19년 4월 무신조에 수록되어 있다.
4월 8일	옥하관 체류.	국자감생國子監生 양여림楊汝霖, 옥연玉演, 진도陳道 등이 방문하여 필담을 나눔.
4월 19일	옥하관 체류.	최부의 부하 정보程保 등이 자금성에 들어가 대신 상을 받음.
4월 20일	옥하관 체류.	최부는 부득이 상복을 길복으로 갈아입고, 오문午門을 통해 자금성에 들어가 사은의 예를 행함.
4월 24일	북경 출발.	인솔 책임자는 좌군도독부 총병관이지만, 실제 인솔자는 백호百戶 장술조張述祖였다.
4월 29일	옥전玉田을 거쳐 영제역永濟驛에 묵음.	옥전에서 최부는 자신의 생환 사실을 조선 조정이 알고 있음을 전해 들었다.
5월 16일	광녕廣寧 도착.	북경을 향해 가는 조선의 성절사聖節使 채수蔡壽를 만남.
5월 20일	광녕을 출발해서 반산역盤山驛에 묵음.	
5월 23일	요동도사遼東都司가 위치한 요양遼陽에 도착.	
5월 24일	요양재성역遼陽在城驛 체류.	조선인의 후예로 조선어를 구사하는 계면戒勉이란 승려가 명나라 효종의 불교 탄압을 피해 조선으로 가기를 희망함.
6월 4일	압록강으로 건너 의주에 도착.	

명나라는《명일통지明一統志》같은 지리지를 구입하는 것도 막았다. 어숙권魚叔權의《패관잡기稗官雜記》에 보면, 중종 때인 16세기 중엽에 역관 김이석金利錫이 서점에서《명일통지》를 구입하려다가 주객낭중 손존인孫存仁에게 발견되어 사신 일행의 외출이 금지되었다고 한다.

명나라 예부가 조선 사신의《명일통지》구입에 민감하게 반응한 것은 그 책이 조선의 종계변무宗系辨誣에 구실을 제공했기 때문이다. 곧, 조선은 1461년(명나라 천순 5)의《명일통지》에 변무辨誣 관련 기사를 정정해 받았는데, 조선 조정은《명일통지》의 기록을 근거로《영락대전永樂大典》(1405년 칙찬)의 기사를 정정해 받고자 했다. 하지만 명나라가《명일통지》를 판매하지 않게 한 가장 큰 이유는 조선이 명나라 내부의 지리적 사실을 파악하지 못하게 하려는 의도에서였을 것이다.

명나라가 최부를 조속히 송환한 것도 변경의 수비를 엄히 하고 조선인의 내지 여행을 금지하던 정책과 연관이 있었을 것이다.

3.

최부는 절강성 태주에서부터 우리나라에 이르기까지의 여정에서 과거의 문인이나 무인, 또는 시인, 효자 등을 소개하고 산천, 도로 그리고 풍속과 기후, 농산물의 특이점 등까지도 낱낱이 기록했다.

또 중국 남부에서 수차水車를 사용하는 것을 보고, 수차의 형태, 제조법, 재료, 사용법을 상세하게 기록했다. 최부는 귀국 후 남부 지방에 내려가 수차의 제조 방법과 운용 방법을 농민에게 가르치게 된다.

그런데 최부는 중국인들과 만나게 되었을 때 유학자의 기개를 드러내어 이렇게 말했다. "우리나라는 원래 예의지국이다. 비록 상喪중에 표류되어 군색하고 당황 중이라 하더라도 예의와 위엄을 보여 이 지방 사람들로 하여금 우리나라의 예절을 알도록 해야 한다"(《표해록》권1, 1월 17일).

그는 중국에서 내내 상복을 입었고, 명 황제를 만날 때도 상복을 입겠다고 고집했다. "상복을 벗는다는 것은 길吉이기 때문에 효孝가 아니다. 거짓으로 남을 속이는 것은 진실이 아니다. 차라리 죽음에 이를지언정, 효가 아니고 진실이 아닌 처신은 못하겠다. 바르게 처신하고, 그 다음 오는 일에 순응하겠다" (《표해록》권1, 1월 16일).

2월 17일, 소주에서 명나라 관리들과 필담할 때, "그대의 나라에 무슨 장기가 있었기에 수나라와 당나라의 군대를 물리칠 수 있었는가?"라고 질문을 받자, 최부는 민족적 자부심을 드러내서 이렇게 대답했다. "뛰어난 신하와 용맹한 장수들은 병력을 다루는 재주가 있었고, 병졸들은 모두 솔선하여 윗사람을 위해 죽으려 했기에 고구려가 변방의 소국이었으면서도 천하의 백만 대군을 두 번이나 물리칠 수 있었소. 지금은 신라, 백제, 고구려를 합쳐 한 나라가 되었으니 물산이 많고 재물이 넉넉하며, 군사는 충성스러우며, 유능한 선비는 헤아릴 수 없이 많소이다." 당시 명나라 관리들은 고구려와 조선을 동일시하고 있었고, 최부 또한 고구려의 역사를 자랑스럽게 인식하고, 조선이 '고구려의 후예'라고 자부했던 것이다.

항주에 머물던 3월 9일에, 어떤 사람이 《소학小學》을 건네며 시 한 수를 지어 달라고 했을 때 최부는 이를 거절하고, "도리로써 사귐이 아니고 예절로써 대접함이 아니니, 내가 만약 한번 받는다면 이는 시를 값을 받고 파는 셈이므로 이를 물리친 것입니다"라고 했다. 그의 곧은 의식이 잘 드러난다.

4.

최부가 중국의 현실을 묘사하고 해석한 내용은 일본의 샤쿠겐 슈료의 《입명기》나 마르코 폴로가 《동방견문록》에서 중국의 번영상을 묘사한 부분과 대비된다.

샤쿠겐 슈료는 1522년에 덴류지(天龍寺)의 탑두塔頭(말사末寺)인 묘치인(妙智院)의 주지가 되었다. 1537년 스와노구니(周防國)의 센고쿠다이묘(戰國大名) 오우치 요시타카(大內義隆)의 주재로 명나라에 감합무역선勘合貿易船 즉 견명선遣明船을 파견할 때, 부사에 임명되었다. 정사는 고신 세키데이(湖心踳鼎)였다. 당시 명나라 무역은 오우치 씨가 전담했으나 형식상으로는 무로마치 막부(室町幕府)의 정식 사절이었다. 고신 세키데이와 샤쿠겐 슈료 등 460명은 1539년 음력 4월 19일에 3척의 배로 나가사키현(長崎縣) 서쪽의 고토열도(五島列島)를 출발해서 5월 2일에 온주부溫州府(웬조우부)에 도착하고, 다음해 1540년 3월 2일에 북경에 들어가 조공의 임무를 수행했다. 5월 28일 북경을 떠나 영파寧波로 가서, 바람을 기다렸다가 출항, 6월 26일에 귀국했다.

샤쿠겐 슈로는 1547년에는 정사로서 4척의 배에 탄 630여 명을 인솔하여 5월 20일에 고토(五島)의 나루시마(奈留島)를 출발했다. 도중에 해적의 습격을 받아 89명이나 죽었다. 6월 1일, 명나라에 이르렀으나, 명나라는 일본을 '십년에 한 번씩 조공을 하는 나라'로 규정한 상태였으므로, 입국 허가를 받지 못했다. 다음해인 1548년의 3월 10일에 가까스로 영파 상륙을 허가받고, 4월 18일에 북경으로 갔다. 그리고 1549년 6월 9일에 오우치 씨의 본거지인 야마

지도5_마르코 폴로의 여행로

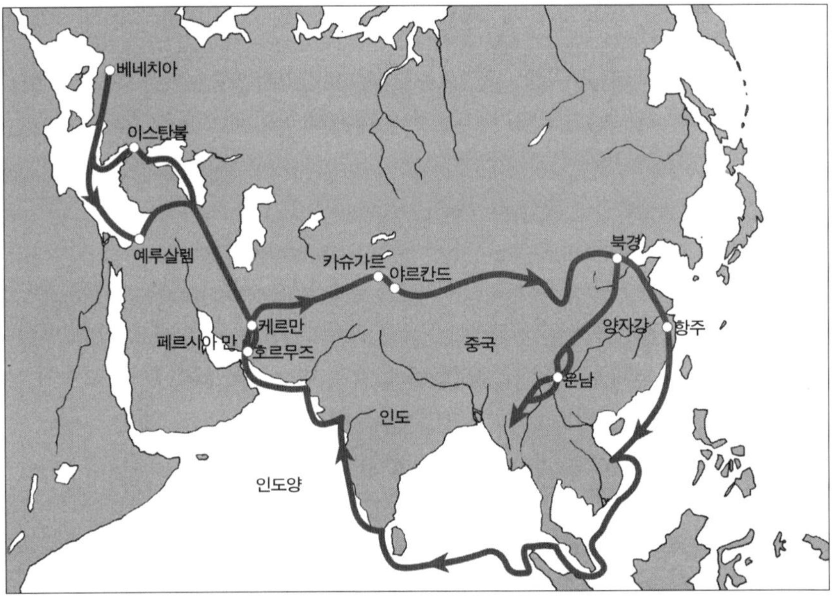

구치로 귀환했다. 1550년에 스에 다카후사(陶隆房, 뒷날의 스에 하루가타(陶晴賢))가 하극상을 일으켜 오우치 요시타카가 자살했으므로, 견명선은 출항하지 않게 되었다. 샤쿠겐은 두 차례의 견명선 왕래 사실을 한문으로 적어《샤쿠겐 입명기》(策彦入明記)를 남겼다.

샤쿠겐의 노정은 최부의 그것과 유사하면서도 일부 구간이 다르다. 또한 유서類書《사림광기事林廣記》에 나오는 북상로北上路와도 조금 차이가 난다.

한편, 이탈리아 베네치아 출신의 마르코 폴로는 상인이자 로마 교황의 사절로서 이미 쿠빌라이 칸(Khubilai Khan)을 만나고 왔던 부친과 숙부를 따라 1275년에 중국(원)으로 향했다. 그들은 대·소 아르메니아(Armenia)와 투르크메니아(Turkmenia)에서 시작하여 서아시아를 거쳐 타림 분지(Tarim Basin) 등 중앙아시아를 지나 천산남로天山南路의 사막지대를 통과해서 쿠빌라이 칸이 거처하는 상도上都에 이르렀다. 마르코 폴로는 쿠빌라이 칸의 사랑을 받아 17년 간이나 사자로서 중국의 변경 지역을 시찰하고 기이한 이야기들을 보고했고,

지도6_이븐 바투타의 여행로

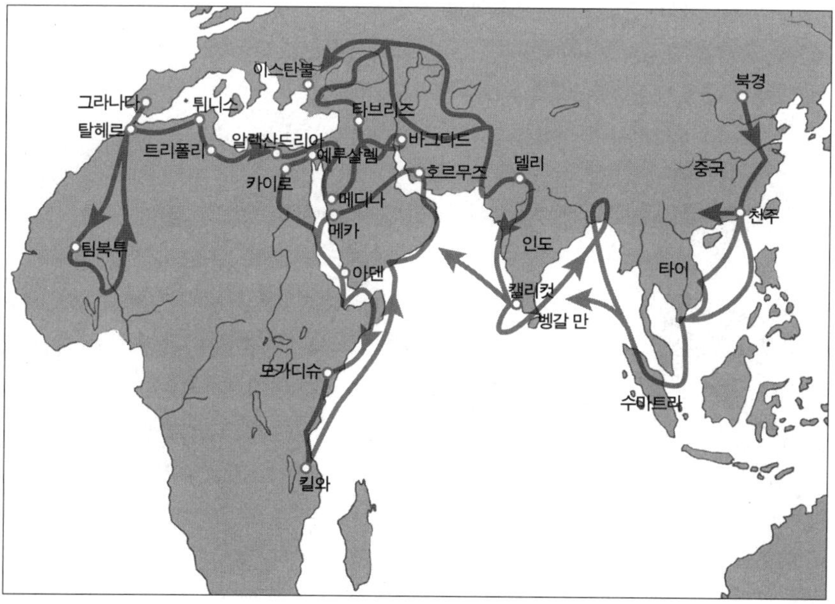

지도7_일본 승려 샤쿠겐의 노정과《사림광기》의 북상로

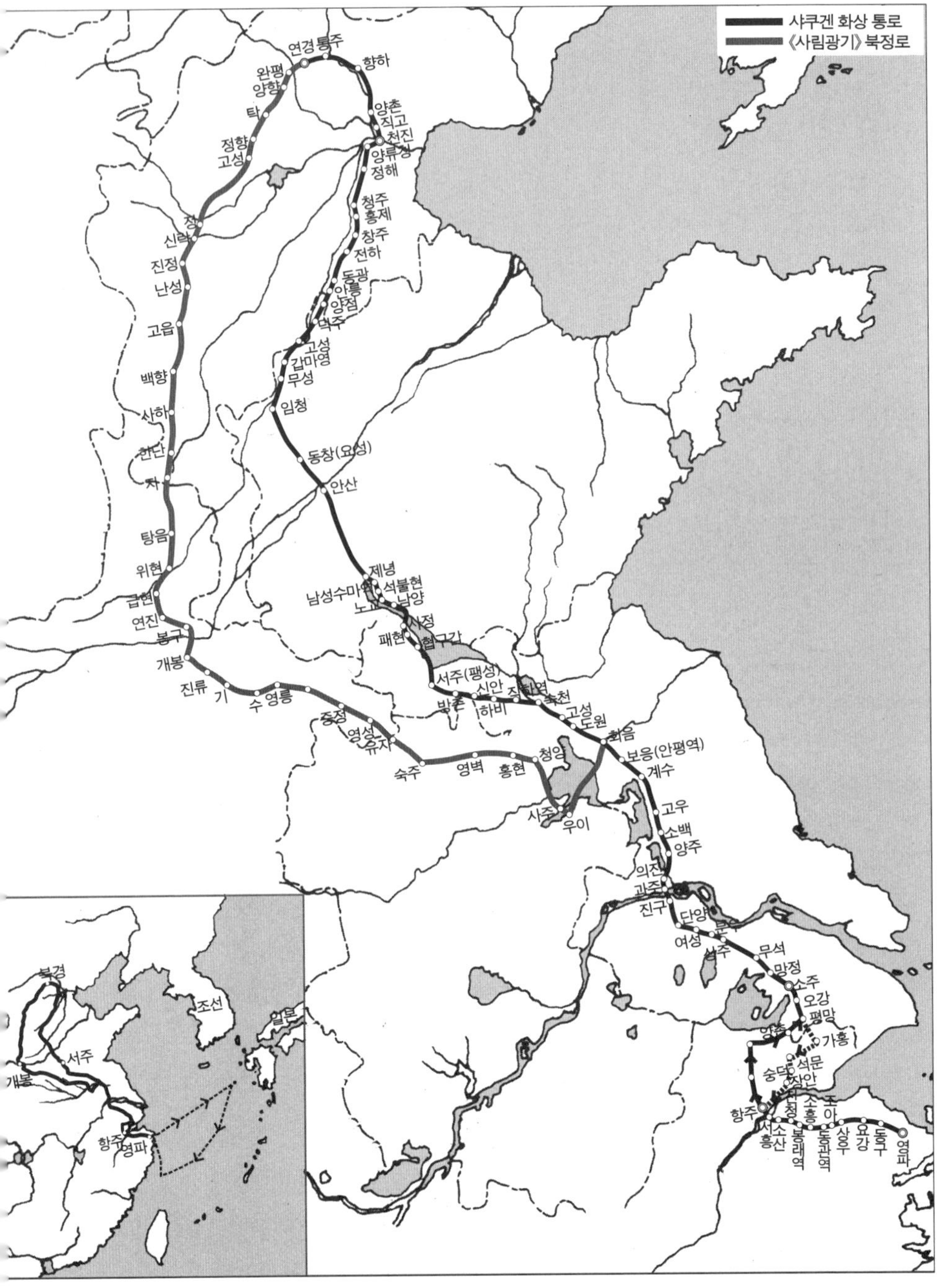

11_소주蘇州 운하

일기를 적었다. 그는 중국(원)의 북부 지방과 사천·운남과 미얀마(Myanmar)에 이르는 광대한 지역을 여행했다. 1295년에 귀국한 후 베네치아(Venezia)와 제노바(Genova)와의 전쟁에 참가했다가 포로가 되어 1298년부터 이듬해까지 제노바 감옥에 있었는데, 그 안에서 피사 사람 루스티케로(Rustichello da Pisa)에게 여행 중에 보고 들은 경험을 구술했다. 그 구술을 토대로 루스티케로가 서술한 것이《동방견문록》이다.

《동방견문록》의 마르코 폴로는 상인의 관점에서 자신이 견문한 내용과 전해들은 내용을 기록했다. 전문을 기록한 부분은 시간과 지점이 명확하지 않다. 이에 비해《표해록》의 최부는 중국의 사회, 정치, 군사, 경제, 문화, 교통 및 시정 등을 시간과 지점의 축으로 상세하게 기록했다.

이를테면《표해록》은 중국 교통의 대동맥이자 경제 생명선이라고 할 남북 대운하에 대해 자세히 기록했으나《동방견문록》은 간략하게 기록했을 따름이다.

최부는 1488년 3월 2일 비주邳州 방촌역房村驛을 지나 여량대홍呂梁大洪에 이를 때 운하에서의 배의 운행법을 매우 자세하게 기록했다. 운하의 물 흐름은 각 지역의 지세와 원래 존재했던 강 흐름에 따라 자주 변했는데, 여량대홍에서는 이때 북경으로 가는 최부 일행의 진로와 운하의 물 흐름이 반대였다. 최부 일행은 배를 타고 운하를 거슬러 올라갔는데, 소 10마리가 최부 일행의 거룻배를 끌어 올렸다. 또 이튿날 서주를 지날 때는 인부 100명이 운하의 양쪽에서 배를 끌어 올렸다.

한편 최부나 마르코 폴로는 모두 항주의 도시적 면모를 자세하게 기록했다.

마르코 폴로는 항주를 '킨사이'라고 표기했다. 항주는 1127년 이래 남송의 수도로서 임안臨安이라 불렀는데, 남송 멸망 이후는 항주라고 불렀다. 그런데 앞서 북송이 금나라에게 쫓겨 일시적인 도읍이 되었다는 뜻에서 행재行在라고도 했다. 이 명칭이 원나라 때도 통용되었는데, 마르코 폴로는 그 발음을 '킨사이'로 옮긴 것이다. 항주는 전당강錢塘江의 하구에 있으며 주위는 190킬로미터, 마을 가운데 수많은 운하가 통하고 있고, 10개의 광장이 있었다. 그 광장에 주 3회, 4만 내지 5만 명이 모여 시장을 벌였다고 한다. 마르코 폴로는 이렇게 적었다.

> 이 도시의 한쪽에는 아름답고 깨끗한 담수호(서호)가 있고, 다른 쪽에는 큰 강이 있다. 강은 크고 작은 무수한 운하로 연락되어, 성내 곳곳을 흘러 오물을 모두 씻어 버린다. 그리고 호수에 흘러들어, 마침내 대양으로 방류한다. 덕분에 공기는 아주 청결하다. 가로를 통하든 운하를 통하든 성내 어디로든 갈 수가 있다. 가로와 운하는 모두 폭이 넓고, 짐차나 배도 자유롭게 왕래할 수가 있어서, 주민의 필수품을 싣고 다닌다. 시내에는 1만 2천 개의 다리가 있는데, 대부분 석조이지만 나무다리도 약간 있다. 주된 운하나 중심 도로에 걸쳐 있는 다리는 대형의 배라도 돛대를 숙이지 않고 그 아래를 통과할 수 있도록 교묘하게 설계했으며, 높은 아치가 꾸며져 있다. 게다가 이렇게 다리가 높이 걸려 있음에도 불구하고 가로는 평탄하여, 마차의 왕래가 자유롭다. 작은 배라면 어떤 다리의 아래라도 쉽게 통과할 수 있다. 다리가 많은 것에 놀랄 것도 없다. 왜냐하면 앞서 말했듯이, 이 도시는 이른바 물 위에 있는 듯해서, 헤아릴 수 없이 많은 수로가 이 도시를 에워싸고 또 관류하고 있기 때문이다. 그래서 시민의 왕래를 자유롭게 하기 위해서는 당연히 많은

다리가 필요한 것이다.

항주에 관한 기록은 화남 출신의 왕비가 몽골 정복자 빠이안(巴顔)에게 보낸 서찰을 인용하고 있고, 과장도 많다고 알려져 있다. 하지만 광장의 상점, 냉수 욕탕, 궁전, 12개의 조합, 아름다운 저택, 방수 시설, 수비 제도에 이르기까지 그 묘사의 정밀함이 정말 놀랄 정도다.

《동방견문록》은 고사본과 고판본만 140여 종이 전한다. 15세기 초에 부르고뉴에서 만든 팩시밀리(Facsimile)판의 복제품을 보면 당시 최고의 화가가 그린 그림이 다수 수록되어 있고 책의 크기도 크고 장정도 호화스럽다. 《경이의 서》라는 별명 이외에도, 《세계의 기술》(*Divisement du monde*)이라든가 《백만의 서》(*Il milione*)라는 이름이 붙여지기도 했다. 일본을 '치판구'(Cipangu, Chipangu, 日本國, 유럽 지도에 Zipangu)라는 명칭으로 처음 서양에 소개한 책이기도 하다.

일본 승려 샤쿠겐도 항주의 번영상에 주목했다. 1539년 11월 1일의 일기를 보면, 각 방坊의 점포와 간물들, 문루들을 상세히 기록하고, 주련柱聯과 제액題額들을 일일이 적어 두었다.

한편, 최부는 유학의 정통 관념을 고수해서 중국 관인들이나 일행과의 대화를 기록할 때 자부심과 의리를 드러내는 방향으로 기술했다. 항주 지역에 대한 최부의 전체적 조명은 2월 12일의 기록에 나타나 있다.

> 절강포정사는 동남으로 바다에 이르고, 남으로는 복건의 경계에 이르러 11개의 부·주를 관할하고 76개의 현을 통할하고 있습니다. 그 안에서는 항주가 제일인데 곧 오대五代 때의 오월국吳越國이고, 송나라 고종이 남쪽으로 양자강을 건너 도읍을 옮겼던 땅으로서 이른바 임안부臨安府입니다. 부치部治와 인화현仁和縣·전당현錢塘縣 두 현의 현치縣治와 진수부鎭守部·도사都司·포정사布政司·염운사鹽運司·안찰원按察院·염법찰원鹽法察院·중찰원中察院·부학府學·인화학仁和學·전당학錢塘學·무림역武林驛이 모두 성안에 있습니다. 성안에 또 오산吳山이 있는데 그 경치가 가장 좋습니다. 산 위에는 오자서묘伍子胥廟·삼모관三茅觀·사성묘四聖廟 등 10묘廟가 있습니다. 또 9정井과 3담潭이 있으니,

오산의 대정大井이 상등이고, 곽파郭婆의 상팔안上八眼·하팔안下八眼·중팔안中八眼·서사西寺 등의 우물이 다음이고, 또 작은 도랑으로 서호西湖의 물을 성안으로 들어오게 했습니다. 부의 진산鎭山은 무림산武林山입니다.

서호는 성 서쪽 2리에 있는데 남북은 길고 동서의 직경이 10리나 되며, 산천이 수려하고 노래와 연주 소리가 끊어지지 않았습니다. 죽각竹閣은 광화원廣化院에 있었으니 백낙천白樂天이 세운 것입니다. 백낙천의 시에, '밤에는 죽각 사이에서 졸았다'(宵眠竹閣間)는 곳이 이곳입니다. 악악왕岳鄂王〔악비岳飛〕의 무덤은 서하령棲霞嶺 입구에 있습니다. 냉천정冷泉亭은 영은사靈隱寺 앞의 비래봉飛來峯 아래에 있으니, 고지古誌에, '허유許由가 일찍이 영은靈隱의 시내에서 물을 마셨다'는 곳이 이곳입니다. 표충관表忠觀은 용산龍山의 남쪽에 있는데, 소동파蘇東坡가 지은 비문이 있습니다. 풍황령風凰嶺은 방목하는 마장馬場 서쪽에 있으니, 곧 소동파가 변재辨才를 찾아보았던 곳입니다. 남병산南屛山은 홍교사興敎寺의 뒤에 있습니다. 낭떠러지가 벗겨져 떨어진 나머지에 다만 사마온공司馬溫公〔사마광司馬光〕의 예서隸書 가인괘家人卦와 미원장米元章〔미불米芾〕이 쓴 '금대琴臺'란 두 글자가 남았는데, 소동파의 시 〈去杭州十五年復遊西湖用歐陽察判韻〉에, '내가 남병산의 금즉어를 안다'(我識南屛金鯽魚)는 곳이 곧 이곳입니다. 소공제蘇公堤는 홍교사와 서로 마주보고 있으니 소동파가 항주의 지주知州로 있을 때 쌓은 것으로 길이가 10여 리나 되었고, 가운데에 6교橋가 있습니다.

〔…〕

항주는 곧 동남방의 큰 도회都會로서, 가옥이 잇달아 행랑을 이루고 처맛자락이 이어져 장막을 이뤘으며, 저자에는 금은이 쌓여 있고 사람마다 비단옷을 걸쳤습니다. 그리고 만장蠻檣, 해박海舶이 빗살처럼 죽 늘어서 있고, 거리에는 주렴酒帘과 가루歌樓가 가깝게 서로 마주보고 있었으며, 사철에 시들지 않는 꽃이 있고, 팔절八節에는 늘 봄과 같은 경치가 있었으니, 참으로 별천지였습니다.

—박원호 역, 《표해록 역주》, pp.156-163, 일부 윤문.

최부는 항주의 유적지에 대해 고전의 지식을 이용해서 상세한 고증을 했다. 이것은 《동방견문록》과 크게 다른 점이다.

최부는 항주를 보고 "완전히 별천지다"라고 놀랐다. 거기에는 수많은 상선과 상가가 즐비했다. 그런데 유학자 최부로서는 항주 및 명나라의 상품경제 발달이 반드시 긍정적으로 여겨지지 않았다.

명나라는 농자천하지대본農者天下之大本이라는 농업 중심의 성리학적 이상을 내걸고 개국했는데, 이를 통해 농촌이 안정되고 생산이 증대하여 잉여농산물이 생김에 따라 오히려 상업이 번창했다. 육로와 수로가 정비되고 교통과 통신이 발달하면서 물자와 인력의 이동이 활발하게 되었고 도시가 발달했다. 명나라 인구는 14세기 말 이미 6천만 명을 넘어섰다(비슷한 시기 영국의 인구는 흑사병의 유행으로 600만 명에서 220만 명으로 줄었다). 명나라는 비단과 도자기를 전 세계에 수출했고 유럽과 남미의 은이 중국으로 유입됐다.

명나라는 문화도 크게 발전했다. 목판 인쇄술이 발달하여 개인 문집과 총서는 물론 지방 잡지와 신문까지 발간됐다. 중국 역사상 처음으로 1만 권의 책을 소장하는 사람들도 나타났다. 상인들은 예술품과 골동품을 수집하고 패션에 민감하게 되었다. 또한 명승고적 관광의 바람이 불어 마을 아낙들이 떼 지어 여행을 다녔다. 여성에게 성을 파는 오늘날의 호스트바 문화까지 출현했다. 명나라 사대부들은 상업의 발달과 쾌락 추구를 혹독하게 비판했지만 명청明淸 교체기에는 스스로 상인의 길을 걸었다.

최부는 중원의 문화가 자신이 상상하던 유학의 문화가 아니라는 것을 목도했고, 그 괴리의 감정을《표해록》의 기록 속에 침투시켜 두었다.

5.

조선조에는 표류기행을 다룬 기록물이 상당수 나왔다.《표해록》은 이른 시기의 것이다.

1772년(영조 48)에 제주 선비 장한철張漢喆은 한문으로 된《표해록》을 남겼다. 장한철은 1771년 12월 25일에 과거를 보기 위해 제주항을 떠났는데 29명이 승선한 배가 풍랑을 만나, 다음해 정월 중순까지 유규琉球(현 일본 오키나와)와 청산도靑山島 근해 일대를 표류했다. 장한철은 1772년 2월 3일에 상경하여 과거에 응시했으나 낙방하고 5월 8일에 제주로 돌아갔다.

무관 이지항李志恒은 1757년(영조 33) 4월 13일에 부산을 출발해서 영해寧海로 가던 중 파선되어 일본의 홋카이도(北海島)까지 표류되었다가 다음해 3월 5일에 돌아와《표주록漂舟錄》이라는 간단한 기록물을 남겼다.

무인 이방익李邦翼(1757-1801)은 1796년(정조 20)에 제주에서 배를 타고 본토로 향하다가 풍랑을 만나 표류한 끝에, 타이완·강남江南·북경·만주滿洲·의주義州를 지나 이듬해 귀국하고, 장편 기행가사인《표해가漂海歌》를 지었다.

전남 신안의 문순득文順得(1777-1847)은 1801년 12월 흑산 홍어를 싣고 영산포로 가던 중 돌풍을 만나 표류한 끝에, 유구琉球, 여송呂宋(현 필리핀), 중국 영파부寧波府 등 동남아시아를 한 바퀴 돌아 3년 2개월 만에 고향 우이도로 귀환했다. 우이도에 유배되어 있던 정약전丁若銓은 그 체험을《표해시말漂海始末》로 적어, 아우 정약용의 제자 이강회李綱會를 통해《유암총서柳菴叢書》라는 문집에 싣게 했다. 정약용은《경세유표經世遺表》에, 문순득이 광둥廣東, 마카오 등지에서 보고 들은 화폐 관련 이야기를 인용했다. 또한 이강회는 문순득이 관찰한 오키나와, 필리핀, 마카오 등의 선박에 대한 구술담을 토대로〈운곡선설雲谷船說〉을 작성했다.

최두찬崔斗燦(1779-?)은 1817년(순조 17)에 장인이 대정현감大靜縣監으로 부임하자 그를 따라갔다가 1818년(순조 18)의 귀로에 폭풍을 만나 16일 동안 표류하다가 중국 절강에 도착해서 청국 관헌의 보호로 귀국했다. 그는 그 사실을《승사록乘槎錄》으로 적어 남겼다.

한편 전쟁으로 인해 해외를 떠돌게 된 이야기도 있다.

경섬慶暹(1562-1620)의《표해록》에는 피로인被虜人 조완벽趙完璧의 이야기가 나온다. 경섬은 1607년 포로쇄환사(포로를 송환시키기 위해 파견된 사신)의 임무를 띠고 정사 여우길呂祐吉을 따라 부사로서 일본을 방문했다. 그들은 1,418명의 남녀를 쇄환해 오게 되는데 그 속에 조완벽이 있었다. 그동안 조완벽은 일본 상선에 노예로 팔려 동남아 일대를 세 번씩이나 왕래했고, 안남安南에서는 문사들과 교유하고 돌아왔다고 한다.

권율 막하에서 의병으로 활약하던 노인魯認(1566-1622)은 1597년(선조 30) 8월 남원 전투에서 포로가 되어 일본에 끌려간 뒤 1599년(선조 32) 가고시마(鹿兒島)에서 생활하다가 3월에 일본을 탈출하여 중국 복건에 도착해서 군문에 송환을 탄원했다. 이로써 북경을 거쳐 12월에 경성에 귀환했다. 노인은 이 사실을《금계일기錦溪日記》로 적어 남겼다. 유몽인柳夢寅의《어우야담於于野譚》은 노인의 이야기를 윤색하여 적어 두었다.

또한《어우야담》에는 정유재란으로 이산되었던 홍도紅桃 부부가 중국 절강에서 재회하는 이야기가 실려 있다. 조위한趙緯韓(1567-1649)은 한문소설《최척전崔陟傳》에서, 정유재란 때 이별했던 부부가 각각 중국과 일본에서 생활하다가 한 사람은 중국 상선을 타고 한 사람은 일본 상선을 타고 안남으로 가서 해후한다는 이야기를 서술했다.

그렇다면 최부의《표해록》이 지닌 가치는 무엇인가?

첫째, 최부가 표류하다가 생환한 사실 자체가 흥미롭고, 최부의 기록이 생동적이어서 문학적 가치가 높다.

둘째, 최부가 역경 속에서도 조선의 선비와 관리로서 존엄성을 지키려 노력한 점이 매우 인상 깊다.

셋째, 당시 중국의 남부는 조선 관리가 갈 수 없었던 곳인데, 최부의 기록은 그곳의 인문지리를 소상하게 알려주어 사료적 가치가 높다.

그런데, 1488년 윤정월 18일, 최부를 향해 "이놈아! 이놈아! 미친 거 아냐? 네가 만약 힘들다면 사지를 뻗고 일어서지 못해야 옳다"라고 했던 격군 고이복은 어떻게 되었을까? 최부는 동행한 사람들에 관해《표해록》에서 어떻게 서술하고 있는가?

참고문헌

갈진가葛振家 점주본点注本, 《표해록》, 1992.

박원호 역, 《표해록 역주》, 고려대학교출판부, 2006.

서인범·주성지 역, 《표해록》, 한길사, 2004.

愛宕松男 譯註, 《東方見聞錄》 1·2, 東京:平凡社, 1970.

長澤和俊 譯·解設, 《東方見聞錄》, 東京:小學官, 1996.

Ricci, A, *The Travels of Marco Polo*, Transtated into English, from The Text So Lo, F. Benedetto, London, 1931.

박원호, 《표해록 연구》, 고려대학교출판부, 2006.

牧田諦亮, 《策彦入明記の研究》(上下), 法藏館, 1955.10-1959.3

홍성구洪性鳩, 〈두 外國人의 눈에 비친 15, 16세기의 中國 — 崔溥《漂海錄》과 策彦《入明記》의 比較〉, 《명청사연구》 24, 명청사학회, 2005.10. pp.117-155.

김태준, 《한국의 여행문학》, 이화여대출판부, 2006.

이문기·장동익·우인수·홍성구·이에나가 쥰지, 《한·중·일의 해양인식과 해금》, 동북아역사재단 연구총서 23, 동북아역사재단, 2007.12.

티모시 브룩 저, 이정·강인황 역, 《쾌락의 혼돈》, 이산, 2005/*The Confusions of Pleasure : Commerce and Culture in Ming China* (1998).

전쟁과 여행,

노인의《금계일기》와 조위한의《최척전》

1.

3월 15일 맑음.

진병산陳屛山과 이원징李源澄은 술과 안주를 풍성하게 갖추고 달 밝은 저녁에 손님을 맞아 수작하기를 예의로 하더니, 얼마 안 되어 진·이가 손님에게 이야기를 주고받아 이렇게 말했다.

"조선에 육품六品 관리로서 성은 노魯이고 이름은 아무개라 하는 자가 있는데, 정유년 난리에 부모·형제·처자를 아울러 20여 골육이 다 적의 칼에 죽고 그만이 홀로 목숨은 보전했으나, 포로로 이 땅에 들어와 돌아가지 못하여, 밤낮으로 피눈물을 흘리며 우는 모양은 보통사람이라 해도 몹시 불쌍히 여기지 않을 수 없습니다. 하물며 그 사람됨이 시·문에 능하고 서·화에도 능하며 또 의기가 많은 사람임에야 더 말해 무엇하겠습니까! 대개 그가 몹시 바라는 것은 우리들과 배를 같이 타고 중국으로 건너가서 탐지한 왜놈의 사정을 천조(중국 조정)에 고하고 포로로 일본에 있는 자들을 모두 쇄환한 뒤 뒷날 복수할 기회를 만드는 것이라 하니, 그의 원통한 회포는 하늘에 사무치고 그 성의가 장합니다. 이 사람을 어찌 배에 태우지 않겠습니까?"

손님이 말했다.

"그 사람이 지금 어디에 있습니까?"

진·이가 말했다.

"이 주막 안에 있습니다."

손님이 외쳐 말했다.

"그를 불러오시오."

〔…〕

3월 16일 맑음.

일찍 일어났다. 진·이에게

"지난밤 손님은 어떤 손님입니까?"

묻자, 진·이가 말하기를,

"복건성 군문에서 보낸 관리로, 성은 임林이고 이름은 진혁震虩입니다" 한다.

"무슨 일을 맡고 왔습니까?"

"맡은 바를 어찌 꼭 물으려 합니까? 그대는 데려가 주는 고마움에 감사하면 그만입니다."

"그렇기는 하지만 그대가 내 마음을 통찰하여 고작 백 년뿐인 몸뚱이를 잊고 나를 사귀었으니, 무슨 기피할 일이 있겠습니까?"

그러자 진병산이 글로 써서 보여 주었다.

"우리 복건성 군문의 도야都爺〔도어사都御史〕는 나라에 떨친 훌륭한 책략이 있고 만 리를 보는 식견이 있습니다. 그래서 조선을 위해 생각할 때 자신이 책임을 다하기 어려움을 □□□□ 백금白金 800냥을 임진혁에게 주어, 그로 하여금 고기잡이 행상으로 몰래 사쓰마로 들어가 허의후許義厚〔복건성 제濟 땅 사람으로 사쓰마에 들어와 시마즈 요시히로의 아들 석만자石蔓子의 의사가 되어 있으면서 임진년 초에 왜적의 사정을 명나라에□□□□한 자다〕에게 많은 뇌물을 주고 왜장 석만자에게 반간反間을 하게 했습니다. 그의 말에, '일본은 이유 없이 군사를 동원하여 조선을 패망시켰을 뿐 아니라 천자의 위엄을 염두에 두지 않고 방자했습니다. 그 때문에 황제께서는 노기가 잔뜩 올라 특별히 병부 상서에게 명하여 왜군을 토벌할 장수를 임명하고, 진秦·초楚·연燕·한韓·위魏·조趙와 서융西戎·북적北狄 등 나라에서 갑옷을 갖춘 정예 군사 100만을 통합케 하고, 산해관山海關을 출발하여 압록강을 건너 부산을 수복한 뒤, 그 길로 대마도·일기도壹岐島·서해 등의 여러 섬을 쳐 없애게 하고, 또 도찰원都察院 도어사都御史에게 명하여 수군도통사水軍都統使를 임명하고 민절閩浙〔중국 복건성福建省·절강성浙江省〕·호광湖廣〔호남·호북〕·운남雲南에서 오월吳越의 수군까지 일만 대군을 만들게 하고, 또 유구琉球·섬라暹羅〔타이〕·안남安南·교지交趾〔베트남 북부〕·불랑기佛狼機〔유럽〕·서역西域 등 나라의 수병과 1만 여의 큰 배를 징발하여 곧바로 사쓰마로 들어가 일본을 멸하고, 그 죄를 심문하거나 성토하여 천하가 한 집안이라는 진의를 엄중히 보이고, 모든 왜놈들로 하여금 천자의 지대한 위엄에 굴복케 한 뒤에야 말 것이라' 했습니다. 임공은 과연 이러한 분부대로 허공과 통했고, 또 많은 뇌물로 허공에게 달콤한 말을 했습니다. 그래서 허공은 몸소 조선 사천泗川 땅에 이르러 석만자에게 반간하기를, '이러이러하다' 하니 석만자가 이 말을 믿어 놀라서 하는 말이, '우리 고을은 일찍이 원나라 수군이 바다를 건너 왔을 때에도 유독 큰 화를 입었는데, 텅 빈 이때를 당하여 중국의 수군이 곧바로 건너온다면 그 형세가 바위가 달걀을 누르는 것 같이 위태롭다' 하여 의혹하고 크게 놀라 곧 철군해 돌아왔습니다. 대개 임공의 그 깊고도 원대한 지혜는 천하에서 남다른 공로를 크게 이루었으며, 풍채와 골격이 훤칠하고 기개와 도량이 뛰어난 사람이다. 그러므로 그대의 용모를 보고 배를 같이 타기로 용단을 내렸으니, 그대는 죽을 각오를 할 수 있겠습니까?"

내가 대답했다.

"그를 따라 살아서 돌아갈 수만 있다면, 반드시 두 분을 위하여 생사生祠〔산 사람으로서 덕이 높은 분을 위해 제사 올리는 사당〕를 세우고 백년토록 향과 축문을 받들 것이며, 임공도 함께 제사를 지내겠습니다."

진·이가 웃으며 말했다.

"우리들이 그대를 대동하는 데 어찌 다른 뜻이 있겠습니까? 다만 그대의 충성과 효성을 사랑할 따름인데, 어찌 딴 것을 생각하겠습니까?"

내가 말했다.

"나도 그대들이 다른 생각이 없는 줄은 알았지만, 한편 나의 심정으로 말하면 어찌 이런 마음이 없겠습니까?"

진병산이 말했다.

"땅에 떨어지면 모두가 형제인데, 어찌 꼭 골육이어야만 친하겠습니까?"

이날 밤 꿈에 아버지와 형제를 보았다.

이 글은 왜란 때 포로가 되어 일본에 들어가 살다가 돌아온 노인魯認(1566-1622)이 남긴 《금계일기錦溪日記》의 일부다. 정유재란으로 일본군에 잡혀가 쓰

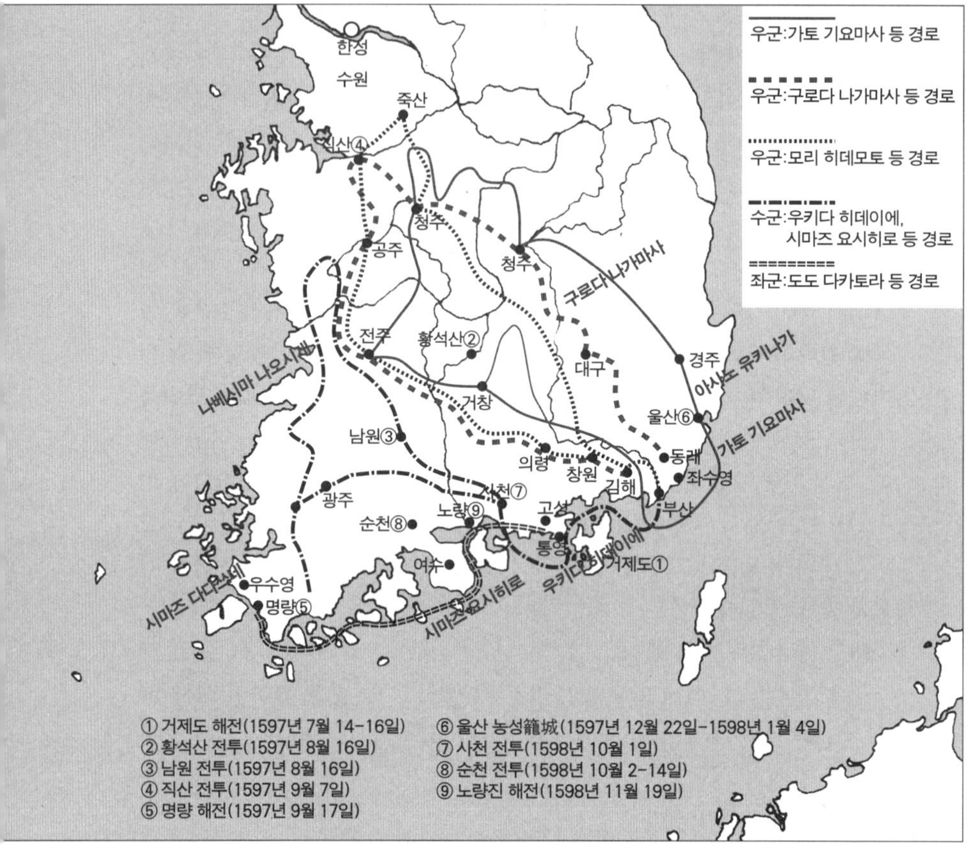

지도8_정유재란(1597)의 일본군 침략도

시마(對馬)에 포로로 있다가, 명나라 사람들을 따라 중국으로 탈출할 계획을 세우는 이야기다.

노인의 본관은 함평咸平, 자字는 공지公識. 나주羅州 하의리荷衣里(지금의 나주시 노안면老安面 하의리)에서 태어났다. 호를 금계라 하고 또 다른 호를 금리錦里라 하는 것은 나주의 별명에서 따온 것이다. 1582년(선조 15)에 진사가 되고 3년 뒤 빙고 별제氷庫別提가 되었다. 1592년에 임진왜란이 발발하자, 아버지의 명에 따라 권율權慄의 휘하에 들어가 의령宜寧에서 싸웠다. 그러나 정유재란으로 1597년(선조 30) 8월에 남원이 함락되자, 혼자 적병을 만나 목을 치려 하다가 말에서 떨어져 적의 포로가 되었다.

1599년에 노인을 비롯한 일곱 사람은 일본 가고시마(鹿兒島)의 시마즈 요시히로(島津義弘) 영내에 붙들려 있었다. 《금계일기》는 앞부분이 떨어져나가 1598년(선조 32) 2월 21일의 마지막부터 남아 있으므로, 그들이 어떤 경로로 시마즈 요시히로의 영내에 이르게 되었는지는 확실하지 않다. 또 노인이 일본을 탈출해서 복건, 북경을 거쳐 한양으로 돌아온 기간은 3년 5개월에 달하지만, 《금계일기》의 현존본에는 4개월 7일간의 기록만 있다. 일기의 원본은 노인의 후손가에 전해 왔는데, 민족문화추진회(현 한국고전번역원)는 원본을 베껴 대본으로 삼아 번역했다.

문집 《금계집錦溪集》을 보면, 노인은 1599년 정월 15일 밤에 무안務安의 양반 서경춘徐京春 등 수십 명과 함께 작은 배를 타고 강 어구로 나가다가 사누키노가시라(讚岐守) 가키베노 시로(部曲四郎)란 자에게 발각되어 칼로 죽인다는 위협을 받았다. 노인은 "빨리 죽여라! 임금도 어버이도 없는 도깨비 고장에서 어찌 살기를 바라랴!" 했다. 하지만 모두 다시 끌려가고 말았다.

다음은 《금계일기》를 근거로 재구성한 노인의 행적이다.

명나라의 복건福建 군문도독軍門都督은 시마즈 요시히로를 도요토미 히데요시의 진영에서 이탈하도록 공작하려고 사쓰마에 간첩사間諜使 임진혁林震虩과 그 부하 진병산陳屛山·이원징李源澄 등을 파견했다. 노인은 중국말에 능하고 또 한문을 잘 지었으므로 명나라로 들어가 지방관을 만나 송환을 호소할 결심을 했다. 그래서 명나라 간첩사들이 돌아갈 때 그들의 배를 타고 탈출을 하려고 꾀해서, 마침내 3월 17일, 탈출에 성공했다. 노인은 민閩(복건성福建省)에 닿아, 장주漳州와 흥화興化 등을 거쳐 4월 9일에 복건의 치소治所로 갔다. 거기서 군문도독 김학습金學習을 만나 본국에 송환해 달라고 청했다.

노인이 황제에게 낸 소疏와 대사마 군문大司馬軍門·포정사아문布政司衙門에 낸 정문呈文과 감찰어사監察御使에게 낸 상서上書 가 《금계집》에 실려 있다.

복건에 있는 동안 노인은 시문의 재주를 인정받아 양현사兩賢祠(무이서원武夷書院)에서 묵으면서 참강參講하는 특전을 받고 여러 수재秀才(향시 합격자)들과 교제했다.

《금계일기》는 송환을 청원하고 하회를 기다리고 있던 6월 27일에 끊기고 그 뒤는 떨어져 나갔다.《금계집》에 따르면 그 뒤의 일은 이러하다.

7월 16일에 황제가 조서詔書를 내려 귀국을 허가했으므로, 군문도독은 말과 인부를 내어 노인을 북경으로 호송했다. 황제는 다시 병부兵部에 명하여 어마御馬 한 필을 내려 주고 원외랑員外郎 사여매史汝梅로 하여금 본국으로 호송하게 했다. 이때 양현사의 수재 예사화倪士和·사조신謝兆申 등 십여 명이 산해관山海關까지 따라와 전송했다.

노인은 1600년(선조 34) 정월에 한양으로 돌아왔다. 고향에 와 보니 부모가 이미 1598년(선조 31)에 별세한 뒤였으므로, 노인은 뒤미처 상복을 입고 여막에서 살다가, 상복을 벗은 뒤 권무과勸武科에 급제하여 선전관이 되었다. 1604년(선조 37) 6월에는 통제사 이경준李慶濬을 따라 당포唐浦에서 일본의 잔병을 격파했다. 1606년(선조 39)에 수원 부사, 이듬해는 황해도 수군절도사가 되었다. 하지만 정인홍鄭仁弘의 비판을 받고 군산群山으로 좌천되었다가 돌아와, 병 때문에 사직하고 고향으로 돌아갔다. 1622년(광해군 14)에 향년 57세로 별세했다.

《금계일기》는 강항姜沆(1567-1618)의《간양록看羊錄》, 정희득鄭希得(1573-1640)의《월봉해상록月峯海上錄》과 함께 일본에 잡혀갔던 조선 선비가 남긴 피로인환국被虜人還國 기록에 속한다. 세 기록은 당시의 일본 내부의 사정을 알려주는 좋은 자료이다. 그런데《금계일기》는 명나라 내지 사정도 잘 알려준다.

노인의 이야기는 유몽인柳夢寅(1559-1623)의《어우야담》에도 실려 전하되, 이야기가 조금 과장되어 있다.

> 노인과 함께 포로가 된 유여굉柳汝宏 등 7인은 사람들은 품팔이 노동을 하면서 돈을 저축해서 왜국의 배를 사서 대마도對馬島(쓰시마)를 거쳐 부산으로 건너오려고 기회를 살폈다. 노인은 홀로 상선에 올라 남만(오늘날의 중국 남쪽-인도차이나 반도 북쪽 일대)에 들어가 복건을 거쳐 돌아오려고 마음먹는다. 같이 갔던 다른 사람들은 대마도를 거쳐 부산을 건너 고향으로 돌아갔지만,

노인은 그해 3월에 일본을 탈출하여 남만을 통해 장주와 흥화 등을 거쳐 복건에 이르렀다. 그리고 초楚(오늘날의 중국 후베이, 후난을 함께 일컫는 말) 땅으로 들어가 동정호와 악양루에서 놀고 소주蘇州(쑤저우), 항주杭州(항저우)의 명소를 두루 구경하고 다시 복건에 이르렀다. 그리고 그해 7월에 복건을 탈출하여 황하와 양자강으로부터 제齊(오늘날의 중국 산둥과 허베이 일대) 땅을 지나 북경에 이르렀다. 그후 북경에서 들어가 우리나라 사신들을 만나, 드디어 서울로 돌아왔다.

2.

전쟁은 일상의 생활과는 전혀 다른 체험을 할 수 있는 기회이기도 하다. 전쟁 때문에 사랑하는 사람들이 헤어져 전혀 낯선 곳으로 떠돌아다니는 것은 흔히 겪는 일이 아니다. 그런 체험을 문학으로 표현하게 되면, 독자는 그것을 소리 내어 읽고 눈으로 보면서 특별한 체험을 간접적으로 경험하게 된다.

전쟁을 배경으로 이루어진 기이한 여행의 경험을 소재로 삼은 소설에 《최척전》이 있다.

조위한趙緯韓(1567-1649)이 지은 한문소설로, 정유재란으로 남원이 왜적에게 함락됨에 따라 부부가 생이별을 하여 고난 끝에 재회하는 내용을 골간으로 삼았다. 《최척전》의 줄거리를 소개하면 이러하다.

남원南原의 최척은 글을 익혀 군역軍役을 피하라는 부친의 명에 따라 정상사鄭上舍에게 공부하러 다녔다. 마침 정상사의 친척 심씨沈氏 모녀가 전쟁을 피해 정상사의 집에 의탁해 있었는데, 심씨의 딸 이옥영李玉英이 최척을 엿보고 마음에 두었다가 구혼하여, 어른들의 허락을 받는다. 그러나 혼례를 올리기 전에 최척이 의병에 종군하게 되고, 혼기가 되었으나 돌아오지 못했다. 이 틈을 타서 부유한 양생梁生이 구혼하여 집안에서 양생과의 혼인을 권유하자 옥영은 자결을 꾀했다. 최척은 그 사실을 전해듣고 병을 앓아 의병에서 놓여나 얼마 후 혼인할 수 있었다. 옥영은 만복사萬福寺에서 기원하여 아들 몽석夢釋을 낳았다. 어느 날 최척이 퉁소를 불자 옥영이 시를 지어 화답했다. 그런데 정유재란이 일어나 남원이 함락되자 최척은 가족을 이끌고 연곡사燕谷寺로 피난했다. 최척이 식량을 구하러 간 사이에 왜적이 쳐들어와 사람들을 붙잡아 갔다. 최척은 가족을 찾지 못하고 남원으로 돌아와, 명나라 장수 여유문余有文을 만나 그를 따라 중국으로 갔다. 최척의 부친과 장모는 포로로 붙들려 가는 도중 달아나, 기적적으로 손자 몽석을 찾아 남원으로 돌아갔다. 한편 남장을 하고 있었던 옥영은 왜병 돈우頓于의 노복이 되어 일본으로 갔다. 돈우는 배를 타고 장사하는 사람인데, 옥영을 데리고 장사를 다녔다. 중국으로 간 최척은 여유문이 죽자 주우朱佑라는 친구를 따라 배를 타고 장사를 하다가 안남安南에 이르렀다. 이때 일본인 상선도 역시 그곳에 정박해 있었다. 그런데 밤에 최척이 퉁소를 불자 일본인 배에서 옥영이 전에 지었던 시로 화답했다. 이로 인해 부부가 상봉하여 항주杭州에서 살게 되고, 둘째 아들 몽선夢仙을 낳았다. 몽선이 장성했을 때, 아버지가 조선에 출군했다가 돌아오지 않은 처녀 홍도紅桃가 몽선에게 시집왔다. 기미년己未年에 노추奴酋가 요양遼陽을 침범하자 최척은 서기書記로 뽑혀 전쟁에 나갔다가 오랑캐의 포로가 되었다. 이때 강홍립姜弘立을 따라 출전했던 몽석도 포로가 되었는데 부자가 마침 한곳에 감금되었다. 그 사실을 알게 된 늙은 오랑캐 병사가 그들을 몰래 풀어 주어, 최척과 몽석은 고국으로 돌아오게 되었다. 도중에 홍도의 부친 진위경陳偉慶을 만나 함께 남원으로 돌아왔다. 한편 중국에 있던 옥영은 최척이 살아남았다면 조선으로 갔으리라 생각하여 아들 몽선과 며느리 홍도를 데리고 배를 타고 조선으로 향했다. 이들은 폭풍을 만나고 해적의 약탈을 당하는 등 온갖 고난 끝에 남원에 이르러 가족과 상봉했다.

남원 전투 때 옥영은 남장 차림으로 왜에게 붙잡혀 있다가 상인인 왜인을 따라 안남에 갔고, 남편 최척은 명나라 장수를 따라 중국에 들어가 소흥에 거처하다가 상인 친구를 따라 안남에 갔다. 그리고 4월 16일 밤에 최척이 처량한 심경에서 퉁소를 불자, 왜인의 배 안에 있던 옥영이 이전에 남편의 퉁소에 화답하여 읊었던 그 칠언절구를 읊었다.

이로써 기이한 해후가 이루어졌으므로 이 소설을 '기우록奇遇錄'이라고도 불렀다.

이때 옥영玉英은 왜인 돈우頓于에게 붙들렸다.

돈우는 늙은 왜인으로, 본래 살생을 않고 자비로우며 늘 염불을 했다. 상판商販을 업으로 삼아, 배를 조종하는 데 익숙했다. 그래서 왜장 고니시 유키나가(小西行長)이 선주船主로 삼아 오게 된 것이다.

돈우는 옥영이 기민하고 재치 있는 것을 아껴, 오직 달아날까 걱정하여, 좋은 옷과 맛있는 음식을 주면서 그 마음을 위로하고 안심시켰다. 옥영은 물에 몸을 던져 빠져 죽으려고 두 번, 세 번 배에서 뛰어 내리려다가 문득 깨달은 바가 있었다.

어느 날 저녁, 금으로 된 장육불丈六佛이 옥영의 꿈에 나타나 말했다. "나는 만복사萬福寺의 부처이다. 부디 죽지 마라. 후에 반드시 기쁜 일이 있을 것이다."

옥영은 깨어나 그 꿈을 헤아려 보니, 만 분의 일이라도 전혀 희망이 없는 것은 아니었다. 마침내 억지로 음식을 먹어서 죽지를 않았다.

돈우의 집은 낭고야狼姑射〔나고야(名古屋)〕에 있었는데, 아내는 늙고 딸은 어렸으며, 달리 사내아이가 없었다. 그는 옥영으로 하여금 집에 거처하게 하고, 바깥을 출입하지 못하게 했다.

옥영은 속여서 말했다.

"저는 본래 여리고 어진 사내로서, 약골에 병이 많습니다. 본국에 있을 때도 건장한 남자들이 하는 일을 제대로 할 수가 없어서, 그저 바느질과 밥 짓는 일을 업으로 삼았고, 나머지 일은 정말로 감당할 수가 없습니다."

돈우는 매우 가련하게 여기고, 그의 이름을 사우沙于라고 지었다. 그리고 배를 타고 장사를 다닐 때마다 옥영을 화장火長〔배의 항해를 지휘하는 인물. 일부 번역본에 부엌일의 책임을 맡겼다고 풀이한 것은 잘못임〕으로서 배 안에 두고, 민閩〔현재의 복건성福建省〕과 절浙〔현재의 절강성浙江省〕 사이를 왕래했다.

이때 최척崔陟은 소흥紹興〔원문에는 요흥姚興으로 되어 있으나 오류인 듯함. 소흥은 지금의 절강성 소흥시〕에 있으면서 여공余公과 의형제를 맺으니, 여공이 자기 누이를 최척에게 시집보내려 했다. 최척은 한사코 사양하여 말했다. "저는 온 집안이 왜적에게 함몰되어, 늙은 아버지와 허약한 아내에 관해 지금까지 생사조차 모르고 있습니다. 비록 발상發喪하여 최복衰服을 입지는 못할지언정, 어찌 감히 편안하게 아내를 얻어 장가가서 스스로 안일하게 살려는 계획을 하겠습니까?"

여공은 의리의 관점에서 더 어쩔 수가 없어서 그만두었다.

그해 겨울, 여공이 병으로 죽자, 최척은 더욱 의지할 곳이 없어졌으므로, 장강長江과 회강淮江 사이를 떠돌다가, 명승을 두루 유람하여, 용문龍門을 엿보고 우혈禹穴을 탐색했으며 원수沅水와 상수湘水의 근원까지 다 구경하고는 동정호洞庭湖에 배를 띄우고 악양루岳陽樓에 올랐으며 고소대姑蘇臺에 올랐다. 호수와 산에서 시를 읊조리고 구름과 물 사이를 너울너울 돌아다녀, 표표하게 세상을 버릴 뜻이 있었다. 그래서 해섬도사海蟾道士 왕용王用이 청성산靑城山에 은거하면서 황금을 녹이고 단약을 제조하여 백일에 비승하는 술수가 있다는 말을 듣고서, 장차 촉蜀 땅으로 들어가서 그에게 배우고자 했다. 그런데 마침 송우宋佑라는 사람이 있어서 호를 학천鶴川이라 했는데, 집이 항주杭州 용금문湧金門 안에 있으면서, 경전과 역사서에 널리 통하되 과거를 보아 공명功名 세우는 일을 달갑게 여기지 않고 저서著書를 업으로 삼고, 시여施與를 즐겨 하고 의기義氣가 있었다. 그는 최척과는 지기知己의 사이일 것을 허여했다. 그런데 최척이 촉 땅으로 들어간다는 소식을 듣고 술병을 가지고 와서, 술이 반쯤 취하자 최척의 자字를 부르면서 이렇게 말했다.

"백승白昇! 사람이 이 세상에 태어나 누군들 오래오래 살아 영원히 존재하고 싶지 않겠소? 하지만 고금 천하에 어찌 이런 이치가 있단 말이오? 남은 생이 얼마나 된다고 단약을 먹고 굶주림을 참아 스스로 고통을 주기를 이와 같이 하여 산의 귀신들과 이웃이 된단 말이오? 그대는 모름지기 나를 따라 돌아가서, 편주를 하나 띄우고 오吳와 월越로 가서 비단을 팔고 차를 팔아서 남은 생을 즐긴다면, 이 또한 달인達人의 행사가 아니겠소?"

최척은 활연히 깨달아 마침내 그와 함께 갔다.

때는 경자년(1600) 봄, 최척은 송우宋佑를 따라서 같은 마을 사람들과 함께 상선에 타고 안남安南을 왕래했다. 이때 일본의 배 십여 척도 역시 포구에 정박하여, 거기에 십여 일 머물고 있었다. 때는 사월의 방사백旁死魄(재생백哉生魄, 16일)을 만나, 하늘에는 한 치의 구름도 없고 강물은 비단 같으며, 바람은 자고 파도는 고요하며, 온갖 소리는 침침沈沈하고 그림자도 끊어졌으며, 뱃사람은 코를 드르렁거리면서 잠자고 물가의 물새는 때때로 우는데, 다만 일본의 배 안에서 염불하는 소리만 들려, 그 소리가 대단히 서글펐다. 최척은 홀로 봉창蓬窓에 기대어 신세를 생각하면서 처량한 느낌이 들어, 즉시로 행장行裝 속의 통소를 꺼내어 계면조界面調 한 곡을 불어서 흉중의 서글프고 한스러운 기운을 풀려고 했다. 이때 바다와 하늘은 참담한 빛을 띠고 구름 안개는 자태를 자주 변환했으므로, 배 안에 있던 사람들이 놀라 일어나 서

글픈 느낌을 갖지 않는 사람이 없었다. 그러자 일본의 배에서 염불하던 소리가 돌연 그치고 적막해지더니, 이어서 조선의 발음으로 칠언절구七言絶句를 읊었다.

"왕자진王子晉이 피리를 부니 달도 나직한데
푸른 하늘은 바다 같은 빛을 띠고 이슬만 싸늘하다.
부디 청란靑鸞을 함께 타고 가서
안개 놀 가득한 봉도蓬島 길이라도 헷갈리지 말기를."
(王子吹簫月欲低, 碧天如海露凄凄. 會須共御靑鸞去, 蓬島烟霞路不迷)

시 읊기를 마치더니, '희희' '쯧쯧' 하는 소리가 났다. 최척은 그 시를 듣고 마음이 동요하고 크게 놀라서, 당황하여 정신이 나간 듯해서, 자기도 모르는 사이에 퉁소를 떨어뜨리고는, 멍청하여 마치 죽은 사람 모습이었다.

이 소설은 사랑하는 남녀와 가족이 전쟁 때문에 흩어졌다가 다시 만나 행복하게 살게 된다는 이야기를 가장 큰 줄거리로 삼고 있다. 그런데 이들은 중국과 일본은 물론 베트남에 이르기까지 참 넓은 곳을 떠돈다. 당시 우리나라 사람들은 그렇게 멀리까지, 넓은 곳을 여행할 기회가 없었는데 이들은 전쟁 때문에 결과적으로 그렇게 먼 곳을 돌아다닐 수 있었던 것이다.

우리나라에서 전쟁 때문에 한 가족이 서로 흩어졌다가 다시 만나게 되는 기구한 이야기를 다른 소설로는 《최척전》 말고도 〈주생전周生傳〉, 〈남윤전南允傳〉, 〈위경천전韋敬天傳〉, 〈이한림전李翰林傳〉 등이 있다.

최척의 이야기는 완전히 혼자만의 상상력으로 만들어 낸 것은 아니다. 그 이야기는 유몽인의 《어우야담》에 실려 있는 '홍도紅桃 이야기'와 매우 유사하다. 〈홍도〉의 줄거리는 이렇다.

홍도의 남편 정생은 정유재란 때 남원 전투에 참여했다가 명나라 군사가 패하자 명나라 장수 양원을 따라 중국에 들어가 절강이란 곳에서 살게 된다. 이때 그의 부인 홍도는 왜병에게 잡혀 일본으로 끌려간다. 그 뒤 홍도는 일본 사람의 상선에서 일을 하다가 절강에 이르게 된다. 그런데 마침 남편 정생이 퉁소를 불었고, 그 소리를 알아들은 덕분에 홍도는 남편과 만나게 된다. 정생은 다시 명나라 장수 유정을 따라 후금과 명나라 사이에 벌어진 전투에 나갔다가 남원으로 되돌아오게 된다. 이때 홍도는 중국 절강에서 바닷길로 나서 조선의 추자도 밖 가가도를 지나 순천을 거쳐 남원에 이르게 된다. 이렇게 해서 두 사람이 다시 남원에서 만나게 되었다.

〈홍도〉에서는 정생鄭生과 홍도가 훗날 중국의 절강浙江에서 해후할 때, 정생이 소싯적부터 퉁소를 잘 불고 가사歌詞를 잘 해서, 그것이 계기가 되어 홍도가 정생의 존재를 알아보게 된다. 그러나 《최척전》에서는 부부가 창화唱和한 일이 있어, 부인이 시로 응답해서 서로의 존재를 확인한다. 이것을 보면 《최척전》 이야기가 변개되어 《어우야담》에 수록되었을 가능성도 있다.

한글소설 〈남윤전〉은 최척 이야기와 비슷하면서 내용이 더 환상적이다. 이 소설도 임진왜란을 배경으로 했는데 주인공 남윤이 결혼하는 날, 바로 그 밤에 임진왜란이 일어난 것으로 되어 있다. 임진왜란이 일어나 선조는 의주로 피난을 가야 했는데, 우리나라에서 명나라에 구원을 요청하자 이여송이 군사를 끌고 왔다가 전투에서 지고 돌아간다. 이때 남윤은 왜국에 포로가 되어 끌려간다. 그런데 왜왕은 그를 부마(공주의 남편)로 삼으려 한다. 남윤은 처음에는 거절했지만 우연히 왜왕의 공주를 만나 둘이서 전생에 이미 연인이었다는 것을 알게 되어 결혼을 하게 된다. 하지만 10년이 지난 어느 날 공주는 남윤을 고국으로 돌려보내면서 그와의 인연이 다했음을 말하고 하늘로 돌아간다. 남윤은 공주의 계시로 무인도에서 고행을 겪은 뒤, 중국의 남경南京(난징)에 도착하여 조선 사신과 함께 고국에 돌아와 꿈에 그리던 가족들과 다시 만나게 되었다고 한다.

《최척전》을 보면 옥영은 처음에 강화에서 배를 타고 나주로 피난했다고 하고, 왜병의 포로가 된 뒤에는 장사하는 주인을 따라 봄에는 중국 민閩(오늘날의 푸젠) 땅, 가을에는 유구琉球(오키나와) 지방으로 다니며 배를 탔다고 했다. 당시 일본 사람 모두가 전쟁판의 싸움꾼이 된 것은 아니었다. 그들 가운데는 중국의 복건 지방과 절강 지방을 왕래하면서 장사를 하는 사람도 있었던 것이다.

또 명나라 사람들도 마찬가지였다. 최척은 여유문이 죽자 송우라는 사람을 따라 절강을 다니며 비단이나 차를 사서 상선을 타고 베트남을 왕래했다고 했다. 당시 일본이나 중국의 상인들은 중앙 권력과는 별개로 넓은 지역을 상권으로 정하여 멀리 다니며 무역을 했다.

이런 사실은 임진왜란 때 포로가 되어 일본에 갔다가 상선을 타고 베트남까지 갔다가 온 조완벽趙完璧의 이야기에서도 확인할 수 있다.

조완벽의 이야기는 경섬慶暹의 《표해록》, 이수광李睟光(1563-1628)의 《지봉집芝峰集》과 《지봉유설芝峰類說》, 정사신鄭士信(1558-1619)의 《매창집梅窓集》, 안정복安鼎福(1712-1791)의 《목천현지木川縣志》 등에도 실려 있다.

경섬은 1607년에 포로쇄환사의 부사로서 일본을 방문했다. 피로인 가운데 가운데 조완벽이 있었다. 그동안 조완벽은 일본 상선을 타고 동남아 일대를 세 번씩이나 왕래했고 베트남에서는 여러 문인들과 교유하고 돌아왔다고 한다.

이수광의 〈조완벽전趙完璧傳〉에는 항해 도중에 대룡 청룡으로 상징되는 고래를 만난 이야기, 원양선에 양식으로 수백 마리의 닭을 싣고 가는 이야기, 머리를 풀고 맨발로 다니는 안남인의 생활 습속, 일부다처의 풍속, 그곳 과일이나 동 식물들의 특징, 안남의 위치와 거리 등에 대한 서술이 있다.

근세 이전에는 국가 권력이 개인의 삶을 완전히 구속할 수 있었던 것은 아니다. 동아시아 기층민들이나 상인들은 국가 권력이 미치지 않는 틈새의 공간을 유유히 돌아다녔다. 소설 《최척전》에는 그 사실이 잘 반영되어 있다.

3.

《최척전》은 조선 후기에 널리 읽혔다. 이민성李民宬(1570-1629)이란 분은 자신의 형 이민환李民寏(1573-1649)을 모욕하는 뜻을 품고 있다고 여겨, 〈제최척전후題崔陟傳後〉라는 장편의 시를 지었다.

이민환은 1618년(광해군 10)에 명나라에서 후금을 압박하기 위한 원군을 요청할 때, 평안관찰사로서 강홍립 장군의 막하가 되었는데, 부차富車 싸움에서 패하여 청나라에 포로가 되어 그 후 17개월 동안 건주建州의 감옥에 갇혀 있다가 생환했다.

《최척전》에는 명나라 유격장군 교일기喬一琦의 부하인 소주 사람 오세영이 후금과의 싸움에서 패하여 포로가 되었다가 최척과 함께 탈출하는 내용이 나오는데, 오세영의 일은 이민환의 사적을 닮은 면이 있다. 그래서 이민환의 아우 이민성은《최척전》의 작가가 누구인지는 모르지만 자기 형을 모략하는 음험한 꿍꿍이를 알 수 있다고 분개해서 〈제최척전후〉라는 시를 지어 이 소설을 혹독하게 비난한 것이다. 시는 이민성의 문집《경정집敬亭集》권4에 실려 있는데, 전문을 번역하면 이러하다.

> 괴이해라《최척전》, 누가 지었나 모르겠다
> 그 일이 실제 있었는지 없었는지, 글이 뛰어난지 형편없는지는
> 잠시 논하지 않기로 하고, 그 심술心術만 논파하기로 하자
> 이른바 최척이란 자는, 본시 대방(남원)의 선비
> 그 아내 옥영은, 재능과 지혜로 배필이 되었으나
> 난리로 모두 적에게 붙잡혀, 일본으로 가서 헤어지고 말았으니
> 헤어지고 우연히 합함이, 번쩍번쩍 헤아릴 수 없을 정도
> 최척은 강절江浙에 이르러, 우연히 교일기 유격을 알아
> 그를 따라 조선에 파병됐다가 함락될 때, 달아나 목숨을 부지하고
> 옥영은 사신의 배를 타고, 그보다 앞서 이미 고향으로 돌아가니
> 나뉘었던 거울이 거듭 둥글어지고, 갈라졌던 팔찌가 마침내 다시 합했다
> 그중 교유격이 포박당하는 단락은, 관련짓고 서술해서
> 최척이 생환한 일에 대해, 증거를 세우려고 가탁한 것
> 전후에 도망해 돌아온 자들은, 압록강 넘는 즉시
> 진장鎭將이 잡아 공초받고, 감병監兵이 일일이 모습을 그려
> 평양부로 압송하고는, 하나하나 엄하게 조사해서
> 아무 해 아무 달 아무 날, 아무 땅 아무개라고
> 2,400여 명을, 일일이 장부에 적어
> 치계해서 조정에 보고하여, 판결 거쳐 비국(비변사)에 내려 보내

비국이 그를 끌어와, 국문 마친 후 본적으로 돌아가게 했다
최척은 말하길, 교유격 부하가, 함께 도망하여 헤어졌다 하니
그 자취가 이미 신기하여, 멀리까지 소문으로 전파할 만하거늘
어찌 이 전傳이 나와, 비로소 전말을 알게 되었단 말인가
하물며 대방군에 물어 들어보니, 생환한 인물이 없다 하니
이야기 소재일 뿐이지, 사실에 의거한 것은 아니라 한다
아아, 문장은 여러 가지라, 혹은 유희를 할 수도 있으니
〈오유선생전〉과 〈자허부子虛賦〉는, 골계문학으로 웅걸을 다투고
〈십육조광기十六朝廣紀〉와 〈술이전述異傳〉도, 총서에 넣어도 무방하니
허탄해서 즐길 만하고, 기궤해도 분격하지 않는다만
어디 험피險詖한 짓을 멋대로 해서, 시기를 타서 흉억을 드러냈던가
검공 막야莫耶도 이보단 아래이니, 붓끝이 아주 뾰족하고 날카롭다
비유하자면 도살장이가, 탁자 위 칼을 부려 고기 저미듯 해서
유쾌할 만큼 기술이 빠르고 묘해도, 죽은 이는 통렬하기 짝이 없으니
그 입전立傳한 뜻을 보건대, 부처에게 아부하려는 데 있으니
부처를 과연 믿을 수 있다면, 응당 무간 지옥에 떨어지리라
《주례》는 날조죄를 여덟 중죄에 넣었건만, 지금은 그 형벌이 없다니

怪哉崔陟傳(괴재최척전) 不知誰所作(부지수소작)
事之有與亡(사지유여무) 文之工與拙(문지공여졸)
今姑不暇論(금고불가론) 略破其心術(약파기심술)
其曰崔陟者(기왈최척자) 本帶方士族(본대방사족)
其妻名玉英(기처명옥영) 才慧爲偶匹(재혜위우필)
亂離俱被擄(난리구피로) 相失日本國(상실일본국)
分離與偶合(분리여우합) 恍惚莫可測(황홀막가측)
陟也抵江浙(척야저강절) 遇知喬遊擊(우지교유격)
隨陷東征時(수함동정시) 走回乃得脫(주회내득탈)
英則泛使舶(영즉범사박) 前已歸故域(전이귀고역)
破鏡竟重圓(파경경중원) 分釧終復合(분천종부합)
其中縛喬段(기중박교단) 牽連因敍及(견련인서급)
以陟之生還(이척지생환) 立證爲駕說(입증위가설)
前後走回者(전후주회자) 越江卽時刻(월강즉시각)
鎭將取供申(진장취공신) 監兵竝巡畫(감병병순획)
押解平壤府(압해평양부) 逐一嚴查覈(축일엄사핵)
某年某月日(모년모월일) 某地某甲乙(모지모갑을)
二千四百餘(이천사백여) 一一注簿冊(일일주부책)
然後馳啓聞(연후치계문) 經拆下備局(경탁하비국)

備局引其人(비국인기인) 鞫畢許還籍(국필허환적)
陟云喬標下(척운교표하) 與他走回別(여타주회별)
厥跡旣新異(궐적기신이) 宜播遠耳目(의파원이목)
奚暇此傳出(해가차전출) 始獲其顚末(시획기전말)
況聞帶方郡(황문대방군) 原無還人物(원무환인물)
或云資話柄(혹운자화병) 未必憑事實(미필빙사실)
噫文非一端(희문비일단) 或者游戲設(혹자유희설)
烏有與子虛(오유여자허) 滑稽爭雄傑(골계쟁웅걸)
廣紀述異傳(광기술이전) 不害於捃摭(불해어군척)
故誕而可喜(고탄이가희) 或詭而不激(혹궤이불격)
豈若騁險詖(기약빙험피) 乘時肆胸臆(승시사흉억)
莫耶斯爲下(막야사위하) 筆端甚鋒鏑(필단심봉적)
譬如屠膾子(비여도회자) 刀几恣臠斮(도궤자련착)
雖快手敏妙(수쾌수민묘) 死者痛楚極(사자통초극)
觀其立傳意(관기입전의) 乃在於佞佛(내재어녕불)
佛果如可信(불과여가신) 應墮無間獄(응타무간옥)
周禮造言刑(주례조언형) 嗚呼今不復(오호금불복)

이민성은 당시 중국으로부터 생환한 사람은 모두 2,400명으로, 비변사에서 국문하여 본적으로 돌려보냈지만, 남원의 최척이란 인물이 생환한 사실은 없다고 주장했다.

역사책에 보면, 1618년에 명나라가 후금을 견제하기 위해 우리나라에 원군을 요청했을 때, 이민환은 평안관찰사로서 강홍립 원수의 막하가 되었다. 즉, 참판 강홍립으로 경기·양호·양서 등 5도 도원수로 삼고, 평안 병사 김경서로 부원수를 겸하게 하고, 이민환·이정남·정응정으로 문무종사文武從事로 삼아 5도의 병마 2만여 명을 조발하여 서변으로 보냈으며, 경상도·강원도의 병마는 북도로 보냈다고 되어 있다. 그런데 1619년 심하深河 부차富車의 싸움에서 명나라 군사가 패하자 우리 장수 강홍립 등은 오랑캐에게 항복했다. 이민환은 청나라에 포로가 되어 17개월 동안 건주建州 홍경興京의 감옥에 갇혀 있었다. 그곳은 책문柵門의 안쪽이라고 해서 책중柵中이라 부르기도 한다. 그런데 1620년 8월에 후금은 조선과 화친하려는 뜻에서 강홍립은 그대로 억류하고, 구금된 관리와 장수 가운데 세 사람을 내보내려 하여 명패를 뽑았는데, 이민환의 명패가 셋 중에 들어 있었다. 후금은 이민환 등 세 사람에게 화친을 종용하는 외교문서를 지참하게 하고 책문 밖으로 보냈다. 이민환은 귀국 후 박엽朴燁의 무고로 4년 동안 관서 지방에서 숨어 지내야 했다고 한다.

이민환은 건주에 구금되어 있을 때 《책중일기柵中日記》를 작성하여 심하 전투의 시말을 알리고, 《건주문견록建州聞見錄》을 작성해 후금의 팔기군 제도와 전법, 후금의 요동 정벌 계획 등을 보고했다. 《건주문견록》은 후금에 대한 거의 유일한 기록이다. 뒷날 성호 이익이나 연려실 이긍익, 다산 정약용 등은 이민환의 일기와 문견록을 중시하여 방어防禦의 자료로 삼아야 한다고 논했다.

이민환은 인조반정 이후 병자호란 때 장현광의 종사관으로 참전하게 되고, 죽은 뒤 충간忠簡의 시호가 내렸다. 그렇지만 일생 '절개 잃은 사람'이라는 비난을 받았다. 그 때문에 《최척전》이 유포되었을 때, 이민성은 형의 명예를 지켜 주려 했던 것이다.

4.

《금계일기》에 보면, 명나라 사람들은 노인을 복건으로 데려가기 위해 성의를 다했다. 복건에 있는 동안 노인은 양현사(무이서원)에서 묵으면서 여러 수재들과 격의 없이 지낼 수 있었다. 또 황제의 명으로 본국으로 송환되게 되었을 때, 그 수재들 가운데 예사화와 사조신을 비롯한 십여 명은 산해관까지 와서 전송했다.

한편 《최척전》을 보면 옥영은 일본인 돈우의 상선을 타게 된다. 돈우는 장사꾼 출신으로 불심이 깊어 전쟁에는 뜻이 없었다. 단지 배를 잘 다루었기 때문에 고니시 유키나가가 선단의 우두머리가 되었을 뿐이었다. 또 돈우는 옥영을 아끼게 되어, 옥영이 도망치지 않도록 좋은 옷과 맛있는 음식을 주며 위로했다. 옥영이 물에 빠져 죽으려고 거듭 바다에 뛰어들었을 때도 돈우는 그때마다 구출해서 그를 달랬다. 돈우는 옥영을 나고야의 집으로 데려가 가족처럼 보살폈다. 전쟁이 끝난 뒤 배를 타고 복건과 절강을 오가며 물건을 팔 때는 옥영을 항해사로서 삼아 데리고 다녔다.

이것을 보면 서로 다른 민족 사이라도 인간적 우정을 펼 수 있다는 가능성을 생각하게 된다.

《최척전》에서 돈우는 옥영이 여자인 줄 모르고 그를 돌봐주었다. 두 사람이 민족 사이의 갈등을 넘어 우정을 나누었다는 점은 부정할 필요가 없을 듯하다,

참고문헌

정연탁,《금계일기 해제》, 민족문화추진회.

若松實 譯,《錦溪日記》, 東京:日韓協會愛知縣連合會, 1992.

소재영,《임병양란과 문학의식》, 한국연구원, 1980.

장효현,《한국고전소설사연구》, 고려대학교출판부, 2002.

이채연,〈III. 임란체험의 문학적 형상화〉,《임진왜란 포로실기 연구》, 박이정, 1995.4.

박용식,〈조선 후기 역사소설의 계보와 성격〉,《고전 산문의 계보적 연구》, 일월서각, 2001.4.

박용식,〈《최척전》의 이본 연구 — 국문본의 성격을 중심으로〉,《고전문학연구》18집, 한국고전문학회, 2000.12.

산사와 서원의 탐방 기록,

정시한, 《산중일기》

1.

5월 15일 병술. 흐림. 새벽에는 바람이 불고 비가 뿌렸고 밤에는 큰바람이 밤새 불었다.

아침에 서악서원西岳書院〔경주시 서악동〕의 사당을 배알했다. 설 선생〔설총〕, 김 각간〔김유신〕, 최 고운〔최치원〕 등이 나란히 제향한다. 향을 사르고 두 번 절을 했다. 경신敬愼도 함께 배알했다. 사당 터는 바르고 고르며 새로 단청을 했다. 좌우 담장 곁에 소나무와 대나무가 줄지어 나 있다. 뒷산과 좌우 산에는 커다란 무덤이 뭉긋뭉긋한데, 오른쪽 것은 태종왕의 묘로, 그 크기는 산만하다. 그 뒤편에 토산이 솟아 있어 곧 네 개인데, 그 크기도 역시 같다. 서원에서 식사를 내와, 식사를 한 후 길을 발행發行〔길을 떠남〕했다. 경주부의 남문 밖으로 지나가며 보니 조산造山이 아주 많다. 남쪽 것은 높이 4, 5장丈 가까이 되고 몇 리에 걸쳐 이어져 있다. 길가에 첨성대와 불탑이 있는데 인간의 힘이 미칠 것 같지가 않다.

동남으로 40여 리를 가서 불국사에 이르렀다. 돌계단이나 돌탑 등이 해인사에 비해서 더욱 기괴하다. 법당에 앉아서 보니 규모가 다른 절과 현격하게 달라서, 확 트이고 아주 밝다. 곧 신라 시대에 창건했다고 한다. 빈 전각 서너 곳을 둘러보니, 금동불을 주조하여 모신 곳이 두 곳〔각각 석가여래좌상과 비로자나불좌상을 모신 곳〕 있는데, 금동불은 모두 높이가 한 장丈 남짓이다. 기괴하고 하늘이 빚은 듯하다. 좌우의 긴 행랑은 수십 칸이다. 이 절은 경주부 남쪽으로 고개 넘어 산기슭에 있어서, 보통 사람의 눈으로는 거기에 있는 줄을 모른다.

향로실에 앉아 불존승佛尊僧 국연國衍 스님과 얘기를 나누었다. 저녁식사 뒤 국연 스님이 꿀물과 엿, 곶감 등을 올렸다. 한참 앉아 있다가, 승려로 하여금 산을 에둘러 올라가며 모시라고 했다. 승려를 앞세워 뒷산에 오르는데, 자못 험준하고 급해서 온 힘을 기울여 십여 리를 갔다. 고개를 넘고 1리쯤 내려가서 석굴암에 닿았다. 석굴암의 명해明海〔海明의 오기〕 스님이 맞이하여 들인다. 잠시 앉아 있다가 올라갔는데, 석굴은 모두 사람의 공력으로 만든 것이다. 석문 밖 양쪽에는 모두 큰 바위에 불상을 새겼는데, 각각 4, 5위씩이다. 기이하고 교묘하여 하늘이 빚은 듯하다. 석문은 돌을 다듬어 무지개처럼 만들었으며, 석굴 가운데는 커다란 석불상이 엄연히 마치 살아 있는 듯이 대석臺石에 앉아, 바르고 고르며 기이하고 교묘하다. 굴 위의 뚜껑돌과 여러 돌들은 원만하고 정대하여 조금도 기울어지거나 삿된 곳이 없다. 불상들이 열을 지어 마치 살아 있는 듯하니, 기괴하여 그 모습을 이루 표현할 수가 없다. 이런 기이한 경관은 짝이 거의 없을 것이다. 한참 동안 감상하다가, 내려와 석굴암에 묵었다.

5월 16일 정해. 바람이 크게 불며 안개가 끼었다가, 조금 느지막이 바람이 잠시 그치고 흐렸다.

아침 식사 뒤에 순선順善과 대사大寺〔불국사〕의 스님이 말과 노새를 몰고 왔다. 길을 떠나려 했으나 바람이 불고 안개가 매우 심했다. 해명 노스님과 채안彩眼 스님이 좀더 머물면서 해의 형세를 살펴서 가라고 했다. 그 말을 따라서 행차를 정지했다. 다시 석굴암에 올라가 다시 보니 역시 매우 기이하다. 조금 느지막이 걸어서 급한 고개를 5리쯤 내려온 다음 말을 타고 산등성이를 타고 갔다. 중간에 마을을 지났는데, 마을 이름은 범곡촌凡谷村이다. 암석 위에 상당히 으슥하고 깊은 길이 있다. 기림사祇林寺의 준환俊還 스님을 만났다. 15리를 가서 골굴암骨窟巖에 이르렀다. 앞 고개에 올라가 바라다보니 석봉이 기괴하여, 괴석의 형태로 층층이고, 굴이 있다. 굴 앞에는 임시 처마를 얽어 두고, 창문과 벽에는 채색도 했다. 바라보니 채색한 전각 5, 6채가 바위 사이에 걸려 있는데, 완연히 그림칠한 누각과 같았다. 즉시 들어가 법당에 자리잡았다. 굴에는 법능法能 스님이 있어서, 자리를 마련하고 맞아 주었다. 잠시 앉아 있다가, 법능 스님에게 밥을 짓게 했다. 즉시로 수민修敏 스님과 병든 노인인 김운길金雲吉과 함께 사자굴獅子窟에 올라갔는데, 굴은 비어 있었다. 설법굴說法窟, 정청굴正廳窟 터, 승당굴僧堂窟을 차례로 찾았는데, 역시 비어 있다. 달마굴達摩窟에 도착했다. 이곳은 수민修敏 스님이 머무는 곳이다. 다시 선당굴禪堂窟에 올랐는데, 굴의 쌍성雙性 스님과 김운길의 아들인 선청善淸 스님은 모두 밖에 나가고 없되, 방은 매우 깔끔하다. 경신과 함께 앉아 구경했다. 능선能禪 스님이 밥을 올리기에, 식사를 다한 다음, 즉시 길을 떠나, 동산치東山峙를 넘었다. 이 고개는 길이 험하고 매우 길어 안팎으로 거의 20여 리나 된다.

저녁에 불국사에 돌아와 불존승의 방에 들어갔더니 속리산의 성희性熙·의섬義暹 스님이 이미 와 있었다. 마주하여 놀랍기도 하고 기쁘기도 하여 한참 얘기하다 돌아갔다. 기림사의 준환 스님이 와서 만나보았다. 성오性悟·성준性俊 노스님이 와서 만나보았으므로, 함께 얘기했다. 우경루右經樓의 별실에서 묵었다.

정시한丁時翰(1625-1707)의 《산중일기山中日記》 가운데, 1688년 5월 15일과 5월 16일분으로, 경주 불국사, 석굴암, 골굴암을 탐방한 기록이다.

정시한은 1686년 3월 13일부터 1687년 1월 23일까지 경남과 전라도의 사찰 및 서원을 유람하고, 1687년 8월 2일부터 같은 해 10월 20일까지 강원도의 금강산 등지를 유람하였으며, 1688년 4월 10일부터 같은 해 6월 19일까지 강원도와 경남의 서원과 사찰을 유람하였다. 그리고 그 여정의 기록들을 모아 《산중일기》 2책을 엮었다.

《산중일기》는 17세기 후반 강원도, 전라도, 경상도에 산재하는 사찰의 분포 상황을 알려 주는 귀중한 자료다. 석굴암에 관한 그의 기록은 조선 후기 석굴암의 형태와 보존 상태에 관한 거의 유일한 자료라고 평가된다.

2.

정시한은 호를 우담愚潭이라 했다. 우담은 강원도 원주의 못 이름이다. 본관은 나주羅州로, 부친은 강원감사(강원도관찰사)를 지낸 정언황丁彦璜(1597-1672)이다. 증조부 정윤복丁胤福(1544-1592)은 사헌부의 장관인 대사헌大司憲을 지냈다.

정시한은 서울 회현동 외가에서 태어났고, 결혼도 했다. 하지만 아버지가 요양을 위해 강원도 원주에 별장을 마련하여 내려가자, 그도 원주로 따라갔다. 의금부 도사, 전설사 별검, 공조좌랑, 정릉 참봉, 성균관 사업司業 등의 벼슬을 제수받았으나, 그때마다 부모 봉양과 학문 수양, 그리고 건강을 이유로 사양했다.

본래 가계는 남인에 속했다. 1690년(숙종 16)에 숙종이 희빈 장씨와의 사이에서 낳은 왕자를 원자로 책봉하려고 했을 때 정시한은 〈만언소萬言疏〉를 올려 임금의 마음을 바로잡을 것 등 6개 조항의 시정책을 제시했다. 하지만 1691년(숙종 17)의 기사환국 이후 남인이 인현왕후를 폐위시킬 때는 반대 상소를 올렸다. 또 1694년(숙종 20)의 갑술옥사로 인현왕후가 복위된 뒤 1696년(숙종 22)에 장씨를 희빈으로 강등시키는 데 대해서도 남인들과 달리 반대 상소를 올렸다. 그 나름대로 공정한 관점을 취하고자 한 듯하다.

여든 살인 1704년에는 통정대부에 올라 절충장군 용양위 부호군折衝將軍龍驤衛副護軍과 첨지중추부사僉知中樞府事의 직첩을 받았다.

1672년에 부친이 작고한 후 삼년상으로 치렀고 1684년에는 원주시 부론면 법천리 법천사 앞산의 묘역에 부친의 비석을 세웠다. 이로써 신종愼終의 행사를 모두 마친 그는 1686년 3월 13일부터 1687년 1월 23일까지 경남과 전라도의 사찰 및 서원을 유람하고, 그 기록을《산중일기》상권에 수록했다.

우선 그는 원주를 출발하여 보은에서 며칠 머문 뒤 상주로 이동했으며, 다시 김천으로 가서 직지사에 들렀다. 직지사는 김천역에서 12킬로미터 떨어진 황악산 기슭에 있는데, 신라 눌지왕 2년에 아도화상이 세웠다. 조선 시대 대표 건물인 대웅전, 통일신라 시대 조각인 높이 1.61미터의 석조약사 여래좌

12_해인사의 팔만대장경

상이 있지만, 정시한은 자세한 묘사를 남기지는 않았다. 4월 6일에는 성주 쌍계사를 떠나 해인사에 이르렀다.

해인사는 가야산 기슭에 위치하고 있으며, 주변에는 지리산, 덕유산 등 높은 산들이 가까이에 있다. 해인사 반대편으로 올라간 뒤, 해인사 있는 쪽으로 하산하여 해인사에 들르게 되어 있다. 정시한은 "해인사 뒷고개에 올라가니 서쪽으로 지리산이 바라다 보인다. 산이 높아 마치 하늘 가운데 산을 끼워 넣은 것 같다"라고 지세를 묘사했다. 그리고 팔만대장경의 보존 상황에 대해 개탄했다.

> 판전版殿은 모두 60칸인데, 경판經板의 쌓인 모습이 아주 단정하고 반듯하여, 보는 사람의 마음이 저절로 숙연해진다. 다만 관리하며 지키는 사람이 없어서, 선비나 서민이나 승려나 속인이나 남자나 여자로서 유람하여 구경하는 자가 날마다 백의 수로 헤아릴 정도인데, 혹 마음대로 경판을 꺼내 보고는 대 위에 흩어 두고 혹은 손상입고 훼손된 경판도 있으니, 이는 안타까운 일이다.

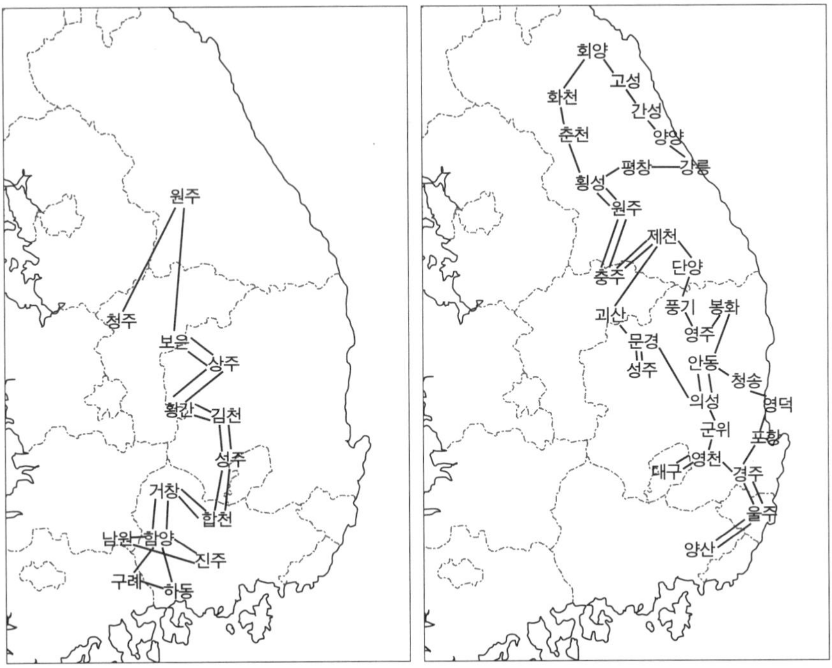

지도9_《산중일기》상·하에 나타난 여정

정시한은 합천 해인사에서 거창으로, 거창에서 함양, 진주, 남원, 함양, 구례, 하동을 거쳐 다시 함양으로 돌아왔다. 그리고 4월 10일부터 9월 11일까지 다섯 달 동안 서부 경남, 전라도 일대를 다니면서 20여 사찰을 방문했다. 그러고는 왔던 길을 되짚어, 1년의 여정을 마치고 원주로 돌아갔다.

정시한은 다시 1687년 8월 2일부터 같은 해 10월 20일까지 강원도의 금강산 등지를 유람한 후, 10월 20일에 원주로 돌아갔다. 그 여정은 다음과 같다.

> 원주 → 횡성 → 춘천 → 화천 → 회양 → 고성 → 간성 → 양양 → 강릉 → 평창 → 횡성 → 원주

그후 정시한은 1688년 4월 10일부터 같은 해 6월 19일까지, 경북을 가로질러 동해안으로 이르고, 동부 경남 쪽을 둘러본 후 원주로 돌아갔다. 그 여정

은 이러하다.

> 원주 → 충주 → 제천 → 괴산 → 문경 → 상청송주 → 문경 → 의성 → 안동 → 청송 → 영덕 → 포항 → 경주 → 울주 → 양산 → 울주 → 경주 → 영천 → 대구 → 영천 → 군위 → 의성 → 안동 → 봉화 → 영주 → 풍기 → 단양 → 제천 → 충주 → 원주

세 번째 여행 때는 한곳에 오래 머물지 않았으므로, 여정이 훨씬 길었다. 정시한은 두번 째와 세 번째 여행 때의 기록을 《산행일기》 하권에 담았다. 그 가운데는 당시의 경상도 지역 사찰의 상황을 알려주는 소중한 내용이 많다. 이를테면 1688년 정월에 양산 통도사에 큰불이 났는데, 이후 법당을 지을 때 그곳에 들렀던 정시한은 스님들이 노역을 맡아야 하는 것을 안타깝게 여기고 그 사실을 기록으로 남겼다.

3.

조선의 유교 지식인들은 대개 불교를 배척하여, 사찰을 유람의 대상으로 여겼지 신앙의 공간으로 삼지는 않았다. 따라서 유교 지식인들이 사찰에 관해 남긴 기록들은 대개 피상적이다.

퇴계 이황의 제자 이덕홍李德弘(1541-1596)은 1579년에 영춘永春 현감이 되고, 다음 해 3월 17일에 경주를 방문했다. 18일에는 감은사 유지와 이견대를 구경하고 19일에는 소봉래小蓬萊를 유람한 후, 20일에 연일현延日縣에 이르고 21일에 영춘현으로 돌아왔다. 1580년 4월 그믐에는 〈동경유록東京遊錄〉을 집필해서, 그것이 문집 《간재집艮齋集》에 전한다. 3월 17일과 18일의 기록을 보면 신라의 유적과 불국사 등 경주의 사찰을 유람한 내용이 나온다.

> 이해 청화淸和(3월) 재생백哉生魄(16일) 다음 날인 병술의 날(3월 17일)에 선사

仙槎 사람(본관이 선사임을 말함) 장운거張雲擧와 하남河南 사람 정중립鄭中立과 함께 유람할 것을 약속했다. 하지만 장운거가 병으로 그만두었으므로, 나는 정중립 군과 함께 문직聞直을 전재殿齋에 머물러 두고 장운거를 횡헌黌軒에서 이별하고는 말고삐를 나란히 하고 길을 떠났다.

계림鷄林을 거쳐 가는데, 계림에는 특별히 기이하게 여길 것이 없었고, 오직, 푸른 수염을 늘어뜨린 늙은 소나무가 무성하게 자라 하늘에 참예하고 있었다.《삼국사기》에는 금궤가 숲의 나무 끝에 걸려 있고 닭이 그 위에서 울었으므로 그런 이름을 붙였다고 했다.

첨성대를 찾아가니, 첨성대는 곧 당시 천문의 상을 보던 곳이다. 숙석熟石(다듬은 돌)로 곧추세워서, 높이가 수십 장丈쯤 되고, 형상은 둥굴고 위에 네 모꼴을 이고 있으며, 배는 크고 목은 가늘다. 허리 춤의 구멍을 통해 들어가, 한가운데로부터 위로 올라갔다. 아아, 동방의 탄환같이 작은 땅에서 삼국이 세발 솥의 다리마냥 마주하여 각각 그 천상을 살펴 각각 그 천상의 응험에 응했으니, 운수가 역시 그사이에 있지 않지는 않았을 것이다.

월성을 둘러서 동쪽으로 가 보았다. 이곳도 역시 신라왕의 옛 유적지다. 그 형세는 동쪽은 가로막히고 서쪽은 끊어졌으며 남쪽은 문수蚊水이고 북쪽은 계림이되, 하나의 맥으로 접할 수 있는 벌판이 없다. 동쪽은 평평한 들을 위주로 한다. 뒤는 성처럼 높고 앞은 갈고리처럼 굽었으니, 정말로 납갑법納甲法에서 말하는 간월형艮月形이다. 번화했던 문물의 성대함이 모두다 산 동자와 들 목동이 노니는 곳으로 화하고 말았으니, 영허소식盈虛消息의 이치를 역시 살필 수가 있다. 그래서 근체시 한 편을 지었다.

동쪽으로 돌아서 십여 리를 가서 송목정松木亭에서 잠깐 동안 쉬고는, 저녁에 불국사로 들어갔다. 구름과 안개가 잔뜩 끼어 사람 흔적이 없는 듯했다. 하지만 석교 하나를 지나가자마자 바위 위에 연지蓮池가 있다. 연못 북쪽에 나무를 도려내어 홈을 파 두었는데, 비천飛泉이 옆으로 서너 리에 걸쳐 흘러서, 폭포가 되어 석조石槽로 떨어진다. 비천을 넘어 운교雲橋에 올랐다. 다리는 돌을 새겨서 만들었는데, 마치 구름 무지개 같다. 문에 들어서자, 금각金閣과 석탑, 오래된 불상과 새로 그린 그림 등이 천태만상이고 기기괴괴하니, 모두 신라가 끼친 자취다. 나는 정중립에게, "신라 왕이 백성들의 재력과 노동력을 무용한 허무의 곳에 다 써 버렸으니, 애석하다"고 했다.

양산梁山 사람 김함金緘이 자기 스승의 뜻을 따라 도보로 와서, 숙소로 들어와 절을 했다. 스승이란 곧 견장堅丈 응기應箕이다. 나는 견장과 함께 유람하지 못하는 것을 한스럽게 여겼던 터라, 그가 스승을 따르는 뜻을 아름답게 여겼으므로, 더불어 서너 순배의 술을 마셨다. 자리를 마친 후, 좌경루左景樓에 묵었다. 벽 위의 현판에는 근대의 명유와 운사韻士〔시인〕들이 서술한 것이 많았는데, 그 아래에는 각각 등급과 품평이 있었다. 이는 필시 광동狂童〔미친 아이〕나 만출晩出〔철모르는 후생〕이 장난한 것일 터인데, 그사이에 시 한 편만이 그 등급과 품평을 면한 것이 있었으니, 곧 김종직金宗直 선생의 작품이다. 아아, 선생의 덕망과 업적은 멀리 후세에까지 미쳐, 비록 광동과 과비夸毗〔아첨꾼〕의 무리라 해도 함부로 희학하고 모욕하지 못했거늘, 하물며 당시에 선생께 친자親炙〔직접 가르침을 받음〕한 자의 경우에야 더 말해 무엇하겠는가. 다시 한 편 시를 지었다.

18일 정해, 비가 오려고 했다. 어떤 사람이 말하길, "만약 비가 오면 해변으로 간다고 해도 일출을 볼 수 없으니, 잠시 여기서 후일을 기다렸다가 맑은 날의 기회를 타는 것만 못합니다"라고 했다. 우리 두 사람은 "호사다마好事多魔라더니, 다른 날 다시 무슨 철주掣肘〔간섭과 장애〕가 있을지 어찌 알랴"라고 하고는, 힘을 내어 동쪽 산고개로 걸음을 옮겼다. 구름과 안개가 끼어 어둡고 컴컴하고, 은죽銀竹이 얼키설키 어긋나 있어서 원근을 분간할 수가 없고, 발 아래로 한 줄기 길만 보일 뿐이었으므로, 나아가기도 물러서기도 낭패였다. 정중립이 말했다. "하늘의 해는 볼 수 없다고 하더라도 은색의 파도와 흰눈 빛의 물결은 어둑어둑한 박모薄暮〔석양〕에 빛을 발하리니, 우리 두 사람이 부모를 이별하고 서울을 떠나와 느끼는 회포를 잠시 한 번 흩어 버릴 만하오. 그러니 다시 앞으로 한 걸음 나아가 평소의 바람을 이룸만 못하오." 내가 말했다. "옳소." 마침내 말을 타고 가면서, 피리부는 사람에게 재주를 시험하게 하니, 끊어질 듯 이어지는 소리가 맑아 마치 학이 구름 하늘에서 우는 것 같았다.

정오에 비를 맞으면서 요광원要光院에 이르러, 말에 꼴을 먹이고 죽여竹輿꾼의 어깨를 쉬게 했다. 골짝이 으슥하고 숲이 깊으며, 기이한 암벽과 괴이한 바위가 좌우에 나열해 있다. 큰비가 여전히 내려, 앞의 시내는 넘치려고 하는데, 술을 서너 주발을 마시고, 취하여 한바탕 꿈을 꾸고는 일어나서 절구 한 수를 읊었다(잊어버려 기록하지 못했다). 시내의 물흐름을 따라 내려가 잠깐 사이에 해구海口에 이르렀는데, 평야가 넓게 뻗어 있고 닭과 개의 소리가 들렸다. 길 옆에 두 개의 탑이 있는데, 바로 신라 때 감은사感恩寺 터다.

그길로 바다로 향해 비로소 대양을 바라보니, 안개와 구름이 공중을 덮었고 바람에 이는 파도가 산과 같았다. 하늘과 물이 서로 접하여 형상을 구별할 수가 없다. 동산의 한 줄기가 곧바로 해문으로 달려가다가, 한 모서리가 돌연 끊어져, 벼랑 바위가 깎아진 듯 서서, 높이가 십여 장丈이나 된다. 그 위에 색상을 칠한 누각이 있어, 우람하게 우뚝 서 있으니, 이른바 이견대이다. 대가 이 이름을 갖게 된 것은 신라왕이 《주역》 건괘乾 구오九五의 이른바 '비룡재천飛龍在天 이견대인利見大人'〔날아가는 용이 하늘에 있으니 대인을 보기에 이롭다〕의 뜻을 취한 것이 아니겠는가. 동헌에 앉아 이리저리 시선을 주고 있노라니, 파도가 하늘에 접하여 넘실넘실하다. 또 남포南浦에 바위벽이 드센 기세로 서 있어서, 횡파와 격랑 속에 우뚝하게 있으니, 곧 이른바 대왕암大王巖이다. 전하는 말에, "용이 이 바위 위에 나타나서 신라 왕와 상견했으므로 이런 이름을 붙였다"라고 한다. 정중립과 함께 서서 순배 술을 마시고 파했다. 저물녘에 취침했다. 이날 4운시〔율시〕 한 편을 읊었다.

이덕홍의 〈동경유록〉은 조선 지식인들이 경주를 여행하고 남긴 기록 가운데서 상당히 자세한 편이다. 하지만 신라 왕경王京인 경주의 도시 구조와 사찰, 불탑 등이 형성하고 있는 사상적 배경을 깊이 탐색하지는 않았다.

경주에는 불경의 《인왕경仁王經》 〈호국품護國品〉과 《금광명경金光明經》의 〈사천왕품四天王品〉 등의 호국 사상에 근거하여 사찰이 많이 세워져 있었다. 다만, 경주시 덕황동德黃洞·불국동佛國洞과 양북면陽北面의 경계에 걸쳐 있는 토함산에 영건된 불국사와 석굴암은 호국 사찰과는 취향이 다르다.

《삼국유사》의 '대성효이세부모大成孝二世父母' 조항을 보면, 경덕왕 10년(751)에 김대성金大成(?-774)이 전생부모를 위해 석불사石佛寺를, 금생부모를 위해 불국사를 세웠다고 했다. 불국사는 김대성이 죽은 후 790년경에 완성되었다고도 한다.

불국사는 본래 화엄불국사華嚴佛國寺로, 대웅전大雄殿·극락전極樂殿·비로전毘盧殿의 세 영역으로 나뉜다. 경내에 들어가, 연화교蓮花橋와 칠보교七寶橋를 올라가 안양문安養門을 지나면 비로전 경역이다. 또 청운교靑雲橋와 백운교白雲橋를 올라가 자하문紫霞門을 지나면 대웅전 경역이다. 거기에 석가탑(석가여래상주설

법탑)釋迦如來常住說法塔과 다보탑(다보여래상주증명탑多寶如來常住證明塔)이 있다. 석가탑에서는 1966년의 보수 때《무구정광다라니경無垢淨光陀羅尼經》(국보 제126호)이 발견되었다. 2007년 3월에는 그 별권別卷이 존재한다는 사실이 알려졌다.

이덕홍의 경우와 마찬가지로, 정시한도 사찰의 연기緣起와 교橋와 탑塔이 지닌 의미에 대해 고찰하지는 않았다. 사실 불국사를 소재로 삼은 조선 지식인의 시문은 그 연기에 대해 언급한 것이 거의 없다. 이를테면 김종직(1431-1492)은 시 〈불국사에서 김세번과 대화하다〉(佛國寺與世蕃話)에서 다음과 같이 노래했다.

사찰의 경내 찾아와 보니
솔 사이에 자취색이 무겁다
푸른 산 한쪽에는 비가 내리고
석양의 산사엔 쇠북 소리
이야기는 스님과 함께 잔잔하고
술잔은 옛 정 따라 무르녹는다
거나하게 한 탑 위에 취하여
그댈 마주 보매 머리털이 더부룩하군

爲訪招堤境(위방초제경)
松間紫翠重(송간자취중)
青山半邊雨(청산반변우)
落日上方鐘(낙일상방종)
語與居僧軟(어여거승연)
杯隨古意濃(배수고의농)
頹然一榻上(퇴연일탑상)
相對鬢鬔鬆(상대빈성송)

같은 시기에 김시습은 두 편의 〈불국사佛國寺〉 시를 지었다.

바위 깎아 만든 다리, 작은 연못에 임하고
높고 낮은 누각이 잔물결에 비친다
옛 호사가는 어디로 가고

세상에 다만 세상의 기이함만 남겨 두었나

斲石爲梯壓小池(착석위제압소지)
高低樓閣映漣漪(고저루각영연의)
昔人好事歸何處(석인호사귀하처)
世上空留世上奇(세상공류세상기)

진나라 궁전 수나라 전각 위나라 사찰
당시에 한껏 속인의 눈을 미혹하게 했다만
사람 죽고 시대도 달라지매 모두가 적막하고
석양에 오직 늙은 까마귀만 깃들어 있구나

秦宮隋殿魏招提(진궁수전위초제)
剩得當時俗眼迷(잉득당시속안미)
人去代殊俱寂寞(인거대수구적막)
夕陽唯有老烏栖(석양유유노오서)

김시습도 불국사의 연기에 대해서는 언급하지 않았고, 불국사의 찬란한 구조물도 진나라 궁전, 수나라 전각, 위나라 사찰처럼 모두 인생무상의 적막함만 환기시킨다고 했다. 다만, 바위 깎아 만든 다리가 작은 연못에 임한다고 묘사함으로써, 연화교와 칠보교의 아래에 작은 연못이 있었다는 사실을 알려주었다.

조선 후기 이만부李萬敷(1664-1732)는 산문 유기遊記인 〈지행록地行錄〉을 작성했는데, 그 가운데는 경주의 여행 사실을 기록한 〈동도잡록東都雜錄〉이 들어 있다. 곧, 그의 문집인 《식산집息山集》 별집에 〈지행록〉이 들어 있고, 그 가운데 〈동도잡록〉이 있다. 이만부는 경주의 연혁이나 유적에 관한 사항을 조목별로 정리하고, 또 한편으로 이견대利見臺·기림사祇林寺·골굴骨窟·불국사佛國寺의 시와 〈동도회고東都懷古〉의 시를 지었다. 그는 〈불국사〉 시 서문에서, "절은 토함산 속에 있는데, 청운교와 백운교의 두 다리가 있고, 산기슭에는 열두 개의 누각이 있다. 뜰 아래에는 석탑이 있는데, 제도가 극히 교묘하고 사치스럽다"고 했다. 시는 이러하다.

토악(토함산)이 월협에 이어진 곳
도량이 천 년 전에 열려
청운교 백운교는
두 무지개가 깊은 골짝에 일어선 듯하고
허공에 열두 누각이 걸려
날아가는 봉황 날개를 다투어 붙잡으려는 듯하며
옥을 갈아 만든 경표(시계)는 곧추서고
교룡의 조각은 난간과 녹로를 끼고 있다.
새기고 뚫어 조화의 공에 참예하니
전설의 기술자라도 응당 탄식할 정도
기이하도다 계림의 나라여
부처를 믿어 백성의 기름을 짜내다니
서쪽으로 돌아가며 굽은 길 따라가나니
고적을 방문하여 옛 자취를 더듬노라

吐嶽連月峽(토악연월협)
道場千年闢(도량천년벽)
靑雲白雲橋(청운백운교)
雙虹起邃壑(쌍홍기수학)
駕嘘十二樓(가허십이루)
爭拏矯鳳翼(쟁나교봉익)
礱玉更標直(농옥경표직)
蛟螭拱欄轆(교리공란록)
鐫鑿参造化(전착참조화)
工倕應歎息(공수응탄식)
異哉雞林國(이재계림국)
佞佛浚民澤(녕불준민택)
西歸爲迤程(서귀위이정)
訪古撫遺跡(방고무유적)

석굴암은 일본제국조선총독부가 발굴조사 때 원형을 파손했다고 한다. 그런데 조선 지식인이 그 원형에 대해 언급한 예는 매우 적다. 정시한은《산중일기》에서 외부의 불상, 석문, 내부의 대석불상을 묘사했으나, 역시 전체의 구조를 묘사하지는 않았다. 정선鄭敾이 1725년에 〈경주골굴석굴도慶州骨窟石窟圖〉를 화첩에 담았지만, 그것이 실물을 사생한 것인지는 알 수 없다. 임필대任必大

(1709-1773)는 《강와집剛窩集》에 〈유동유록遊東都錄〉(1767)을 남겨, 석굴암의 석굴이 동우棟宇 구조가 아니라고 증언했다. 이것을 보면 석굴암에는 목조 전실이 없었던 듯하다.

4.

정시한은 불교를 믿지 않았기 때문에 사찰의 연기나 유적의 유래, 불교 사상의 깊이에 대해서는 거의 언급하지 않았으나, 승려들과 격의 없이 어울리고 사찰의 여러 유적들에 대해 애정을 가지고 자세히 묘사했다.

정시한은 1687년 8월 7일, 고성의 발연사鉢淵寺에서 스님들이 물 위를 달리는 것을 구경했다. 이것은 발연폭포의 흰 바위 위를 물 미끄럼을 타는 것으로, 다른 사람들의 금강산 여행기에도 거듭 나온다. 일종의 캐녀닝(canyonig)이되, 자기 자신이 실제로 경험하는 것이 아니라 승려들의 유희를 구경하는 데 그쳤다.

정시한은 서원과 사찰의 유람에서 기흥奇興을 추구하지 않았다. 대개 사찰을 돌아다니면서 서적을 읽고 글씨를 연습하며 풍광을 감상하고 시를 읊으면서 마음을 다스리는 공부를 위주로 했다. 그 대표적인 예를 1686년 윤4월 26일, 경상도 함양 금류동암金流洞庵에서의 일정에서 살필 수가 있다.

> 윤4월 26일.
>
> 아침에 비가 내릴 날씨여서 흐렸다가 혹 개기도 했다. 아침 공양 후 1천 걸음을 걸었다. 이 절에 온 뒤로 새벽에 일어나 건욕을 하고 잠명箴銘을 읽으며 아침 공양 후 혹은 반석을 걸어다니면서 폭포를 감상하기도 하고 혹은 여러 암자를 갔다오기도 하고는, 약 1천 보 남짓 걸은 다음에 다시 《잠명》〔북송 때 장재張載가 지은 글〕 10여 장을 읽은 후 《선경仙經》〔신선에 관한 일을 적은 책을 두루 일컫는 말〕을 보았으며, 만약 잠이 오면 휴지〔고지〕 서너 장에 글씨를 연습했다. 저녁 공양 후에도 또한 이와 같이 했다. 마음은 날이 갈수록 고요해지고 기는 더욱 편안해진다. 거처하는 곳은 깔끔하고 오묘하며, 적막할 정도

로 고요하다. 오른쪽에는 감상할 수 있는 반석과 폭포가 있고, 왼쪽에는 이야기를 나눌 수 있는 난야蘭若(절)의 승려와 도류道流(구도하는 사람)가 있다. 또한 일과로서 일삼는 것이 있다. 만일 여기에서 서너 해를 머물면서 날마다 이와 같이 한다면 물외청복物外淸福(세상 밖의 맑은 복)이라 할 만하겠고, 가슴 속의 찌든 때로 어둡고 막힌 바를 깨끗이 씻어 내려는 바람을 지니겠으니, 하늘이 과연 나의 바람을 완수하게 할 것인가.

금강대암金剛臺庵에서 경천敬天 스님이 와서 만나보고 돌아갔다. 저녁 공양 후 금강대암에 갔다 왔다. 설종雪宗 스님은 보리를 탁발하러 나갔고, 보정普晶 스님이 저녁 식사를 준비했는데 밥이 아주 맛있었고, 반찬 준비도 아주 정성스럽게 했다. 진심으로 식사를 올리는 것이 자신의 스승을 대하는 것과 다름없다. 오향대암五香臺庵의 수좌 명학明學 스님도 마음이 자비스러워 날마다 소채蔬菜를 내오고, 맛난 것을 하나라도 얻으면 반드시 그것만 가지고 와서 바친다. 금강대암의 경천 스님은 자주 미나리와 생채生菜를 바치며, 대접이 범상하지 않으므로, 마음에 미안하여 사양하지만, 사양하는 뜻대로 되지 않으니, 도리어 마음이 불편하다.

그런데 사찰은 그 나름대로 매력적인 연희의 공간이기도 했을 터이다.

성호 이익의 손자뻘 되는 이철환李嚞煥(1722-1779)은 1753년 10월부터 1754년 1월 29일까지 4차례나 충남의 가야산을 구경하고, 1754년에 《상산삼매象山三昧》를 엮었다. 그는 가야산을 성과 속이 어우러진 승지로 재발견하고, 아집雅集의 환희를 산문으로 기록했다. 가야산 승려들의 구기口技와 풀잎 연주를 구경하고 그 기예의 세계에 한껏 탐닉했다.

회잠會岑과 여옥呂玉이라는 두 사미승이 있는데 나이는 각각 17세다. 용모가 단아하게 잘 생겼으며 두 눈은 빛이 났다. 불경을 외는 소리가 맑고 고운 것이 그 사람됨과 같았다. 회잠이란 자는 또한 입술을 모아 바람을 불어 나각螺角과 비슷한 소리를 잘 내었는데 천연스레 교묘하여 법당에 가득 시끌시끌했다. 예전 석가모니가 능가선음陵迦仙音으로 무루법회無漏法會를 창설唱說하니 사방의 대중들이 미증유未曾有의 것을 얻은지라 크게 환희했다. 회잠은 석가씨의 유풍遺風을 듣고 흥기興起한 자가 아니겠는가! 일찍이 아무개

> 선비가 입으로 거문고 소리를 잘 내서 궁상宮商이 조화를 이루고 그 튕김이 옥 소리 같아 내가 마음속으로 사모했으나 만나 볼 길이 없어 오래도록 시원하지 않았다. 또 들으니 정수암淨修庵 승려 여견呂堅이란 자가 이 빠진 나무 빗에 마른 풀잎을 끼고 음악을 연주하는데 유유하고 부드러워 호드기 소리도 아니고 퉁소 소리도 아닌 것이 듣는 이를 시간 가는 줄 모르게 한다고 한다. 내가 또한 빨리 알아 한번 시켜 보지 못한 것이 한스럽다.

이철환은 서양의 아코디언(혹은 풍금)과 비교하여 회잠 승려의 기예가 기술의 면에서 하잘것없다고도 하고, 손등孫登의 소嘯(휘개 소리)와 약산藥山(당나라 승려 유암惟嚴)의 소嘯와 비교하여 회잠의 기예는 예藝에 그쳤다고 폄하했다. 하지만 장황한 서술을 한 것을 보면 그 기예에 감동을 했음에 틀림없다. 그는 구라파주歐邏巴州 에스파냐 왕의 편소編簫를 언급하고, 더 나아가 이탈리아 로마성의 유상곡수流觴曲水 정원에 있는 수중 편소까지 언급하여 이국적 취향을 드러내기까지 했다.

이철환은 가야산에서 꼭두각시놀음도 보고 타락상이라고 비판했지만, 기예에 대한 취향을 숨기지는 못했다. 《상산삼매》의 끝에 후지後識를 적어, 이철환은 가야산의 모임을 아집雅集이라고 했다.

> 대웅씨大雄氏(석가모니)가 말하기를, "일체一切 건아健兒여, 여러 연緣을 짓지 말라"라 했으니 참으로 이 말대로라면 천하의 인성人性들을 들어 귀머거리 장님으로 만들고서야 가능하지 않겠는가! 비록 그러하나 내가 말법비구末法比丘의 갖가지 악연惡緣들을 보건대, 고선생古先生(석가모니)의 그 연緣을 짓지 말라는 가르침이 틀리지 않았다. 그러나 절에서의 아집雅集은 우리들의 맑은 연緣이자 빼어난 과果이니, 그 아雅 되는 까닭을 미루어 파고들면 그것은 사람에 있는 것이지 모임에 있는 것이 아니기 때문이다. 진실로 능히 그 아雅 됨을 확충하여 맑은 인因을 앞으로 도래할 곳에 심어 둔다면 각황覺皇(석가모니)의 법은 근심할 것 없이 스스로 거기에 그칠 것이요, 일신日新의 공功은 거의 이를 이어 더욱 나아갈 것이다.

이철환은 "삼교주인三敎主人은 적조암寂照菴에서 장난삼아 제題한다"고 적었다. 그는 사찰에서 구기나 꼭두각시 등의 연희를 감상하고도, 모인 이들이 우아했기에 그 모임이 우아했노라고 변론했다.

사실 당시의 사찰 공간은 고풍스러운 공간으로 그친 것이 아니라 즐거움을 주는 공간이기도 했다. 다만, 정시한의 《산행일기》에는 이철환의 《상산삼매》와 같은 기록이 보이지 않는다.

5.

정시한의 유람은 매우 절제되어 있었다. 하지만 그는 사찰의 경내와 주변 자연을 생동적으로 묘사했다. 1686년 8월 18일, 하동 불일암佛日菴에서의 다음 묘사는 그 일례다.

> 멀리 바라보니 비폭飛瀑이 향로봉香爐峰 주산에서 뻗어 나온 청룡의 맥에서 뿜어나오고 있는데, 그 모습은 마치 백룡이 하늘로 오르고 은하수가 밑으로 드리운 듯하다. 오른쪽에 청학봉靑鶴峰이 있어, 홍엽과 송엽이 1만 장丈의 철벽鐵壁 사이에 서로 섞여 있다. 또한 일천 봉우리가 시선 앞에 펼쳐져 맑은 기운이 잡기를 죄다 씻어 주니, 황홀하기가 마치 몸을 삼신산三神山 밖에 둔 것 같다. 이곳을 일찍 알지 못하여 이곳에서 진작 여름을 나지 못한 것이 도리어 한스럽다.

하지만 정시한이 추구한 '물외청복物外淸福'은 세상 안의 일 때문에 소멸될 위험이 있었다. 어쩐 일인지 그는 불안한 마음을 자주 토로했고, 빈대 40여 마리를 잡느라 잠을 이루지 못하는 날도 있었다. 1686년 7월 6일, 함양 금류동암에 머물러 있던 날, 그는 집에서 보내온 서찰을 읽다가 "정신이 달아날 지경"이었다고 했다. 1687년의 금강산 여행, 1688년의 경남 여행 때도 집일을 걱정하지 않을 수 없었다. 인간세계에서 '물외청복'은 지속될 수 없는 것이란 말인가?

참고문헌

민영규閔泳珪 집교輯校,《산중일기山中日記》, 인문과학자료총서 1, 연세대학교 인문과학연구소, 1967.

신대현 번역·주석,《산중일기》, 혜안, 2005.

김영진,〈이철환의 伽倻山 遊記《象山三昧》에 대하여〉, 민족문학사연구 27호, 민족문학사학회, 2005. pp.109–145.

백두산정계시말,

김경문 구술, 홍세태 저술, 〈유백두산기〉

1.

5월 11일 계사일.

새벽밥을 먹었다. 청나라 관원 세 사람과 우리 관원 여섯 사람이 각각 건보健步 두 사람, 저들이 데려온 화공 유윤길劉允吉, 애순愛順과 함께 5, 6리쯤 갔다. 산이 갑자기 가운데가 움푹 패여 구덩이를 이루어 띠처럼 가로막고 있었는데 깊이는 끝이 없고 너비는 2자쯤 되었다. 말이 벌벌 떨며 감히 뛰어넘지를 못하므로 말에서 내렸다. 말 끄는 사람이 북쪽 언덕으로 가서 말고삐를 잡고 건넜다. 목극등穆克登이 앞장서서 뛰어넘고 사람들이 모두 뒤따랐는데 김경문金慶門과 소이창蘇爾昌, 이의복李義復은 그러지 못했다. 목극등이 키큰 사람으로 하여금 팔을 뻗어 손을 잡고 건너게 했다.

4, 5리를 올라가자 또 구덩이가 있었는데, 아래의 것에 비하여 1자 정도 더 넓었고, 길이 너무 험해서 말을 타고 갈 수 없었다. 이에 말을 머물게 하고 나무를 쪼개어 그 위에 걸쳐 다리를 만들어서 건넜다. 조금 서쪽으로 수백 걸음을 내려가 압록강 상류를 건너서 북쪽 언덕에 잠시 앉아 목극등과 강역疆域 문제를 논했다. 이윽고 기운을 차리고 천천히 걸어가자 처음에는 약간 상쾌한 느낌이 들었으나 3, 4리를 더 나아가자 길이 험하고 너무 가팔라서 다리 힘이 빠지고 땀이 비 오듯 흘렀다.

3, 4리를 더 가니 목이 타서 갈증이 심해졌으며, 넘어져서는 일어날 수가

없었다. 목극등은 민첩하기가 마치 원숭이 같아서 다른 사람들이 능히 따라갈 수 없었다. 허량許樑이 그 다음쯤 되고 박도상朴道常, 조태상趙台相과 통역관 이가二哥가 그 다음쯤 되었다. 소이창, 이의복, 김경문은 가장 뒤처졌다.

소처럼 숨을 헐떡거리면서 눈을 보고는 재빨리 움켜 집어먹었으나 가쁜 숨이 진정되지 않았다. 가뿐하고 용감하게 나아가는 사람을 보고 힘을 다해서 따라가려고 했지만 두 다리가 붙들어 매인 것 같았다. 역부驛夫의 포대를 가져다가 허리에 매달고 두 사람의 종자從者로 하여금 좌우에서 끌게 했으나 그래도 따라갈 수 없었다. 우러러 여러 사람들을 보니 모두 구름처럼 아득한 곳에 있었다. 생각에는 산꼭대기에서 멀지 않은 듯한데 아직 반도 못 왔다. 조금 쉬고 또 나아가니 마음속으로 더욱 겁이 났다. 다섯 걸음 가다가 한 번 넘어지고 열 걸음 가다가 한 번 쉬며, 부축받기도 하고 기기도 하면서 힘을 다하여 따라갔으나 그래도 남의 뒤에 처져서 산의 정상에 도달했을 때는 해가 이미 한낮이었다.

이 산의 머리는 서북쪽에서 일어나 곧바로 큰 황야로 내려와 여기에 이르러 우뚝 솟았는데, 하늘에 닿아 있어 높이가 몇 천, 몇 만 길인지 알 수 없다. 정상에는 못이 있어, 사람 머리의 숨구멍과 같다. 못의 둘레는 약 2, 30리 되고 색은 흑요석처럼 새까매서 깊이를 헤아릴 수 없다. 초여름인데도 빙설이 쌓여 있어 멀리 바라보면 망망한 은색 바다 같다. 산은 멀리서 보면 흰 항아리를 엎어놓은 것 같으나 정상에 올라가 보면 주위가 약간 뾰족하고 가운데가 움푹하여 항아리 주둥이를 위로 향해 둔 것 같다. 겉은 희고 안은 붉으며 네 벽은 깎아지른 듯한데, 붉은 찰흙을 칠한 것 같기도 하고 담황색 비단 병풍을 두른 것 같기도 하다. 북쪽은 서너 자쯤 터져 물이 넘쳐흘러 폭포를 이룬다. 이것이 흑룡강의 수원이다. 동쪽에는 돌사자가 있어서, 색깔은 누렇고 목을 빼서 서쪽을 바라보고 있다. 크기가 집채만 하고 꼬리와 갈기가 움직이는 것 같다. 중국인들은 '망천후望天吼'(하늘을 바라보며 울부짖음)라고 부른다.

이날 낮은 밝아서 사방을 내려다보니 수천 리에 걸쳐 평평하게 펼쳐 있고, 둥근 형태의 구름이 점철하여 솜이 뭉친 것 같다. 서북쪽에는 산들이 겹겹인데, 머리만 반쯤 나와 있고 구름이 삼켰다 토해냈다 하므로, 어느 곳 산인지 알 수가 없다. 경성鏡城의 장백산은 동서를 가로지르는 큰 산이므로 어렴풋하게나마 알아볼 수 있다. 보다회甫多會(寶多會), 알씨閼氏(연지, 알지), 소백小白 등의 봉우리들은 자식이나 손자처럼 늘어져 있다. 그 외에는 시력의 한계 때문에 판별할 수가 없다. 목극등은, "내가 《일통지一統志》 편찬하는 일을 맡아 천자의 명을 받들어 여러 곳을 조사해서 천하의 곳곳을 모두 가 보았는데, 이 산의 준엄하고 기발함은 중국의 명산들에 못 미치지만 광대하고 웅대한 형세는 중국의 산들보다 뛰어나다"고 했다. 그러고는 연못의 물을 가리키면서, "이 속에는 무엇이 있는가?"라고 물었다. 김경문이 "늙은 진주조개〔노방老蚌〕입니다"라고 하자, 목극등이 "어떻게 아는가?"라 물었다. 김경문은 "들으니 명월의 구슬이 깊은 연못에서 나온다고 하는데, 필시 여기일 것입니다"라고 대답했다.

그러자 애순이 "날씨가 좋고 맑은 날 밤에 보면 연못에서 이채로운 기운이 나오고 그 빛이 하늘에 뻗치는 것이 바다에서 달이 뜨는 것과 같습니다. 해마다 6월이면 못의 얼음이 녹기 시작하고 7월이면 다시 얼기 시작합니다. 그사이가 불과 한 달뿐인데 못의 빛이 위로 올라가는 것은 반드시 얼음이 녹을 때입니다"라고 하면서, 사람들이 웃고 떠들지 못하게 경계했다.

갑자기 얼음 밑에서 소리가 울려 나오는데 그 메아리가 우레 같았다. 애순은 실색했다. 목극등은 연못을 향해 무릎을 꿇고 묵념하면서 몇 구절 주문을 외웠다. 그러고는 곧 아래로 내려가 동쪽으로 향해 가는데, 곰 한 마리가 산모퉁이에서 튀어나왔다. 이에 목극등이 크게 소리 지르며 팔을 걷어붙이고 쫓아가자 곰이 놀라 산등성이를 넘어 달아나 숨어 버렸다. 김경문이 "공은 황제의 근신인데 어찌 이리 가볍게 행동하십니까?" 하자, 목극등이 웃으면서, "자중하고 있기 때문에 이렇게 한 것이오. 맹수가 뜻하지 않게 나올 때 내가 만약 무서워 위축되면 그놈이 나를 업신여길 테니 어찌 가만히 있을 수 있겠는가?" 했다.

드디어 산등성이를 따라 천천히 걸어가 3, 4리쯤 내려가서 비로소 압록강의 근원을 찾았다. 샘이 있는데 산혈山穴 속에서 물이 퐁퐁 솟아나와 그 흐름이 빨라지더니, 수십 백 걸음도 못 가서 좁은 골짜기에서 큰 골짜기로 그 물이 흘러 들어갔다. 한 움큼 떠서 마시니 시원했다.

또 동쪽으로 가다가 짧은 산등성이를 하나 돌아 넘자 샘이 하나 서쪽으로 흘러 3, 40보를 흐르더니 갈라져서 두 줄기로 되었다. 그 한 줄기는 흘러서 서쪽 샘과 합치고, 한 줄기는 동쪽으로 흘러가는데 물줄기가 매우 가늘었다. 또 동쪽으로 산등성이 하나를 넘자 샘이 있는데 동쪽으로 백여 보쯤 흘러가다가 중간에 갈라져서 동쪽에서 온 것과 합했다. 목극등이 중간에 두 갈래로 갈라지는 물 사이에 앉아 김경문을 돌아보며, "이곳을 분수령이라고 이름 짓고 비석을 세워 경계로 정할 만하다" 했다. 이에 김경문은, "아주 좋습니다. 명철한 공께서 이번에 와서 하신 일은 마땅히 이 산과 더불어 영원히 무궁할 것입니다" 했다. 그 물줄기는 나뉘어 사람 '인人' 자를 만들었고, 한가운데에 작은 암석이 있어 엎드린 호랑이 같았다. 목극등이 이를 보고, "이 산에 있는 이 바위가 참으로 기이하니 귀부龜趺로 쓰면 되겠다" 했다. 산을 내려오니 이미 어두워진 뒤였다. 천막에서 잤다.

5월 12일 갑오일.

목극등이, "토문의 원류가 중간에 끊어져서 땅속으로 흘러 강역의 경계가 분명하지 않으므로 비석을 세우는 의논을 가볍게 하여서는 안 되겠다" 하고, 두 사람을 명하여 애순과 동행하여 물길을 살피게 했다. 김응헌과 조태상이 뒤따라갔다. 60여 리를 나아가자 해가 저물었으므로 두 사람은 돌아와서 백수白水가 동쪽으로 흐른다고 보고했다.

목극등이 사람을 시켜 돌을 깎게 했는데 너비가 2자, 길이가 3자 남짓했다. 또 분수령에서 귀부를 취했다. 비에 글씨를 새기되, 그 이마의 '대청大淸'이라는 두 글자는 조금 크게 썼다. 아래 글에는 "오라 총관 목극등이 변방의 경계를 조사하라는 명을 받들어 여기에 와서 살펴보니, 서쪽은 압록강이요 동쪽은 토문강이다. 그러므로 분수령에서 돌을 새겨 기록하노라. 강희 51년〔1712, 숙종 38〕 5월 15일 필첩식 소이창, 통관 이가, 조선 군관 이의복, 조태상, 차사관 허량, 박도상, 통관 김응헌, 김경문"(烏喇總管穆克登奉旨查邊至此 審視西爲鴨綠東爲土門 故於分水嶺 勒石爲記. 康熙五十一年五月十五日 筆貼式蘇爾昌 通官二哥 朝鮮軍官李義復 趙台相 差使官許樑 朴道常 通官金應瀗 金慶門)이라 했다, 드디어 비를 깎아서 세웠다.

일을 마치고 산을 내려와 무산에 돌아왔다. 목극등이 〔박권과 이선부〕 두 분에게 말하기를, "토문강의 원류가 끊어진 곳에는 담이나 울타리를 쌓아서 그 하류와 잇게 하여 표시해야 한다"고 했다.

이번 행차는 가고 오는 데 모두 3개월이 걸렸고 길을 계산하면 모두 수천여 리라고 한다.

이 글은 조선 후기 문인 홍세태洪世泰(1653-1725)가 작성한 〈유백두산기遊白頭山記〉의 일부다. 그는 백두산에 오르지 않았다. 하지만 1712년(숙종 38) 음력 3월에 백두산정계비를 세울 때 역관으로 참여한 김경문金慶門으로부터 백두산의 장엄한 모습과 정계비 설치의 전말을 전해 듣고 이 글을 쓰게 되었다. 김경문이 구술한 것을 홍세태가 기록했으므로, 문장가 홍세태가 사실을 윤색했을 가능성이 있다.

청나라는 백두산이 자신들의 왕조가 발상한 신령한 산이라 하여 그 귀속을 주장해 오다가, 1712년 음력 3월에 오라총관烏喇摠管 목극등穆克登을 보내 국경을 확정하게 했다. 판중추부사 이이명李頤命이 "백두산 꼭대기의 천지를 반으로 나누어 경계를 삼아야 한다"고 건의하자, 숙종은 처음에 참판 권상유權尙游를 접반사接伴使로 보냈다. 하지만 청나라 사절이 함경도로 입국하자 다시 참판 박권朴權을 접반사로 삼고 함경도 관찰사 이선부李善溥로 하여금 함께 가서 조치하게 했다. 그러나 조선의 접반사는 산정에 오르지도 못하고, 목극등이 접반사 군관 이의복李義復, 감사군관監司軍官 조태상趙台相, 통관通官 김응헌金應憲 등만 거느리고 산정에 올라가 일방적으로 정계비를 세웠다.

그 자세한 일정을 보면 이러하다.

> 5월 8일, 검천을 건너 곤장 귀통이에 이르렀을 때 목극등은 박권과 이선부에게, "조선의 재상은 반드시 가마를 타던데, 나이 많은 사람들이 험한 길을 어찌 걷겠소? 중도에 넘어지면 큰일나오" 하면서 함께 오르지 못하게 했다.
>
> 5월 12일, 목극등은 "토문의 원류가 중간에 끊어져 땅속으로 흐르므로 강계가 분명하지 않다" 하면서, 사람을 시켜 물길을 살피게 했다. 이때 김응헌과 조태상이 따라갔다. 그들은 저물녘에 돌아와 백수가 동쪽으로 흐른다고 보고했다.
>
> 5월 15일, 목극등은 너비 2자, 길이 3자 남짓 크기의 돌을 깎게 하고는 정계비로 삼았다.

목극동이 정계비를 세운 지점은 백두산 정상이 아니었다. 남동방 4킬로미터, 해발 2,200미터 지점 분수령에 호랑이가 엎드린 듯한 바위를 비석의 귀부로 삼아 높이 72센티미터, 아랫부분 너비 55.5센티미터, 윗부분 너비 25센티미터의 정계비를 세운 것이다.

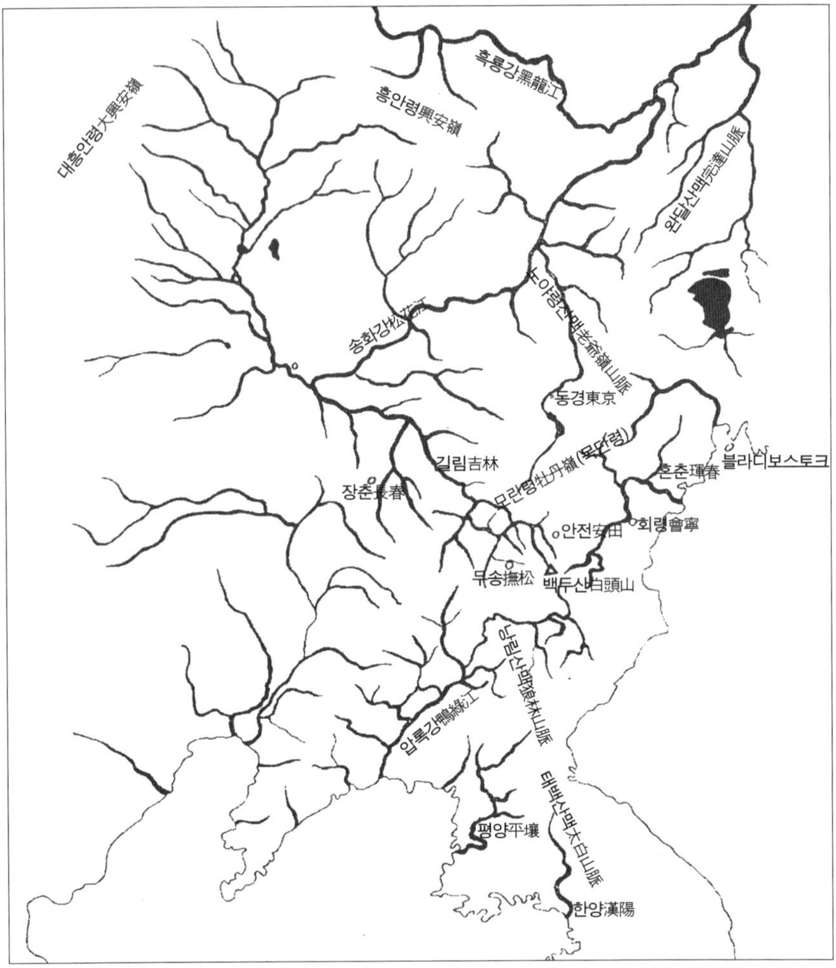

지도10_백두산맥도

세종대왕 때의 《용비어천가龍飛御天歌》 제53장에 보면 "토문은 지명이며 두만강의 북쪽에 있다"라고 주석에 밝혀 두었다. 하지만 청나라 측은 토문강이 곧 두만강이라 우겼다. 훗날 홍양호洪良浩(1724-1802)는 《북새기략北塞記略》에서, 토문강은 두만강 상류의 다른 강이며, 백두산 동쪽의 국경은 흑룡강까지라고 주장했다. 신광하申光河(1729-1796)도 〈두만강〉 시에서, 고려의 윤관 장군이 공검진公險鎭에 선춘령비先春嶺碑를 세운 바 있거늘 그것을 증거로 삼지 않아서 우리 땅 700여 리를 넘겨주고 말았다고 통탄했다.

1881년(고종 18)에 청나라는 길림장군吉林將軍 명안銘安, 흠차대신欽差大臣 오대징吳大澂을 보내어 간도 개척에 착수했다. 1883년에 조선 조정은 어윤중魚允中·김우식金禹軾을 보내어 정계비를 조사하게 하고 9월에 안변부사 이중하李重夏, 종사관 조창식趙昌植을 보내어 우리 측의 영토를 확정하려 했다. 하지만 청나라는 두만강이 토문이라는 주장을 되풀이했다.

13_백두산 정계비
(《白頭山定界碑》, 樂浪書院, 1938.12)

1909년에 일제는 남만철도의 안봉선安奉線 개축 문제로 청나라와 흥정하여, 남만주에 철도부설권을 얻는 대가로 간도를 넘겨주고 말았다. 또한 일제는 만주사변 때 이 정계비를 철거해 버렸다.

2.

백두산은 북방 여러 산의 원조이다. 저쪽 사람들은 장백산이라 하고 우리는 백두산이라 한다. 1995년 북한에서 발행한 《백두산천지》에 따르면, 천지 주위에 13개의 높은 봉우리들이 있다고 한다. 장군봉(백두봉), 해발봉, 향도봉, 백운봉, 천문봉, 청석봉, 쌍무지개봉, 지반봉, 낙원봉, 용문봉, 마천우, 제비봉, 비루봉 등이 그것이다.

홍세태가 김경문의 이야기를 듣고 〈유백두산기〉를 적은 것은 정계의 사실 자체에 큰 관심을 두었던 것은 아니다. 홍세태가 그 글을 대신 적은 것은 활달한 여행을 선망했기 때문이다. 그래서 그는 글의 끝에 다음과 같이 감상을 덧붙였다.

> 내가 옛 전기를 읽어 보니 곤륜산은 높이가 2,500여 리인데 황하의 물이 나오는 근원이라 한다. 한나라 장건張騫이 그 근원을 밝혀 내었고, 태사공太史公(사마천司馬遷)은 전傳을 지어 그를 기렸다. 백두산은 곧 동북의 곤륜산인데 세상에서 아직 올라가 본 사람이 없었다. 지금 김경문이 그 정상을 두루 보고 두 강의 근원을 탐색하여 강역의 경계를 정하고 돌아왔으니 장하도다! 그러나 다만 한나라 무제 때 장건을 얻은 것과 같지 못하여, 이 산을 올라간 것은 바로 한 오랑캐 사신을 따라가 직방職方의 역할을 수행했을 뿐이기에 이것이 아쉽다. 또한 내가 사마천 같은 글재주를 발휘하지 못한 것도 한스러울 따름이다.

하지만 백두산에 정계비가 세워진 이후, 백두산의 장엄한 모습을 보려는 지식인들이 백두산으로 줄지었다.

조선 시대에는 백두산을 답사할 때 부령富寧에서 무산茂山을 거쳐 가거나 갑산甲山과 산수山水에서 올라갔다. 무산을 거쳐 올라가는 경우, 부령과 무산의 경계에 있는 차유령車踰嶺을 넘어 다음 경로를 거쳤다.

> 산양암山羊巖 – 갑령甲嶺 – 임강대臨江臺 – 삼산三山 – 풍파豊坡 – 오갈암烏渴巖 – 소로평小蘆坪 – 대로평大蘆坪 – 정평正坪 – 소홍단小紅丹 – 석류계덕石留憩德 – 장파長坡 – 녹운산綠雲山 – 남증산南甑山 – 천평天坪 – 보타산寶陁山 – 대홍단大紅丹 – 남증산南甑山 – 소류동小柳洞 – 대류동大柳洞 – 작봉鵲峰 – 반교半橋 – 삼태봉三台峰(두을죽豆乙粥) – 귀롱소鬼隴所 – 삼지三池 – 허항령虛項嶺 – 천수동泉水洞 – 포석동泡石洞 – 대각봉大角峰 – 연지봉臙脂峰 – 감토봉甘土峰 – 백두산천지

한편 백두산을 유람하고 〈유백두산기遊白頭山記〉를 작성한 서명응徐命膺(1716-1787)은 백두산 등반 코스를, 갑산甲山에서 운총진雲寵鎭까지, 운총진에서 심포深浦까지, 심포에서 임어수林魚水까지, 임어수에서 연지봉臙脂峰까지, 연지봉 아

14_정계비에서 이른바 토문강으로 이어지는 곳의 돌무더기
(《白頭山定界碑》, 樂浪書院, 1938.12)

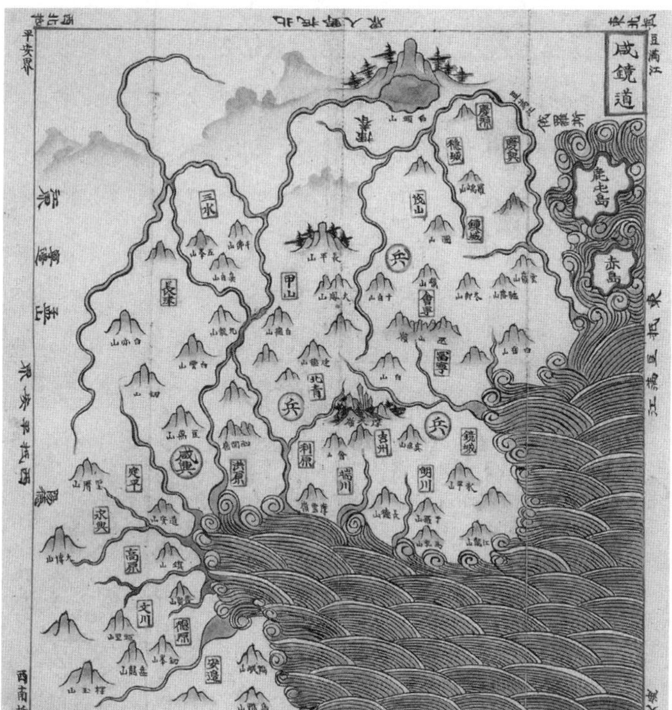

15_《해좌승람海左勝覽》의 함경도

래에서 백두산 꼭대기까지, 천수에서 자포까지의 6개 부분으로 나누었다.

당초 서명응은 조엄趙曮과 백두산을 유람하기로 약속하고, 운총에 이르러서 목수에게 부탁해서 상한의象限儀(자오선을 관측하는 기구)를 만들어 위치를 측정하는 등 입산 준비를 했다. 그리고 허항령虛項嶺을 거쳐 백두산으로 올라가는 길을 택했다. 임어수에서 연지봉까지의 기록을 보면, 해가 솟을 무렵에 임어수를 출발하여 숲 속으로 10여 리를 가서 허항령에 다다랐다. 허항령은 구불구불 북쪽으로 가로놓여 북쪽 경계를 이루고 있는데 삼수갑산과 육진六鎭의 척추가 되고 백두산과 소백산의 문턱이다. 이 허항령에서 무산과 백두산으로 가는 길이 갈라진다. 북쪽 지방 사람들은 이곳을 천평天坪이라 불렀다. 그 뒤 삼지三池를 거쳐 북으로 30리가량 떨어진 천수泉水를 지나 연지봉 아래에 이르렀다. 연지봉 아래에서 서명응은 제문을 지어 제사를 지냈다.

본래 사람들은 백두산에 들어가 노루, 사슴, 담비 따위를 사냥할 때 반드시 산신령에게 먼저 기도를 했다. 등산하는 사람들도 허항령에서 제사지내고 연지봉 아래서 다시 제사지냈으며, 연지봉 숙소에서는 누구도 시끄럽게 떠들거나 농지거리하며 웃지를 않았다. 1751년 5월 24일 경신부터 윤5월 3일까지 백두산을 유람했던 이의철李宜哲의 〈백두산기白頭山記〉를 보면 허항령과 연지봉에서 제사를 지냈다는 기록이 나온다.

조선의 선비들은 백두산에 올라 마음과 눈을 호쾌하게 하고자 했다. 박종朴琮(1735-1793)은 대표적인 인물이다. 1764년(영조 40, 갑신) 여름에 백두산을 등반한 후 〈백두산유록白頭山游錄〉을 작성하여, "백두산은 동국의 곤륜산이다. 생각건대 나는 조선의 북쪽 변경 지방에 태어나서 중국의 곤륜산에 올라 나의 마음과 눈을 호쾌하게 해 보지 못했다. 늘 바라기를 우리 동방의 곤륜산에 올라 좁은 소견이나마 펴 보고자 했다"라고 밝혔다.

박종은 경성부사 겸 북병사였던 신상권申尙權을 찾아보고, 그가 무산 부사와 백두산 등정의 계획을 세운 것을 알고 동행을 청했다. 마침내 5월 14일에 길을 떠났는데, 산천도山川圖 1장과 노정기路程記를 지참했다. 그런데 그가 지참한 노정기는 바로 자신의 스승 홍계희洪啓禧(1703-1771)가 제작한 것이었다.

홍계희는 1739년에 왕명을 받들어 갑산으로부터 무산에 들어와 백두산 일대를 답사하고 노정기를 만든 바 있다.

박종 일행은 전통성全通成을 길잡이로 고용했다. 전통성은 삼산三山의 약정約正으로 백두산을 열두 번 다녀왔다고 한다. 전통성의 아버지는 1712년에 국경을 정할 때 목책 치는 일을 담당했는데, 당시 길을 만든 것은 무산 사냥꾼 한치익韓致益과 갑산 사냥꾼 송태선宋太善이라 했다.

백두산의 정상은 기후의 변화가 극심하다. 박종도 〈백두산유록〉에서, "산에 오르기 시작할 때 구름이 음산하게 덮이고 산허리에 이르렀을 적에는 빗방울이 점점 떨어졌으며 산 정상에 도달될 무렵에는 안개가 깔리거나 구름이 가리기도 했다. 이러한 기후변화 때문에 백두산의 면모를 볼 수 없다가, 갑자기 안개구름이 활짝 개고 햇빛이 명랑하여 순식간에 백두산과 천지의 면모를 보았다"고 기록했다.

서명응은 백두산 정상과 천지의 웅장함을 다음과 같이 묘사했다.

> 백두산 위에서 여러 봉우리를 굽어보매 어떤 것은 높고 어떤 것은 낮으며 어떤 것은 뾰족하고 어떤 것은 둥글어, 마치 파도가 부딪히고 운무가 피어오르는 것 같아서, 푸르게 만 리에 서로 이끌고 와서 둘러선 듯했다. 몸을 돌려 두 봉우리의 틈에 서니 봉우리 아래 땅과의 거리가 오륙백 장이나 되고 텅 비고 평평한데, 대택이 그 가운데 있다. 둘레가 사십 리인데 물이 깊어 푸른빛이 하늘과 위아래로 같은 색이다. 대택의 동남쪽 언덕에는 샛노란 석산이 셋 있는데 세 봉우리의 높이는 한결같다. 그 바깥에 봉우리 세 개가 있어 사람의 혀가 입 안에 있는 듯하다. 그러나 뒤는 사방을 열두 봉우리가 둘러싸서 마치 못에 성을 쌓은 듯하고, 신선이 쟁반을 이고 있는 듯한 것도 있고, 대붕이 부리를 치켜든 듯한 것도 있으며, 기둥으로 받쳐 든 듯한 것도 있고, 우뚝 솟아 있는 것도 있다. 속은 모두 깎아지른 듯한데, 벽에는 단황丹黃 분벽粉碧의 색을 지닌 것들이 꽂혀 있어서 찬란하기가 수놓은 비단을 펼쳐 놓은 듯하고 무늬 있는 비단을 둘러놓은 것 같다. 그 바깥은 우람하게 푸르고 흰 기괴한 암석이 혼연히 한 덩어리로 되어 있으니, 수포석이 응결된 것이다.
>
> 서너 개의 봉우리를 걸어서 옮겨가자 대택은 둥근 모양이 되기도 하고 모

난 모양이 되기도 하여 그때그때 경관이 달라졌다.

사巳 방향(동남쪽) 조금 평평한 봉우리에 자리를 잡았는데 봉우리에는 오석이 많았다. 대택을 굽어 보니 삼면이 산에 막혀 있고 그 북쪽으로 터져 있는데 물이 돌 틈에서 넘쳐 나와 혼동강이 되어 곧장 영고탑지에 이르러 바다로 들어간다. 어떤 사람은 압록강과 토문강이 대택에서 발원한다고 하는데 잘못이다. 사슴들이 무리를 이루어 물을 마시기도 하고 지나가기도 하며 누워 있기도 하고 달리면서 무리를 짓기도 한다. 검은 곰 두세 마리가 벽을 타고 오르내리며 괴상한 새 한 쌍이 날다가 물을 찍는다. 마치 그림 속의 광경 같았다.

3.

백두산 정계 관련의 기록으로는 홍세태가 김경문의 구술을 토대로 작성한 〈유백두산기〉 이외에, 조선 측 최고책임자였던 행부사직行副司直 박권朴權과 공간당상公幹堂上으로 참여한 행부사직行副司直 김지남金指南의 기록이 있다. 또《숙종실록》에도 기록이 있다. 그 기록들을 대조하여 보면 정계의 전말과 조선 측의 대응 양상을 짐작할 수가 있다.

백두산 정계 참가자는 〈표5〉와 같고, 그들 각각의 행적은 〈표6〉과 같다. 정계가 행해진 1712년 5월 15일(정유), 5월 16일(무술), 5월 17일(기해)의 각 기록들

표5_백두산 정계 참가자

구분	참가자
조선	접반사接伴使 : 행부사직行副司直 박권朴權
	군관軍官 : 경직京職 홍원익洪元翼·선전관宣傳官 이의복李義復
	차비관差備官 : 전 사역원정前司譯院正 장원익張遠翼
	공간당상公幹堂上 : 행부사직行副司直 김지남金指南, 행부사용行副司勇 김응헌金應瀗
	공간당하公幹堂下 : 전 첨정前僉正 김만희金萬喜, 전 판관前判官 이세만李世萬 등
	역관譯官 : 김경문金慶門
	길잡이 3명, 도끼잡이 10명, 말 41필, 짐꾼 47명(69명) * 약 135명
청	목극등穆克登
	필첩식筆帖式 소이창蘇爾昌
	대통관 이가二哥
	일꾼 20명, 짐 싣는 소와 말 40-50필, 짐꾼 43명(66명)

표6_백두산 정계 시 3인의 행로(김민정 논문에 의함)

이름	경로	이동 기간	숙박 지점
김지남	행로	1712.2.29 –1712.3.15	서흥현瑞興縣(2.30,익연당益捐堂)—중화中和부(3.1–7)—봉산군鳳山郡(3.8)—서흥瑞興(3.9)—평산平山(3.10)—개성開城(3.1–3)—파주坡州(3.14)
		1712.3.25 –1712.5.10	동대문 밖 의막依幕(3.24)—영평永平(3.25,양문역良文驛)—금성현金城縣(3.26)—회양淮陽(3.27)—고산高山(3.28,석왕사釋王寺에서 묵음)—문천군文川郡(3.29)—영흥부永興府(4.1)—함흥咸興(4.2–3)—덕산역德山驛(4.4)—홍원洪原(4.5)—북청北靑(4.6–8)—제인관濟仁館(4.19)—종포역終浦驛(4.10)—갑산甲山(4.11–12)—삼수부三水府(4.13–17)—구갈파지舊乫坡知(4.18–25)—후주厚州(4.26–29,동대파수東臺把守 앞에 친 천막)—송전松田(4.30)—구갈파지舊乫坡知(5.1)—나난진羅暖鎭(5.2)—인차외仁遮外(5.3, 객사에 머묾. 장경 이하 사람들은 천막 치고 노숙)—혜산령惠山嶺(5.4–6)—검천劍川(5.7,물가의 천막)—자포수自浦水(5.8, 장막)—임연수臨淵水(5.9)
	귀환로	1712.5.10 –1712.6.2	장파長坡(5.10,임시숙소)—노은동산魯隱東山(5.11)—대홍단수大紅丹水(5.12,무산에서 설치한 장막)—임강대臨江臺(5.13)—무산부茂山府(5.17)—무산부茂山府(5.22–23)—풍산진豊山鎭(5.24)—회령부會寧府(5.25)—종성부鍾城府(5.26)—온성부穩城府(5.27)—경원부慶源府(5.28)—아산진阿山鎭(5.29)—경흥부慶興府(5.30)—아산진阿山鎭(6.1)—건원보乾原堡(6.2)
박권	행로	1712.3.25 –1712.5.10	영평永平(3.25,양문역良文驛)—금성金城(3.26)—회양淮陽(3.27)—고산高山(3.28)—문천文川(3.29)—영흥永興(4.1)—함흥咸興(4.2–3,객사)—덕산참德山站(4.4)—홍원현洪原縣(4.5)—북청北靑(4.6–8)—제인참濟仁站(4.9)—종포참鍾浦站(4.10)—갑산甲山(4.11–12)—삼수부三水府(4.13–17)—구갈파지舊乫坡知(4.18–25)—후주厚州(4.26–29, 장항獐項에 도착하여 강변에서 노숙)—송전松田(4.30)—구갈파지舊乫坡知(5.1)—신갈파지新乫坡知(5.2)—인차외仁遮外(5.3)—혜산惠山(5.5)—검천劍川(5.7, 강변에서 노숙)—자포自浦(5.8)—임연수臨淵水(5.9)
	귀환로	1712.5.10 –1712.7.13	장파長坡(5.10,노숙)—노은동산魯隱東山(5.11,노숙)—풍파豊坡(5.12,노숙)—임강대臨江臺(5.13–17,여염집)—무산茂山(5.22–23)—풍산진豊山鎭(5.24)—회령부會寧府—종성부鍾城府(5.26)—영달보永達堡(5.27)—경원부慶源府(5.28)—아산진阿山鎭(5.29)—아산보阿山堡(6.1)—건원보乾原堡(6.2–3)—구건원舊乾元(6.4)—북행영北行營(6.5)—회령부會寧府(6.6)—고풍산古豊山(6.7)—수성참輸城站(6.8)—경성鏡城(6.9–11)—영강참永康站(6.11)—명창明倉(6.12)—명천부明川府(6.13,개심사에서 묵음)—아간창阿澗倉(6.14–15)—성진城津(6.16,조일헌朝日軒에서 묵음)—단천端川(6.17)—이성利城(6.18)—북청北靑(6.19)—홍원洪原(6.20)—함흥咸興(6.21–25)—정평定平(6.26)—영흥부永興府(6.27)—고원高原(6.28)—덕원德源(6.29–7.1)—학포(7.2)—통천通川(7.3)

			—금강산金剛山(7.4:발연사,7.6:유점사,7.7:마하연,7.8–9:표훈사,7.10:장안사)—창도참昌道站(7.11)—풍천豊川(7.12)
김경문	**행로**	1712.4.29 –1712.5.11	검천劍川(5.7)—백두산 정상을 내려와 천막에 머뭄(5.11)
	귀환로	1712.5.12	기록 없음

을 날짜별로 모아 보면 다음과 같다.

숙종 38년 임진(1712, 강희 51) 5월 15일(정유)

숙종실록—접반사 박권 등이 중국과의 국경선을 정하는 일에 대해 치계하다.

접반사 박권과 함경감사 이선부李善溥가 13일에 치계馳啓했다. "총관이 경유하는 산천의 지명과 도리道里를 하나하나 지적하며 자세히 물었으니 기록하는 일이 있는 듯하며, 일행 중에 또 화수畫手가 있었으니 필시 도면을 그릴 계획입니다. 그리고 문위사問慰使의 예단은 끝내 받아들이지 않았고, 중신重臣(접반사)와 도신道臣(관찰사)이 뒤처질 수 없다는 뜻으로 재삼 굳게 청했으나 끝내 기꺼이 허락하지 않았으며, 나무를 찍어 길을 열어 장차 검천劍川으로 향한다고 했습니다."

이날 또 치계했다. "총관이 압록강 상류에 이르러 길이 험하여 갈 수가 없게 되자, 강을 건너 그들의 지경을 따라갔으며 늘 천리경을 가지고 산천을 보았습니다. 또 양천척量天尺이 있는데, 나무판으로 길이가 1자 남짓, 넓이가 서너 치였습니다. 등에 상아를 씌워 푼과 치를 새겼는데, 치가 12금이고 푼이 10금이며 위에 윤도輪圖를 설치하고 한가운데에 조그만 널을 세웠으니, 측량하는 기구인 듯했습니다. 역관이 백산 지도 1건을 얻기를 원하자, 총관이 말하기를 '대국의 산천은 그려 줄 수 없지만 장백산은 그대의 나라이니 어찌 그려 주기 어려우랴' 했으니, 이것으로 본다면 백두산 이남은 땅을 다툴 염려가 없을 듯합니다."

이선부가 또 치계했다. "다시 혜산 첨사惠山僉使로 하여금 두만강의 근원을 자세히 살피게 했더니, 강의 근원은 백두산 산마루 중간에서 시작되어 거의 8, 90리 흐름이 끊어졌다가 감토봉甘土峰 및 1식息(1식은 30리) 남짓 되는 곳에 이르러 비로소 땅 구멍 속에서 솟아나와 무릇 세 갈래로써 두만강이 된다고 합니다."

박권 — 그대로 계속 머물렀다. 장계를 작성하고 집에 보낼 편지를 부쳤다. 오후에 서울서 온 서찰을 보았다.

김지남 — 무산부에서 머물렀다. 지난밤에 총관을 수행했던 접반사 군관인 선전관 이의복李義復이 급보를 보내왔는데, 내용은 이러했다. "11일에 총관이 백두산 정상에 올랐는데, 압록강의 근원이 과연 산 중턱 남쪽 가장자리에서 나오는 까닭에 이쪽은 이미 경계를 정했습니다. 그러나 토문강의 수원은 백산 동쪽가의 가장 아래에 하나의 작은 물줄기가 동쪽으로 흐르는 것이 있어 총관이 이것을 두만강의 수원으로 삼았습니다. 두 물줄기 사이에 있는 고갯마루 위에 비석 하나를 세워 경계를 정하고 한면限面하려고 합니다. 비를 세워 경계를 정하는 것은 황제의 지시에 따른 것이기 때문에, 중신重臣〔접반사〕과 도신道臣〔관찰사〕도 역시 비석에 이름을 새기려고 하는데, 가부를 탐문하고자 합니다."

또 비석의 글을 베껴서 보내 왔다. 비문은 이러했다. "오라 총관 목극등은 황제의 칙지를 받들어 변경을 조사하게 되어, 자세히 살피면서 여기에 이르니, 서쪽 흐름이 압록강이 되고 동쪽 흐름이 토문강이 되므로, 분수령 위에 돌에 새겨 기록한다."

또 이런 내용도 있었다. "총관이 장차 개울의 기슭을 살피며 내려갈 것이다."

접반사는 즉시 문서로 적어 명령을 전했다. "중신과 도신은 총관이 뒤에 남아 있으라고 명령했기 때문에 함께 가지 못했으니, 비석의 끝에 이름을 새기는 것은 성실한 일이 아닐 것이다. 차원差員, 군관, 역관 6인의 성명을 함께 돌에 새긴다면 후일의 명백한 증거가 될 것이다. 그러나 우리 두 사람의 성명을 총관이 반드시 함께 새기겠다고 한다면 또한 구태여 다툴 것은 없다."

그러고는 걸음이 날쌘 역졸을 별도로 정해서 보냈다. 후에 김경문 등의 수본手本〔메모〕가 도착했다. 그 내용은 대개 이러했다. "총관이 바야흐로 비를 세워 경계를 정하고자 하여, 동쪽으로 흐르는 물을 그쪽 대통관과 우리나라 군관 조태상 및 역관 김응헌을 시켜서 길 안내인들을 데리고 60여 리를 가서 살피게 하니, 분명히 물길이 있어 의심할 것이 없는 듯합니다."

식사 후 시위가 이화동을 향하여 출발했다. 주사, 통관 그리고 우리들은 모두 남문 밖 5리 길에서 전송했는데, 시위는 자신의 기치旗幟와 연봉延峯과 위의威儀를 모두 남겨 두고, 말 한 필만 끌고 갔다. 도차원 구령과 판관 이세만이 뒤따라 수행했다.

약천藥泉 남구만南九萬 정승이 함경도 관찰사로 있을 때 시행한 조치들 가운데 은혜로운 것들이 많았는데, 그러한 혜택이 이곳에는 더욱 많이 미쳤으므로 이곳 사람들이 고을에 생사당을 건립하여 제사했고, 신묘년(1711, 숙종 37)에 이르러 정승이 돌아가신 후에는 또 향교 곁에 사당을 세웠다. 나 역시 남 정승으로부터 직접 가르침을 받은 친분이 있었으므로, 지금 이곳에 도착하고 보니 사모하는 마음이 구름처럼 피어났다. 참배하여 공경하는 뜻을 표하고자 생각하고 있던 참에 이 고을에 사는 전직 효릉孝陵 참봉 채우주蔡宇柱가 나의 숙소로 방문했다. 그가 남 정승에게서 학문을 배운 일과 사당 창건을 주관하던 연유를 대략 이야기했다. 즉시 그와 함께 같이 가 보았다. 새로 지은 사당은 객사 북쪽 수십 보 떨어진 곳에 있었는데, 향교의 동남쪽 모서리에 해당하는 곳이었다. 사당은 규모가 장려하지는 않았으나 매우 정결했다. 우러러보며 절하고 위패를 봉심하니, 추모하는 정이 갑절이나 절실하고 비감한 회포를 금할 수 없었다.

5월 16일 무술

박권 — 경성 판관 한재원이 총관의 백두산 행차를 맞이하기 위하여 어윤강으로 가는 길에 들어와서 만나보았다. 전령을 가지고 간 장교 원기호元起虎가 중간에 되돌아왔다. 일을 크게 그르쳤으므로 곤장 30대를 치고 무산부로 옮겨 옥에 가두었다. 원기호 대신 동생 원기장元起長을 다시 정하여 보냈다.

김지남 — 맑음. 무산부에 머물렀다. 이른 아침에 도차원이 이화동에서 보고서를 보내왔다.

"시위가 이곳에 도착한 후에, 네 아름쯤 되는 큰 나무 다섯 그루를 베어 즉시 작업에 착수했습니다. 당일에 마상선 1척을 완성했고, 또 1척을 만드는 작업이 이미 반쯤 끝났습니다. 오늘 종일토록 작업하면 능히 3척의 마상선을 완성할 수 있을 것입니다. 내일은 작업을 마치고 돌아갈 수 있을 것입니다."

대략 임강대 소식을 들으니, 어제 접반사가 머물렀던 집 주인인 전직 권관 원익성元益成이란 사람이 접반사에게 이렇게 말했다.

"북병사北兵使의 지도에 그려져 있는 이른바 두만강이란 것은 바로 이 대홍단수입니다. 그러나 이 밖에 또 백두산 동쪽에서 발원한 물이 있습니다. 흐르기도 하고 끊어지기도 하면서 어윤강魚潤江과 합쳐지는데, 대홍단수에 몇 리 위에서 합류하는 것이 진짜 두만강입니다. 저는 아직 멀리 가 보지 못했으나, 무산의 절충장군 채진귀蔡震龜와 한량 한치익韓致益이 상세히 알고 있다고 합니다."

접반사가 채진귀와 한치익 두 사람을 불러 물어본즉, 그들의 말이 똑같았으므로 이것을 가지고 조정에 올리는 보고서를 작성하고, 채·한 두 사람에게는 양식을 주어 보내어 다시 상세히 살펴보고 오도록 했다고 한다. 이것이 만약 진실한 말이라면 좋겠지만, 만약 허망한 말이라면 그것을 지레 조정에 보고한 것은 일을 그르칠 우려가 없지 않았다. 우선 두 사람이 자세히 관찰하여 오기를 기다려 보는 것도 늦지 않을 듯했다.

5월 17일 기해

박권 — 총관이 비석을 세워 경계를 정하고 강물 흐름을 따라 동쪽으로 내려온다는 보고를 들었다. 아침 일찍 비를 무릅쓰고 두강豆江의 합류처로 출발해서, 대홍단수大紅丹水를 건너 한 언덕에 올라 장경章京을 만나서 그가 되돌아오는 이유를 물으니, "나무를 베어 길을 내는데, 길이 아주 힘들고 험해서 출발한 지 사흘 동안 겨우 백여 리밖에 가지 못했고, 수원은 아직 멀리 있고, 가지고 간 식량은 다 되었으므로 돌아온다" 운운했다. 그러면서 "접반사가 비록 전진하려고 해도 결단코 도달하기 어려우므로 차라리 두 강물이 서로 합하는 곳까지 물러나 기다리는 것만 못하다고 하다" 하므로, 부득이 돌아가는 때에 총관을 수행했던 필첩식과 역관 김경문이 먼저 어유강에 이르러 왔다. 필첩식은 막차幕次에 와서 알현하고는, "긴급한 공간公幹이 있어서 장차 후춘厚春으로 향하려고 하니, 타고 가는 역마를 차례대로 교체해 주시오" 운운했다. 그의 말대로 각 고을에 공문을 띄웠다. 그가 말한 공간이란 곧 백두산을 조사하여 경계를 정하고 비석을 세운 일과 접반사와 도신道臣이 와서 기다리고 별도로 문위사를 파견해서 관대款待한 뜻을 계문啓聞해서 주달하려는 일이었다.

그대로 임강대로 와서 묵었다.

김지남 — 아침에는 흐렸고, 저녁에는 비가 왔다. 무산부에서 계속 머물렀다. 이른 아침에 도차원의 보고서가 도착했다. 4척의 마사선 제작을 마쳤으니, 배를 운송할 군인 사오십 명을 보내주면 즉시 배를 띄울 수 있고, 또 시위의 행차는 아침 전에 관아에 도착한다는 내용이었다. 관찰사가 본 고을 수령에게 분부하여 책임자를 저하여 배의 운행을 감독하도록 했다. 아침 8시쯤에 나와 유관차사원留官差使員〔관소 담당관〕 박규상이 10리 밖에 나가 대기하고 있다가 시위를 맞이했다.

그는 즐거운 안색을 띠며 대응하는 것이 매우 은근했다. 주사와 통관이 기치와 의장을 거느리고 5리 앞에 나가서 마중하여 숙소로 돌아왔다. 날이 저물 무렵 큰비가 오는 가운데 필첩식 소이선이 종자 3명을 데리고 총관의 보고서를 가지고 백두산에서부터 말을 달려왔다. 아들 경문도 역시 그들을 수행하여 왔다. 내가 필첩식에게 묻기를, "보고서의 내용은 과연 어떠한 것인가요?" 했더니, 필첩식은 "귀하도 이미 모두 알고 있겠지만, 대개의 내용은 장백산을 살펴보고 경계를 정한 상황과 접반사와 관찰사가 와서 행차를 지원한 일 및 국왕이 특별히 보낸 호조의 관원이 연회를 베풀어 환대한 일 등이 포함되어 있습니다" 했다. 공적으로 말하면 우리 조정에서 걱정하던 일이 이제 말끔히 해결되었고, 사적으로 말하면 우리 집 아이가 위험을 무릅쓰고 건강하게 일을 마치고 돌아오니 공적으로나 사적으로나 그 기쁜 것을 말할 수 없었다.

필첩식이 말했다. "지금은 공문서 보내는 일이 긴급합니다. 여기서부터 후춘으로 달려가 3일 안으로 국경을 넘어가고자 하니, 사람이 타고 짐을 운반할 인부와 말들을 신속히 준비하여 대기시켜야 합니다. 제가 오는 길에 접반사에게 이야기했으니, 이미 각 읍에 지시했겠지만, 조금도 차질 없이 할 뜻을 관찰사 또한 부하들에게 엄명을 내려 두는 것이 좋겠습니다." 내가 말했다. "분부하신 말씀은 관찰사에게 보고하여 그대로 시행하도록 하겠습니다. 그러나 폭우가 쏟아지는 것이 이렇게 심하고 또 지금은 밤이 늦었으니, 어찌 출발할 수 있겠습니까? 여기서 머물러 휴식하고 내일 아침 일찍 떠나도 늦지 않을 것입니다." 이렇게 만류했으나 필첩식은 이렇게 말했다. "시위 대인도 또한 내일 아침에 출발하는 것이 좋겠다고 하시니, 형편상 머물기는 하겠으나, 이 통역관은 경원까지 함께 가기로 접반사와 결정했습니다." 내가 즉시 이 사실을 관찰사에게 보고하니, 관찰사가 말했다. "이와 같이 긴급한 일을 어찌 저 사람의 말을 기다려 하겠는가? 벌써 공문을 발송했다. 이세만은 비록 이미 보내기로 결정했지만, 하급 통역관 1명도 후춘에 함께 가서 인부와 말을 거느리고 돌아오게 하라."

김지남은 다음과 같이 추가했다.

> 숙소로 돌아와 아들 경문과 함께 조요히 그 험한 여정에서 겪은 온갖 고생한 일들을 들었으나, 그것이 나라를 위한 일이었으므로 감히 고생했다고 말하지는 못했다. 총관은 인품이 너그러우며 마음가짐이 소박했으나, 공무를 수행하는 데 있어서는 성의를 다했고, 일 처리가 명확하여 족히 후세에 칭찬받을 만했다. 자기 위세를 믿고 호통만 치는 사람들과 같이 평할 수 있겠는가? 이에 그와 함께 백두산을 따라갔다 온 자의 기록을 아래에 별도로 수록하여 후일의 참고 자료로 삼는다.

과연 백두산 정계 때 우리 측 대응이 온당했다고 할 수 있겠는가.

4.

이의철李宜哲(1703-1778)은 〈백두산기白頭山記〉의 1751년 5월 28일 기록에서 백두산의 지세를 풍수지리설로 풀이했다.

> 백두산에서 동쪽으로 바라보면 큰 산이 구름 끝에 띠처럼 가로걸쳐 있는데 이것이 바로 보다산甫多山이며 산맥이 달려서 장백長白·마운령·마천령 등 여러 산이 되는데 모두 우리나라의 지역 내에 있다. 보다산은 소백두산小白頭山을 조산祖山으로 삼고 소백두산은 대백두산大白頭山을 조산으로 삼는다. 이른바 분수령은 소백두산에서 내려오던 산맥이 협곡을 지나다가 임감壬坎(북북서)에서 맥이 떨어져 평탄하게 된 것인데, 좌우에서 옹위하여 조금도 빈틈이 없다. 이것이 바로 풍수설에서 말하는 '협곡을 지나는 곳은 바람을 맞지 않는다'(過峽處不受風)는 곳이다.
>
> 백두산의 천지를 에워싸고 있는 일곱 개의 봉우리는 모두 화성火星이다. 소백두산도 또한 화성이다. 보다산에 이르러서야 비로소 토성土星이 된다. 중간의 봉우리나 산세는 멀리서 본 것만으로 상세히 설명할 수 없어 다만 풍수설로 논했다. 백두산의 일곱 봉우리는 하나의 산으로 보이는데 그 꼭대기는 탁 터져 있다. 백두산은 청나라와 우리나라 뭇 산들의 조산으로 가장

빼어난 산이다. 그러나 소백두가 흡사 비박하게 떨어져 나와 있고, 또 산이 너무 높은 까닭에 좌우에 뻗어 나온 산들이 모두 낮고 조그마해져서 옹위하기에 부족하다. 여기에서 우리나라의 산세가 부득불 그렇게 된 것인가, 이는 알 수 없는 일이다. 그러나 천지의 기이한 경관에 이르러서는 중국의 오악五岳에도 이러한 것이 있는지 모르겠다.

조선의 지식인들은 백두산의 장대한 풍광을 사랑했다. 이의철(1703-1778)은 "덕을 갖추어 밝고 깨끗한 기상은 우리나라 산들 가운데 최고다. 그래서 우리 산천의 조종祖宗이다"라고 했다. 그렇게 밝고 깨끗한 기상을 토대로 우리의 정신세계가 발전해 나온 것이 아니겠는가. 지금 우리는 정치적 이유 때문에 조선의 지식인들이 밟았던 행로로 백두산에 오르지는 못한다. 그 맑고 깨끗한 기상을 어느 때에야 온전하게 느낄 수 있을 것인가.

참고문헌

홍세태洪世泰, 〈遊白頭山記〉, 《柳下集》 권9, 한국문집총간 167, 1996.

《만기요람萬機要覽》 군정편軍政編 5, 〈백두산정계白頭山定界〉.

홍양호洪良浩, 〈白頭山考〉, 《이계 홍양호 전서》, 민족문화사, 영인, 1982.

서명응徐命膺, 〈遊白頭山記〉, 《보만재집保晩齋集》 권8, 한국문집총간 233, 1999.

박종朴琮, 〈白頭山遊錄〉, 《당주집鐺洲集》 권14, 국립중앙도서관 소장 납활자본.

진재교, 〈18세기 백두산과 그 문학〉, 《한국한문학연구》 26, 한국한문학회, 2000, pp.115-154.

김민정, 〈18-19세기의 백두산 기행로 및 기행 양식〉, 성신여자대학교 교육대학원 석사학위논문, 2006.

이상태 외 역, 《조선시대 선비들의 백두산 답사기》, 혜안, 1998.

심경호, 《산문기행 — 조선의 선비, 산길을 가다》, 이가서, 2007.

일본여행의 견문 보고,

신유한, 《해유록》

1.

이에 이르자 여러 왜인이 배를 가지고 왔다. 배의 제작이 찬란하고 교묘하다. 배 위에는 층루層樓를 세웠으되 나무로 기와의 형상을 조각雕刻하여 푸른 칠을 했고, 지붕 이하는 전체가 검은색인데 미끄럽고 밝아서 사람의 얼굴을 비춰 볼 수 있을 정도였다. 추녀·난간·기둥은 황금을 입혔고, 창과 문도 또한 그와 같아서, 사람이 앉거나 눕거나 할 때마다 의복에 금빛이 빛났다. 붉은 비단으로 장막을 만들어 사면을 두르고 장막의 귀퉁이마다 큰 붉은 유소流蘇(기나 교자轎子 등에 다는 술)를 달아서 길이가 45척이나 되며 봉황의 꼬리를 만들었다. 난간 위에는 붉은 발(簾)을 설치했는데 가늘기가 실과 같고, 빛깔이 찬란하며 아래로 강물에서 한 자쯤 위에까지 드리웠다. 배의 꼬리에는 색이 아롱진 끈이 한 발 남짓한데다 황금방울 두 개를 달아서 그 소리로 배의 키를 돌리는 완급을 짐작했다. 선복船腹이 물에 잠기는 부분에도 금을 칠해서 금과 물결이 서로 어리비쳐 일렁거렸다.

조선의 통신사通信使 일행은 오사카(大坂)에 들어가려면 요도(淀, 浪華)강의 지류인 시리나시(尻無)강 하구 앞 바다에서 일본의 평저선平底船(바닥이 평평한 배)으로 갈아타야 했다. 요도강은 수심이 얕았기 때문이다. 사절단이 오사카 앞바

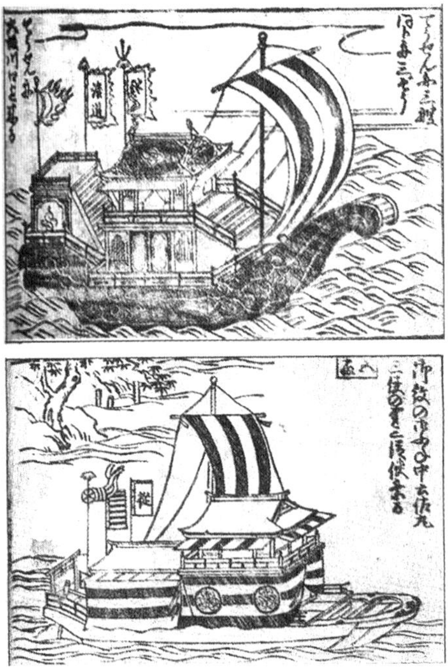

16_〈통신사도해선도通信使道海船圖〉 일부
(《조선인대행렬기朝鮮人大行列記》)

다에 도착하면 일본 배들이 마중 나왔다. 후대의 그림에 의하면 조선통신사를 맞이하는 일본 선단은 28척이나 되었고, 정사를 태우는 배는 2층의 누선樓船으로, 선미에는 도쿠가와 가문의 아오이(葵) 문양이 그려진 깃발과 유소流蘇(술)가 드리워져 있었다. 신유한申維翰(1681-1752)은 1719년의 일본 여행 때 작성한 《해유록海遊錄》에서 오사카 앞 일본 선단의 광경을 위와 같이 묘사했다.

신유한은 도쿠가와 요시무네德川吉宗(1684-1751)의 8대 쇼군 습직襲職을 축하하기 위한 사절인 기해己亥 통신사행에 제술관으로 참여해서 1년여에 걸쳐 일본을 여행했다. 통신사 정사는 홍치중洪致中(1667-1732)이었다. 제술관이란 사절단의 전례와 문화교류를 담당하는 직책으로, 직위는 삼사三使의 다음이었지만 책임이 컸다. 신유한은, '바다 밖 오랑캐 땅'으로 가서 그들을 회유시켜 조정의 위엄을 떨치겠다고 각오를 다졌다.

신유한은 일본의 부국강병 실태와 자연경관을 면밀하게 관찰했으며, 바쿠후(幕府)와 천황의 권력 2원화 체제, 인재등용의 미비, 이국적 풍속 등을 세밀하게 기술했다. 《해유록》은 일본의 풍속과 세태를 상세히 서술한 '기행문학의 백미'로, 조선의 문사들이 일본 문사들과 창화·교류한 실상을 잘 보여 준다.

2.

신유한은 본관이 영해寧海, 호가 청천靑泉으로, 밀양密陽 죽원竹院에서 태어났다. 영남에서는 신유한의 조부, 백부, 생부를 중국의 삼소三蘇에 견주어 '밀성삼가密城三家'라 일컬었지만, 집안 자체는 한미했다.

신유한은 생모 김씨로부터《효경》을 배우고, 8세 때 시골 선생 밑에서 공부를 했다. 하지만 일정한 스승을 두지 않고 독학을 했다.

1705년에 진사시에 합격했으나, 1708년에는 생부의 상을 당하고 1709년에는 모친상을 당하여, 연이어 상복을 입어야 했다. 33세 되던 1713년(숙종 39)의 증광시에 갑과 장원으로 급제한 후, 1714년 봄에 고령高靈의 양전리量田里로 이사하고, 서울과 영남을 오가며 명사들과 교유했다. 1717년에는 비서저작랑에 제수되었다.

1719년 4월, 제술관으로서 일본에 간 신유한은《해사동유록海槎東遊錄》과《해유견문록海遊見聞錄》,《문견잡록聞見雜錄》,《성사답향星槎答響》,《일본잡기日本雜記》등을 저술했다.《해사동유록》이 곧《해유록》이다. 이듬해 1720년 정월에 복명하고서 승문원 부정자를 거쳐 성균관 전적이 되었다. 1721년(경종 원년)에 봉상시 판관이 되었으나, 태묘 전사관典祀官에 차출되었을 때 제품祭品을 제대로 감독하지 못했다고 해서 대간臺諫의 논척을 받아 의금부에 나추되었다가 풀려났다.

42세 때인 1722년(경종 2)에 무장茂長 현감이 되고, 1726년에는 첨정에 올랐으며, 이듬해 1727년에는 평해平海 군수가 되었다. 1728년의 이인좌 난 때는 일어나자 조령을 방어했다. 1736년 검교檢校가 되고 봉상시 판관에 제수되었으나 취임하지 않았다. 1737년 10월, 영의정 이광좌李光佐의 계청으로 봉상시 첨정에 구임久任되었다. 1739년에는 연천漣川 현감이 되었다. 1743년 4월, 봉상시 제조 원경하元景夏의 천거로《태상지太常志》편찬의 책임을 맡았다. 1745년 8월, 부안 현감으로 재직하던 중 사헌부의 탄핵을 받아 체직되고, 이해에 연일延日 현감에 제수되었다. 69세 되던 1749년 6월에 벼슬을 그만두고 영천

靈川(고령)으로 돌아갔다. 1750년, 최치원을 흠모하여 향리 고화동高花洞에 은둔했으며, 1752년 6월 9일에 세상을 떴다.

신유한은 증광문과에 장원 급제했으나 말단 관직을 역임했을 뿐이고 일본에 다녀온 뒤로도 지방관과 봉상시의 직을 전전하다가 벼슬길에서 물러났다. 하지만 문학과 사상의 면에서는 뚜렷한 족적을 남겼다. 즉, 문집으로《청천집青泉集》6권 3책,《청천속집青泉續集》12권 6책을 남겼고, 사명당 일기인《송운대사분충서난록松雲大師奮忠紓難錄》을 정리했다.

게다가 신유한은 영남의 지식인들에게 깊은 영향을 끼쳤다. 이를테면 창해일사滄海逸士란 호를 사용한 군위 사람 정란鄭瀾(1725-1791)은 신유한에게서 수학하면서 인생관을 바꾸었다고 한다.

3.

조선은 일본에 공식 외교사절로서 통신사를 파견했다. 1403년(태종 3)에 조선이 명나라로부터 책봉을 받고 이듬해 일본의 아시카가(足利) 정권도 책봉을 받아 조선·중국·일본 사이에 사대교린의 체제가 성립되자, 조선 왕과 일본 막부 장군은 양국의 사절을 파견했다. 조선이 일본에 파견하는 사절을 통신사, 일본이 조선의 사절을 일본국왕사日本國王使라고 했다. 통신사의 명칭을 처음 쓴 것은 1428년(세종 10) 11월에 차정差定되어 다음해 일본에 파견된 박서생朴瑞生의 사절단이었다.

조선에서 일본으로 파견한 사절은 보빙사報聘使·회례사回禮使·회례관·통신사·통신관·경차관敬差官이라고도 했다. 조선은 외견상 중국과의 종속관계를 유지하면서 이웃나라 일본과 교린交鄰을 행하는 형태를 취했다. 그런데 조선 왕은 사절을 파견했으나 일본에서는 답례의 사자를 보내지 않았다.

통신사는 일본 장군에 보내는 서계書啓와 예단을 가지고 가며, 중앙관리 3인 이하로 편성했다. 전체 일행은 500명에 이르렀다. 통신사행은 또한 생사生絲와 은銀을 일본으로부터 구입하고 인삼을 일본에 파는 무역을 활성화시키는 기능도 수행했다.

통신사는 모두 12회 파견되었다. 처음에는 임진왜란 때 포로가 된 사람들을 쇄환하는 일을 주요 과제로 삼았으나, 1682년의 제7차 임술사행 때부터는 일본과 조선의 자존심을 내건 문화적 교류를 중시하게 되었다. 1711년의 제8차 신묘사행 때는 양국 문사의 모임이 성대하게 이루어져 많은 창화집이 간행되었다. 1719년의 기해사행에 제술관으로 참여한 신유한이 《해유록》을 남긴 것도 그러한 문화적 풍토를 배경으로 한다. 1748년에는 조선과 일본 문사들 사이에 사상적 대립이 드러났다. 1763년 계미사행 때의 상사(정사) 조엄趙曮과 종사관들의 기록에는 조선 문인의 민족주의적 관점과 일본의 기술 문명에 대한 관심이 뒤얽혀 있다. 마지막 통신사였던 제12차의 신미사행(1811) 때는 쓰시마에 이르는 데 그쳤으나, 창화를 중심으로 한 문화 교류는 지속되었다.

통신사는 영가대永嘉臺에서 해신제를 올린 후, 배 6척(삼사가 각 2척)에 나누어 타고 일본으로 출발했다. 왕복 6-12개월이 걸리는 대장정이었다. 일본은 통신사를 맞이하기 위해 각 지방권에 대해 숙소를 마련하고 배를 편성하며 항구와 도로, 배다리를 정비하고 인부와 말, 접대용 음식물을 마련하도록 시켰다. 1711년의 통신사를 접대하기 위해 일본이 지출한 경비는 은 100만 냥, 동원 인부 33만 명, 말 77만 600여 마리에 이르렀다.

통신사는 방문하는 곳마다 서화·시문·글씨 등을 남겼으며, 그것은 병풍·회권·판화 등의 형태로 널리 유행했다. 한편, 통신사들은 일본에서 겪은 견문록을 남겼다. 신유한의 《해유록》 이외에, 신숙주申叔舟의 《해동제국기海東諸國記》, 강홍중姜弘重의 《동사록東槎錄》, 홍우재洪禹載의 《동사록》, 조엄趙曮의 《해사일기海槎日記》, 유상필柳相弼의 《동사록》, 조명채曺命采의 《봉사일본시문견록奉使日本時聞見錄》, 김세렴金世濂의 《해사록海槎錄》, 작자 미상의 《계미동사일기癸未東槎日記》, 남용익南龍翼의 《부상록扶桑錄》 등이 있다.

홍계희洪啓禧는 통신사 일기들을 수집하여 《해행총재海行摠載》를 엮었다. 서명응徐命膺은 그것을 다시 베껴, 《식파록息波錄》이라 하고 모두 61편을 만들었다.

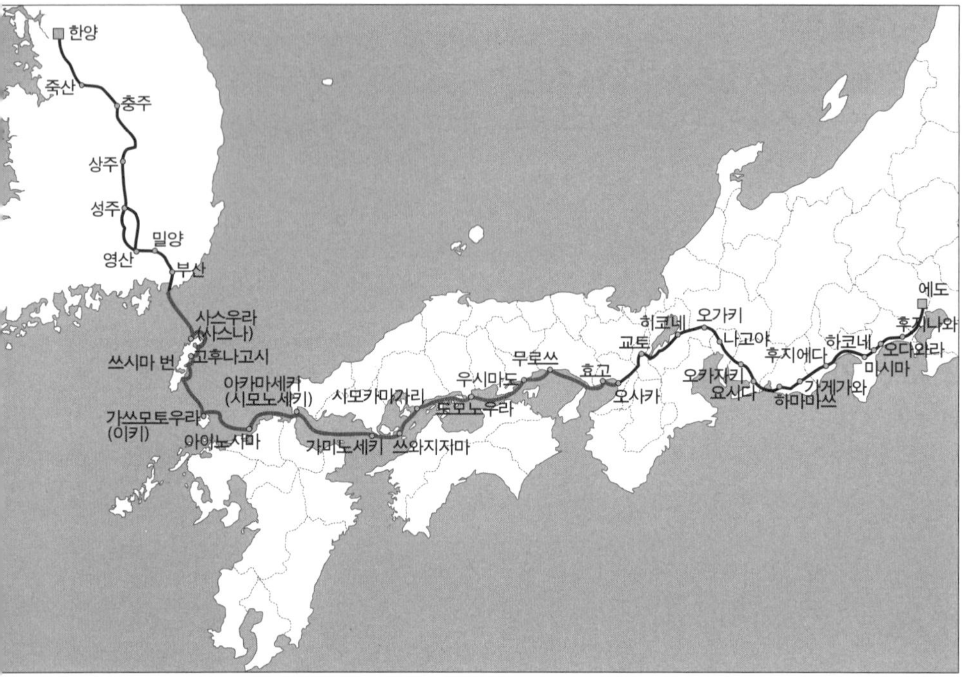

지도11_조선통신사의 여행로

통신사는 일본의 해변을 따라 오사카에 이르도록 되어 있으므로, 내지의 사정은 파악하기 어려웠다. 오사카에 이르러 교토를 거쳐 나고야를 통해 에도에 이르는 노정도 고정되어 있을 뿐 아니라, 오사카, 교토, 나고야, 에도에서의 활동도 제한되었다.

통신사 행렬을 관람하는 일본인들은 감히 떠들지 못했다. 이것은 이미 1636년 황호黃㦿의 《동사록東槎錄》 11월 16일(병진) 기록에 나오는데, 신유한 등 다른 사람의 일본기행록에도 비슷한 기록이 나온다.

> 해가 솟을 무렵 뭍에 내려서 다옥茶屋에서 아침을 먹었다. 정포淀浦〔현재의 요도가와(淀川)〕는 산성주山城州의 지방이며, 그 수관守官인 장수는 나가이(永井) 시나노노가미(信濃守)〔종 5위하의 관직〕이다. 〔…〕 의성이, 인부와 말이 이미 준비되었음을 고하여 사시에 출발했다. 이절伊折이 앞에서 인도하고 의성과

두 중이 뒤따랐다. 신 등은 관대冠帶를 갖추어 입고 옥교屋轎를 탔으며 중관中官 이하는 모두 말을 타고서, 나아가 왜경倭京에 도착하니, 곧 그 나라의 이른바 낙양〔교토〕이다. 정포로부터 30리는 모두 촌락이 이어져 끊이지 않았고, 이곳을 지난 뒤로는 시장 가운데를 지나는데, 인가가 빽빽하고 남녀가 가득하여 대판〔오사카〕성보다 열 배가 된다. 거리의 길이 반듯하여 모두 정井 자와 같다. 왜인이 세로 거리를 정町이라 하고 가로 거리를 통通이라 하는데, 전부 몇 정 몇 통인지 알 수가 없다. 구경꾼이 좌우에 나뉘어 늘어섰는데, 감히 떠들지 못하며, 손을 모아 비는 사람도 있었다. 〔…〕 유시酉時〔저녁 5-7시〕에 혼고쿠지(本國寺)에 도착하니, 승중이 또 사람을 보내 문안했으며, 공장供帳이 아주 사치하고 화려했다. 정포에서 왜경의 혼고쿠지까지 육로로 30리다.

통신사 일행은 일본의 산천·풍속·관직·법제 등을 관찰하고, 일행의 몇몇은 의복·음식·기명·화훼 및 의절儀節·일공日供의 사항을 상세하게 기록했다.

표7_임진왜란 이후 일본사행 및 통신사 일람

시기			정사 부사 종사관 제술관	인원	사명	관련 기록	비고
서력/간지	한국	일본					
1607/丁未	선조 40	慶長 12	정: 呂祐吉(癡溪) 부: 慶暹(七松) 종: 丁好寬(一翠)	467	수호修好, 회답 겸 쇄환	《海槎錄》(경섬)	국교회복
1617/丁巳	광해군 9	元和 3	정: 吳允謙(秋灘) 부: 朴梓(雲溪) 종: 李景稷(石門)	428	오사카 평정 축하, 회답 겸 쇄환	《東槎上日錄》(오윤겸), 《扶桑錄》(이경직)	후시미(伏見) 행례
1624/甲子	인조 2	寬永 1	정: 鄭岦 부: 姜弘重(道村) 종: 辛啓榮(仙石)	300	이에야스(家康) 습직襲職 축하, 회답 겸 쇄환.	《東槎錄》(강홍중)	
1636/丙子	인조 14	寬永 13	정: 任絖(白麓) 부: 金世濂(南溟) 종: 黃戾(漫浪) 제: 權侙(菊軒)	475	태평시절 축하	《丙子日本日記》(임광), 《海槎錄》(김세렴), 《東槎錄》(황호)	이하 '통신사'라 함, 일본국大君이란 호를 제정, 닛코(日光) 유람

1643/癸未	인조 21	寛永 20	정: 尹順之(涬溟齋) 부: 趙絅(龍洲) 종: 申濡(竹堂) 제: 朴安期(螺山)	462	이에쓰나(家綱) 탄생 축하, 닛코 치제致祭	《東槎錄》(조경), 《海槎錄》(신유), 《癸未東槎日記》	도쇼샤(東照社) 치제
1655/乙未	효종 6	明曆 1	정: 趙珩(翠屛) 부: 兪瑒(秋潭) 종: 南龍翼(壺谷) 제: 李明彬(石湖)	488	이에쓰나 습직 축하, 닛코 치제	《扶桑錄》(남용익)	닛코 도쇼구(東照宮) 참배 및 다이유인(大猶院) 치제
1682/壬戌	숙종 8	天和 2	정: 尹趾完(東山) 부: 李彦綱(鷺湖) 종: 朴慶俊(竹菴) 제: 成琬(翠虛)	475	쓰나요시(綱吉) 습직 축하	《東槎日錄》(金指南), 《東槎錄》(洪禹載)	
1711/辛卯	숙종 37	正德 1	정: 趙泰億(平泉) 부: 任守幹(靜菴) 종: 李邦彦(南岡) 제: 李礥(東郭)	500	이에노부(家宣) 습직 축하	《東槎錄》(金顯門)	아라이 하크세기(新井白石)의 개혁
1719/己亥	숙종 5	享保 4	정: 洪致中(北谷) 부: 黃璿(鷺汀) 종: 李明彦(雲山) 제: 申維翰(青泉)	475	요시무네(吉宗) 습직 축하	《海槎日錄》(홍치중), 《海遊錄》(신유한), 《扶桑紀行》(鄭后橋)	
1748/戊辰	영조 24	寬延 1	정: 洪啓禧(澹窩) 부: 南泰耆(竹裏) 종: 曹命采(蘭谷) 제: 朴敬行(矩軒)	475	이에시게(家重) 습직 축하	《奉使日本時見聞錄》(조명채), 《日本日記》	
1764/甲申	영조 40	明和 1	정: 趙曮(濟谷) 부: 李仁培(吉菴) 종: 金相翊(弦菴) 제: 南玉(秋月)	472	이에하루(家治) 습직 축하	《海槎日記》(조엄)	최천종崔天宗 살해 사건
1811/辛未	순조 1	文化 8	정: 金履喬(竹里) 부: 李勉求(南霞) 종: 미상 제: 李顯相(太華)	336	이에나리(家齊) 습직 축하		쓰시마(對馬) 빙례

4.

1719년 10월 1일(경자)의 새벽에 조선 사신 일행은 서울의 숙종이 있는 곳을 향하여 망궐례를 올린 후, 식후에 에도 성으로 국서를 전달하기 위해 떠났다.

일본인들은 이날 있을 의식에 관해 자세하게 적은 의주儀注를 전날 가져왔으나, 그것은 왜언倭諺, 즉 가키구다시분(書き下し文)의 흘림체여서 조선인들이 도저히 읽을 수 없었다. 그런데 어쩐 일인지 아메노모리 호슈(雨森芳洲, 雨森東)는 쓰시마 도주의 서기 역을 맡아 보는 마쓰우라 기(松浦儀)라 해도 갑자기 한문으로 옮길 수는 없다고 했다. 마쓰우라 기(1678-1728)는 성이 원源이고 호가 마쓰우라다. 기노시타 준안(木下順庵)의 문하에서 수학했는데, 시문에 재능이 있어서 쓰시마의 기실記實이 되었다. 결국 신유한은 역관 박춘서朴春舒와 함께 봉행奉行(부교)를 불러 일일이 물어서, 그것을 한문으로 번역해야 했다. 참으로 황급하고 고통스러운 일이었을 터인데, 신유한은 그 일을 성실하게 수행했다.

조선 사신 일행이 에도 성에 들어가 국서를 전달한 전말은, 《해유록》에 다음과 같이 기록되어 있다.

> 식사를 마친 뒤에 국서國書의 용정龍亭을 받들고, 세 사신은 금관·옥패와 조복을 갖추고 홀笏을 손에 잡고 우리나라의 가마를 탔다. 나와 당상역관堂上譯官 세 사람과 상통사上通事는 흑단령黑團領을 입고 현교懸轎를 타고, 서기와 의관醫官도 모두 흑단령에 사모를 쓰고 관디를 띠고, 군관은 우립羽笠·금포錦炮에 칼을 차고 둥개〔활집〕와 화살집, 채찍과 각궁의 정장을 갖추고 아울러 금안金鞍을 얹은 준마를 타고서 기旗·절월節鉞을 들었으며 양부고취兩部鼓吹〔군악대〕와 관현管絃의 음악을 울리면서 무리를 지어 잇따라 나아갔다.
>
> 제1의 성문에 들어가니 구경하는 남녀가 누에머리처럼 빽빽이 들어찼는데, 모두 비단 옷을 입었다. 제2의 성문을 들어가니, 훌륭한 집 1천 채가 하늘 높이 솟아 으리으리한데, 긴 행랑으로 이어져 있으며 흰 벽으로 칠을 했다. 문 앞에는 각각 칼(鉾)과 우기羽旗가 있어 엄연히 궁궐과 같다. 희게 칠한 벽과 층층 난간에는 붉은 유소流蘇〔기旗나 수레 등에 다는 오색실로 된 술〕를 쌍으로 드리웠고, 구슬주렴과 비단장막 사이로 엿보는 갓들은 찬란하기가 1천

수풀에 꽃이 핀 것 같았다. 이것은 모두 집정과 태수 또는 여러 귀인의 집이었다. 제3의 성문에 이르자 이것이 궁성이었다. 담만 있을 뿐, 참호도 없고 포대도 설치하지 않았다. 제도의 화려함은 우리나라 궁성의 담벼락과 같되, 아주 높고 컸다.

군관 이하는 궁성문 밖에서 말에서 내려 둥개와 검을 풀고 걸어서 들어갔다. 깃발과 고취도 모두 위에 남겨 두었다. 더 나아가 문 하나에 당도하여, 당상 역관 이하는 가마에서 내려 걸어 들어갔다. 또 문 하나에 당도하여, 사신도 가마에서 내렸다. 대마도 태수, 담 장로湛長老, 창 장로菖長老와 두 관반館伴 및 요코다(橫田) 비추노가미(備中守)가 문 안에서 영접하여 읍하고 앞에서 인도하여 들어갔다. 나와 여러 상관은 모두 그들을 뒤따랐다. 또 문 하나에 당도하여 수역관首譯官이 국서를 모신 궤를 용정에서 받들어 내어 두 손으로 받쳐 들고 들어가자, 사신 이하가 또 뒤따랐다.

문 안에는 정丁자형의 높은 누각이 하나 있었는데 판자 사닥다리를 타고 올라가서 각도閣道에 통하니, 이것을 현관玄關이라 했다. 그 위에서 붉은 옷에 검정 모자를 쓰고 발을 벗은 7, 8인이, 맞이하여 읍하고 인도해서 선행하여, 각도를 따라 들어가서 한 대청에 이르렀다. 그곳의 상 위에 국서를 남쪽으로 향하게 안치하고, 사신과 대마도 태수가 동서로 나누어 서열에 따라 차례로 앉았다. 조금 있다가 소위 오오메쓰케(大目付)라는 왜관倭官이 나와서 안으로 들어오라는 뜻을 대마도 태수에게 말했다. 대마도 태수가 그 내용을 수역首譯에게 전하니, 수역이 국서를 받들고 앞서서 가고 세 사신이 뒤따랐다. 한 정청正廳에 이르러 국서를 탁자 위에 모시니, 곧 관백關白이 앉아 있는 전殿과 벽을 사이에 둔 곳이었다. 둘러보니 각 주州의 태수와 관직 높은 자들이 공복公服을 입고 맨발로 수풀처럼 모여 있었는데, 하야시 노부아쓰(林信篤) 태학太學도 참석하고 있었다.

사신은 동에 앉아 서로 향하고 대마도 태수는 남쪽을 향하여 곡좌曲坐〔정면으로 대하여 앉지 않고 옆으로 앉음〕했다. 조금 있다가 수집정首執政 미나모토노 마사미네(源正岑)〔이노우에 마사미네(井上正岑)〕가 대마도 태수를 불러서 무슨 말을 했다. 수역관은 즉시 국서를 받들고 전殿의 문턱에 이르러 꿇어앉아 대마도 태수에게 전했다. 태수는 무릎 꿇고 받아서 전 안으로 들어가 집사執事에게 전하니, 집사가 관백의 자리 앞에 받들어 두었다. 드디어 공례 폐물公禮幣物을 전殿의 기둥 바깥에 진열하고 예물로 가지고 온 말은 안장을 끼운 채로 뜰 앞에 세웠다. 하지만 정청正廳에 국서를 모신 뒤로부터는 사신과 수역관

이외에 다른 사람은 할 일이 없어서서, 나와 여러 막료들은 모두 각도閣道에서 바라볼 뿐이었다.

사신은 들어가서 관백에게 절하고 나왔다가 다시 들어가서 주례酒禮를 행하고 나왔다. 이로부터 잇따라 모든 상관이 차례로 들어갔다. 당상역관 세 사람은 기둥 안에서 절하고, 나와 군관과 서기는 기둥 바깥에서 절했다. 의관·역관·서화관書畫官도 그렇게 했다. 차관次官·소동小童 이하는 정청에서 물러나서 절하고, 중관·하관은 뜰의 아래에서 절했다. 모두 네 번 절하고 물러났다.

내가 절하면서 바라보니 관백은 머리에 일각一角의 검정 사모를 썼고, 몸에는 천담색淺淡色의 푸른 도포를 입었고, 겹으로 깐 방석 위에 앉아 있었다. 평상·의자 등의 물건은 없었다. 나와의 거리는 3, 4칸이 넘지 않았으나, 앉은 곳이 깊고 엄숙했고, 좌우에 구슬발과 채색 장막을 드리워서 전殿의 안을 제대로 볼 수가 없었으므로, 그의 사람됨을 자세히 볼 수는 없었다. 대개 매섭고 독하고 야위고 굳세며, 앉은 모양은 두드러지게 높고, 안면은 희되 약간 누런 빛이 있었고, 살은 쪘지만 우람하지는 않은 듯했다. 붉은 옷을 입고 옆에서 부복한 자는 2, 3인에 지나지 않았고, 전의 안팎에는 의장儀仗이나 병위兵衛의 시설이 전혀 없었다.

궁실은 정교하지만, 높고 장엄하면서 큰 위의를 지니지는 않았다. 기둥은 모두 둥글지 않고 각이 졌다. 뜰은 좁아서 중관·하관이 절할 때에 열을 지을 수 없을 지경이었다. 대단히 괴이했다.

수집정首執政〔집정은 다이묘의 가로家老를 달리 부르는 말. 수집정은 간파쿠의 가로〕이 관백의 명을 사신에게 전하기를, "종신宗臣을 시켜 나를 대신하여 연회를 열게 할 터이니, 원컨대 편안하게 받으시오" 운운했다. 사신이 다시 들어가서 하직하는 예를 행하고, 나와서 연회석에 나아갔다. 이른바 종신이란 기이노주나곤(紀伊中納言) 미나모토노 무네나오(源宗直)〔도쿠카와 무네나오(德川宗直)〕과 스이토노 추죠(水戶中將) 미나모토노 무네타카(源宗堯)〔도쿠카와 무네타카(德川宗堯)〕와 오와리노 주나곤(尾張中納言) 미나모토노 쓰구토모(源繼友)〔도쿠카와 쓰구토모(德川繼友)〕이다. 이들은 3종실宗室이라 하는데, 가장 존귀해서 지위가 집정〔가로〕의 위에 있다 한다. 쓰구토모는 병으로 참석하지 못했다. 무네나오와 무네타카 두 사람은 공복公服을 입고 서벽西壁 아래에 앉았다. 사신은 동벽에 앉았다. 관반館伴인 스루가노가미(駿河守) 마키노(牧野)〔마키노 다다토키(牧野忠辰)〕가 여러 막료들을 인도하여 각각 자기 자리에 나아가 서열에 따라 앉았다.

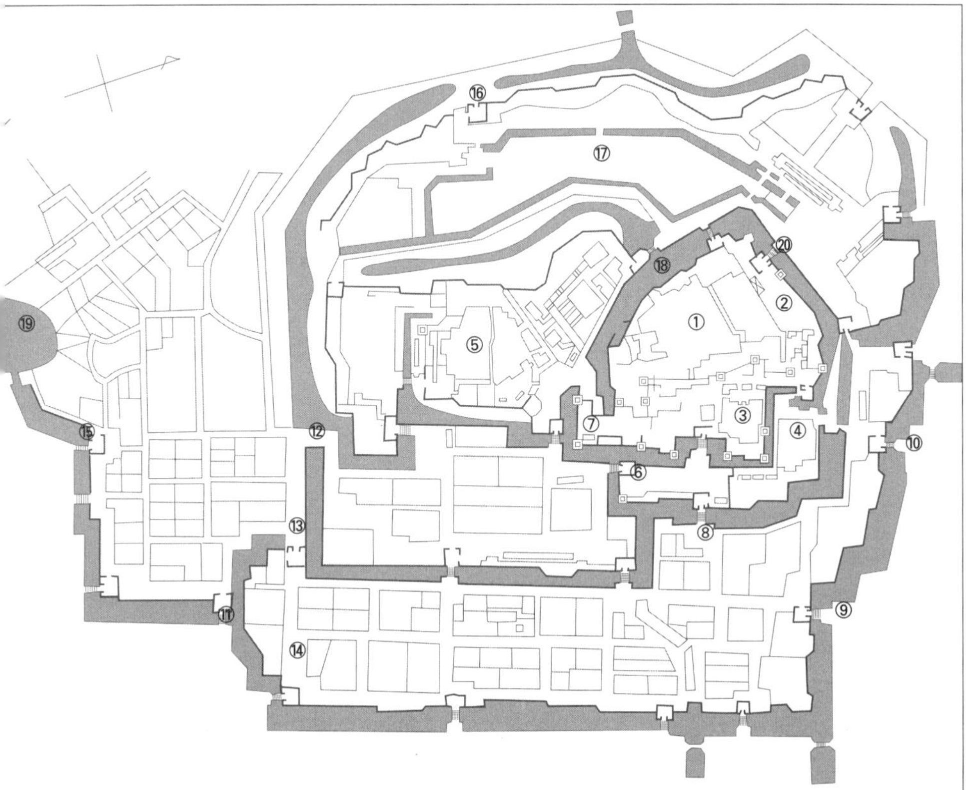

① 혼마루고텐(本丸御殿)
② 덴슈다이(天守台)
③ 니노마루고텐(二ノ丸御殿)
④ 산노마루고텐(三ノ丸御殿)
⑤ 니시노마루고텐(四ノ丸御殿)
⑥ 우치사쿠라다몬(內桜田門)
⑦ 긴조(金蔵)
⑧ 오테몬(大手門)
⑨ 간다바시몬(神田橋門)
⑩ 히토쓰바시몬(一ッ橋門)
⑪ 야마시타몬(山下門)
⑫ 소토사쿠라다몬(外桜田門)
⑬ 히비야몬(日比谷門)
⑭ 마치부교쇼(町奉行所)
⑮ 도라노몬(虎之門)
⑯ 한조몬(半蔵門)
⑰ 후키아게오니와(吹上御庭)
⑱ 하스이케호리(蓮池堀)
⑲ 다메이케(溜池)
⑳ 다케바시(竹橋)

지도12_1800년경의 에도성과 그 주변

아롱진 옷에 하카마(袴)를 끄는 자 수십, 수백 명이 일시에 찬상을 올리는데 찬은 이전과 같았다. 다만 높게 고인 과일 접시를 늘어놓고 금은으로 만든 채색 꽃이 찬란히 수풀을 이루었다. 그러나 찬은 하나도 먹을 만한 것이 없었다. 마른 전복을 가늘게 실처럼 썰어 아교阿膠풀로 붙인 것을 높고 둥그렇게 가득 쌓아 두어 당모唐帽의 형상과 같이 만든 것이 있었다. 보기만 해도 우스웠다. 사신은 술 석 잔을 돌리고서 파하여 일어났다. 집정 네 사람이 행각行閣 안에까지 나와 읍하여 전송하고, 관반과 두 장로는 가마 타는 곳까지

와서 읍하며 전송했다. 모든 수행 관원이 차례차례로 가마에 타거나 말을 타거나 하여 성문을 나왔다. 그리고 다시 군의軍儀를 정렬하고 고취〔군악〕를 울리면서 돌아왔다. 해가 저물녘에 관館에 도착했다.

대개 보니 성문城門·전문殿門·궁위宮闈의 어느 곳에도 편액扁額이라고는 없었다. 궁성 안팎에는 관청이나 숙직처나 백관百官이 일보는 곳도 없었다. 궁궐문이나 전폐殿陛에는 칼을 잡고 호위하는 사람이 하나도 없었다. 궁중에 합좌하는 귀인이나 측근, 고위의 인물들은 용모와 거동이 사람 같은 자가 하나도 없었다. 높은 관리든 낮은 관리든 모두 겉으로는 칼을 찬 형상을 했지만, 감히 칼날을 가지지 못하고 나무칼〔기도(木刀)〕를 칼집에 넣었다. 공복公服을 입은 여러 신하도 그들의 하카마가 겨우 복사뼈에 이르렀고, 추운 겨울에도 버선〔다비(足袋)〕을 신지 않고 맨발로 다녔다. 두 사타구니 사이에는 길이가 두어 자 정도 되는 한 폭의 흰 베를 달아 뒤로부터 드리워서 땅에 질질 끌렸다. 긴 바지〔나가바카마(長袴)〕를 입은 자는 또 그것이 발보다 두어 자나 길어서 땅에 끌려 행동이 거추장스럽게 보였다. 그렇게 해서 공경의 뜻을 표시한다고 하니, 모두 괴귀怪鬼의 옷이라 하겠다.

5.

신유한은 일본이 마치 신선이 사는 선계 같다고 했으며, 경제적 발전이 눈부시다고 적었다. 반면 그는 일본의 인재 등용 방식, 제도, 성풍속의 문란 등 여러 가지 문제점도 지적했다.

《해유록》에서 신유한은 일본의 자연 풍광을 자세히 기록했다.

신유한은 쓰시마의 고후나고시(小船越, 《해유록》의 船頭港) 경치를 보고 감탄했다. 쓰시마는 울창한 원시림으로 뒤덮인 작은 산들의 모임이다. 쓰시마는 조선과의 관계가 좋을 때 번창했고, 나쁠 때는 최악의 길을 걸었다. 임진왜란 전후 쓰시마 번藩은 일본과 조선의 외교문서를 위조하기까지 했다. 신유한은 쓰시마의 정치적 위상보다 그 자연지리에 더 관심을 보였다. 쓰시마에서 이키(壱岐)를 거쳐 시모노세키〔下関, 아카마세키(赤間関)〕로 향하는 도중 아이노시마(相島, 藍島)에서는 동행하던 아메노모리 호슈(雨森芳洲)에게 삼일포보다 이곳 경치가 더 뛰어나다고 했다. 세토나이카이(瀨戶內海)에서도 도모노우라(鞆浦)를 보고는 "소나무·삼나무·귤·유자 등 온갖 나무의 숲이 양쪽을 끼고 푸른 것이 사방에 둘러 있으면서 그림자가 물속에 거꾸로 비추고 있으니, 사람들이 모두 여기에 이르러 제일의 경치라고 감탄한다"라고 적었다.

또한 신유한은 일본의 물질적 풍요를 자세히 기록했다. 신유한은 오사카 미도스지(御堂筋)에 있는 니시혼간지(西本願寺)를 향해 가면서 길 양쪽에 있는 집들을 보고는 "길 양쪽의 장랑長廊이 층집 아닌 것이 없었으니, 이것은 백화百貨의 점포였다. 구경하는 사람이 길을 가득 메웠고 화려함이 강 언덕을 볼 때마다 배나 눈이 부셨다.

에도성에 들어가는 연도에서는 그 번화함이 오사카보다 세 배나 더하다고 했다. "길옆의 장랑長廊은 모두 상점이었다. 시市에는 정町이 있고 정에는 문이 있고 거리는 사면으로 통하여 편편하고 곧기가 활줄과 같았다. 분칠한 다락과 아로새긴 담장은 3층과 2층이고, 연이은 지붕은 비단을 짜놓은 것 같았다. 구경하는 남녀가 거리를 메웠는데 수놓은 듯한 집들의 마루와 창을 우러러보매, 여러 사람의 눈이 빽빽하여 한 치의 빈틈도 없고 옷자락에는 꽃이 넘치고 주렴 장막은 해에 빛난다." 신유한은 나가사키(長崎)나 오사카 등 바쿠후의 직할지에서 거둬들인 세금으로 인해 에도에는 금은보화가 산더미처럼 쌓여 있다고 여겼다.

하지만 신유한은 일본의 군사력을 보고 경계했다. 신유한은 일본 수군의 용맹함에 놀라 임진왜란 때 이순신이 노량해전에서 승리한 것도 운이 좋아 그렇게 된 것이라고 생각했다. 쓰시마에서 이키의 가쓰모토(勝本, 해유록의 風本)까지 반나절 만에 도착한 것을 보고는 "대마도에서 여기까지 480리로서 부산에서 좌포佐浦〔좌수포佐須浦, 사스나〕까지의 거리와 같은데 4시간을 소비하는 데 불과했으니" 아슬아슬하다고 하여, 일본이 너무 가까운 곳에 있음을 걱정했다.

신유한은 일본에서는 다이묘(大名, 《해유록》에서는 太守)들이 모두 무관인데다 세금을 전부 군사 양성에 쓰고 있고, 일본 백성들은 과중한 세금을 피하여 군인이 되려 하며, 군인들은 비겁자라는 낙인이 찍히지 않으려고 용맹하게 싸우므로, 일본의 군사가 강하다고 했다. 다만, 일본군이 용감한 것은 주군에 대한 의리를 지키거나 천성이 용감해서가 아니고, 먹고살기 위해 그렇게 된 것이라 파악했다.

그리고 신유한은 일본의 정치제도가 지닌 문제점을 지적했다.

통신사행이 에도성에 이르면 국서 전달 의식 이후에 쇼군이 베푸는 연회가 열렸다. 1719년에는 에도성 혼마루(本丸)의 마쓰노마(松の間)에서 연회가 열렸다. 연회는 쇼군을 대신하여 고산케(御三家, 쇼군의 문중인 紀伊·水戸·尾張의 세 집안)가 주재했다. 신유한은 쇼군이나 처첩들이 주렴 사이로 연회를 엿보는 모습을 묘사한 다음, 일본의 인재 등용 방식이나 제도 등에 많은 문제가 있는데도 불구하고 오랫동안 부국강병을 누리니 그 이유를 알 수 없다고 했다.

또 신유한은 에도에서 다이가쿠노가미(大学頭)인 하야시 노부아쓰(林信篤, 1644-1732)와 필담을 한 후, 장자長者의 풍모가 있으나 문필이 떨어진다고 평가하고, 재주 없는 사람이 높은 자리에 오른 것은 일본이 과거 제도를 시행하지 않기 때문이라고 판단했다.

국서를 전달하는 의식에서 쇼군 요시무네가 집정 등이 쓰는 모자를 쓰고 목면으로 만든 천담포浅淡炮를 걸치고 있는 것을 보고는, 검소함을 숭상하는 것은 좋지만 외국 사절의 접견 예식에 걸맞지 않은 옷을 입었다고 여겼다.

일본인은 사촌남매끼리 결혼하고 형수나 제수가 과부가 되면 데리고 사는 풍속이 있었다. 신유한은 그러한 풍속을 보고, 일본인들이 금수와 같다고 비판했다. 또 에도로 가기 전 오사카에서 5일간 머물 때 오사카의 유곽을 오언절구 연작시로 읊었다. 9월 9일자 일기에 실려 있는 〈나니와 여아곡〉(浪華女児曲) 30수가 그것이다. 당시 오사카 신마치(新町), 교(京) 시마바라(島原), 에도 요시와라(吉原)의 유곽은 막부의 정식 허가를 받은 공창이었다.

신유한은 〈나니와 여아곡〉 바로 뒤에 〈남창사男娼詞〉 칠언절구 10수를 두어, 일본의 남색 풍습을 거론했다. 신유한은 아메노모리 호슈(雨森芳洲)의 글에 나오는 "왼쪽에는 붉은 치마요, 오른쪽에는 어여쁜 총각이다"라는 글귀를 가리

17_조선통신사 행렬도(《宗家記錄と朝鮮通信使展》, 朝日新聞社, 1992)

키며 이것이 남창을 말하는 것이냐고 물었는데, 아메노모리 호슈는 그렇다고 대답했다. 아메노모리 호슈는 유학자이면서 쓰시마의 서기로서 조선과의 외교 실무를 담당하던 인물이다.

신유한은 "남녀의 정욕은 본래 천지 음양의 이치에서 나온 것으로서 천하가 동일한 바이나 오히려 음淫하고 혹惑하는 것을 경계하는데, 어찌 양陽만 있고 음陰은 없이 서로 느끼고 좋아할 수 있다는 말이오?" 하고 기이하게 여겼으나, 아메노모리 호슈는 "그대는 남색의 즐거움을 모르는 모양"이라고 대답했다.

일본에서는 14세기 이후 사찰에서 남색이 유행하더니, 17세기에 들어와서는 무사나 서민들까지도 남색의 풍조가 확산되었다. 특히 3대 쇼군 이에미쓰(家光)가 남색을 애호했기 때문에 그 풍조가 더욱 확산되었다고 한다.

신유한은 일본의 문화, 지리, 풍속의 여러 사실을을 깊이 관찰하고 자세하게 기록했다. 하지만 일본 측의 조선 외교가 변화한 사실을 깨닫지 못했다.

도쿠가와 일파는 임진왜란을 일으킨 도요토미 일파를 밀어내고 조선과 국교를 정상화한 후 조선 통신사를 극진히 대접하여 막부의 위신을 세우는 데 이용했다. 하지만 100년이 지난 18세기 초가 되면서 태도가 바뀌었다. 1711년에 6대 쇼군 이에노부(家宣, 1662-1712)의 장군 습직을 축하하기 위해 파견된 신묘 통신사행을 맞이할 때, 당시 바쿠후의 실력자로서 외교업무도 담당하고 있던 아라이 하쿠세키(新井白石, 1657-1725)는 외교 의례를 전면적으로 바꾸었다. 아라이 하쿠세키는 "조선이 일본의 은혜를 입었음에도 불구하고 일본에 감사하기는커녕 오히려 일본의 침략에 대한 원한을 잊지 못하고 일본에 복수할 기회만 노리고 있다"라고 비판했다. 1719년 사절단에 참여한 신유한은 일본의 변화를 감지하지 못했다.

또한 한자문화권에서 조선이 중국 문화의 정수를 보존하고 있다고 자부하여, 일본의 문화와 인물들을 객관적으로 평가하지 못했다. 이를테면 에도에서 국서를 전달하는 날의 기록에서 신유한은 다이가쿠노가미(大學頭)인 하야시 노부아쓰(林信篤)에 대해 "문학으로 관백의 유신儒臣이 되었으나 실력도 없이 자리만 차지하고 있는 사람"이라고 했다. 정통 유학의 관점에서 보면 그 평가가 옳을지 모른다. 신유한은 아라이 하쿠세키의 무리와 하야시 노부아쓰의 무리가 대립하고 있는 사실은 감지하고 있었지만, 하야시 노부아쓰의 위상에 대해서는 제대로 파악하지 못했다.

5대 쇼군 도쿠가와 쓰나요시의 때인 1702년〔겐로쿠(元錄) 15〕 12월 15일에 아카호 번(赤穗藩, 효고현)의 로시(浪士)들이 주군 아사노 다쿠미노카미(淺野內匠頭)의 원수를 갚기 위해 기라 고즈케노스케(吉良上野介)를 살해한 사건이 있었다. 그 다음해 1703년 2월 4일 아침, 막부에서 그들에게 셋푸쿠(折腹)가 하명되었다. 당시 한학자들 사이에 아코 번 로시들에 대한 처우 논쟁이 오갔을 때 하야시 노부아쓰는 구명을, 오규 소라이(荻生徂徠)는 할복을 주장했다. 도쿠가와 쓰나요시는 오규 소라이의 의견을 채택해 그들에게 할복을 명했다. 이후 아카호 로시들을 기리는《주신구라》(忠臣藏) 소설이 나왔다.

신유한은 이 사건에 내재된 일본의 사상 투쟁의 사실을 전혀 알지 못했다.

6.

조선 시대의 지식인들은 중국의 문화를 중심에 두었기 때문에 바다 밖의 외국에 대해 그리 관심을 두지 않았다. 그사이 일본은 경제, 군사, 문화의 면에서 크게 발달하기 시작했다.

1583년 도요토미 히데요시(豊臣秀吉)가 일본을 통일하면서 오사카(大坂, 大阪)는 일본의 중심이 되었다. 오사카와 교토 지역은 가미가타(上方)라고 하여, 에도(江戶)와 구별했다. 오사카는 '텐카노 다이도코로'(天下の台所)라 하여, 전국의 물류를 관장하는 일본 제일의 항구도시였다. 신유한이 오사카에 들렀던 1719년에는 오사카와 교토가 일본 문화의 중심지로서 화려함을 자랑하고 있을 때였다. 신유한은 오사카에 온갖 서적이 넘쳐나는 것을 보고 천하의 장관이라 했으며, 쓰시마에서 필담·창화한 시편이 귀로의 오사카에서 이미 출판된 것을 보고는 그 신속함에 놀라기도 했다. 당시 사무라이 계급이나 부유한 상인들이 즐겨 사용하던 견직물이나 도검류를 비롯한 금속제품들도 가미가타에서 생산된 것을 최고급으로 쳤다.

그런데 에도도 이미 상당히 발전해 있었다. 1603년 도쿠가와 이에야스(德川家康)가 에도 바쿠후를 창설한 이래, 교호(享保) 연간(1716-1735)에는 이미 정치적 중심이 에도로 옮겨가 있었다. 에도는 17세기 후반에 인구가 80만 명을 넘어서고 1733년에는 100만 명을 넘었다. 18세기 후반 정조 말년의 한양 인구가 문헌기록상 20만 명 내외였던 것과 비교하면 그 번영의 양상이 사뭇 달랐음을 짐작할 수 있다. 1721년 일본의 인구는 3,100만 명에 달했고, 조선은 1,200만 명 안팎이었다고 한다. 일본은 인구의 절반에 해당하는 50만 명이 사무라이였다. 분카·분세이(文化·文政) 연간(1804-1829)에 이르면 에도 문화가 만개하게 된다.

조선 지식인들도 일본의 번영상을 잘 알았다. 하지만 일본을 깊이 파악하려고는 하지 않았다.

정약용은 신유한이 《해사문견록》을 집필해서 일본의 산천과 풍속을 상세하게 기록한 점을 높이 평가하면서도 일본의 관방關防(국경 수비)과 도리道里를 제대로 살피지 않은 점을 지적하고, "의당 관찰해야 할 것은 오직 기물의 정교함과 여러 조련調鍊의 법제인데, 이 책에는 그점이 생략되었으니 한스러운 일

18_아사쿠사 일대 조선통신사 숙소
(西券興三郎 編,《太陽コレクション地圖—江戶·東海道》, 春季社, 1977)

이다"라고 했다(〈跋海槎見聞錄〉, 《茶山詩文集》 권14). 정약용은 경세치용의 관점에서 문물의 발전상과 지리 사실을 체계적으로 기술하는 일을 중시했기 때문에 이렇게 지적한 것이다. 특히 정약용은 《비어고備禦考》를 작성하면서, 아들에게 부친 서한에서 "일본고日本考나 여진고女眞考 등은 마땅히 두 가지로 분류해야 한다. 전벌戰伐이나 조빙朝聘 같은 것을 한 종류로 묶어서 전략고戰略考의 예를 따르도록 하고, 그 지방의 풍요風謠나 물속物俗·토산土産·궁실宮室·성곽城郭·주거舟車의 제도 같은 것을 한 종류로 묶어서 점탁占度을 외이고外夷考에 실은 예와 같이 해야 한다"라고 했다. 사실 신유한의 《해유록》과 《해유견문》은 전벌과 조빙에 관한 고증이 부족하다고 할 수 있다.

그런데 정약용은 신유한이 《해사문견록》에서 "에도는 우리나라의 육진六鎭에 해당된다. 그러나 동방은 해와 달이 뜨는 곳이라 아주 따뜻하므로 10월에도 춥지 않아 마치 우리나라 삼남의 9월 기후와 같다"라고 기록한 점에 대해 의문을 제기했다(〈評申靑泉聞見錄〉, 《茶山詩文集》 권22). 즉, 정약용은 "그곳 10월 추위가 우리나라 남방 9월 기후와 같다면 분명 그 땅은 우리나라 남방에서 남쪽으로 1천여 리에 있음이 증명되니, 어찌 서수라西水羅〔함경북도 경흥군에 있는 우리나라 가장 동북쪽의 항구〕와 서로 대치될 수 있겠는가?"라고 비판했다. 정약용은 심지어 신유한이 우삼동雨森東〔아메노모리 호슈(雨森芳洲)의 조선명〕의 말만 믿어 남북의 진도眞度를 결정했다고 여기고는, "공은 시인으로서 오직 풍월이나 읊는 것으로 호기를 부리는 사람인데, 외국에 사신으로 나가 육합六合이 서로 얽혀 운행하는 이치는 전혀 모르고 남에게 기만을 당하였으니, 아아! 참으로 통탄스러울 뿐이다"라고 덧붙였다.

에도는 우리나라 왜관(부산)과 위도가 같으므로, 신유한이나 정약용이나 지리 고증에서 잘못을 범했고 또 해류가 기후에 끼치는 영향을 고려하지 못했다. 정약용의 박식함과 공정함으로도 이와 같았다는 것이 의아하다.

신유한은 통신사로 일본에 가 있는 동안 한일문사의 교류를 통해 많은 것을 일본에 남겨 주고 자신 역시 사행의 체험을 통해 새로운 인식과 자각에 도달했다. 다만, 그는 우리의 문학적 우월감에 도취되어 당시 일본 상황을 제대로 파악하지 못했고, 그로 인해 일본의 진면목을 전달하는 데 한계를 드러냈다.

그런데, 통신사행은 일본 내 경제를 활성화하는 데 기여했을 뿐만 아니라 국내의 경제를 활성화하는 데도 기여했을 듯하다. 신유한은 일본에 갈 때와 일본에서 올 때 두 번 고향인 경북 고령을 찾았다. 통신사 일행은 첫째, 대장정에 앞서 고향집에 들러 부모께 인사를 드리거나, 둘째 민폐를 최소화하려고 3사가 각각 다른 행로를 택했다. 통신사 일행은 하루에 40-50리, 곧 약 15-20킬로미터를 이동했다. 통신사행의 진로와 관련하여 연로에서 물자의 유통이 활발해져서 국내 경기를 진작시키는 효과를 낳았을 법하다.

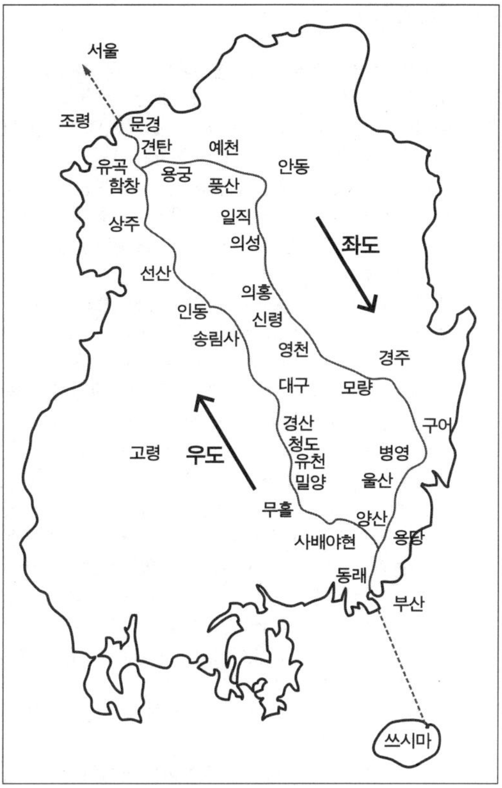

지도13_경상도 내 조선통신사 행로
(도도로키 히로시, 〈통신사행 걸으며 한일 화해 바짝 당긴다〉, 《영남의 옛길》, 향토와 문화 56)

또한 통신사행은 여러 예술 집단을 대동했다. 어느 사행록에 보면, 악공을 시켜 북, 피리, 필률을 연주하게 하고, 음악 연주가 끝나면 여러 악공들이 북을 치며 광대담廣大談과 창우倡優의 여러 놀음을 했다는 기록이 있다. 통신사행은 국내 예술의 발달은 물론 한국과 일본의 예술 교유에 일정한 역할을 하지 않았을까, 다시 생각해 볼 과제이다.

참고문헌

신유한 저, 姜在彦 역주, 《海遊錄》, 東洋文庫 252, 平凡社, 1974.
홍일해, 《한국통신사사》, 일지사, 1982.
나카무라 히데타카(中村榮孝) 외 저, 김용선 역, 《조선통신사》(동호역사선 2), 동호서관, 1982.
김의환, 《조선통신사의 발자취》, 정음문화사, 1985.
소재영·김태준 편, 《旅行과 體驗의 文學(일본편)》, 민족문화문고간행회, 1985.
《국역 해행총재》, 고전국역총서, 민족문화추진회, 1986.
손승철, 《근세한일관계사》, 강원대학교 출판부, 1987.
이원식, 《조선통신사》, 민음사, 1991.
신기수 외 편, 《大系 朝鮮通信使》6-7, 明石書店, 1995.
이혜순, 《조선통신사의 문학》, 이화여자대학교출판부, 1996.
미야케 히데토시(三宅英利), 《조선통신사와 일본》, 지성의 샘, 1996.
김건서 저, 하우봉·홍성덕 공역, 《국역 증정교린지》, 민족문화추진회, 1998.
조선통신사문화사업회·국사편찬위원회, 《조선 시대 통신사 행렬》, 2005.
정장식, 《통신사를 따라 일본에도 시대를 가다》, 고즈윈, 2005.
조광 외 7인, 《통신사, 왜관과 한일관계》, 한일관계사연구논집 편찬위원회, 2005.
강재언 저, 이규수 역, 《조선통신사의 일본견문록》, 한길사, 2005.
나카오 히로시 저, 유종현 역, 《조선통신사 이야기》, 한울, 2005.
이혜순 외, 《우리 한문학사의 해외 체험》, 집문당, 2006.
신유한 저, 강혜선 역, 《조선 선비의 일본견문록》, 이마고, 2008.
이진희, 〈조선왕조 시대의 통신사〉, 《사상과 정책》5, 경향신문사, 1984.
Ronald. P. Toby, 〈조선통신사와 근세일본의 서민문화〉, 《동양학》18, 단국대학교 동양학연구소, 1988.
정성일, 〈대마도역지빙례에 참가한 통신사 일행에 대하여〉, 《호남문화연구》20, 전남대학교 호남문화연구소, 1991.
한태문, 〈조선 후기 통신사 사행문학의 특징과 문학사적 의의〉, 《동양한문학연구》제10집, 동양한문학회, 1996.4.
하우봉, 〈朝鮮後期 實學과 日本近世 古學의 比較硏究 試論 — 교류사적 측면을 중심으로〉, 《한일관계사연구》8집, 한일관계사학회, 1998.
도도로키 히로시, 〈통신사행 걸으며 한일 화해 바짝 당긴다〉, 《영남의 옛길》, 향토와 문화 56, 대구은행, 2010.
大滝晴子, 《江戸時代の朝鮮通信使》, 映像文化協会, 1979.
東京大学出版会, 《講座日本史》4, 1980.
三宅英利, 《近世日朝関係史の研究》, 文献出版, 1986.
李進熙, 《江戸時代の朝鮮通信使》, 講談社, 1987.
田代和生, 《近世日朝通交貿易史の研究》, 創文社, 1987.
《宗家記錄と朝鮮通信使》, 朝日新聞社, 1992.
三宅英利, 《近世アジアの日本と朝鮮半島》, 朝日新聞社, 1993.
上田正昭, 《朝鮮通信使》, 明石書店, 1995.

일본 나들이와 문학수업,
김인겸의 《일동장유가》와 이언진의 〈해람편〉

1.

1763년(영조 39)의 계미통신사행은 양반 지식인뿐만 아니라 서얼, 역관, 중인 출신의 뛰어난 문인들이 모두 참여한 행사였다. 정사 조엄趙曮, 삼사 서명응徐命膺, 제술관 원중거元仲擧·남옥南玉, 종사관서기 김인겸金仁謙 등이 모두 탁월한 문인이자 지식인들이었다.

계미사행은 1763년 8월 3일부터 1764년 7월 8일까지 약 11개월간에 걸쳐 서울에서 에도로 갔다가 다시 서울로 돌아왔다. 에도를 떠나기는 1764년 3월 11일이었는데, 4월 3일 일본의 서경(교토)에 이르고, 4일에 서경을 출발해 5일 오사카에 도착했으나, 5월 6일에야 오사카를 떠났다. 오사카에서 29일이나 머문 것은 도훈도都訓導 최천종崔天宗이 쓰시마 사람에게 살해되는 변고를 당했기 때문이다.

조엄은 《해사일기海槎日記》 4권을 남겼는데, 사행 때 서기였던 성대중成大中은 조엄의 청으로 1800년 5월에 서문을 작성하면서, 당시의 일을 이렇게 추억했다.

영조 계미년(1763, 영조 39)에 제곡濟谷 조엄이 사신으로 일본에 들어가는데, 내가 따라갔었다. 갔다 오기까지 13개월 동안 내가 보건대, 공은 행동이 일정하고 위의威儀가 규칙이 있어, 드나들고 진퇴하는 걸음걸이가 법도에 맞았다. 의관을 정제하고 자리에 나아가면 모든 사람들의 이목이 쏠렸다. 손님이나 부하들을 접견할 때면 이따금 우스갯소리를 했지만, 호령이 한번 떨어지면 숙연하여져 아무도 떠드는 사람이 없었다. 소원한 처지나 친근한 처지나 모두 살펴서 도와주고 먹이기를 반드시 고르게 하고, 큰 일이거나 작은 일이거나 일찍이 남에게 맡겨 버리고 자기만 편하려고 하지 않았으니, 이는 대개 공의 평상시 규칙이다. 그 행사에 나타난 것으로 말할 것 같으면, 배를 운행함에 있어서도 오로지 신중하게 하기를 힘써, 비록 순풍을 만나도 급작스럽게 출발하는 일이 없었다.

일기도(이키노시마(壹岐島))로 건너갈 때는 480리를 불과 3시간에 달렸다. 바다 중간에 이르러 치목鴟木의 허리가 부러져 위태롭기 짝이 없었다. 이때 공이 국서를 짊어지고 키 끝(舵尾)에 나와 여러 사람들을 독려하여 배를 구출하되, 말과 기색이 평상시 태도와 다름이 없으므로, 배 안 사람들이 거기에 힘입어 두려워하지 않게 되었다. 마침내 예비 치목으로 건너는데 돌연 거센 물결이 배를 재빨리 달리게 해서 마치 신명의 도움이 있는 듯했으며, 홀연 무지개가 나타나 광채가 사방에 비추어 돛을 감쌌다. 그때는 무지개가 서지 않는 때였으므로 왜인들도 모두 기이하게 여겼다.

진화(쓰와(津和))에 당도한 밤에는 공의 탄 배가 먼저 당도했는데, 공이 타루柁樓에 앉아 모든 배가 오기를 기다리다가, 당도하자 두루 그 안부를 물은 다음에야 처소로 내려갔는데, 이르는 곳마다 밤이 되면 언제나 그렇게 했다. 돌아오는 길에 대판(오사카)에 이르러 내일이면 배에서 내릴 것인데, 최천종이 도둑에게 죽었다. 대마도(쓰시마) 왜인의 소행인데, 거짓 모르는 체하면서 한사코 떠나기를 청했으니, 대개 일을 주관한 자가 대마도 왜인이었기 때문이다. 일본으로 가는 사신이 있은 이래 처음으로 이런 변이 있었다. 공이 여러 사람들을 모아놓고 물으니, 여러 사람의 의논이 일치하지 않았는데, 마침 나의 말이 공의 뜻에 합치되자 공은 정색을 하고 여러 사람들에게 소리 높여 말하기를, "나의 뜻이 이미 결정되었으니, 너희들은 동요하지 말라" 하고, 드디어 대판에 머무르면서 떠나지 않으니 대마도 왜 또한 감히 도둑을 숨길 수 없었다. 한 달 만에 옥사가 성립해서 처형하는 것을 지켜보고야 돌아왔다. 최천종을 염할 적에 공이 옷을 벗어 수의襚衣로 쓰게 하고 제사

지낼 때 매우 섧게 울므로 일행이 모두 감격하여 눈물을 흘렸다. 그러나 일행들은 대부분 겁을 먹어 하룻밤 동안에도 자주 놀래어 바람이 불어 병풍이 자빠져도 또한 자객이 왔다고 했다. 그러나 공은 차분하여 아무 일 없는 듯이 태연했으므로 다른 사람들도 안정되었다. 이렇게 했는데도 일이 제대로 안될 리 있겠는가? 이는 모두 삼군三軍을 거느리는 법도인데 공은 사행에 그런 법도를 사용했다. 만일 임진·정유의 왜란 때 위정자들이 모두 공과 같았다면 국가의 수치를 씻지 못할 리 있었겠는가?

조엄은 숙종, 정조 때의 정치가이다. 통신사행 때 쓰시마에서 구황작물인 고구마의 종자를 가져오고 저장법과 재배법까지 알아와, 보급에 큰 공을 세웠다.

19_《韓客人相筆話》에 나타난 조엄 초상

또,《일성록日省錄》의 정조 즉위년 6월 3일조에 의하면, 조엄은 평양감사로 있을 때 60만 냥을 횡령했다고 한다. 쌀 한 가마니 값이 2냥에서 4냥 정도였으므로 그 횡령액이 엄청나다. 그렇다면 조엄은 탐관오리였을까, 이 점은 확실하지 않다.

성대중은, 조엄이 영남 관찰사로 있을 적에 세미稅米를 경선京船으로 조운하던 관행을 폐지하고 세 곳에 조창을 해변에 설치하고 전함 구조의 배를 만들어 운행하게 했다. 이로써 경선의 주인들이 이익을 잃게 되자 영남 세미의 직접 수송을 혁파하려 했으나, 조엄의 아들이 마침 호조판서로 있어 그들의 계책이 통하지 않게 저지했다고 한다.

2.

계미사행에서 일행은 모두 477명에 달했다. 그 명단은 〈표8〉과 같다.

표8_계미사행의 일행록(한국고전번역원의 해제를 근거로 작성함)

정사正使	부제학副提學	조엄趙曮
부사副使	보덕輔德	이인배李仁培
종사관從事官	수찬修撰	김상익金相翊
명무군관名武軍官	전 영장營將	김상옥金相玉, 일방一房 소속, 병방兵房 담당 유달원柳達源, 일방 소속, 일공日供 담당
	훈련정訓鍊正	서유대徐有大, 일방 소속, 공방工房 담당
	전 부사府使	민해수閔惠洙, 이방二房 소속, 병방 담당 유진항柳鎭恒, 이방 소속, 병방 담당 이해문李海文, 일방 소속, 검선檢船 담당
	도총도사都摠都事	조학신曹學臣, 이방 소속, 검선 담당 임흘任屹, 삼방三房 소속, 병방·검선 담당
	전 선전관宣傳官	오재희吳載熙, 삼방 소속, 일공 담당
	무겸武兼	양용梁瑢, 이방 소속, 공방 담당
자제군관子弟軍官	전 현감縣監	이매李梅, 일방 소속, 예방禮房 담당
	전 찰방察訪	권기權琦, 이방 소속
	통덕랑通德郎	조철趙瞮, 일방 소속 이덕리李德履, 이방 소속, 예방 담당 이징보李徵輔, 삼방 소속, 예방 담당
장사군관壯士軍官	내금위內禁衛	임춘흥林春興, 이방 소속
	전 만호萬戶	조신曹信, 일방 소속
제술관製述官	전 현감	남옥南玉, 일방 소속
서기書記	전 찰방	성대중成大中, 일방 소속
	전 봉사奉事	원중거元重擧, 이방 소속
	진사進士	김인겸金仁謙, 삼방 소속
역관譯官	자헌資憲	최학령崔鶴齡, 일방 소속, 수역首譯
	가의嘉義	이명윤李命尹, 이방 소속, 수역
	가선嘉善	현태익玄泰翼, 삼방 소속, 수역
	전 정正	오대령吳大齡, 삼방 소속, 한학 상통사漢學上通事
	전 첨정僉正	최봉령崔鳳齡, 이방 소속, 상통사 최홍경崔弘景, 일방 소속, 상통사

역관譯官	전 첨정僉正	최수인崔壽仁, 이방 소속, 차상통사次上通事 현태심玄泰心, 삼방 소속, 압물통사押物通事 현계근玄啓根, 일방 소속, 압물통사·장무관掌務官 유도홍劉道弘, 삼방 소속, 압물통사, 일공日供 담당
	전 부봉사副奉事	이명화李命和, 일방 소속, 차상통사, 일공 담당
	전 주부主簿	이언진李彦瑱, 이방 소속, 한학 압물통사
양의良醫	한량閒良	이좌국李佐國, 일방 소속
의원醫員	전 정正	남두민南斗旻, 이방 소속
	부사맹副司猛	성호成灝, 삼방 소속
사자관寫字官	자헌資憲	홍성원洪聖源, 일방 소속
	상호군上護軍	이언우李彦佑, 삼방 소속
화원畫員	전 첨사僉使	김유성金有聲, 일방 소속
별파군別破軍	전 첨사	허규許圭, 일방 소속
	내금위	유두억劉斗億, 이방 소속
마상재馬上才	별무사別武士	정도행鄭道行, 일방 소속 박성적朴聖迪, 일방 소속
전악典樂	김태성金泰成, 일방 소속 정덕귀鄭德龜, 삼방 소속	
이마理馬	장세문張世文, 일방 소속	
기선장騎船將	김용화金龍和, 동래 거주, 제1기선(一船) 김윤하金潤河, 동래 거주, 직책을 옮겼으므로 변탁卞琢으로 바꿈, 제2기선 변박卞璞, 동래 거주, 제3기선	
복선장卜船將	박중삼朴重三, 동래 거주, 제1복선(一卜) 유진원兪進元, 부산 거주, 죽었으므로 김윤하金潤河로 바꿈, 제2기선 정세태鄭世泰, 부산 거주, 제3복선	
도훈도都訓導	최천종崔天宗, 대구 거주, 죽었으므로 김광호金光虎로 바꿈, 일방 소속 문두흥文斗興, 좌수영左水營 거주, 이방 소속 정윤복鄭潤復, 동래 거주, 삼방 소속	
반인伴人	조성빈趙聖賓, 안동 거주, 일방 소속 김응석金應錫, 이방 소속 홍선보洪善輔, 삼방 소속	
향서기鄕書記	김광호金光虎, 동래 거주, 직책을 옮겼으므로 박태범朴泰範으로 바꿈, 일방 소속 변계하邊啓河, 안동 거주, 삼방 소속	
예단직禮單直	이수의李守義, 서울 사는 의인醫人 이민수李民秀의 아들, 일방 소속	
반전직盤纏直	김석충金錫忠, 일방 소속 이수만李守萬, 일방 소속 김만유金萬裕, 삼방 소속	

청직廳直	유성필劉聖弼, 안동 사는 의인醫人 유한상劉漢祥의 아들, 일방 소속 정수영鄭守榮, 이방 소속 한두성韓斗成, 삼방 소속
소동小童	16명, 일방 6명, 이방 5명, 삼방 5명
소통사小通事	10명, 일방 4명, 이방 2명, 삼방45명
사노자使奴子	6명, 세 방房에 각 2명
급창及唱	6명, 세 방에 각 2명
도척刀尺	6명, 세 방에 각 2명
방자房子	3명, 세 방에 각 1명
각원노자各員奴子	46명, 일방 18명, 이방 16명, 삼방 12명
악공樂工	18명, 세 방에 각 6명
취수吹手	18명, 세 방에 각 6명
나장羅將	18명, 세 방에 각 6명
기수旗手	8명
포수砲手	6명
사공沙工	24명
격군格軍	228명(제1기선 48명, 제1복선 31명, 제2기선 48명, 제2복선 31명, 제3기선 42명, 제3복선 28명)

또한 계미사행의 왕복 노정은 수로水路 3,332리, 육로陸路 1,332리에 이르렀다.

표9_계미사행의 노정(부산에서 에도까지의 편도, 조엄의 《해사일기》〈노정路程記〉에 근거함)

1763년	부산.	부산釜山에서 배를 출발시킴.	
10월 6일 출발	대마도對馬島〔즈시마(즈時麻)〕의 좌수포佐須浦〔사사나沙沙奈〕까지.	객관客館에서 3일 묵었다.	480리
10월 10일	대포大浦〔오우라五牛羅〕까지.	10월 10일에 닿아, 배에서 8일 묵었다.	20리
	천포泉浦〔이미미伊米米〕까지 .		30리
10월 19일	서박포西泊浦〔이신도마리以伸刀馬里〕까지.	10월 19일에 닿아, 배에서 6일 묵었다.	60리
	방포芳浦〔요시우리要時牛羅〕까지.		70리
10월 26일	금포琴浦〔긴우라(긴牛羅)〕까지.	10월 26일에 닿아, 배에서 묵었다.	60리
10월 27일	부중府中〔부내府內〕까지. 일명 방진芳津.	10월 27일에 닿아, 서산사西山寺 곧 사이산시沙伊山時에서 15일 묵었다.	160리
11월 13일	일기도壹岐島〔익기로시마益其老時麻〕의 풍본포風本浦〔가자마도加自馬刀〕까지.	11월 13일에 닿아, 객관에서 18일 묵었다.	180리

12월 3일	축전주筑前州〔지구전只口前〕의 남포藍浦〔아이로시마我伊老時麻〕까지.	12월 3일에 닿아, 객관에서 22일 묵었다.	350리
12월 26일	장문주長門州〔양가도良可刀〕의 남포南浦〔아이도마리我伊刀馬里〕까지.	12월 26일에 닿아, 중류中流에 닻을 내리고서 밤을 지냈다.	180리
12월 27일	적문관赤門關〔아가마석이我可麻石伊〕까지.	12월 27일에 닿아, 객관에서 4일 묵었다.	60리
1764년 1월 2일	주방주周防州의 실우室隅〔무로즈미(無老즈米)까지.	갑신년 1월 2일에 닿아, 배에서 묵었다.	300리
	서구포西口浦〔이시구지以時口之〕까지.		180리
1월 3일	상관上關〔가미로석이加未老石伊〕까지.	1월 3일에 닿아, 객관에서 1일 묵었다.	60리
1월 5일	진화津和〔즈와(즈訛)〕까지.	1월 5일에 닿아, 중류에서 밤을 지냈다.	120리
1월 6일	안예주安藝州의 가로도加老島〔가로우加老牛〕까지.	1월 6일에 닿아, 뭍에 내려서 2일 묵었다.	30리
1월 9일	겸예鎌刈〔가망가리加亡加里〕까지.	1월 9일에 닿았다. 일명 포예蒲刈이다.	50리
1월 10일	비후주備後州의 충해도忠海島〔주우가리周尤加里〕까지.	1월 10일에 닿았다.	100리
	죽원竹原〔다계소라多溪所羅〕까지.		120리
1월 10일	도포韜浦〔도모刀毛〕, 일명 병진鞆津까지.	1월 10일에 닿았다.	100리
1월 12일	비전주備前州의 일비日比〔히비屎非〕까지.	1월 12일 닿았다.	140리
1월 13일	우창牛窓〔우시마도牛時馬刀〕까지.	1월 13일에 닿았다.	60리
1월 14일	파마주播摩州의 실진室津〔무로즈(無老즈)〕까지.	1월 14일에 닿았다가, 17일에 배를 띄웠으나 바람이 거슬러 불므로 배를 대어, 객관에서 4일 묵었다.	100리
1월 19일	섭진주攝津州의 병고兵庫〔무로고無老古〕까지.	1월 19일에 닿아, 뭍에 내려서 관소館所에서 잠시 쉬었다가 도로 떠났다.	180리
	하구河口〔가왕구지可往口之〕까지.		100리
1월 20일	대판성大坂城〔오사개五沙介〕까지.	1월 20일에 닿아, 객관에서 5일 묵었다.	30리
1월 26일	하내주河內州의 평방平方〔히라가다屎羅加多〕까지.	1월 26일에 닿았는데, 밤새도록 전진하느라고 관소에서 잠시 쉬고 도로 떠났다.	50리
1월 27일	산성주山城州의 정포淀浦〔대도大刀〕까지.	1월 27일에 닿았다.	40리

·이상은 수로水路이다.

1월 28일	서경西京〔교우喬牛〕까지.	1월 28일에 와서 잤다.	30리
1월 29일	근강주近江州의 대진大津〔오우즈(五牛즈)〕까지.	1월 29일에 와서 점심을 먹었다.	30리
1월 29일	삼산森山〔모이야마毛伊野馬〕까지.	1월 29일에 와서 잤다. 일명 수산守山이다.	50리
1월 30일	팔번산八幡山〔홧지반(乇之半)〕까지.	1월 30일에 점심을 먹었다.	40리
1월 30일	언근彦根〔히고례屎古禮〕까지.	1월 30일에 와서 잤다.	50리

2월 1일	미농주美濃州의 금차今次〔이마즈(伊麻즈)〕까지 일명 금수今須이다.	2월 1일에 와서 점심을 먹었다.	60리
2월 1일	대원大垣〔오우가기五牛加其〕까지.	2월 1일에 와서 잤으며, 물이 불어서 1일 묵었다.	40리
2월 3일	미장주尾長州의 주고州股〔즈로마다(즈老麻多)〕까지.	2월 3일에 와서 점심을 먹었다.	40리
2월 3일	명호옥鳴護屋〔낭고야郞古野〕까지.	2월 3일에 와서 잤다.	60리
2월 4일	명해鳴海〔나우미羅寓味〕까지.	2월 4일에 와서 점심을 먹었다.	30리
	삼하주三河州의 강기岡崎〔오가사기五加沙其〕까지.	2월 4일에 와서 잤다.	60리
2월 5일	적판赤坂〔아기사가阿其沙加〕까지.	2월 5일에 와서 점심을 먹었다.	40리
	길전吉田〔요시다要時多〕까지.	2월 5일에 와서 잤다.	30리
2월 6일	원강주遠江州의 황정荒井〔아라이阿羅伊〕. 도운도리刀雲刀里, 일명 신거新居까지.	2월 6일에 와서 점심을 먹고 말〔馬〕을 갈았다.	50리
	빈송濱松〔아마마즈(阿馬馬즈)〕까지.	2월 6일에 와서 잤다.	40리
2월 7일	견부見付〔미즈계(米즈界)〕까지	2월 7일에 와서 점심을 먹었다.	40리
	현천懸川〔가경가와加京可臥〕까지. 일명 괘천掛川.	2월 7일에 와서 자고 1일 묵었다.	40리
2월 9일	금곡金谷〔가라야可羅也〕까지.	2월 9일에 와서 점심을 먹었다.	40리
	준하주駿河州의 등지藤枝〔후지여다後之與多〕까지.	2월 9일에 와서 잤다.	30리
2월 10일	부중府中〔부내府內〕까지.	2월 10일에 와서 점심을 먹었다.	50리
	강고江尻〔예지리刈之里〕까지.	2월 10일에 와서 잤다.	30리
	청견사淸見寺〔세이견시世以見時〕까지.	2월 10일에 들러 보았다.	50리
2월 11일	길원吉原〔요시화라要時化羅〕까지.	2월 11일에 와서 점심을 먹고, 역참驛站에 묵으면서 비를 피했다.	70리
2월 12일	이두주伊豆州〔이무로以無老〕의 삼도三島〔미시마尾時馬〕까지.	2월 12일에 와서 잤다.	50리
3월 13일	상모주相模州〔상가미床可米〕의 상근령箱根嶺〔아고려阿古呂〕까지.	2월 13일에 와서 점심을 먹었다.	40리
	소전원小田原〔고다화군古多化郡〕까지.	2월 13일에 와서 잤다.	40리
2월 14일	대의大礒〔오오이소(五五伊소)〕까지.	2월 14일에 와서 점심을 먹었다.	40리
	등택藤澤〔후지사와厚之沙臥〕까지.	2월 14일에 와서 잤다.	40리
2월 15일	무장주武藏州〔미사시米沙時〕의 신내천神奈川〔가나가와加那可臥〕까지.	2월 15일에 와서 점심을 먹었다.	40리
	품천品川〔시라가와時羅可臥〕까지.	2월 15일에 와서 잤다.	50리
2월 16일 도착	강호江戶〔우도又刀〕까지.	2월 16일에 와 닿아, 객관에서 23일 묵었다.	30리

3.

계미사행의 삼방서기三房書記 김인겸金仁謙(1707-1772)은 한글 가사《일동장유가日東壯遊歌》를 남겼다.《일동장유가》는 4권으로 나뉘어 있다.

1권 : 서울에서 안동, 경주를 거쳐 부산에 이른 여정.
2권 : 부산에서 쓰시마, 이키노시마(壹岐島), 아이노시마(藍島), 아카마세키(赤間關, 지금의 시모노세키)에 도착한 여정.
3권 : 오사카, 교토, 오다하라(小田原), 시나가와(品川)를 거쳐 에도 도착한 여정.
4권 : 다시 부산으로 와서 서울에 이르러 영조께 복명하는 여정.

김인겸은 인조 때 척화론자였던 김상헌金尙憲의 현손이다. 47세 때에야 사마시에 합격해서 진사가 되었다. 서얼 출신이었으므로 변변한 벼슬을 얻지 못하다가, 1763년에 통신사행에 참가하게 되었다. 당시 57세였다.

《일동장유가》가운데 1763년 10월 6일에 사스우라(佐須浦)〔사스나(佐須奈)〕로 향하는 과정을 서술한 부분을 보면, 글의 진행이 긴박하다. 최강현의 현대어역을 소개한다.

장풍長風에 돛을 달고 육선六船이 함께 떠나
삼현三絃과 군악軍樂 소리 해산海山을 진동하니
물속의 어룡魚龍들이 응당應當히 놀라리라
해구海口를 얼른 나서 오륙도五六島 뒤 지우고
고국故國을 돌아보니 야색夜色이 창망滄茫하여
아무것도 아니 뵈고 연해沿海 각 진포鎭浦에
불빛 두어 점 구름밖에 뵐 만하다
배방에 누워 있어 내 신세를 생각하니
가뜩이 심란心亂한데 대풍大風이 일어나서
태산泰山 같은 성난 물결 천지에 자욱하니
크나큰 만곡주萬斛舟가 나뭇잎 불리듯
하늘에 올랐다가 지함地陷에 내려지니

열두 발 쌍 돛대는 차아叉椏처럼 굽어 있고
쉰두 폭 초석草席 돛은 반달처럼 배불렀네
굵은 우레 잔 벼락은 등 아래서 진동하고
성난 고래 동動한 용은 물속에서 희롱하니
방房 속의 요강 타구尿缸唾具 자빠지고 엎어지며
상하 좌우 배방 널은 잎잎히 우는구나

《일동장유가》는 작가 특유의 견해, 해학, 노정의 기록, 풍물 보고, 자연환경의 묘사 등을 담고 있다. 또 외교상의 미묘한 갈등도 암시하고 있다.

김인겸은 사스우라(사스나)에 도착한 이후 구경꾼들의 복색을 다음과 같이 기록했다.

굿 보는 왜인들이, 산에 앉아 구경한다
그중에 사나이는, 머리를 깎았으되
꼭뒤만 조금 남겨, 고추상투 했으며
발 벗고 바지 벗고, 칼 하나만 차 있으며
왜녀의 치장들은, 머리는 아니 깎고
밀기름 듬뿍 발라, 뒤쪽에 잡아매어
족두리 모양처럼, 둥글게 꾸며 있고
그 끝은 휘어다가, 비녀를 꽂았으며
무론毋論 노소 귀천하고, 얼레빗을 꽂았구나
의복을 보아하니, 무(웃옷의 좌우에 대는 딴 폭) 없는 두루마기
한 동(소매 끝) 단 막은 소매, 남녀 없이 한가지요
넓고 큰 접은 띠를 느직이 둘러 띠고
일용범백日用凡百 온갖 것을, 가슴속에 다 품었다
남편 있는 계집들은, 이에 까만 칠을 하고, 뒤쪽에 띠를 매고
과부처녀 갓난애는, 앞으로 띠를 매고, 이에 칠을 않았구나
외총 낸 고운 짚신, 남녀 없이 신었구나
비안 옷에 성적成赤하고, 곳곳이 앉았고나
그중의 두 계집이, 새하얀 설면자雪綿子로
머리 싸고 앉았거늘, 통사더러 물어보니

벼슬 있는 사람들의, 처첩이라 하는구나

《일동장유가》의 김인겸이 특별히 관심을 갖고 서술한 사항들은 다음과 같다.

(1) 부산으로 향하는 도중 색향 예천醴泉에서 색귀色鬼인 병방군관兵房軍官을 골려 주었다.

병방군관보다 김인겸이 며칠 일찍 예천에 도착하게 되자, 병방군관은 미인을 뽑아 자신에게 양도하라 했다. 김인겸은 일부러 박색의 기녀를 가려 천침薦枕하게 하니, 군관은 낙심했다. 밖에서 김인겸은 박장대소했다.

(2) 부산 체류 중 통신사 서기 원중거와 선장船將이 싸워, 정사가 선장을 처벌했다.

선장이 정사의 세력을 믿고 발악하자 원중거가 처벌을 요청했다. 정사 조엄은 원중거와 선장을 각각 오도五度의 곤장으로 다루려 하자, 원중거는 단기單騎로 상경하겠다고 고집했다. 김인겸이 조엄에게 항의하자, 조엄은 선장만 15도의 곤장을 치게 했다. 김인겸은 이 대목에 무려 200구를 배당했다.

(3) 일본의 문화와 문물을 바라보면서 왜를 멸시하는 마음을 자주 토로했다. 1764년 1월 28일에 교토로 들어간 직후에는 다음과 같이 서술했다.

> 관사官舍는 본룡사本龍寺〔본국사本國寺의 잘못〕요, 오층 문루 위에
> 열 아문 구리 기둥, 운소雲霄에 닿았구나
> 수석水石도 기절奇絶하고, 죽수竹樹도 유취幽趣 있네
> 왜황倭皇이 사는 데라, 사치奢侈가 측량測量 없다
> 산형山形이 웅장雄壯하고, 수세水勢도 환포環抱하여, 옥야천리沃野千里 생겼으니,
> 아깝고 애달프손, 이리 좋은 천부금탕天府金湯, 왜놈의 기물器物 되어
> 칭제칭황稱帝稱皇하며 전자전손傳子傳孫하니
> 개돝 같은 비린 유類를, 다 모두 소탕掃蕩하고
> 사천 리 육십 주를, 조선 땅 만들어서
> 왕화王化에 목욕沐浴 감겨, 예의국禮義國 만들곺다

(4) 귀환길에 오사카에서 도훈도 최천종이 살해되었다.

최천종을 피살 사건에 대해 일본 측은 처음에 냉담하게 일을 처리하려 했으나, 조선 측이 강력히 항의하자 오사카 성주로 하여금 내사하게 했다. 일본 측은 쓰시마인 스스키 덴조(鈴木傳藏)를 범인으로 지목해서 그를 처형했지만, 살인 동기는 제대로 밝히지 않았다.

(5) 귀로에 쓰시마 부근에서 당진 어부의 표류민 11명을 구호했다.

당진 어부 남녀노소 11명이 3월에 출어했다가 표류, 4월 1일에 사신 일행이 체류한 곳에 표착했다. 사신들은 에도 막부에 연락하여 그들을 송환 절차를 밟고, 표류민에게 양식을 주었다. 김인겸도 쌀과 어물을 주어 위로했다.

이밖에도 김인겸은 일본의 운하에서 물을 올리는 수차, 방아고가 다섯이나 되는 큰 물방아 등에 관해서도 관심을 갖고 자세히 기록했다.

김인겸은 1763, 4년 당시의 일본 사정을 국문으로 기록하여 국내에 알렸다는 점에서 높이 평가할 만하다. 하지만 19세기에 동아시아의 질서가 새로 형성되기 시작한 변화를 올바로 파악하지는 못했다.

4.

한편 계미사행의 한어漢語 역관 이언진李彦瑱(1740-1766)은 일본 문사들의 큰 환영을 받았다. 일본어 역관이 아닌 한어 역관이 통신사 일행에 참여한 이유는 알 수 없다. 당시 재야 문단을 이끌었던 남인 이용휴李用休의 문인이다. 자字는 우상虞裳, 호는 송목관松穆館, 본관은 강양江陽이다. 1759년(영조 35) 역과譯科에 합격한 후 사역원 주부가 되고, 곧바로 1763년의 통신사행에 참가했다. 귀국한 후 얼마 되지 않아, 병으로 죽었다. 죽기 전에 자신의 원고를 대부분 태웠으나, 후대의 사람이 남은 원고를 모아《송목관신여고松穆館燼餘稿》라는 이름으로 간행했다. '신여'란 '타고 남은'이란 뜻이다.

이언진이 죽은 후 박지원朴趾源은 그의 삶을 조명해서 〈우상전虞裳傳〉을 지었다. 이언진은 아는 사람을 통해 자신의 시를 박지원에게 보여 주었으나, 박지원은 혹평을 하여 그가 분발하도록 유도했다. 그 때문에 이언진이 실망하여 상심 끝에 죽었다는 이야기도 있다. 박지원은《방경각외전放璚閣外傳》의 서문에서, “아름답다 우상이여, 고문을 배워 문장을 이루었도다. 예禮가 없어지면 재야에서 구하는 법, 수명은 짧았으나 남긴 것은 길도다”라고 한탄했다. 양반 사대부가 아닌 역관이 고문에서 일가를 이룬 것을 칭송한 것이다.

20_《동사여담東槎餘談》에 실린 이언진

그런데 이언진의 필첩으로《우상잉복虞裳剩馥》이 전한다. 이용휴李用休와 남옥南玉이 비점을 찍은 〈해람편海覽篇〉과 일본 사행 시의 일기 6편, 시 3편, 편지 5편이 실려 있다. 장편시 〈해람편〉은 이언진이 1763년 11월 25일에 초고를 작성하여 12월 1일에 통신사행의 여러 사람에게 보여 평가를 받았다. 이후 일본에서 돌아와 다시 원고를 정리하여 이용휴와 남옥에게 비점을 받은 듯하다.

《우상잉복》 수록의 〈해람편〉은 험운險韻인 입성자를 사용하여 일운도저一韻到底한 48운 96구의 장편고시이다. 일본의 지리와 풍물, 오사카의 도시 경관과 물산, 일본인의 민족성과 풍속, 일본과의 선린 방책을 서술했다.

> 곤여〔지구〕에는 수많은 나라들이, 바둑돌처럼 별처럼 널려 있어
> 월나라에선 북상투, 인도에선 깎은 머리
> 제나라 노나라에선 너른 소매, 북방의 호·맥은 털옷
> 혹은 문채 빛나고 우아하며, 혹은 지껄이며 소란스럽네
> 무리대로 나뉘고 부류대로 모여 살아, 온 땅이 모두 이러하다
> 일본이라는 나라는, 해저에서 솟는 물결이 요동치며
> 그 숲은 부상 나무요, 그 위차位次는 해 맞이하는 곳이로다
> 여자들 일은 무늬 비단 짜는 것, 토산품으로는 등자와 귤

물고기 중에 기이한 것은 낙지, 초목 가운데 기이한 것은 소철나무
솟은 산과 아름다운 들은, 구진성句陳星이 차서에 짝 한다.
남북으로는 봄·가을이 다르고, 동서로는 밤·낮이 나뉘며
한가운데의 산은 바리를 엎은 듯, 영롱하게 용한설龍漢雪이 쌓여 있네
소를 가릴 만한 거대한 재목, 저작옥抵鵲玉의 아름다운 자질
단사와 황금과 주석은, 모두 가끔 산에서 나오네
대판은 큰 도시라, 바다의 보물 온통 널렸으니
반짝이는 것은 주제은朱提銀, 동그란 것은 말갈옥靺鞨玉
붉은 것이 푸른 것과 어울리고, 화제주火齊珠는 슬슬瑟瑟과 어우러지고
기이한 향인 용연향龍涎香을 사르는데, 보석은 아골鴉骨처럼 쌓여 있다
상아는 입 안에서 뽑아 냈고, 물소뿔은 머리에서 자른 것
페르시아 장사꾼들 깜짝 놀라고, 절강浙江 저자의 재화도 무색하다
수레 쉬자마자 짐바리가 다시 오고, 장쾌駔儈들의 많은 집이 성대한데
바다 안에 또 땅 속의 바다라, 생동하는 삼라만상을 안에 머금었네
게의 배에는 돛 펼쳐 있고, 미꾸라지 꼬리엔 깃발이 묶여 있으며
가득 쌓인 굴은 껍질에 붙어 있고, 거센 거북은 굴을 지킨다
홀연 산호바다로 변할 땐, 환한 빛 음화가 타오르는 듯
홀연 검푸른 바다로 변할 땐, 구름 노을의 모습과 빛깔 펼쳐지고
홀연 수은의 바다로 변할 땐, 수많은 별들을 뿌려 놓은 듯하다가
홀연 큰 염료창이 될 땐, 화려한 비단 천 필을 깔아놓은 듯하며
홀연 큰 도가니로 바뀔 땐, 오색 금빛이 한데 솟아 나오는 듯하다
용이 하늘을 가르며 날아갈 땐, 번개 치고 천둥 울며 요란하여
동녘 구름 가엔 비늘·발톱 번뜩이고, 서녘 구름 가엔 사지·마디 드러난다
수염 난 두렁허리와 무늬 있는 마갑주, 신비하고 괴이하여 너무도 황홀하다
백성들은 웃통 벗고 관을 썼으며, 겉으로는 성내고 속내는 도마뱀 같으며
일을 당해서는 죽 끓듯이 소란하며, 남을 도모할 땐 쥐처럼 교활하네
이익을 앞에 두고 남 해치려 하고, 조금만 화가 나도 좌충우돌
아녀자들은 희롱을 일삼고, 아이들은 일을 꾸며 댄다
선조를 등지고 귀신에 혹했고, 사람 죽이기 좋아하면서 부처에 아첨하며
글씨는 새 발자국이나 다름없고, 말은 때까치소리 같구나
남녀 어울림은 사슴무리 비슷하고, 무리 짓기는 물고기 자라나 마찬가지
말소리는 왁자지껄하여, 통역을 해도 알 수가 없네

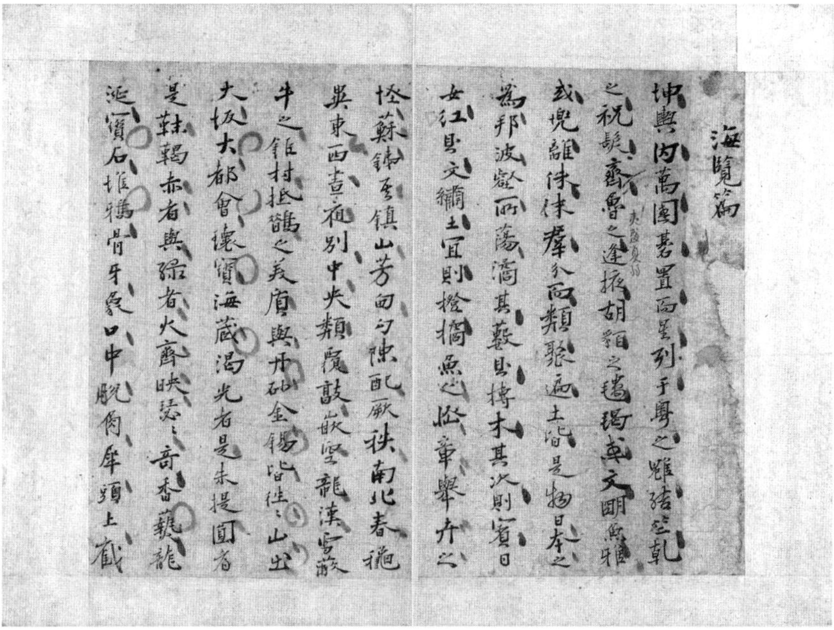

21_〈해람편〉(심경호 외, 《우상잉복—천재 시인 이언진의 글향기》, 아세아문화사, 2008)

초목은 온통 기이한 것이니, 나함〔진나라 문인〕도 그 책을 태워 버리고.
온갖 물이 솟아 돌아 흐르니, 후위의 역도원酈道元도 고작 항아리 속 눈엣놀이
물고기들이 괴상함은, 사급思及의 도설圖說에 신비하고
도검에 음각한 관지款識, 남북조의 정백貞白〔도홍경陶弘景〕이 기록할 만하다.
땅이 둥근지 그렇지 않은지, 해도海島는 어느 것이 큰지 작은지는
태서〔서양〕의 이마두利瑪竇가, 실로 짜고 칼로 자른 듯 정밀하다
비루한 사나이 이 시를 읊나니, 말은 속되지만 뜻 매우 알차다
이웃과 잘 지내는 데 계책 있으니, 기미羈縻하되 화평함을 잃지 말기를

坤輿內萬國(곤여내만국) 碁置而星列(기치이성열)
于粵之魋結(우월지퇴결) 竺乾之祝髮(축건지축발)
齊魯之逢掖(제로지봉액) 胡貊之氀毼(호맥지누갈)
或文明魚雅(혹문명어아) 或兜離侏休(혹두리주말)
羣分而類聚(군분이유취) 徧土皆是物(편토개시물)
日本之爲邦(일본지위방) 波壑所蕩潏(파학소탕휼)
其藪則榑木(기수즉부목) 其次則賓日(기차즉빈일)
女紅則文繡(여홍즉문수) 土宜則橙橘(토의즉등귤)

魚之怪章擧(어지괴장거) 卉之怪蘇鐵(훼지괴소철)
其鎭山芳甸(기진산방전) 句陳配厥秩(구진배궐질)
南北春秋異(남북춘추이) 東西晝夜別(동서주야별)
中央類覆敦(중앙류복돈) 嵌空龍漢雪(감공용한설)
蔽牛之鉅材(폐우지거재) 抵鵲之美質(저작지미질)
與丹砂金錫(여단사금석) 皆往往山出(개왕왕산출)
大坂大都會(대판대도회) 環寶海藏竭(환보해장갈)
光者是朱提(광자시주제) 圓者是靺鞨(원자시말갈)
赤者與綠者(적자여연자) 火齊映瑟瑟(화제영슬슬)
奇香爇龍涎(기향설용정) 寶石堆鴉骨(보석퇴아골)
牙象口中脫(아상구중탈) 角犀頭上截(각서두상절)
波斯胡目眩(파사호목현) 浙江市色奪(절강시색탈)
却車而稛至(각거이균지) 駔儈千戶埒(장쾌천호랄)
寰海地中海(환해지중해) 中涵萬象活(중함만상활)
鯸腹帆幔張(후복범만장) 鰌尾旌旗綴(추미정기철)
堆磊蠣粘房(퇴뢰여점방) 贔屭龜次窟(희비구차굴)
忽變珊瑚海(홀변산호해) 煜曜陰火烈(욱요음화열)
忽變紺碧海(홀변감벽해) 雲霞象色設(운하상색설)
忽變水銀海(홀변수은해) 星宿萬顆撒(성숙만과살)
忽變大梁局(홀변대량국) 綾羅爛千疋(능라난천필)
忽變大鎔鑄(홀변대용주) 五金光迸發(오금광병발)
龍子擘天飛(용자벽천비) 千電萬霆戛(천전만정알)
東雲閃鱗爪(동운섬린조) 西雲露肢節(서운노지절)
髮鮮馬甲柱(발선마갑주) 秘怪恣怳惚(비괴자황홀)
其民裸而冠(기민나이관) 外螫中則蝎(외석중즉갈)
遇事則糜沸(우사즉미비) 謀人則鼠黠(모인즉서힐)
苟利則蜮射(구리즉역사) 小怒則豕突(소노즉시돌)
婦女事嬉謔(부녀사희학) 童子設機括(동자설기괄)
背先而淫鬼(배선이음귀) 嗜殺而佞佛(기살이녕불)
書未離鳥跡(서미리조적) 語未離鴂舌(어미리결설)
牝牡類麀鹿(빈모류우록) 朋流同魚鼈(붕류동어별)
言語之啁啾(언어지조추) 鞮象譯未悉(제상역미실)
草木之瓌奇(초목지환기) 羅含焚其帙(나함분기질)
百泉之源滙(백천지원회) 酈生甕底蠛(역생옹저멸)
水族之不若(수족지불약) 思及閟圖說(사급비도설)
刀劒之款銘(도검지관명) 貞白續再筆(정백속재필)
地毬之非是(지구지비시) 海島之甲乙(해도지갑을)
泰西利瑪竇(태서이마두) 線織而刀割(선직이도할)
鄙夫陳此詩(비부진차시) 語俚義甚實(어리의심실)
善隣有大謨(선린유대모) 羈縻和勿失(기미화물실)

마지막 구절의 기미羈縻는 본래 말의 굴레와 소의 고삐 밧줄을 말하는데, 여기서는 형제의 맹약으로 묶어 놓는 것을 의미한다.

이언진은 서양의 선교사들이 전한 서양과학과 지리학에 관심을 두고, 그들의 견해를 따라 세계를 이해하려고 했다.

사급思及은 이탈리아 예수회 선교사 줄리오 알레니(Giulio Aleni, 1582-1649)다. 한문 이름은 애유략艾儒略이고, 자字가 사급이다. 1610년 말에 마카오에 도착한 후 중국에 들어가 30년 동안 선교 활동을 했다. 1623년 서양 지리와 문물을 한문으로 적어 소개한《직방외기職方外紀》를 출간했고, 이어《기하요법幾何要法》과《서방문답西方問答》등 수십 권의 책을 역시 한문으로 저술했다.

이마두利瑪竇는 이탈리아 예수회 수사 마테오 리치(Matteo Ricci, 1552-1610)다. 1583년에 광동廣東, 1595년에 남경에 들어갔다. 1601년에는 북경에 들어가, 광동에서 간행했던《만국홍도萬國興圖》를 명나라 신종에게 바쳤다. 북경 선무문宣武門 안에 성당을 세우고, 서양의 학술과 종교에 관한 도서를 번역하여 출판했다.《만국홍도》이외에,《천주실의天主實意》,《교우론交友論》,《변학유독辨學遺牘》,《기하원본幾何原本》,《건곤체의乾坤體義》등 20여 종에 달한다.

한편《우상잉복》에는 4월 초3일부터 4월 16일까지의 일기가 들어 있다. 이언진은 5월 초 오사카에 머물 때 병을 앓았으며, 자주 꿈을 꾸었다.

> 초삼일. 날씨가 개임. 회서回書를 배행하여 먼저 떠났다. 사신은 다사茶舍에 머물렀다. 호수를 따라가다가 대진大津〔오쓰〕의 본장사本長寺〔혼초지〕에서 밥을 먹고 대오를 정비해서 서경〔교토〕으로 들어갔다. 큰 다리가 있는데 매우 웅장하다. 인가가 밀집해 있는 것이 진실로 중국 강남 항주의 소제蘇堤〔소동파가 서호에 쌓았다는 둑〕와 같다. 본국사本國寺〔혼코쿠지〕 안에서 잤다.

남옥의《일관기日觀記》에 보면, 계미사행은 1764년 4월 초3일 묘시(새벽 5시에서 7시)에 모리야마(森山)를 출발해서 제제조〔膳所城, 도카이(東海)·나카야마(中山)·호크리그(北陸) 삼도三道와 비와코(琵琶湖)에 임하는 요충지에 쌓은 성〕에 도착해서 다옥茶屋에서 잠깐 쉬고 구사쓰(草津)를 건넜다. 오쓰(大津)에서 점심을 먹고 포시에 왜경

(교토)에 묵었다.

그 무렵 이언진은 다음과 같은 기록을 남겼다.

> 금절하今絶河를 건너면서 시를 지은 것이 있다. "행장을 갖추고 몇 번이나 이곳을 지나갔던가. 유풍遺風(전해오는 기품)은 오히려 병자년의 사신인가 의심스럽다. 당시에 우연히 금을 강에 던지고 떠나, 세속을 초월한 일로 문득 다른 사람을 깜짝 놀라게 했지"(行李幾遭經此地, 遺風猶疑丙子使. 當時偶爾投金去, 便作驚人絶俗事). 이것은 실제 사실을 기록한 것이다. 에도에 있을 때 시를 청하는 사람이 있어서, 시를 짓기를, "삼간 노옥에 머리 드리우고 앉았더니, 이국에서 이장동을 인정해 알아주는 사람이 있군"(老屋三間垂首坐, 異邦許識李墻東)이라고 적었다. 운자를 부르는 대로 적었을 따름이다. 다음 날 어떤 사람이 편지를 가지고 와서 이장동 선생이 어디 계시냐고 하니, 좌중에서 아는 사람이 없었으므로, 한바탕 웃었다. 병중에 우연히 생각나서 기록한다.
>
> 이날 아침밥을 물리치고 멀건 죽 반 그릇을 먹었다. 저녁도 그렇게 했다.
>
> 꿈에 근친覲親을 하고 처자와 만났다. 곁을 떠난 지 한 해가 지나니 일백 가지 생각이 고슴도치 털처럼 모여들었다. 아무리 담대하게 생각을 하려고 마음먹고, 마음을 풀어 버리고 주먹을 꽉 쥐고 일체 모두 쏟아 버리려 했지만, 한밤에 나도 모르는 사이에 눈물 흔적이 얼굴에 남기고 혼백과 정신이 사그라져 소삭蕭索하니, 심하도다 그리움이여.

근친의 꿈을 꾸고 처자와 만나는 꿈을 꾸다가 깨어나, 절절한 그리움에 눈물을 흘리는 이언진의 모습이 잘 나타나 있다.

일기에 나오는 지명인 금절하今絶河는 '金絶河'로도 적는다. 김세렴金世濂이 1636년(인조 14)의 사신으로 에도에 갔다가 오다가, 이곳에 이르러 일본의 쇼군이 개인적으로 선물로 준 은량을 버렸다고 한다. 그 사실은 허목許穆의 〈동명해사록서東溟海槎錄序〉에 나온다.

이 일기에서 이언진은 자신을 장동墻東이라고 말했다. 동쪽에 숨는다는 뜻인데, 《후한서後漢書》〈봉맹열전逢萌列傳〉과 《고사전高士傳》에 나오는, 후한 때 은사 왕군공王君公의 고사에서 따왔다. 왕망이 찬탈하자 봉맹이란 사람은 고의로 나쁜 짓을 저질러 면직된 다음 은둔했다. 왕군공은 관비와 간통하여 면직되자, 고향으로 돌아가지 않고 시장에서 소 중개를 하며 숨어 지냈다. 사람들은 그를 두고, "담장 동쪽으로 세상을 피한 왕군공"(避世墻東王君)이라 했다고 한다.

4.

계미사행 때 발생한 최천종 피살 사건은 선린 외교사상 가장 큰 사건이었다. 이 사건은 통신사행이 에도에서 쇼군에게 영조의 국서를 전하고 답서를 받아 귀로에 올라 오사카에 머물던 1764년 4월 7일 새벽에 일어났다. 당시 일본 측 조사에 의하면, 최천종이 배 안에서 거울을 잃어버리고 쓰시마 번(對馬藩)의 통역 스즈키 덴조(鈴木傳藏)의 짓이 아닌가 언쟁을 하다가, 체면을 구겼다고 생각한 덴조가 최천종을 죽인 것으로 알려져 있다.

우리 일행은 4월 11일에야 최천종의 시신을 염습하고 빈소를 차렸고, 13일에야 운구하여 죽림사竹林寺(지쿠린지)에 빈소를 차렸다. 그리고 이튿날 4월 14일에 쓰시마 번주藩主의 공식적인 답장을 받았다. 쓰시마 번주는 사건의 진상을 모호하게 하려고, "사신들의 관소가 경계가 엄하고 깊숙한 곳에 있어서 적잖게 낮고 험한데 외부인이 어떻게 밤을 틈타 침입할 수 있겠는가?"라는 말을 썼다가, 다시 고쳐서, "사신들의 관소가 경계가 엄하고 깊숙한 곳에 있어서 뜻하게 이러한 변고가 있다고 있게 되었다"라고 썼다. 그런데 첨장로가 오사카 성주와 아베(阿部) 히다주(飛驒州) 태수에게 사건을 말했고, 오사카 성주와 첨장로가 각각 에도에 사실을 알려, 이날부터 마치부교(町奉行)와 햐쿠니치 메쓰케(百日目付)가 조사를 시작하여 스즈키 덴조를 범인으로 지목했다. 이로써 스즈키 덴조가 4월 18일에 체포되었다.

통신사 삼사는 처음에는 쓰시마 번주의 애매한 태도에 통분해 했지만, 일본 내 조선 외교의 창구인 쓰시마 번주를 보호하기 위해 고심하게 된다. 곧, 4월 20일에 에도 막부의 밀명을 받은 이테이안(以酊庵)의 두 장로가 최천종 사건에 대한 삼사의 속내를 말해 달라고 요청하지만, 삼사는 그 청에 응하지 않았다. 철저한 조사와 관련자 전원 처벌을 바라면서도, 막부가 개입하여 쓰시마 번주를 추궁하는 것을 바라지 않았다. 덴조는 5월 2일에 처형되었다. 삼사는 쓰시마 번주의 위상을 높이기 위해, 번주의 오사카 별저別邸를 방문하기도 하고, 귀로에 쓰시마에서의 연회에 참석하기도 했다.

김인겸은 삼사의 일 처리에 불만을 품고 정사에게 "최천종 같은 일이 이후에 있삽거든, 그제야 아오소서"라고 격한 말로 항의를 하기도 했다. 그리고 5월 3일의 기록에서는 사건의 전말이 명확하지 않음을 분하게 여겨 다음과 같이 적었다.

> 초삼일 왜놈들이, 전장傳藏(덴조)의 초사招辭 보내었네
> 천종이 살았을 때, 거울 하나 잃은지라
> 전장이 가졌다고, 등채로 등을 치니
> 전장이 성을 내어, 죽였다 했으니
> 그 말을 믿을쏘냐, 알 길이 전혀 없다

스즈키 덴조의 공초에는 최천종이 거울을 분실하고는 자신을 도둑으로 의심하여 말채찍으로 등을 쳐서 모욕을 느껴 그를 살해했다고 했다. 하지만 남옥 등 우리 측의 사행원들은 당초 최천종이 거울을 가진 것을 본 사람이 없었다고 하면서, 살인 동기에 의문을 지녔다.

왜 이런 살인 사건이 일어났을까? 이와 관련해서 우리 측 사행원들은 인삼 밀무역이 원인일 것이라고 여겼다. 김인겸의 4월 18일 기록에 나타나 있듯이, 스즈키 덴조는 처음 납초納招(죄상을 진술함)하여 "삼상蔘商 일로 죽였다"라고 했다고 한다.

조선은 통신사 일행이 인삼을 밀무역하다 적발될 경우 극형에 처할 만큼 엄금했으나, 인삼 밀무역은 쉽게 없어지지 않았다. 사건이 공식적으로 매듭지어진 후, 비장이나 역관들이 살인 사건 때문에 무역한 것을 미처 찾지 못해 출발하려고 하지 않은 것을 보면, 당시 밀무역은 상당히 큰 규모로 이루어진 듯하다. 《일동장유가》의 5월 7일 기록에 이런 말이 있다.

초칠일初七日 순풍順風 보니, 발선發船키 좋건마는
행중行中의 한 비장裨將이, 천여 금 은전銀錢으로
왜물무역倭物貿易 했다가, 미처 찾지 못한지라
도주島主에게 핑계하고, 발행發行을 아니하니
일행의 마음들이, 통분키 어떠하리

일행은 5월 8일에 가까스로 효고兵庫에 왔지만, 이번에는 역관들이 출발을 지연시켰다.《일동장유가》의 5월 9일자 기록에 이러하다.

초구일 순풍 불되, 행중의 역관들이
전장의 살옥殺獄 일로, 수 천금 무역한 것
미처 찾지 못하여서, 곳곳이 와 칭탈稱頉하고
발선을 아니하니, 분완키 어떠하리

최천종의 피살 사건은 계미사행에 참여한 성대중, 원중거, 남옥의 기록에도 전말이 자세하게 기록되어 전한다.

일본에서는 나미키 고헤이(並木五瓶, 1747-1808)가 이 사건을 취재하여《간진칸몬 데쿠다노하지마리》(韓人漢文手管始)라는 제목으로 가부키(歌舞伎) 각본을 만들었다. 에도 시촌市村에서 분카(文化) 원년 9월 9일, 덴포(天保) 6년 5월에 상연된 기록이 있다.

22_《간진칸몬 데쿠다노하지마리》각본집
(1804년 9월 9일, 에도 市村 상연. 豊國 그림, 와세다대학교 소장)

5.

계미사행은 통신사가 에도까지 갔다온 마지막 사행이었다. 참가한 여러 문인들은 민족주의적 입장을 고수하면서도 일본의 문명에 대해 깊은 관심을 보여, 방대한 기록을 남겼다. 원중거는 필담을 이용해서 일본 학자와 사상 논쟁을 벌였다.

제12차 마지막 사행인 신미사행(1811) 때는 쓰시마까지만 갔다. 이때도 조선의 문인들과 일본 지식인은 창화를 통해 교류를 했다.

그런데 조선 문인과 일본 지식인의 교류는 반드시 우호적 분위기에서 이루어진 것만은 아니었다.

그 사실은 마쓰자키 고도(松崎慊堂)의 《접선국어接鮮鞫語》에서 엿볼 수 있다. 마쓰자키 고도는 신미사행 때 에도 막부 관료로서 일본어를 한어로 번역해 필담으로 제시하는 역할을 했다. 당시의 필담을 정리한 것이 《접선국어》다. 당시 조선 측은 마쓰시타 겐린(松下見林, 1637-1703)의 《이쇼니혼덴》(異稱日本傳)에서 일본 역사서를 조선인에게 보여 주지 않는 것을 안타까워한 사실을 들어, 근년의 역사서를 보여 달라고 했다. 하지만 일본 측은 "우리나라는 무교武教가 문교文教보다 뛰어나니, 어찌 이웃나라에 전할 훌륭한 학문이 있겠습니까?"라고 냉소적으로 대답했다. 이튿날 마쓰자키 고도가 혼자 사절의 숙소를 방문하여 필담을 할 때도 쓰시마의 문서 담당자인 후도진문직侯島眞文職 2인이 곁에서 감시를 했다. 당시 미야케 구니(三宅邦, 威如齋三宅, 1767-1819)는 조선 문인과 일본인의 교유 기록과 시문 증답을 모아 《게이린조메이》(鷄林情盟)을 간행했는데, 그는 조선 외교를 담당한 이테이안(以酊庵) 승려로부터 "우리나라의 사실은 크든 작든 말하지 말라"는 명령을 받았으므로 조선 일행의 물음에 일절 답하지 않았다고 적었다.

에도 막부는 거금을 투자하여 통신사를 호화스럽게 접대했고, 일본의 지식인들은 통신사 일행과 창화증답唱和贈答한 시문을 즉시 간행하여 유포했다. 그러나 양측의 지식인들이 마음을 터놓고 교류한 것은 아니다. 그들은 서로

표10_계미사행 참가자의 현존 기록물

(구지현, 《계미통신사 사행문학 연구》, 보고사, 2006, pp.43-44)

저자	사행시 직책	서명	책수	소장처	총서수록 여부	번역 여부
조엄 趙曮	정사 正使	해사일기 海槎日記	5책	국립중앙도서관	해행총재海行摠載 수록	민족문화추진회 번역
작자 미상		해행일기 海行日記	1책	서상원 소장	해사일기海槎日記에 초록	
남옥 南玉	제술관 製述官	일관기 日觀記	4책	국사편찬위원회		
		일관시초 日觀詩草	2책	국립중앙도서관		
		일관창수 日觀唱酬	2책(上冊 결)	국립중앙도서관		
성대중 成大中	정사서기 正史書記	일본록 日本錄	2책	고려대 도서관		
원중거 元重擧	부사서기 副使書記	승사록 乘槎錄	4책	고려대 도서관		
		화국지 和國志	3책	오차노미즈(お茶の水)도서관		
김인겸 金仁謙	종사관서기 從事官書記	일동장유가 日東壯遊歌	4책	서울대 도서관		
민혜수 閔惠洙	각무군관 各武軍官	사록 槎錄	1책(미완)	고려대 도서관		
오대령 吳大齡	한학상통사 漢學上通事	명사록 溟槎錄	1책	국립중앙도서관		
변탁 卞琢	제이기선장 第二騎船將	계미수사록 癸未隨槎錄	1책	국립중앙도서관		

문화적 우월감을 내세우기 위해 고심했다. 또한 일본은 정보 제공을 통제했다. 조선 측에서도 그러한 통제가 있었을 것이다.

하지만 통신사 일행은 일본 체험을 통해 세계에 대한 인식을 바꿀 수 있었다. 그들은 일본을 비하하는 생각을 갖고 있었으나, 도일한 뒤에는 일본의 재부와 경관, 그리고 정밀한 기술에 깊은 관심을 갖고 문물제도와 지리풍광의 사실을 객관적으로 기술했다. 조엄이나 원중거는 수차에 관심을 보였고,

김인겸은 고구마 종자를 가져올 방법을 궁리했다. 홍경해는 일본의 구체적인 거리나 크기를 탐구했고, 원중거는 성벽의 양식, 제도, 건축 상황 등을 상세히 살폈다. 또 원중거와 성대중은 우리나라의 울릉도 영유권 문제를 놓고 홀로 싸웠던 안용복에 대한 이야기를 환기하여, 영토의 문제를 새삼 부각시켰다.

통신사 일행은 일본 문사들이 자국을 중국과 대등한 나라라고 자부하면서 조선이 역사적으로 중국에 예속된 나라라는 점을 강조하는 데 대하여 깊은 충격을 받았다. 일본인들과의 대화는 서양이나 기타 외국의 존재를 점진적으로 인식하게 하는 통로가 되었으며, 화이론의 관념을 고수했던 조선 지식인의 사고를 흔들어 놓았다. 특히 종사관들은 활동무대를 국제화하고 서적 교류의 중개 역할을 했다. 그들은 18세기 일본의 상업 발달 양상과 무사집단의 집권을 통한 사회 질서에 관심을 두었으며, 그러한 사실을 조선의 선진 지식인들에게 소개함으로써 실학의 발달에 영향을 미쳤다.

그런데 계미사행이 귀한한 해인 1764년에 류쿠 왕국은 에도 막부로 사신을 보냈다. 조선의 사신이나 조선 조정은 류쿠가 일본 사쓰마 번으로부터 침략받은 이후 일본에 조공의 예를 갖춘 사실을 알고 있었을까?

참고문헌

이언진,《우상잉복虞裳剩馥》, 강순애 교수 소장 필사본.
성대중 저, 홍학희 역,《부사산 비파호를 날듯이 건너》, 소명출판, 2006.
원중거 저, 박재금 역,《와신상담의 마음으로 일본을 기록하다》, 소명출판, 2006.
남옥 저, 김보경 역,《붓끝으로 부사산 바람을 가르다》, 소명출판, 2006.
원중거 저, 김경숙 역,《조선 후기 지식인, 일본과 만나다》, 소명출판, 2006.
김인겸 원저, 최강현 역주,《일동장유가》, 보고사, 2007.
심경호 외,《우상잉복—천재 시인 이언진의 글향기》, 아세아문화사, 2008.
소재영·김태준 편,《旅行과 體驗의 文學(일본편)》, 민족문화문고간행회, 1985.
이원식,《조선통신사》, 민음사, 1991.
이혜순,《조선통신사의 문학》, 이화여자대학교출판부, 1996.
박찬기,《조선통신사와 일본근세문학》, 보고사, 2001.
김태준,《한국의 여행문학》, 이화여대출판부, 2006.
구지현,《계미 통신사 사행문학 연구》, 보고사, 2006.
정한기,《여행문학의 표현과 창작 배경》, 월인, 2010.

浦山政雄, 松崎仁校注,《歌舞伎脚本集》(上), 日本古典文學大系, 東京:岩波書店, 1960.
金泰俊,《虛學から實學へ — 十八世紀朝鮮知識人洪大容の北京旅行》, 東京:東京大學出版會, 1988.
京都文化博物館·京都新聞社 編,《こころの交流 朝鮮通信使 — 江戸時代から21世紀へのメッセージ》, 京都:京都文化博物館·京都新聞社, 2001.

상대주의적 사유의 결정체,

박지원,《열하일기》

1.

정사正使와 한 가마를 타고 삼류하三流河를 건너서 냉정冷井에서 아침밥을 먹었다. 10리 남짓 가서 산모퉁이 하나를 접어들게 되었을 무렵, 태복泰卜이 갑자기 국궁鞠躬하고 말 앞으로 달려 나와서 땅에 엎드려 큰소리로 "백탑白塔이 현신했기에 아뢥니다" 한다. 태복이란 자는 정진사의 마두馬頭다. 산모퉁이가 아직 가려고 있어서 백탑은 보이지 않는다. 말을 채찍질하여 수십 보를 채 못 간 곳에서 모퉁이를 막 벗어나자, 안광眼光이 어른거리고 갑자기 한 덩이 흑구黑球가 일곱 자 솟구쳤다가 여덟 자 떨어지는 식으로 오르락내리락 한다. 내 오늘 처음으로, 인생이란 본시 아무런 의탁함이 없이 다만 하늘을 이고 땅을 밟은 채 떠돌아다니는 존재임을 알았다.

말을 세우고 사방을 돌아보다가, 나도 모르는 사이에 손을 들어 이마에 얹고, "참 좋은 울음 터로다. 한 번 울만 하구나!" 했다. 그러자 정진사가 "이렇게 천지간의 커다란 안계眼界〔시계視界〕를 만나서 별안간 울고 싶다니 웬 말씀이요?" 하고 묻는다. 나는 이렇게 말했다.

"그렇고말고, 아니 아니. 천고의 영웅은 울기를 잘 하고 미인은 눈물이 많다고 하지 않소. 그러나 그들은 몇 줄 소리 없는 눈물이 옷깃 앞으로 굴러떨어졌을 뿐이지, 울음소리가 천지에 가득하여 금석金石에서 나오듯 했다는 말은 듣지 못했소. 사람들은 다만 칠정七情〔인간이 갖는 희노애구애오욕喜怒哀懼愛

惡欲의 일곱 가지 감정〕 가운데서 슬플 때에만 울게 되는 줄 알지, 칠정 모두의 경우에 울 수 있다는 사실은 모르는 모양이요. 기쁨이 사무치면 울게 되고, 노여움이 사무치면 울게 되고, 즐거움이 사무치면 울게 되고, 사랑이 사무치면 울게 되고, 증오가 사무치면 울게 되고, 욕망이 사무치면 울게 되는 것이오. 가슴속의 맺힌 것을 풀어 버리는 데는 울음소리보다 더 빠른 것이 없으니, 울음이란 천지간에 있어서 우레나 벼락과 같은 것이라오. 지극한 감정이 우러나오는 때에는 그 감정이 우러나와 저절로 이치에 맞는 법이니, 울음이 웃음과 무엇이 다르겠소? 사람이 태어나 감정이 마주칠 때 이러한 극치를 겪지 못하고 교묘히 칠정을 배당하여 슬픔에다 울음을 배치했으니, 이로 인하여 죽음을 마주하고 초상을 당했을 때에 비로소 억지로 '애고' '어이' 따위의 소리를 부르짖으나, 지극한 소리와 진정한 음성을 누르고 억눌러서 천지 사이에 맺히고 엉기게 하여 선뜻 풀어내지를 못하는 것이오. 그러므로 저 가생賈生〔한나라 때의 가의賈誼. 중앙에서 쫓겨나 장사왕長沙王의 태부太傅로 나갔고, 문제文帝의 부름으로 중앙에 들어와 〈치안책治安策〉을 올려서 통곡痛哭하고 유체流涕하며 장태식長太息할 만한 시사時事를 논했다〕은 일찍이 울음 터를 얻지 못해서 참다못하여, 별안간 선실宣室〔한나라 미앙궁未央宮의 정실正室로, 문제가 가의에게 귀신에 관한 이론을 물은 곳. 여기서는 한나라 문제를 가리킴〕을 향하여 한바탕 길게 울부짖었으니, 이 어찌 사람들로 하여금 놀라고 해괴하게 여기게 하지 않았겠소?"

정진사가 말했다. "이제 이 울음 터가 저토록 넓으니, 나도 의당 당신과 함께 한바탕 슬피 울어야 하겠군요. 다만 그 우는 이유는 칠정의 어떤 것에 감동해서 그러는 것인가요?"

내가 말했다.

"저 갓난아기에게 물어보오. 아기가 처음 날 때 느낀 것이 무슨 정이겠소? 그는 먼저 해와 달을 보고, 다음에는 부모와 친척들이 앞에 가득한 것을 보니 기쁘지 않을 리 없소. 이러한 기쁨은 늙을 때까지 달리 견줄 바 없을 정도일 텐데, 이치상 슬퍼하고 노여워할 감정이 없으며 의당히 즐거워하고 웃어야 하련마는 도리어 무한히 울부짖기만 하기를 분한忿恨이 가슴에 사무친 듯하니, 사람이 태어나 성인이든 바보든 한결같이 죽어야 하고, 그 살아가는 동안에는 걱정하고 근심하며 우환이 일만 가지로 발생하기 때문에 이에 그 아기가 태어난 것을 후회하여 먼저 스스로를 애도하여 울어대는 것이라고 해야 하겠소? 이것은 결코 갓난아기의 본래 감정이 아니오. 아이는 어머니의 태반 속에 웅크리고 있을 때 캄캄하고 막힌데다가 뒤얽히고 옹색하게 지내다가, 하루아침에 넓고 훤한 곳에 튀어 나와, 손을 펴고 발을 펴게 되어, 그 마음이 시원하고 트일 터이니, 어찌 참된 소리를 발하여 지극한 정을 한바탕 쏟아내지 않겠소? 그러므로 우리는 의당히 저 갓난아기의 꾸밈없는 소리를 본받아서, 저 비로봉毘盧峰 산마루에 올라가 동해를 바라보면서 한바탕 울 만하고, 장연長淵(황해도의 고을) 바닷가 금모래 밭을 거닐면서 한바탕 울음 터로 삼을 만하지요. 이제 요동 벌판에 임하여 여기서부터 산해관山海關까지 1,200리 사이에 사방 어디도 한 점의 산도 없이 하늘가와 땅끝이 마치 아교풀로 붙이고 실로 꿰맨 듯이 맞닿아 있으며 고금에 걸쳐 비와 구름만 오고갈 뿐 다만 창창하니, 이 역시 한바탕 울어 볼 곳으로 삼을 만하오."

울기에 딱 알맞은 곳이 따로 있다니, 얼핏 해괴한 논리 같은데, 변설에 끌려가다 보면 저절로 동조하지 않을 수가 없다.

바로 연암燕巖 박지원朴趾源(1737-1805)이 《열하일기熱河日記》에서, 1780년(정조 4)에 요동遼東(랴오둥)벌을 가면서 있었던 일을 기록한 글의 일부다. 요동벌은 울기에 딱 알맞은 곳이라고 말하고 그 이유를 논리적으로 설명한 글이어서 흔히 〈호곡장론好哭場論〉이라 부른다.

박지원은 1780년에 삼종형 박명원朴明源이 청나라 고종 즉 건륭제乾隆帝의 고희를 축하하기 위하여 진하별사進賀別使 겸 사은사謝恩使로 중국에 들어가자, 수행원으로 따라갔다. 박명원은 영조의 부마였다. 이때 박지원은 청나라 지배하의 요동·연경燕京·열하를 여행하면서 보고들은 내용을 기록하고 역사와 문물을 고증하여 《열하일기》를 엮었다.

이 열하는 강희제 이후 청나라 황제의 여름 별궁別宮이 있던 곳이다. 오늘날에는 승덕承德(청더)이라 불린다. 북경에서 약 230킬로미터 떨어진 하북성河北省 동북부, 난하灤河의 지류인 무열하武熱河의 서쪽 기슭에 있다. 부근에 온천이 있어 겨울에도 강물이 얼지 않는다고 해서 열하라는 이름이 있게 되었다. 건륭제는 그곳에 유명한 피서산장避暑山莊을 짓고 오랫동안 체류했다.

박명원과 박지원 일행이 방문했던 1780년에는 조선의 사절만이 아니라,

몽골족·티베트족·위구르족의 지도자와 라오스·베트남·미얀마의 외교 사절이 건륭제의 초청을 받아 모여들었다.

중국으로 향하면서 박지원은, 《사기史記》에서 자객 형가荊軻가 연燕나라 태자 단丹을 위하여 진시황을 죽이기 위해 역수易水를 건너려다가 머뭇거렸다는 이야기를 떠올렸다. 그때 태자 단은 형가의 마음이 변하지 않았나 의심했다.

지도14_연행노정도-의주에서 산해관까지

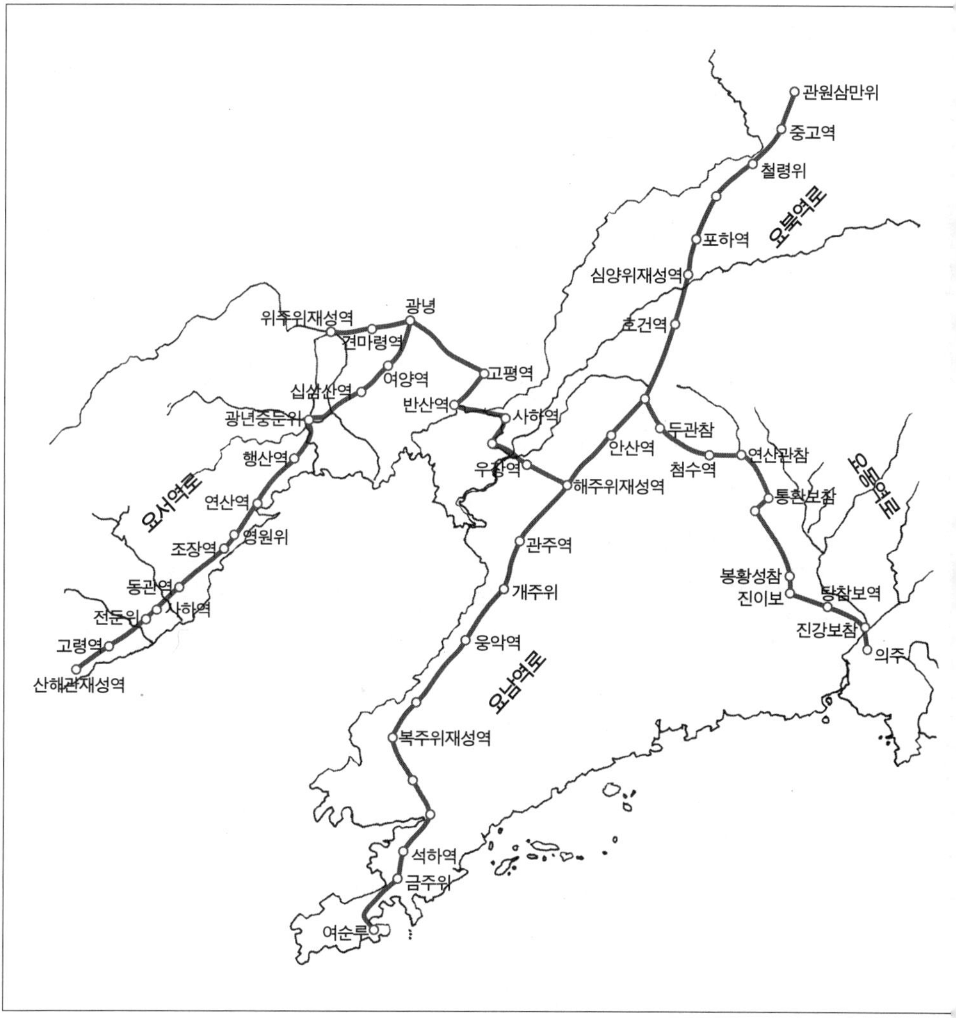

그러자 형가는 성을 내면서, "내가 머뭇거리는 까닭은 나의 손님을 기다렸다가 함께 떠나려 함이오!"라고 했다. 그가 기다린 손님이란 누구인가? 박지원은 "형가가 기다린 사람이란 이름을 지닌 어떤 실재하는 인물은 아닐 것이다"라고 지적했다. 다시 말해, 형가가 기다린 손님이란 의지를 발동하는 형가 그 자신이었다는 것이다.

박지원은 인간의 행동에서 의지의 중요성을 읽었고, 의지를 지닌 인간 주체의 모습을 발견했다. 의지를 지닌 인간 주체는 스스로 행위를 선택하는 존재다. 그의 중국 여행은 곧 결단의 행위였다.

박지원은 자신의 중국 여행에 특별한 의미를 부여했기 때문에, 요동벌을 지나면서 그곳이 한바탕 울기에 가장 좋은 곳이라는 사실을 깨달았던 것이다.

2.

박지원의 본관은 반남潘南으로, 자는 미중美仲이다. 연암燕巖은 그의 호인데, 또 다른 호로 열상외수洌上外叟 혹은 열상외사洌上外史가 있다.

박지원은 1737년(영조 13) 음력 2월 5일, 서울 서소문 밖 반송방盤松坊 야동冶洞에서 박사유朴師愈의 2남 2녀 가운데 막내로 태어났다. 조부 박필균朴弼均은 신임사화를 피해 은둔해 있다가 영조 즉위 후 정계로 나아가 노론의 맹장으로 활약하고 지중추부사知中樞府事에 이르렀다. 박필균의 족형 박필성朴弼成은 효종의 부마 금평위錦平尉였고, 종손 박명원朴明源은 영조의 부마 금성위錦城尉였다. 단, 박지원의 부친은 평생 벼슬에 나아가지 않았다.

박지원은 16세 되던 1752년에 결혼을 하고, 장인 이보천李輔天과 처숙 이양천李亮天의 지도를 받으며 공부를 했다. 하지만 세상 풍조에 회의하여 우울증을 앓았으며, 서민의 삶을 소재로 삼아 양반의 윤리적 타락상을 비판하는 산문들을 지어《방경각외전放璚閣外傳》으로 엮었다.

1770년에 박지원은 감시監試의 양장兩場(생원시와 진사시)에서 일등으로 뽑혔으나 회시에는 응하지 않았다. 1771년에는 아예 과거를 포기했으며, 무인 출신 백동수白東修와 함께 황해도 금천 연암동燕巖洞을 답사했다. 연암이라는 호는 이 지명에서 따왔다. 1777년(정조 원년)에 장인이 별세하고, 홍국영洪國榮이 집권하면서 자신의 일가가 벽파로 몰리자, 박지원은 연암에 은둔했다. 1780년 2월에 홍국영이 실각한 이후로는 서울 평계에 있던 처남 이재성李在誠의 집에 머물렀다. 이때 삼종형 박명원의 권유를 받고 중국 여행길에 오르게 된다.

1780년(정조 4, 건륭 45) 음력 5월 25일, 진하進賀 겸 사은謝恩을 위한 별사別使

표11_서울대학교 규장각 소장 필사본《열하일기》26권의 내용

1책	1권	도강록 渡江錄	1780년 6월 24일–7월 9일(15일간)	압록강을 건너 요양遼陽에 이르기까지의 기록.	구요동기舊遼東記·요동백탑기遼東白塔記·관제묘기關帝廟記·광우사기廣祐寺記 등.
2책	2권	성경잡지 盛京雜識	7월 10일–14일(5일간)	십리하十里河부터 소흑산小黑山에 이르기까지의기록	속재필담粟齋筆談·상루필담商樓筆談 등 필담, 고동록古董錄·성경가람기盛京伽藍記·산천기략山川記略 등.
3책	3권	일신수필 馹汛隨筆	7월 15일–23일(9일간)	신광녕新廣寧부터 산해관山海關까지의 기록.	북진묘기北鎭廟記·차제車制·희대戲臺·시사市肆·점사店舍·교량橋梁·강녀묘기姜女廟記·장대기將臺記·산해관기山海關記 등.
	4권	관내정사 關內程史	7월 24일–8월 4일(11일간)	산해관부터 연경까지의 기록.	열상화보洌上畵譜·이제묘기夷齊廟記·난하범주기灤河泛舟記·사호석기射虎石記·호질虎叱·동악묘기東嶽廟記 등.
4책	5권	막북행정록 漠北行程錄	8월5일–9일(5일간)	연경부터 열하까지의 기록.	
	6권	태학유관록 太學留館錄	8월 9일–14일(6일간)	열하 태학太學에 묵을 때의 기록.	윤가전尹嘉銓·기풍액奇豊額·왕민호王民皥·학성郝成과 문물제도·달세계·지전地轉 등에 관하여 토론한 내용.
5책	7권	경개록 傾蓋錄		열하 태학에서 묵을 때 필담.	중국학자와 토론한 기록.
	8권	망양록 忘羊錄			윤가전·왕민호와 음악에 대한 견해를 교환한 기록.
	9권	심세편 審勢篇			중국 형세를 관찰하는 태도와 방법에 관하여 논한 내용.
6책	10권	혹정필담 鵠汀筆談			윤가전과 달세계·지전·역법·천주에 대하여 논한 필담.

6책	11권	황교문답 黃敎問答			천하 정세의 오망五妄·육불가六不可, 황교黃敎와 서학西學의 문제, 지옥에 대한 논평. 세계의 이민족을 열거.
	12권	판첸시말 (班禪始末)			티베트 종교지도자 판첸(班禪) 우대 정책을 논하고, 황교와 불교의 차이를 논함.
	13권	타시룸포 (札什倫布)		타시룸포(대승이 사는 곳) 견문기.	판첸에 대한 기록.
7책	14권	산장잡기 山莊雜記		피서산장 견문기.	야출고북구기夜出古北口記·일야구도하기一夜九渡河記·승구선인행우기乘龜仙人行雨記·만년춘등기萬年春燈記·매화포기梅花砲記·납취도기蠟嘴島記·만국진공기萬國進貢記·상기象記 등.
	15권	환희기 幻戲記		광피사표패루光被四表牌樓 밑에서의 요술 관람기.	
	16권	피서록 避暑錄		피서산장에서 쓴 수필.	우리나라와 중국의 시문에 대해 논평한 글.
8책	17권	행재잡록 行在雜錄			행재行在인 열하에서 견문한 사실을 기록.
	18권	희본명목 戲本名目			만수절 때 감상한 희곡의 목록.
	19권	구외이문 口外異聞			고북구古北口 바깥 지역에 관련된 기이한 이야기. 60여 항목.
	20권	환연도중록 還燕道中錄	8월 15일-20일(6일간)	열하에서 연경으로 돌아오는 도중의 기록.	교량·도로·방호防湖·방하·防河·선제船制 등의 견문 기록.
9책	21권	옥갑야화 玉匣夜話		옥전玉田에서 동행인들과 나눈 이야기를 정리.	홍순언洪純諺·정세태鄭世泰에 관한 이야기 및 허생.
	22권	황도기략 黃圖紀略			연경의 문·전각·산수·점포·기물에 관한 39조의 기록.
	23권	알성퇴술 謁聖退述		순천부학順天府學 참관기.	문승상사文丞相祠·관상대觀象臺·시원試院·조선관朝鮮館을 견문한 기록 포함.
	24권	앙엽기 盎葉記		연경 부근 20여 명소에 관한 기록.	홍인사弘仁寺·보국사報國寺·약왕묘藥王廟·이마두총利瑪竇塚.
10책	25권	동란섭필 銅蘭涉筆		연경의 동란재銅蘭齋에서의 수필.	시문과 문물제도에 관하여 쓴 잡록.
	26권	금료소초 金蓼小鈔			의술에 관한 기록.

23_산해관(上)
24_1930년대 보락사普樂寺(下,關野貞 외,《열하熱河》, 1934)

가 북경으로 출발했다. 정사正使(상개上价)는 금성위 박명원朴明源, 부사副使는 대사성大司成 정원시鄭元始, 서장관書狀官은 조정진趙鼎鎭이었다. 이들 삼사의 군관으로 박지원의 서삼종제 박래원朴來源과 진사 정각鄭珏, 참봉 노이점盧以漸이 수행하고, 어의御醫 변관해卞觀海도 같이 갔다. 역관은 홍명복洪命福·조명회趙明會·조달동趙達東이었다. 또 마두馬頭와 쇄마刷馬 몰이꾼 및 의주 상인 등이 대거 따라갔다. 박지원은 정사의 반당件當(시종 군졸)으로 참여했으며, 장복張福과 창대昌大를

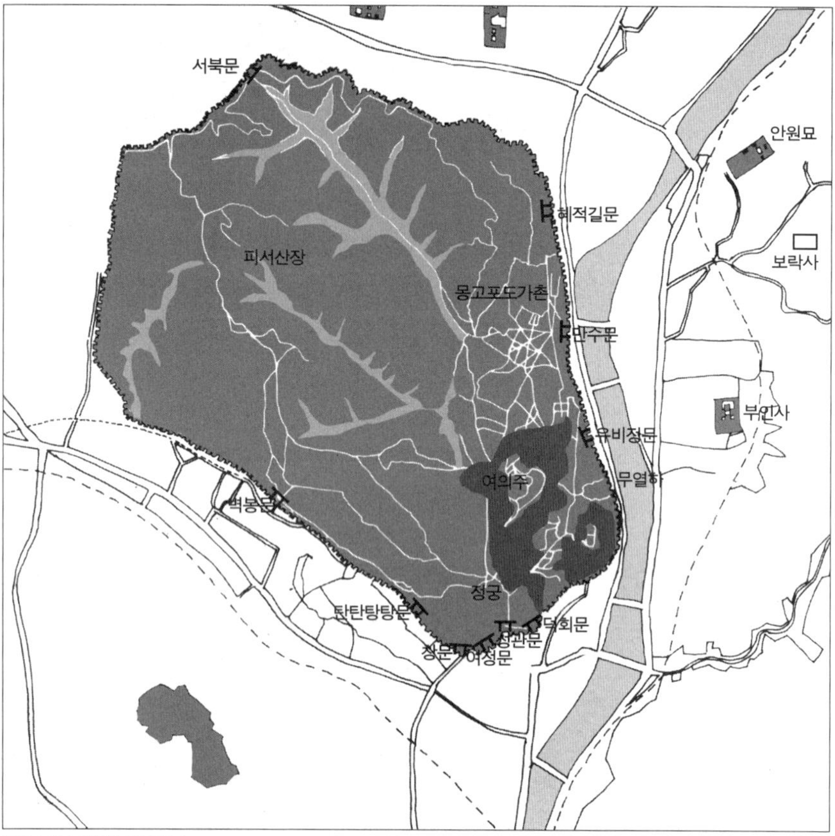

지도15_열하 개략도

마두馬頭로 데리고 갔다.

일행은 1780년 음력 6월 24일 압록강을 건너, 책문柵門을 거쳐 요양遼陽·성경盛京·산해관山海關·통주通州를 통과했으며, 조공로朝貢路를 따라 8월 1일 북경에 도착했다. 그런데 열하의 만수절 행사에 참여하라는 명령이 내려와, 다음날 8월 2일에 삼사와 사행 일부가 열하로 떠났다. 일행은 하룻밤에 아홉 번이나 강물을 건너는 등 주야로 행군하여, 8월 9일에 열하에 도착했다. 8월 10일 삼사는 피서산장에서 거행되는 만수절 식전에 참여하라는 명령을 받았다. 건륭제는 타시룸포(札什倫布) 묘에 묵고 있던 티베트 승려 판첸 라마(班禪喇麻)를 예방하라고 명령했다. 이 명령은 곧 취소되었다.

8월 11일에 삼사는 피서산장 궁문에서 건륭제를 알현한 뒤, 다시 황명을 받아 판첸 라마를 예방했으며, 판첸 라마로부터 금불金佛을 선사받았다. 8월 12일에 사행은 황제가 피서산장의 권아승경전卷阿勝境殿에서 판첸 라마를 위해 베푼 연회에 동석하여 잡희雜戲를 구경했다. 만수절인 8월 13일, 삼사는 피서산장 담박경성전澹泊敬誠殿에서 거행된 하례식에 참석했다. 그 뒤 이틀 동안 권아승경전의 연회에서 잡희를 관람했다.

8월 15일에 사행은 열하를 떠나, 8월 20일에 북경으로 돌아왔다. 그리고 한 달 남짓 체류하다가, 9월 17일 북경을 출발하여 10월 27일 서울에 도착했다.

중국을 여행하고 돌아와 박지원은 3년간 연암에 있으면서 일기를 정리했다. 1786년에는 왕의 특명으로 선공감 감역이 되었다가, 1790년에 의금부 도사와 제릉령齊陵令에 임명되었다. 1791년(정조 15)에 한성부 판관을 거쳐 안의 현감이 되었으나, 곧 사임했다. 1797년 충청도 면천 군수가 되었다. 순조 즉위의 1800년에 양양 부사로 승진했으나, 이듬해 벼슬에서 물러났다.

3.

> 아침에 광피사표光被四表 패루를 지나가는데, 패루 아래 많은 사람들이 둘러서 있고 거리의 웃음소리가 땅을 흔들었다. 갑자기 어떤 사람들이 싸우다가 한 사람이 죽어서 길가에 넘어졌다. 나는 부채로 얼굴을 가리고 걸음을 재촉해 지나갔다. 종자가 뒤에서 급하게 쫓아오며 부르기를 괴이한 구경거리가 있다고 했다. 내가 멀리 선 채로 무엇이냐고 물었더니 종자가 말하기를 "어떤 사람이 하늘에 가서 복숭아를 훔치려다가 지키는 자에게 맞아서 땅에 떨어졌다고 합니다" 했다. 나는 해괴하다고 꾸짖으면서 돌아보지도 않고 갔다. 그 이튿날 그곳을 다시 지나가는데, 천하의 기이한 재주와 음란한 장난과 잡스러운 연극이 모두 천추절에 맞춰 열하에서 조서를 기다리면서 날마다 패루에 나와서 백 가지 연희를 연습하고 있는 중이었다. 어제 종자가 본 것도 이러한 요술의 한가지임을 알았다. (…) 어떤 사람이 말하길, "이런 술법을 팔아 생계를 꾸미는 자들이 왕법의 밖에 있고 죽임을 당하지 않

는 이유가 무엇입니까?" 했다. 내가 말하길 "이는 중국이 땅이 크고 넉넉하여, 능히 포용해서 함께 길러내므로 정치에 병이 되지 않기 때문입니다! 만약 천자가 좀스럽게 이런 것들을 자로 계산하고 깊게 추궁한다면 곧 도리어 깊고 외져 잘 보이지 않는 곳에 숨어 드러나지 않다가, 때때로 나와서 야단을 떨게 될 터이니, 그렇게 되면 천하의 근심이 더욱 커지게 될 것입니다. 그래서 날마다 사람들로 하여금 장난삼아 구경하게 하면 비록 아낙네나 어린아이라고 하여도 이것을 요술로 알게 하여 족히 마음을 놀래고 눈을 놀라게 하지 않을 것입니다. 이게 바로 군주가 세상을 다스리는 방법이 아니겠습니까?" 했다.

이 글은 《열하일기》 가운데 〈환희기서幻戲記序〉의 일부다. 열하에서 환희의 공연을 보고 쓴 서문인데, 실은 중국과 조선의 사회 통합과 정치 원리의 차이를 대비시켜 논하고 있다.

어떤 사람이 "이런 재주를 팔아서 생계를 꾸미는 자들이 왕법에서 벗어나 죽임을 당하지 않는 이유가 무엇입니까?" 물었을 때, 박지원은 중국에서 환희가 용납되는 것을 중국의 정치이념이 "본성을 거스르지 않고 각각 그 그릇에 맞게 함으로써 모두 다 회극會極·귀극歸極의 묘에 이르게 되기를 기약한다"는 것임을 논했다. '회극·귀극의 묘'를 다한다는 것은 실은 영조·정조의 탕평 이념이었다. 이 글은 중국의 사상문화적 풍토를 논하면서 조선의 풍토를 대비시켜 사회 발전의 어려움을 암암리에 지적한 것이다.

이 글은 미신을 경계하는 뜻을 지니고 있다. 박지원은 민중들이 신비주의에 빠지고 실재의 경험을 허환으로 대체하는 현상에 주목하고는, 지도적 이념이 사라져 가고 현실세계가 결함상을 드러내는 것을 우려했다. 그리고 그는 그러한 실태의 원인이 일상 경험의 편협성에 있다고 보았다. 그는 다른 곳에서 "본 것이 적으면 괴이하게 여기는 것이 많다"(少見多怪)고 하여 편협한 의식을 비판한 적이 있다. 그는 열린 세계로의 대여행을 통해서 경험세계의 폭을 넓혔다. 지식인이나 민중이 '주어진' 세계를 폭넓게 받아들임으로써 허환의 세계에 현혹되지 않기를 기대했다.

《열하일기》는 여행의 체험을 시간순으로 서술하기보다, 경험 사실과 역사 지식을 상상과 결합시켜 두었다. 그 전반부는 날짜별, 노정별로 편찬하고 단형의 수필을 삽입해 두는 방식을 취했지만, 후반부는 티베트 불교의 지도자인 판첸 라마에 관한 기록과, 중국인 및 만주족 학자들과 자연과학의 지식, 정통사상과 이단의 문제, 민족문화의 특수성에 대해 담론한 내용, 민족문화와 중국문화의 접점에 대해 논증한 논문들을 실어 두었다. 라마교에 대하여 지나칠 정도로 많은 분량을 할당했는데, 이것이야말로, 그의 공간인식과 역사인식이 지배적 관념과 달랐음을 잘 말해 준다. 또한《열하일기》에서 그는 교조주의적인 사상에 대해 회의하는 정신과 민족의 역사에 대하여 우려하는 감정을 때로는 솔직하게, 때로는 은밀하게 드러내었다.

《열하일기》는 청나라 연호인 '강희康熙'나 '건륭乾隆'을 그대로 써서, 되놈의

지도16_청나라 강역도

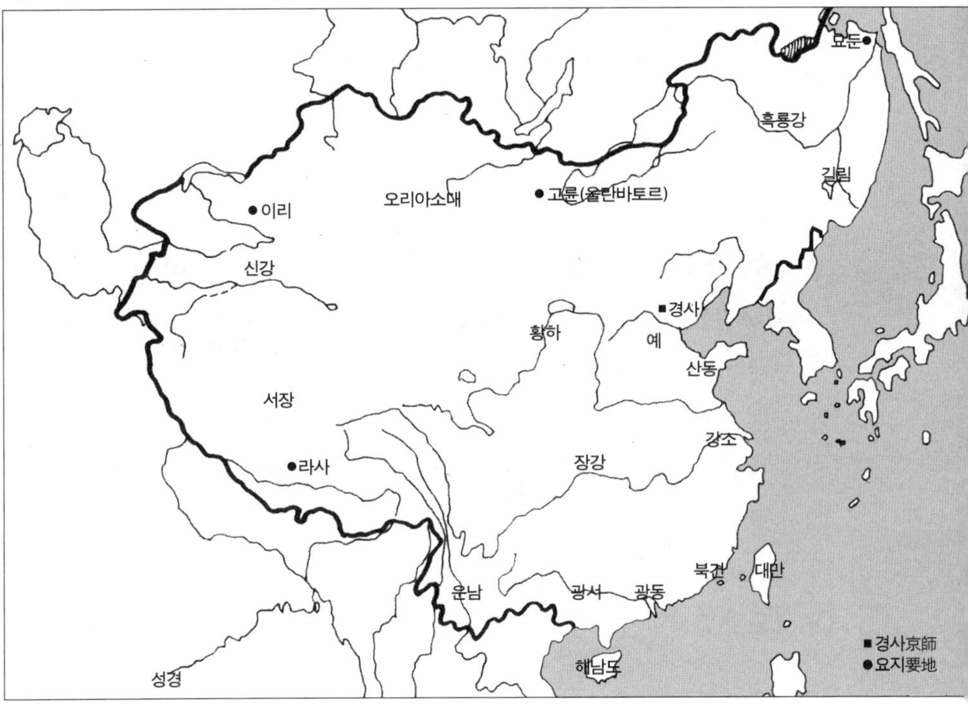

연호를 쓴 원고(노호지고虜號之藁)라는 비난을 받았다. 또 문체가 대단히 참신해서 정통의 고문을 해치게 될 것이라고 하여 우려하는 이도 있었다. 남공철南公轍이 지은 〈박산여묘지명朴山如墓誌銘〉에 다음과 같은 이야기가 실려 있다.

> 내가〔남공철〕 일찍이 연암 박미중朴美仲〔박지원〕을 따라서 산여山如 박남수朴南壽의 벽오동정관碧梧桐亭館에 갔더니, 그 자리에는 청장靑莊 이무관李懋官〔이덕무〕과 정유貞蕤 박차수朴次修〔박제가〕도 와 있었다. 이날 밤은 달이 밝았다. 연암은 목청을 돋우어 자기가 지은 《열하일기》를 읽었고, 이무관과 박차수는 둘러앉아서 그것을 들었다. 박산여가 연암에게 "선생의 문장이 좋긴 좋지만 패관稗官과 기서奇書를 좋아하므로 앞으로 고문이 쇠미해지지 않을까 두렵습니다"라고 말했다. 연암은 취한 기분에 "네가 무엇을 아느냐?" 하고 다시 내려 읽었다. 박산여는 취중에 옆에 있던 촛불을 당겨 원고를 태워 버리려고 했다. 내가 급히 잡아채서 말렸다. 연암은 노하여 돌아눕고 말았다.

정조는 규장각 직각 남공철의 문체가 병들어 있다고 여겨, 남공철에게는 속전贖錢을 물게 하여 북청부사로 부임하는 성대중의 전별연을 베풀게 했다. 그리고 남공철에게 "네가 연암에게 편지를 해서 내 뜻을 전하고, 속히 순정한 글을 지어 올려서, 일기의 죄를 속하게 하라. 그러면 음직이라도 문임(제학)을 아끼지 않고 내릴 것이지만, 그렇지 않으면 중죄로써 다스리겠다!" 했다. 당시 안의현감으로 있던 박지원은 《과농소초課農小抄》를 지어 바쳐야 했다.

《열하일기》에서 박지원은 남들이 다루기 어려웠거나 다루려고 하지 않았던 문제들을 교묘하게 글의 주제로 삼으면서 갖가지 문체를 실험하고 기교를 부렸다. 그렇기에 그의 가까운 친구조차도 그것을 촛불에 태워 버리려 했다. 정조 대왕은 그 문체가 당시 사람들에게 정통 사고를 부정하는 사조를 촉발할까 봐 염려했다.

그런데 당시의 보수적 인사들이 이 책을 두려워한 것은 단지 그 문체가 정통 고문과 달랐다거나 청나라 연호를 사용했다거나 해서인 것은 아니었다.

4.

추생은 "유문儒門에도 도학道學과 이학理學의 이름이 있는데 귀국의 유문에도 역시 이런 분과分科가 있는지요?" 한다. 내가 "성문聖門의 설교設敎에는 오직 네 가지 과목을 두었습니다. 일관一貫의 도, 이것이 바로 이理이니, 이것을 배우고 이것을 묻는 것이 바로 학문일 것입니다. 어찌 유문儒門에 별도로 딴 분과를 두어 이런 두 가지 명칭을 붙이겠습니까?" 했다. 추생은 이렇게 말했다. "그렇습니다. 선생의 말씀이 지극히 옳습니다. 공자의 문도 70명이 스승에게 물은 것은 인仁이나 효孝에 지나지 않았습니다. 후세에 와서는 그렇지 않아서, 제자 된 자는 스승 앞에 처음 와서 책을 펴기만 하면 이기理氣부터 강론하고, 선생은 옷깃을 여미고 자리에 올라앉기만 하면 곧 성명性命을 말합니다. 요즈음의 학자들은 학문이 하늘과 사람을 꿰뚫고 있지만 고을 하나도 다스리지 못하며, 이理의 공부는 솔개 날고 물고기 뛰는 현상을 살피면서도《중용》 소소한 사무 하나 처리하지 못합니다. 이러한 학문을 하는 이를 이른바 이학선생理學先生이라 합니다. 시골 사숙私塾에서 천품과 성질이 고루하고 막힌데다가 행동거지가 오활하고 괴이하면서, 경전經傳을 얼추 익히고 훈고訓詁를 대충 통하면 미상불 강석의 자리를 차지하고 강의를 열지 않는 일이 없습니다. 묵고 썩어빠진 것을 숙속菽粟〔콩과 조, 일상의 먹을 것〕이라 하고, 기우고 덧댄 것을 구갈裘褐〔하갈동구, 일상의 옷〕이라 하고는, 자막子莫의 집중執中①을 오히려 수경守經〔정도를 지킴〕이라 하고 호광胡廣②의 처세處世를 스스로 중용中庸이라 합니다. 이러한 학문을 하는 이를 이른바 도학군자라 한답니다. 이런 것들은 오히려 족히 말할 것도 못됩니다. 옛날의 이단은 묵墨에서 도망하여 유儒로 돌아오기도 하고 유儒로부터 도망하여 양楊으로 돌아가는 자도 있어서 서로 반목하고 등을 돌리면서 간과 담膽 사이나 초나라와 월나라 사이처럼 전혀 길을 달리했습니다. 오늘날의 유학자들은 도망하더라도 제 고장을 벗어나지 않고 채지采地를 두람兜攬해서는 더욱 육경六經을 쌓아 올려 자기 성의 벽루壁壘를 튼튼히 하고, 때로는 여러 가지 말을 뒤바꾸어 깃발을 새롭게 하여, 반은 주자朱子요 반은 육상산陸象山입니다. 모두 그 각각을 포주逋主로 삼아서 머리를 감추기도 하고 머리를 들기도 하니, 죄다 수박水泊〔물구덩이〕입니다. 두어蠹魚를 길러서 여우나 쥐로 삼아서는, 고증攷證을 그 성城이나 사社로 삼고, 기기騏驥〔준마〕를 억눌러서 노태駑駘로 삼아서는, 훈고訓詁를 그 재갈로 삼습니다. 간혹 군대를 멀리 내보내어 적진으로 깊이 들어가는 일이 있지만, 거꾸로 공격과 겁박을 만나면 형세상 부득이 말에서 내려 올가미를 받고 두 무릎을 꿇고 항복을 하게 됩니다. 그러니 오늘날의 유학자야말로 참으로 두렵다 할 것입니다. 무섭습니다, 무섭습니다. 저는 평생에 유학을 배우기를 원하지 않습니다. 만일 능히 눈을 크게 뜨고 일을 열어 이단의 학문을 제창하는 자가 있다면 저는 장차 불원천리하고 양식을 짊어지고 가서라도 스승으로 삼겠습니다. 지금 선생의 이론을 들으니 확연히 올바른 도리를 지키시므로, 소인의 마음으로 하여금 한편으로는 기쁘게 하면서도 한편으로는 슬프게 합니다."

① 자막子莫의 집중執中: 자막은 노魯나라의 현자賢者로, 양자楊子의 위아설爲我說과 묵자墨子의 겸애설兼愛說이 중도를 잃었다 하고는, 그 중간을 잡아 '중도'라 지칭했으나 맹자孟子는, 이것을 시중時中이 없는 고집된 중中이라고 논파했다. 《맹자》〈진심盡心 상〉, "맹자께서 말씀하시기를 양자는 자신만을 위하니, 터럭 하나를 뽑아 천하를 이롭게 한다 하더라도 하지 않고 묵자는 겸애하니 머리로부터 발꿈치까지 갈라서 천하를 이롭게 한다면 그러한 일을 한다. 자막은 중간을 잡았으니, 중간을 잡는 것이 도에 가까우나, 중간을 잡고 저울질함이 없는 것은 한쪽을 잡는 것과 같다."

② 호광胡廣: 호광은 후한 때 사람으로, 일의 출처를 환히 알고 조정의 의궤儀軌에 밝았으므로 경사京師에서 "모든 일에 해결되지 않은 것은 백시伯始〔호광의 자〕에게 물어라. 천하의 중용은 호공에게 있다" 했다. 《후한서》 권44 〈호광전胡廣傳〉에 다음과 같은 기록이 있다. "호광의 자字는 백시伯始이니 남군南郡의 화용華容 사람이다. 〔…〕 성품이 온유근소溫柔謹素하여 항상 말을 겸손하게 하고 안색을 공손하게 했다. 비록 충직한 기풍은 없었지만 자주 보궐補闕하는 보탬이 있었다. 그 때문에 수도 낙양洛陽에는 '다스려지지 않는 모든 일일랑 백시에게 물어보라, 천하의 중용中庸이 호공胡公에게 있도다'라는 속담이 있었다." 그러나 호광은, 질제質帝가 양기梁冀에게 시해당한 뒤에 다음 천자를 옹립하려 할 때 양기의 위세에 눌려 덕망 있는 산蒜을 세우지 못하고 말았다. 호광의 중용이란 결국 결단을 내리지 않고 흐리멍덩한 것이었다. 한쪽을 잡는 것을 미워하는 까닭은 도를 해치기 때문이니, 하나를 들고 백 가지를 폐하는 것이다."

추생은 산동성 출신의 중국인 학자로, 이름은 추사시鄒舍是이다. 그는 주위 사람들로부터 광생狂生으로 지목되고 있었다. 추사시는 유학의 안에 도학이라든가 이학理學이라든가 하는 문호를 별도로 세우는 것에 대해 강하게 비판했다. 심지어 이단을 제창하는 사람이 있으면 그 이단을 배우겠다고 했다. 박지원은 그를 경계하면서도, 유학 내부의 분기와 위선에 대하여 넌더리를 쳤기 때문에, 열하에서 그와 나눈 필담의 내용을 《열하일기》에 실어 두었다.

또한 박지원은 몽골인 학자 부재孚齋와 대화하면서 벽이단의 문제에 대해 생각했다. 부재의 이름은 파로회회도破老回回圖, 호는 화정華亭인데, 당시 강관講官으로 있었다. 자字가 부재라 했는데, 혹 별도의 호인지 모른다. 부재는 "세상 선비들은 이단이라는 것이 우리 도 가운데 하나인 줄을 모르고 분분히 배격하다 보면, 저들도 높이 고개를 쳐들고 우리 도와 대치하게 될 것입니다. 양楊·묵墨·노老·장莊의 말은 모두 우리 도에 있는 말입니다. 심지어 불씨의 인과설로 말하면 우리 도가 깊이 배척하는 바이지만, 실상 우리 도에서 먼저 말한 것입니다"라고 했다. 불교에는 본래 윤회설이 없었으나 중국인들이 불경을 번역할 때 인과응보의 윤회설로 풀이했다고도 했다. 박지원은 그 논리에는 수긍하지 않았다. 하지만 이단이 '교'라는 말을 사용한다고 해서 '유교'의 '교'를 말하지 않는 것은 불합리하다고 생각했다. 또 '유교'라 하지 않고 '오도吾道'라 하는 것도 도의 공변성을 부정하는 것이 되므로 올바르지 않다고 했다.

벽이단론의 주장은 학문사상의 권력화와 밀접한 관계에 있다. 따라서 벽이단론에 대한 비판은 곧잘 학문권력에 대한 비판의 성격을 지닌다. 주희朱熹는《중용장구中庸章句》의 서문에서 "이단의 설이 나날이 새로 나오고 다달이 성해지고 있는데다 노자와 불교의 무리까지 나와, 상당히 이치에 가까운 듯하면서도 참된 진리를 크게 어지럽히고 있다"고 말한 바 있다. 후세의 유학자들은 이 말을 벽이단의 신조로서 신봉했다. 하지만 주희는 "원래 이것은 선학禪學과 아주 비슷하여, 다투는 바가 터럭 끝에 있다"고 술회하고, 유교와 불교를 포함하는 기반 위에 독자적인 사상을 구축하는 일을 일생의 과제로 삼았다.

그런데 조선 후기에는 벽이단의 논리가 주자학의 교조주의, 학문 권력의 메커니즘과 매우 밀접한 관련을 지니게 되었다. 박지원은 그점에 불만을 지니고 있기에,《열하일기》의 〈황교문답黃敎問答〉에서 중국인 학자와 몽골인 학자의 말을 빌려, 주자학의 교조주의를 비난한 것이다.

5.

《열하일기》에서 연암은 티베트 불교에 대해 남다른 관심을 보이고 〈판첸시말〉(班禪始末)이란 편을 두었다. 이것은 주로 몽골 사람 경순미敬旬彌가 박지원에게 오사장烏斯藏과 번승番僧에 대하여 전해준 이야기를 옮겨 적는 형식을 취했다. 그런 형식을 취한 것은, 이단에 미혹되었다는 혐의를 피하면서, 티베트의 사정에 대해 자세하게 적어, 중국을 넘어선 저쪽 세계를 모두에게 알리고자 하는 뜻에서였을 것이다. 오사장은 곧 서장西藏 중부 지역을 이르는 말이다. 당나라 때는 토번국吐蕃國이라 했고, 명대明代에는 행도지휘사사行都指揮使司를 두었다. 오사烏斯와 장藏 모두 땅이름이다.

> 반선〔판첸〕은 옛날 삼위三危 땅으로, '순舜이 삼묘三苗를 삼위로 쫓아보냈다'고 한 곳이 바로 이 땅입니다. 이 나라는 셋으로 되어 있습니다. 하나는 위衛라 하여 달뢰라마達賴喇嘛가 사는데, 옛날의 오사장烏斯藏입니다. 하나는 장藏이라 하여, 반선라마班禪喇嘛가 사는데, 옛날의 이름도 역시 장藏입니다. 하나는 객목喀木이라 하여, 더 서쪽에 있는데, 이곳에는 대라마大喇嘛는 없으며, 옛날의 강국康國이 바로 이곳입니다. 이 땅들은 사천四川 마호馬湖의 서쪽에 있어 남으로는 운남雲南으로 통하고 동쪽으로는 감숙甘肅에 통하며, '당나라의 원장법사元裝法師가 삼장三藏으로 들어갔다'고 한 곳이 바로 이 땅입니다. 원장이 갈 적에는 이 땅에 사람이 없었고 큰물을 건너갔는데, 그가 돌아올 적에는 물은 사라져 버리고 촌락이 생겨나 있었습니다. 당나라 중엽에 이르러서는 갑자기 토번吐蕃이란 큰 나라가 생겨서 중원의 걱정거리가 되었습니다. 그러나 이 토번이 부처를 숭상했는지는 알 수 없습니다. 원나라 초에 불교가 북쪽으로 전파하여 번승番僧이 있었는데 그를 파사파巴斯巴(巴와 八은 음이 같다. 곧 巴思八이다)라고 불렀으니, 이것은 별호이지 이름은 아니었습니다. 그에는 큰 신통력을 갖추어, 원나라 초년에 제사帝師로써 대보법왕大寶法王이 되었습니다. 그가 죽은 뒤에는 그의 조카가 대를 이었습니다. 명나라 초년에 여러 법왕들이 중국에 왔을 때 성조成祖는 당나라의 예법을 본받아서 모두 우대했는데, 그 중들도 역시 환술幻術을 할 줄 알아서 더욱 존대되었습니다. 지금의 라마喇嘛는 대체로 명나라 중엽 때부터 시작된 것입니다.

그 가운데도 이승異僧이 있었으니, 종객파宗喀巴라고 했습니다. 그는 역시 먼 곳으로부터 서장으로 들어온 자로서 이상한 술법이 있어, 한번 보면 사람마다 놀라 자빠졌었다고 합니다. 또 투태탈사投胎奪舍의 주장을 했습니다. 모든 법왕들은 그를 스승으로 삼아 그의 제자의 반열로 물러나기를 달게 여겼습니다. 종객파는 두 제자에게 그것을 전했는데, 맏제자는 달뢰라마達賴喇嘛이고 둘째제자는 반선액이덕니班禪額爾德尼라고 합니다. 달뢰라마는 목금 7세를 투태했고 반선라마는 4세를 투태했다고 합니다. 본조〔청〕의 천총天聰〔청 태종 연호〕 시절에 반선은 큰 사막을 넘어 사신을 보내서 조공을 해 왔는데, 동방에 성인이 난 것을 알았기 때문입니다. 이로부터 해마다 사신들을 보내서 조공을 드리기 시작했습니다. 강희 때에 인조仁祖는 그가 입조入朝하기를 바랐으나 일찍이 오지 못했습니다. 그러다가 지난해에, 만수절萬壽節(즉, 올해)이 오면 입근入覲하게 해 달라고 청했으므로 우대하여 예우해 주었습니다. 대체로 이 교는 이름은 중이라 했지만 실상인즉 도교道敎입니다. 그 관상觀想이나 운기雲氣나 지주持呪 같은 것이 도가道家와 비슷하고, 그 글의 넓고 깊은 것과 과장해 말하는 것이 또한 도가에 비하여 지나칩니다. 이 두 사람 외에 또 호도胡圖와 극도克圖란 자가 있으니, 모두 그의 제자로서 역시 능히 투태탈사하여 5, 6세가 된 자가 많습니다. 국왕의 스승으로서 신통력은 없으나, 다만 선리禪理를 잘 말한다고 합니다.

《열하일기》의 〈판첸시말〉은 근대 이전의 우리나라 지식인이 티베트 불교와 티베트 민족의 사정에 관심을 갖고 서술한 첫 번째 기록이자 유일한 기록이다.

6.

1780년 음력 7월, 중국의 동북부를 여행하던 박지원은, 머리 장식물을 파는 상인과 전당포를 운영하는 사람에게 휘호를 써 주었다가 작은 낭패를 겪었다. 그는 길에서 자주 보아 왔던 '기상새설欺霜賽雪'(서리와도 같고 눈보다 더 흼)이란 글자를 여러 필법을 고려하여 멋지게 썼으나, 정작 두 상점의 주인들은 떨떠름한 표정을 지었다. 박지원은 "장사치들이 자기네들 마음이 깨끗하여 마치

가을 서릿발과 같을 뿐만 아니라, 땅에 내린 희디흰 눈의 빛깔보다도 훨씬 더 희다고 스스로 과시하려고 그런 말을 문에 걸었을 게다"라고 생각했다. 하지만 그 네 글자는 국수 파는 집에서 거는 편액이었다. 뒤늦게 잘못을 깨닫고 박지원은 머쓱해했다.

박지원은《열하일기》에 그 일을 그대로 적어 두었다. 자신의 실패담까지도 적을 만큼《열하일기》는 자기 비판적이고 또 사실적이다.

박지원은 젊은 시절 꿈에, 관청 건물 같은 곳에서 화병에 꽂힌 길고 푸른 새의 깃털을 보았다고 한다. 뒷날 그는 그 기억을 회상하고, 또 중국 여행 중에 공작새를 직접 보고서, 공작새 깃털 색깔의 변화무쌍함을 서술했다. 객관 사물은 인식 주체의 상황에 따라 달리 보일 수 있으며, 인식 대상 또한 고정된 것이 아니라 끊임없이 변화하는 것이라는 점에 박지원은 주목했다. 그래서 그는 이렇게 말한 바 있다. "빛깔을 논하면서 마음에 먼저 색깔을 정해 놓는 것은 올바로 보는 것이 아니다." 박지원은 여행 중에 그러한 인식 태도로 사물과 인간과 역사를 바라보았다.

《열하일기》는 청나라에 사절로 갔다 온 사람들이 기록으로 남긴 연행록燕行錄의 계보에 속한다. 하지만 다른 연행록들이 대개, 사행이 서울을 떠나 북경을 거쳐 다시 서울로 돌아오기까지 전체 여정을 기록하는 데 비하여,《열하일기》는 의주에 머물던 일행이 압록강을 거쳐 요동의 성경과 북경을 거쳐 열하로 갔다가 다시 북경으로 되돌아와서 머물던 때까지만 기록했다.

조선 후기에는 청나라와의 무역이 정상화되면서 이국의 사정을 전하는 산문 연행록이 발달하게 되었다. 또한 일본에 통신사가 파견되면서 산문으로 된 동사록東槎錄이 나왔다. 대여행(grand tour)이 가능하게 됨에 따라, 김창업의《(노가재)연행록》, 홍대용洪大容의《을병연행록乙丙燕行錄》등 장편 여행기가 나왔다. 병자호란 이후에 산문의 심양록과 사행록이 한꺼번에 많이 나오게 된 원인 가운데 하나는 사행원에게 '심세審勢'의 임무가 주어져 있었기 때문인 듯하다. 사행원들은 노정기를 지참하고 선행 행록을 참고로 하면서 인문지리와 자연지리의 변동사항을 치밀하게 적었고, 중국과 주변 민족의 정세를 기록으로 남겼다. 박지원의 《열하일기》가 '심세편'이라는 제목을 둔 것도 그러한 사정을 반영한다.

특히 병자호란(1636) 이후 조선의 지식인은 반청 감정을 지녔다. 사신 일행도 중국과는 거리를 두었다. 박지원이 중국과 열하를 여행하기 직전부터 비로소 조선의 지식인들은 중국 지식인들과 친밀한 교류를 하기 시작했다. 홍대용이 그랬고, 유득공이 그랬다. 박지원도 그들의 전례를 따랐다. 이후 조선의 사절은 중국인 관료와 지식인들의 저택을 방문했고, 중국인은 사절의 숙소인 옥하관을 수시로 찾아오게 된다.

하지만 박지원은 짧은 여행에서 외국의 실정을 살핀다는 것이 대단히 어렵다는 사실도 잘 알았다. 〈심세편審勢編〉에서 박지원은 우리나라 지식인들이 중국인을 무시하는 것은 잘못된 일이라고 비판했다. 곧, 조선인들은 자신의 문벌을 내세워 중국의 가문까지 능멸하고, 중국인이 만주 복색을 한 것을 욕하며, 중국인 관원들을 오랑캐 조정의 신하라고 업신여기고, 중국에는 볼 만한 문장이 없다고 속단하며, 중국에는 춘추의리가 쇠퇴해서 올바른 선비를 보기 어렵다고 단정하기 일쑤였다. 박지원은 그러한 태도를 오망五妄(다섯 가지 망령)으로 열거하고, 그것이 이미 멸망한 명나라에 대한 맹목적 숭상에서 연유한다고 지적했다. 그리고 그 자신은 가능한 한 중국인이나 만주인들과 면대面對(얼굴을 맞대고 담론함)하려고 했다. 통금 시간 이후에도 몰래 빠져나가 밤새 필담을 나누기도 했다.

중국의 선비들과 접촉한 경험을 바탕으로, 박지원은 중국 선비들을 어렵게 대해야 할 이유가 세 가지 있다고 했다. 첫째, 중국 선비들은 박학하고 고거考據에 뛰어나다. 둘째, 중국 선비들은 겸손하면서도 대국의 체면을 잃지 않는다. 셋째, 중국인들은 법을 중시하고 사민四民이 각각 본분에 충실하다.

또한 박지원은 우리 사신들이 정보 수집의 체계를 갖지 못한다는 점을 우려했다. 그렇기에 중국인으로서 외국 사신과 접촉하는 필첩식이나 서반 등 하급 관리들은 정치상의 잘못이나 변방의 작은 난리, 괴상망측한 이야기 등을 과장하거나 꾸며내어 우리 역관에게 고급 정보라고 속여 팔았다. 박지원은 그점을 개탄하고 스스로 만리장성 부근에서 입수한 정보들을 '구외이문口外異門'이란 제목으로 묶기도 했다.

박지원은 《열하일기》의 후반부에, 티베트 불교 지도자인 판첸 라마에 관한 기록과, 중국인 및 만주족 학자들과 자연과학의 지식, 정통사상과 이단의 문제, 민족문화의 특수성에 대해 담론한 내용, 민족문화와 중국문화의 접점에 대해 논증한 논문들을 실어 두었다. 라마교에 대하여 지나칠 정도로 많은 분량을 할당했다.

중국을 여행하면서 박지원의 시선은 중국을 넘어섰다. 그리고 미몽 속에 헤매는 조선의 일부 지식인들을 계도하고자 했다. 옥전玉田에서 동행인들과 나눈 이야기를 정리한 〈옥갑야화玉匣夜話〉에는 저 유명한 '허생'의 이야기가 들어 있다. 허생이 이완을 꾸짖는 어조를 빌려, 박지원은 자존자대自尊自大에 빠진 조선 사대부들에게 이렇게 일갈했다. "소위 사대부란 것이 무엇들이냐? 오랑캐인 맥족의 땅에서 태어났으면서도 사대부라 자칭하니 이 어찌 어리석지 않으랴! 바지저고리는 순전히 흰색이니 이는 초상이 났을 때 입는 옷이요, 머리털은 한데 모아 송곳처럼 만든 것은 남만의 상투와 다름없는데, 무엇을 일러 예법이라는 거냐?" 조선인들이 중화문화의 유풍이라고 믿었던 것이 주변 이민족의 풍속과 다를 바 없다고 함으로써, 중국 중심의 사고방식을 넘어선 것이다.

《열하일기》는 사실의 기록이자, 그 전체가 우언寓言이다. 박지원은 자신이 지닌 상대주의적인 시각을, 중국인이나 만주인의 대화를 옮기는 속에 집어넣어 두었으며, 역사적 사실이나 문화적 사실을 고증하는 글 속에도 숨겨 두었다.

참고문헌

이가원李家源 역주,《국역 열하일기》, 민족문화추진회, 1977.
리상호 역,《열하일기》, 보리, 2004.
김혈조 역,《열하일기》, 돌베개, 2009.
김명호,《열하일기 연구》, 창작과비평사, 2000.
金泰俊,〈세계로 통하는 북경 길〉, 소재영·김태준 편,《旅行과 體驗의 文學(중국편)》, 민족문화문고간행회, 1985.
심경호,〈연암 박지원의 논리적 사유방법과 벽이단론 비판〉,《대동한문학 23》, 대동한문학회, 2005.

춘천의 역사고증과 상심낙사賞心樂事, 정약용, 《천우기행》과 《산행일기》

1.

마령馬嶺을 넘어 인람역仁嵐驛 앞까지 오자, 지쳐서 기운이 없고 뼈마디가 아팠다. 바라보니 아득히 멀리에서 강 한가운데 둥실 떠 협곡을 내려 오는 배가 세 척 보였다. 즉시 돌아보면서 "우리들이 본래는 배를 타고 서어천鉏鋙川까지 가서 낭천의 근원을 살펴보려 했었는데 여울 물살이 아주 나빠 거슬러 올라갈 수 없었으므로 말을 타고 간 것이었지. 이제 저 배를 타고 낭천의 물을 둥실 타고 내려가면 아주 좋지 않겠나?"라고 했다. 그래서 빨리 말을 달려 잠목천을 넘고 문암서원에 이르러서는, 종자從者들로 하여금 배를 끌어오라고 했다. 배가 오기에 보니, 바로 가노家奴인 용운龍雲의 배였다. 마침내 소아탄小兒灘에서 배에 올라, 보통천普通遷을 지났다. 가랑비가 조금씩 뚝뚝 듣자 동심원의 무늬가 수면에 일어나고, 안개와 구름이 끼어 아스므레하다. 경치가 기막히게 맑고 그윽하여 정신과 기운을 아주 투명하고도 기민하게 하여 준다. 강 서쪽의 큰 마을은 즉 서하西下 최씨崔氏가 살고 있다. 동쪽으로 수운담水雲潭에 정박했다. 이곳은 물과 뭍의 장사꾼들이 모이는 곳이다. 문門에 들어서니 좋은 탁주가 잘 빚어져 맛이 있다. 꼭 충주의 목계木溪와 같다. 오래 머물 수가 없어서 즉시로 말을 타고 소양정 아래로 왔다. 마치 집에 돌아온 듯한 기분이다.

춘천을 흐르는 강으로는 소양강 말고도 낭천狼川이 있다. 낭천은 지금의 화천에서 흘러와 춘천의 서쪽을 지나는 강물로, 지금은 그냥 북한강이라고 부른다. 정약용丁若鏞(1762-1836)은 낭천 강물을 배로 떠 오면서 거기서 느낀 흥취를 글로 표현했다. 1823년 4월 24일에 곡운에서 소양정으로 되돌아오는 길의 기록이다.

정약용 일행은 지친 몸을 배에 실었다. 때마침 가랑비가 내려 수면에 일어나는 동심원. 정약용은 또렷한 의식으로 강 유역의 관련 사항을 적어 갔다. "강 서쪽의 큰 마을에는 서하 최씨가 살고 있다. 동쪽으로 수운담에 정박했다. 이곳은 물과 뭍의 장사꾼들이 모이는 곳이다"라고 객관 사항을 또박또박 적은 구절에서 그 기민한 정신활동의 편린을 엿볼 수가 있다.

정약용은 59세 되던 1820년(순조 20) 음력 3월 24일에 소내(초천苕川, 우천牛川, 현재 경기도 남양주시 조안면 능내리)를 떠나 북한강을 거슬러 올라 춘천 일대를 유람했고, 62세 때인 1823년(순조 23) 음력 4월 15일에도 역시 마재(마현馬峴) 앞에서 배를 띄워 춘천에 와서 소양정에 오르고 현재의 화천에 속하는 명승지인 곡운구곡谷雲九曲을 돌아보았다. 한 번은 조카의 혼사에, 다른 한 번은 손자의 혼사에 동행한다는 명목이었다. 실은 정약용의 춘천 여행은 평소 춘천 일대를 답사하여 상고사의 역사 체계를 정립하는 한편, 산수자연이 아름다운 곳을 탐방하여 상심낙사賞心樂事(즐거운 마음과 즐거운 일)를 즐기고자 한 것이었다.

정약용은 상고사 체계에서 가장 해결하기 어려운 두 가지 문제, 즉 열수洌水·산수汕水·습수濕水를 비정比定하는 문제와 춘천과 맥국·낙랑의 관계를 밝히는 문제에 대하여, 답사를 통해 정론을 마련하겠다는 숨은 의도를 지니고 춘천을 찾았다. 이미 1811년(순조 11) 봄에 초고를 완성한 《아방강역고我邦疆域考》에서 위의 두 문제에 관해 일정한 결론을 내렸지만, 춘천 여행을 통해 그 결론을 지리적으로 확인하려 한 것이다.

1820년 3월에 협곡 안으로 들어간 것은 맏형님 정약현丁若鉉의 둘째 아들 정학순丁學淳이 춘천으로 장가들러 갈 때 동행한 것이다. 이 여행에서 정약용은 소양정에 올랐고 청평산 폭포를 보았으며, 절구 25수, 화두시和杜詩 12수,

25_춘천 소양강의 옛모습(上, 1994년 촬영)
26_춘천 우두벌의 옛모습(下, 1995년 촬영)

잡체 10수를 지어, 《천우기행권穿牛紀行卷》을 엮었다.

1823년 4월에는 장남 정학연丁學淵이 아들 정대림丁大林을 데리고 춘천으로 납채를 하러 가자 다시 동행했다. 정약용은 아예 널찍한 어선을 구하여 지붕 집처럼 꾸미고는 그 문설주에 '산수록재山水綠齋'라는 편액을 직접 썼다. 좌우 기둥에는 신작申綽이 "장지화가 초계와 삽계에서 노닐던 취미요"(張志和苕霅之趣), "예원진이 호수와 묘수에서 노닐던 정취라"(倪元鎭湖泖之情)는 대련對聯을 예서체로 쓴 것을 붙였다. 정학연의 배에는 "황효수와 녹효수 사이에서 노닌다"(游於黃驍綠驍之間)라고 썼고, 기둥에는 "물위에 뜬 집, 떠다니는 가택"(浮家汎宅)과 "물에서 자고 바람을 먹는다"(水宿風餐)라고 써서 붙였다. 그리고 병풍·휘장·담요·이불 등의 장구와 붓·벼루·서적 등에서부터 약탕기·다관茶罐·반상기·죽솥 따위에 이르기까지 모두 갖추었다. 이 두 번째 여행에서는 《산행일기汕行日記》를 적고, 북한강의 근원과 지류를 조사한 《산수심원기汕水尋源記》를 집필했다.

《천우기행권》은 시집인 데 비해 《산행일기》는 산문집이다.

2.

한강 유역은 조선 후기에 이른바 대기벌열待機閥閱들이 거주했던 곳이다. 그러나 당쟁사의 시각에서 벗어나 생각하면, 그 천부의 자연 조건이 지식인의 정신세계를 풍요롭게 했다고 말할 수 있다.

남양주시에 있었던 석실서원石室書院에서부터 정약용의 생가인 마재(마현馬峴)의 소내를 거쳐 소양강에 이르는 물줄기를 지도상에서 따라가 보기만 해도, 북한강 일대가 조선 후기의 문화사상사에서 매우 커다란 비중을 차지했었음을 알 수가 있다.

석실서원은 김상용·김상헌의 위패를 모신 사당인데, 1663년(현종 4)에 사액賜額을 받았고, 이후 김수항金壽恒 형제와 김창협金昌業 형제, 그리고 홍대용과 박지원 등 노론계의 대학자와 문인들을 배출했다. 한편 정약용이 1817년(순조 17)에 강진의 유배에서 돌아와 고향 마재에 정착했을 때, 소내의 남쪽 건너 마을인 광주廣州 사마루(사촌社村)에는 강화학파의 신작이 손수 밭을 일구면서 조선조 경학의 금자탑이라고 할 삼경三經《차고次故》를 편찬하고 있었다. 그리고 청평 근처 용문산의 설암정사雪庵精舍에서는 근대적 비판정신의 소유자 남기제南紀濟가 당색을 떠난 공론을 전개하여 《아아록我我錄》을 집필했다.

한강은 문화활동의 역동력이었고, 춘천의 소양강은 그 근원지처럼 인식되었다. 그렇기에 노론계 학자들은 곡운(조선 시대에는 춘천도호부에 속하고, 현재는 화천

27_일제강점기 일본 오사카 소재 와라지야(和樂路屋) 발행 조선 전도(부분)

군 사창면 삼일리와 영당리 일대임)에 화음동華陰洞 별천지를 경영했다. 또 많은 지식인들이 뱃길로 혹은 육로로 춘천을 찾았다.

특히 정약용은 젊어서부터 북한강 유역의 자연을 사랑했다. 또한 춘천을 역사적 연원이 오랜 고도로 여겨 사랑했다.

정약용은《산행일기》에서, 1823년 4월 15일 아침에 소내의 사라담鈔鑼潭에서 배를 내어 17일에 소양정 아래에 정박한 뒤 6일간 소양정 부근과 곡운 9곡을 돌아보고, 다시 24일 아침에 소양정 아래서 배를 띄워 25일에 사라담으로 돌아오기까지의 행로를 날짜별로 기록했다. 그 가운데 정약용은 소양정 아래부터 자신의 집까지 240리 36탄灘의 명칭을 명확하게 기록했다. 이 기록운 북한강의 본모습을 상상하는 데 귀중한 단서가 된다.

정약용은 여행 중에 북한강 및 춘천 지역의 유적과 생활문화, 인문지리에 관하여 깊은 관심을 두었고, 지명의 어원을 분석하고 역사학적으로 고증했다. 안보대촌安保大村에서 10여 리를 내려와 윗마을은 춘천줄길春川茁吉, 아랫마을은 가평줄길加平茁吉이라고 하는데, 정약용은 줄茁이란 한문으로 방鎊이라 보고,《문헌비고》에서 방鎊을 천遷이라 한 것이 그 증거라고 했다.

정약용은 청나라 제소남齊召南이 지은《수도제강水道提綱》에 한수漢水에 관한 기록이 잘못되어 있음을 보고 그것을 정정했다. 그는 이미 1814년 겨울에 우리나라 강물에 대해 검토하여 이청李晴으로 하여금《대동수경大東水經》을 편찬하게 한 바 있지만, 그 당시에는 한강 이하에 관해 기술하지 않았다. 1823년의 춘천 여행 뒤에 정약용은《산수심원기汕水尋源記》를 서술하여 한강의 수계水界에 관해 종합적으로 보고하게 되었다.

또한 정약용은《산행일기》에서 북한강 수로변의 여러 산업과 인문지리에 대해 상세하게 묘사했다. 이를테면 청평 부근의 사금 채취 사실을 기록한 것이 두 군데 보인다. 자잠촌紫岑村을 지나 병벽탄洴澼灘(빨래탄) 근처에서는 이 아무개가 40여 명이나 사람을 두고 대규모로 사금 채취를 하고 있다는 사실을 적었다.

그리고 마석뢰磨石瀨 부근의 수입촌水入村(蕪豆犁)을 지날 때 물가에 피리 불고 가야금 타는 두 악사를 발견하고 함께 태우고 물길을 따라 서너 리를 내려가면서 연주하게 했다고 한다. 유랑 예인들의 실태를 짐작하게 한다.

3.

정약용은 1820년 3월, 소양정 아래 배에 있었다. 당시의 소양정은 지금과는 달리 소양강가에 더 가까이 있었다고 한다. 정약용은 〈소양정 회고昭陽亭懷古〉 시를 지어, 봉의산을 중국 무이산武夷山의 만정봉幔亭峯에 비유해서, 상고 시대의 치열한 전장이 무이산 신선들의 세계처럼 낭만적 공간으로 바뀌었다고 노래했다. 버드나무 늘어진 강기슭에서 홀로 배를 푸는 어부를 바라보면서, 자신도 티끌 세상에 아무런 미련을 두지 않으련다고 생각했다. 하지만 상고 시대 역사에 대한 관심을 끊을 수는 없어서, 춘천이 맥국이 아니라 낙랑 지부였다는 주장을 시에 담았다.

어부가 수원水源 찾아 계곡에 들어서자
붉은 누각이 만정봉 앞에 솟아 있다
궁준·유무의 할거 자취 없어지고
진한·맥국 싸우던 일 가련하구나
우수주 옛 밭에는 봄풀이 아득하고
인제에서 흐르는 물에 낙화가 어여쁘다
깁 등롱에 기녀의 옷소매가 무슨 관계랴
강 버들 석양에 홀로 배를 푸노라

漁子尋源入洞天(어자심원입동천)
朱樓飛出幔亭前(주루비출만정전)
弓劉割據渾無跡(궁류할거혼무적)
韓貊交爭竟可憐(한맥교쟁경가련)
牛首古田春草遠(우수고전춘초원)
麟蹄流水落花姸(인제유수낙화연)
紗籠袖拂嗟何補(사롱수불차하보)
汀柳斜陽獨解船(정류사양독해선)

조위曹魏 때 낙랑태수樂浪太守 유무劉茂와 대방태수帶方太守 궁준弓遵이 바다를 건너 낙랑 지역을 거느려, 북으로 고구려를 막고 남으로 진한을 공격하여 진한 여덟 나라를 취했다는 기록이 있다. 정약용은 이때 낙랑이 근거로 삼은 곳이 바로 춘천이라고 주장했다. 위의 시에서 맥국 운운한 것은 실제 맥국을 가리키는 것이 아니다. 낙랑 남부 지부를 맥국이라 속칭하는 것을 시 속에 이용했을 뿐이다. 정약용은 두 번째 춘천 여행 때 이 시를 다시 환기했다.

1823년 4월 20일에도 정약용은 소양정 아래 배에 있었다. 이때 그는 〈맥변貊辨〉을 작성해서, 춘천을 맥국으로 불러온 종전의 견해들을 반박했다. 그리고 그 글을 《산행일기》에 수록했다.

《한서漢書》〈지리지〉의 낙랑군 속현 기록에 "소명昭明은 남부도위 치소治所"라는 구절이 있다. 정약용은 소명의 뜻이 소양昭陽과 같고 소양은 춘천을 가리킨다고 보아, 춘천에 낙랑의 남부도위 치소가 있었다고 주장했다. 소명현에 남부도위가 설치되었던 기간은 한나라 시원始元 5년(기원전 82)에서 후한 건무建武 6년(기원후 30)까지 112년간이다. 정약용은 그 이후로 소명현은 오랫동안 버려져 있다가 후한 건안建安 9년(204)에 공손강이 둔유현 이하에 대방군을 설치할 때 대방군에 흡수되었으리라고 추정했다.

정약용은 초기 백제의 동계에 위치하여 백제와 대립하던 말갈 세력이 춘천 일대를 거점으로 했다고 보는 설도 비판했다. 《맹자》〈고자告子·하〉 편에서 "맥 땅에는 곡식이 나지 않고 기장만 난다"라고 한 기록이나, 《한서》〈조조전鼂錯傳〉에서 "호맥의 땅에는 나무껍질이 세 치나 되고 얼음 두께가 여섯 치나 된다"라고 한 기록이 춘천의 실제 기후와 다르다는 점을 그 근거로 들었다.

조선 후기의 지식인들은 대부분 고조선과 낙랑의 강역을 한반도 내에서 찾으려고 하여, 열수를 한강이나 대동강으로 보았다(한반도란 말은 섬과 바다를 중심에 두는 일본인들이 만들어 낸 말이지만 대체할 말이 아직 없으므로 그대로 사용한다). 한백겸은 《동국지리지》에서 한강이 열수라고 추정했고, 이익은 《성호사설》에서 한강을 대수, 대동강을 열수로 보았다. 안정복도 한강이 열수라고 했다. 조선 후기 지식인들이 한반도 중심의 상고사 체계를 주장한 것은 우리 민족의 역사가 일정한 공간 안에서 역동적으로 이루어져 왔음을 입증하기 위해서였다. 정약용도《아방강역고》에서 우리 고대사의 중심 무대를 반도에 두었다.

정약용은 특히 북한강을 산수汕水라고 보았다. 이것은《사기집해史記集解》의 주注에서 장안張晏이 조선에 습수·열수·산수의 세 강이 있다고 한 것에 근거한다. 다산은 산汕이라는 글자의 짜임이 산악과 관련이 있으므로 산수는 산맥 사이를 경유하는 북한강을 가리키고, 습수는 남쪽의 저습한 지역을 경유하는 남한강을 가리킨다고 본 것이다. 춘천 여행에서 그는 심증을 더욱 굳혀, 산수란 곧 산골에서 나오는 춘천의 물과 낭천狼川(현 강원도 화천을 흐르는 북한강 상류)의 물이라는 결론을 내렸다.

춘천이 맥국이 아니라 본래 낙랑이었다고 보는 정약용의 설은 조선 고종 말년에《증보문헌비고》가 편찬될 때 수용되었다. 정약용은 맥족을 야만족이었다고 전제하여 맥족의 거주 지역을 반도의 동북방이나 만주 지역에 한정시켜 보았다. 그리고 춘천의 우두산을《삼국사기》에 나오는 낙랑의 우두산성이라고 간주했다.

4.

1823년 4월 18일, 정약용이 소양정 아래에 머물 때였다. 종일 어둑어둑하다가 저녁에야 개었는데, 동행인들이 소양정에 오르자고 권하는 것을 마다하고 정약용은 홀로 배 안에 누워 있었다. 이때 예조판서 이호민李好敏이 왕명을 받들어 함릉咸陵·영릉永陵·홍릉興陵을 살피고 돌아가는 길에 춘천을 거쳐 홍천으로 간다면서, 소양정에서 휴식하고 있었다. "국왕을 위해 일할 때에는 휴식할 겨를이 없다"(王事靡盬 不遑啓處)라고 했거늘 풍악 잡히고 쉴 겨를이 어디 있는가, 정약용은 못내 마음에 걸렸다.

그러다가 혼자 술집에 있을 때, 늙은 교졸校卒과 향갑鄕甲(즉 風憲)이 그를 찾아왔다. 정약용은 교졸과 향갑에게, 전 도호부사 이인부李寅溥가 부임한 지 얼마 되지도 않아 급히 벼슬을 내놓고 돌아간 이유를 물었다. 교졸과 향갑은 "관가가 장차 어찌 한단 말입니까?"라는 말을 다섯 차례나 사용하여 답답하고 촉급한 심경을 여실하게 드러내었다.

> 지금 춘주는 망했습니다요. 아무리 착한 분이 와서 다스린다 해도 어쩔 수 없으니까 벼슬을 내놓고 돌아가신 게지요. 관가 창고는 다 비었고, 나무칼 목에 쓰고 옥에 갇힌 아전이 십여 명이나 됩니다. 집안 가산을 몰수하려 하여도 그간에 탕진하여 물건이 없고, 친족을 연좌시켜 명부에 기록하려 하여도 모두 도망가 남은 사람이 없습지요. 그러니 관가가 장차 어찌 하겠습니까요? 군인의 머릿수가 비어 향갑에게 독납督納 임무를 맡겨 군전軍錢과 군포軍布를 납부하게 하니, 한번 향갑의 직임을 거쳤다 하면 거덜나지 않는 집이 없습지요. 그래서 부유한 백성 가운데 향갑의 물망에 오른 자들은 죄다 도망가고 없습니다. 남은 자들은 상喪을 당해 양립凉笠에 젯숟갈 꽂은 자가 고작입니다. 그러니 관가가 장차 어찌 하겠습니까요? 화전火田의 세금은 옛날에는 부府에서 걷어 갔는데 지금은 훈국訓局(훈련도감)의 관리가 와서 걷으면서 횡포를 부리는 것이 끝도 한도 없어요. 그래서 산비탈 밭들을 다 묵히고 있는 형편이지요. 그러니 관가가 장차 어찌하겠습니까요? 분원分院의 백토白土를 실은 배가 한 배당 600냥인데, 아전들이 모두 떼어먹어 해마다 부과액에서 모자라니 사옹원司饔院이 쯧쯧거리고 있습니다. 그러니 관가가 장차 어찌 하겠습니까요? 아전이 본래 80여 명이었지만 성실한 자들은 다 도망했습니다. 지금 겨우 남은 30여 명은 모두 아귀餓鬼요 갈마渴魔라서 돈을 보면 삼키고 곡식 보면 마셔대고 있습니다. 그러니 관가가 장차 어찌 하겠습니까요? 이제는 한나라 때 공수龔遂나 황패黃霸같이 어진 분들이 내림한다 해도 관직을 버리고 돌아가실 것이 뻔합니다.

당시 춘천도호부에서는 향갑이 군전과 군포의 독납을 맡았으나 액수를 채울 수가 없었다. 그래서 향갑의 직임을 거치면 집안이 거덜날 정도였다. 화전의 세금은 훈련도감 관리가 걷어갔는데, 횡포가 심했다. 경기도 광주군 남종면 분원리에 있었던 관영 사기 제조장인 분원分院에 댈 백토(즉 陶土 '질')는 한 배당 600냥씩 공납액이 정해져 있었으나, 아전들이 떼어먹어 부과액에서 모자랐다. 아전은 정액(정원) 80명 가운데 30여 명만 남았고, 남은 아전들은 탐학하기 짝이 없다. 아전의 정액이 80명이라는 것은《관동읍지關東邑誌》에서 아전(52명)과 지인(30명)을 합하여 정액 82명이었던 것과 대개 일치한다.

소양정 아래서 교졸과 향갑으로부터 춘천도호부의 실상을 전해들은 정약용은 그 사흘 뒤인 4월 21일에 사외창史外倉에서 방량放量하는 것을 목격했다. 방량은 봄에 곤궁한 농민들에게 곡식을 대여하는 것을 말한다. 사외창은 1829-31년의《관동지》에 사탄외창史呑外倉으로 기록되어 있다. 현재는 화천에 속해 있지만 당시에는 춘천도호부에 속해 있었다.

> 이날 양곡을 푼다고 해서 산간 백성이 수십여 명 모여 있다. 관창官倉에 곡식이 결손된 것이 많아 그저 이름만 방량한다 하고 결손을 미봉彌縫하는 데 불과함을 알 수 있다.

현실인식이 예리했던 정약용은 방량의 사실을 아름다운 정치로만 볼 수 없었다. 그는〈곳마을에서 잠시 쉬며〉(倉村小憩) 시에서도 위정자들의 실정失政(정치를 제대로 실행하지 못함)을 비판했다.

> 작은 관창 쇠잔한 마을, 기색이 처량한데
> 모내기철이라 양곡을 푼다는 군 관례대로
> 하늘 뻗친 소기蕭氣를 그 누가 변별하랴
> 도호부 당중에는 밤새 등화만 춤추는 걸
>
> 小廥殘村氣色凉(소괴잔촌기색량)
> 揷秧時節例頒糧(삽앙시절예반량)
> 彌天蕭氣誰能辨(미천소기수능변)
> 都護堂中舞檠長(도호당중무경장)

정약용은 박지원의《열하일기》로부터 "중국 소산蕭山의 현리縣吏는 법령을 마음대로 주물렀다"라고 한 구절을 인용하여 적었다. 아전이나 하급관리가 법령을 멋대로 주무르는 것을 무문농법舞文弄法이라고 한다. 정약용은 이 성어로 춘천도호부 아전들의 농간을 비판하는 한편, '무舞' 자를 이용해서, 춘천도호부의 부사가 밤새 밝혀 둔 등잔불의 춤추는 형상에 빗대었다. 도호부사가 정치를 제대로 하지 못하여 아전들이 농간을 부리고 있다고 비판하는 뜻을 이 시에 담은 것이다.

5.

정약용은 춘천 청평사를 돌아보면서, 이자현李資玄(1061-1125)의 은둔을 추억했다.

이자현은 인주 이씨(경원 이씨)로 고려 예종, 인종 때 외척권세가였던 이자겸李資謙의 사촌이다. 인주 이씨는 현종 때부터 외척 세력으로 등장했다. 이자겸의 조부 이자연李子淵의 세 딸이 문종의 비였고, 이자연의 맏아들 이의李顗의 딸은 선종의 비, 둘째 아들 이호李顥의 딸은 순종의 비였다. 이자겸은 둘째 딸을 예종의 비로 삼고, 예종이 재위 17년 만에 죽고 외손 인종이 1122년에 어린 나이로 즉위하자 셋째 딸과 넷째 딸을 왕비로 들여 넣었다. 성장한 인종은 1126년에 이자겸을 제거하려고 했는데, 이자겸은 인종을 독살하려다가 실패하여 귀양 가서 죽고 그의 두 딸도 폐위되었다.

이자현은 일족이 영화를 누리던 1089년(선종 6)에 과거에 급제하여 대악서승이 되었다. 그러나 관직을 버리고 춘천의 경운산慶雲山으로 들어와 은둔했다. 그곳에는 부친(이의)이 1068년(문종 22)에 백암선원白巖禪院을 중창하여 보현원普賢院이라 이름 지은 사찰이 있었다. 이자현은 그것을 문수원文殊院으로 이름 바꾸고, 산 이름도 청평산淸平山으로 고쳤다. 그리고 계곡에다 그저 두 무릎을 붙일 정도의 기러기 알처럼 좁은 공간에 식암息庵을 만들고 참선을 일과로 삼았다. 임진강을 건너 청평산으로 향할 때 다시는 나루를 건너지 않겠다고 맹세했으므로, 예종도 즉위 12년(1117)에 남경(지금의 서울)에 행차해서 삼각산으로 그를 불러 만나보았을 뿐이다. 37년 동안이나 청평사에 은둔했으며, 이자겸의 난이 있기 전에 죽었다. 유골은 유언대로 청평사 영지影池에 안장되었다고 한다. 뒤에 진락眞樂의 시호가 내렸다.

정약용은 이자현의 은거를 긍정적으로 평가하여 〈밤에 청평사에 묵다. 소동파의 '반룡사'에 화운함〉(夜宿淸平寺 和東坡蟠龍寺)이란 제목의 시를 남겼다.

바윗새 뚫고 동쪽으로 기락천 지나
넝쿨 잡고 북쪽으로 청평 골에 들어가니
청평거사 진락공 이름이
역사책에 찬란하다
우르릉 옥색 폭포가 네 층에 걸렸고
구불구불 구름내는 아홉 굽이 서렸는데
돌판의 가로세로는 괘선처럼 반듯하고
쇠지팡이 삐죽하게 대죽보다 높이 섰다
향초 바른 후궁이 얼음산 될 줄 알았고
소장蕭牆에 바람 불어 촛불 꺼지려니 예견했다
칠귀七貴 인끈 풀고 삼베옷 꿰어 입고
오후정 음식 뱉고 나물을 먹었다
궁궐서 독 든 떡을 까마귀가 먹었다 들었거니
산 속에서 죽 쑤어 먹은 일이 어떠했나
삼각산 머물 당시 대수〔임진강〕는 희었고
그가 심은 아홉 솔이 이제도록 짓푸르다
애석하다 이 사람 소림산에서 선禪에 숨었지
촉재蜀才 청성처사마냥 주역을 논하지 않았다니
작은 허물로 흰 옥결을 가릴 수는 없지
땅벌레를 고니새에 비길 수 없으리니

鑽石東經幾落遷(찬석동경기락천)
捫蘿北入淸平谷(문라북입청평곡)
淸平居士眞樂公(청평거사진락공)
史冊流徽光煜煜(사책류휘광욱욱)
舂撞玉瀑垂四層(용당옥폭수사층)
屈折雲溪縈九曲(굴절운계영구곡)
石枰經緯方似罫(석평경위방사괘)
鐵杖杈椏高於竹(철장차아고어죽)
懸知椒塗氷作山(현지초도빙작산)
逆覩蕭牆風滅燭(역도소장풍멸촉)
解七貴綬穿麻衣(해칠귀수천마의)

吐五侯鯖茹香蔌(토오후청여향속)
已聞宮裡烏啄餠(이문궁리오탁병)
何如山中炰作粥(하여산중부작죽)
三角當時帶水白(삼각당시대수백)
九松至今繁陰綠(구송지금번음록)
惜此逃禪少林嵩(석차도선소림숭)
恨不談易青城蜀(한불담역청성촉)
微瑕未足掩白珩(미하미족엄백형)
壤蟲要難比黃鵠(양충요난비황곡)

청평사에는 돌판과 쇠지팡이가 있었는데, 모두 이자현의 유물이라고 했다. 향초 바른 방은 왕비의 방을 말하는데, 그 방에 얼음산이 생긴다는 말은 왕비가 쫓겨난다는 뜻이다. 이자겸이 옥에 갇힌 뒤에 인종이 "소장에서 재앙이 일어났다"라고 말했으므로, 이 시에 '소장' 운운했다. 이자겸은 독약 넣은 떡을 진상했으나 인종이 그것을 까마귀에게 주어 까마귀가 먹고 죽는 바람에 죄상이 발각되었다. 이자겸이 독약 넣은 떡을 만든 것과 비교할 때 이자현이 산 속에서 나물죽을 만든 것은 얼마나 현명한 일인가. 이자현은 또 청평산 어구에 아홉 그루 소나무를 심어, 자신의 정정한 뜻을 상징적으로 드러내었다.

정약용은 이자현이 청평산 은거를 칭송했지만, 이자현이 참선한 일에 대해서는 불만을 느꼈다. 중국의 청성처사 범장생范長生은 촉 땅에 은거하면서 《주역》을 깊이 연구하여 그 이치를 깨우쳤으므로 그를 촉재라고 부른다. 이자현은 우리나라의 촉 땅인 춘천 청평산에 은거하면서 촉재 범장생과는 달리 유학을 공부하지 않았으므로, 그점을 애석하게 여긴 것이다. 하지만 퇴계 이황이 "작은 허물로 옥의 흰 결을 가리지 말라"(莫把微瑕掩白珩)라고 했던 말을 인용해서, 이자현의 은둔을 일정하게 평가해 주어야 한다고 했다.

이황은 명종 때 재상어사의 임무를 띠고 강원도의 흉작 상황을 조사하러 왔다가 청평산 아래를 지나면서 이자현의 일을 상기하고 시를 지었다. 이때 이황은 장편의 서문을 붙여서, 이자현의 은둔을 긍정하는 주장을 힘 있게 전개했다.

본래 이자현의 청평산 은거에 대해서는 진정으로 자연에 묻힌 것이라는

28_청평사 뒤편의 청평선동

평가와 헛된 명성을 노린 것이라는 혹평이 있었다. 더구나 《고려사高麗史》는 이자현이 농장을 만들어 백성들을 괴롭혔다는 혹평을 덧붙였다. 그러나 이황은, 이자현의 은거를 나쁘게 말하는 것은 영리를 탐하는 사대부들이 불편해하여 그러는 것이라고 비판하고, 이자현이 농장을 둔 것도 영리를 추구해서가 아니었을 것이라고 변론했다.

> 바위를 베개 삼고 흐르는 물로 양치하여 바위 굴에서 말라죽었다는 명성과, 화려한 의복을 걸치고 국가에서 세워 준 훌륭한 비문에 사적이 실리고 음악으로 칭송하여 주는 명성을 비교한다면 어느 것이 낫다 하겠는가? 세속의 소견으로는 두 가지가 다 명성이라 하겠지만, 한쪽은 고초가 심하고 한쪽은 너무도 안락하여 그 차이가 심하다. 이자현으로 말하면 화려한 명성은 부끄럽게 보아서 결연히 떠나기를 마치 몸을 더럽히기라도 할까 봐 염려하듯 했고 고초를 흔연히 택하여 흔들림 없이 한 생애를 마쳤다. 이와 같은데도 명성을 위하여 한 짓이라고 한다면 어찌 인정에 타당한 논조라 하겠는가? 탐학하고 인색했다는 말도 정당한 언론이라 하겠는가? 이 점에서 볼 때 나는 그가 가슴 속에 반드시 혼자 즐기는 것이 있어서였지 결코 세속에서 이렇다 저렇다 할 바가 아니라고 확신한다. 그러기에 나는 이자현에게 못내 정이 간다.

정약용보다 앞서 정시한도 이황의 견해에 동조한 바 있다.

정시한과 정약용은 이자현의 유적으로 구송대를 언급했다. 구송대 부근의 폭포를 구송폭포라고 한다. 그런데 현재는 와전되어 구성폭포라 하고, 아홉 가지 소리가 들리기 때문에 그런 이름이 붙었다고 전한다. 얼마나 우스꽝스러운 일인가.

6.

정약용은 여행을 상심낙사賞心樂事(경치를 구경하는 풍류스러운 마음과 즐거운 일)로서 파악했다. 그렇기에 1820년에 춘천으로 향하면서 산수자연의 아름다움에 진정으로 감탄하고, 그 끝에 유배지에서 쓸쓸히 죽음을 맞았던 작은 형 정약전이 함께하지 못하는 것을 슬퍼했다.

> 예순 살 먹은 늙은이가 일흔 살 형을 따라
> 과피선(조각배)으로 수월하게 강을 오른다
> 해마다 이 즐거움 어찌 적으랴만
> 연못가에 봄풀 돋자 그리움 더해라
>
> 六十翁隨七十兄(육십옹수칠십형)
> 瓜皮容易溯江行(과피용이소강행)
> 年年此樂寧云少(년년차낙녕운소)
> 只是池塘草又生(지시지당초우생)

마지막 구의 "연못가에 봄풀 돋는다"는 표현은 본래 남조 송나라의 시인 사영운謝靈雲이 지은 〈연못가 누각에 올라서〉(登池上樓)라는 시에서 따온 것이다. 사영운은 조카 사혜련을 마주하고 있노라면 좋은 시구가 떠오른다고 했다. 어느 날 시를 짓다가 완성하지 못하고는 얼핏 잠이 들었는데, 그 꿈에 사혜련을 만나보고 "연못가에 봄풀 돋는다"(池塘生春草)라는 구절을 얻었다고 한다. 정약용은 평소 자신을 계발해 주던 둘째 형과 자신과의 관계를 그 두 사람처럼 정신적 교감의 관계라고 여겨 왔던 것이다.

1820년에 엮은 《천우기행권》의 마지막 시 〈협곡을 나오며〉(出峽)는 상심낙사의 여행자만이 느낄 수 있는 생명력을 담고 있다.

협곡을 나오자 하늘 땅 웅대하고
배를 매는 곳에 초목이 정지해 있다
먼 봉우리에는 솔방울이 검고
맑은 물가에는 인동초 잎 푸르구나
물 위로 왔다가 다시 돌아가
인간세상에 취해 깨지를 못하다니
시절을 슬퍼한다고 무슨 보탬 되랴
머리 희도록 경전이나 파련다

出峽乾坤大(출협건곤대)
維舟草木停(유주초목정)
遠峯松點黑(원봉송점흑)
晴渚鷺絲靑(청저노사청)
水上來還去(수상래환거)
人間醉不醒(인간취불성)
傷時竟何補(상시경하보)
頭白且窮經(두백차궁경)

정약용은 자신의 연구가 세상 구원에 무슨 의미가 있을지 단언하기 어렵지만 자신의 연구를 통해 경세의 뜻을 더욱 가다듬겠다는 결심을 내비친 것이다.

1823년의 여행에서 정약용은 화음동의 곡운 구곡의 풍광을 사랑하고, 스스로 새로운 승경지를 정하여 곡운 구곡을 개정하기까지 했다.

곡운은 현재 화천군 사창면 삼일리와 영당리 일대에 해당한다. 골짜기를 '실'이라 했으므로, 실운實雲이라고도 표기했다. 이곳은 조선 후기에 김수증金壽增(1624-1701)을 추모하기 위해 세운 곡운 영당影堂이 있었다. 현재는 유적비가 세워져 있다. 김수증은 김상헌의 손자, 김창협과 김창흡의 백부로, 처사의 성향을 지녔던 인물이다. 1668년(현종 9)에 춘천을 거쳐 평강 현감으로 부임하는 도중에 저어촌齟齬村을 지나면서 화악산華嶽山 북쪽의 풍광에 관한 이야기를 듣고, 현감을 그만둔 1670년(현종 11) 3월에 서울을 떠나 이곳에 초가를 지었다. 1674년(현종 15) 제2차 예송(갑인예송)으로 서인이 세력을 잃자, 1676년(숙종 2)에 성천부사의 직을 버리고 가족을 이끌고 이곳으로 들어왔다. 당시 51세였다. 그는 '실운'의 이름을 '곡운'으로 고쳤는데, 실은 주희朱熹가 무이정사武夷精舍를 세운 '운곡雲谷'이란 지명을 참고로 하기도 했을 것이다. 1687년(숙종 13)의 기사환국 때 아우 김수항이 죽자, 김수증은 곡운정사에서 4, 5리 북쪽에 화음동정사華陰洞精舍를 경영하기 시작해서 1699년(숙종 25)까지 10년간에 걸쳐 완성했다. 1694년에 갑술옥사로 다시 관직에 임명되었지만 사퇴했다. 곡운과 화음동은 노론 지식인의 귀거래의 이상향으로 되었다. 송시열도 생전에 곡운과 화음동을 예찬한 글을 다수 남겼다. 화음동은 송시열이 강학하던 청주 화양동에 비견된다.

29_화천군 사내면의 곡운부사 김수증 추모비

1823년 4월에 정약용은 늙은 암말을 타고 곡운의 구곡을 돌아보았다. 동행한 이재의는 작은 가마를 탔고, 아들 정학연은 노새를, 이경지와 윤종원은 말을 탔다. 그들은 서원 안에서 김수증이 9곡의 자연풍광을 그려 둔 화첩을 발견했다. 그림을 그린 사람은 조세걸曺世杰이고, 화제畵題를 쓴 사람은 김수증이었다. 주자의 〈무이도가武夷櫂歌〉의 운자로 김수증이 먼저 읊고 아들과 조카들이 각각 한 곳씩 읊었다. 제1곡은 방화계傍花溪, 제2곡은 청옥협靑玉峽, 제3곡은 신녀협神女峽, 제4곡은 백운담白雲潭, 제5곡은 명옥뢰鳴玉瀨, 제6곡은 와룡담臥龍潭, 제7곡은 명월계明月溪, 제8곡

30_가평군 설악면 미원서원迷源書院 터(1994년 촬영). 부근에 다산의 문암장門巖莊이 있었다.

은 융의연隆義淵, 제9곡은 첩석대疊石臺였다.

정약용은 김수증이 선정한 9곡 가운데 7, 8, 9곡은 인가에 가깝고 물빛과 산빛이 미약하므로 9곡에 충당할 수 없다고 했다. 그래서 곡운 구곡을 새로 선정하고자 하루 종일 곡운 부근을 탐승했다. 그리고 세 곳을 별도로 골라서, 김수증이 선정했던 구곡 가운데 제7, 8, 9곡을 대신했다. 즉 다음과 같이 개정했다.

> 일곡은 망화계網花溪. 도원동桃源洞 어구와 같으므로 방傍 자를 망網으로 고친다.
>
> 이곡은 설벽와雪壁渦. 새로 넣는다.
>
> 삼곡은 망단기望斷碕.
>
> 사곡은 청옥담靑玉潭. 협峽 자를 담潭으로 고친다. 본디 둘째 구비다.
>
> 오곡은 신녀회神女匯. 협峽 자를 회匯로 고친다. 본디 세째 구비다.
>
> 육곡은 벽의만碧漪灣. 새로 넣는다.
>
> 칠곡은 백운담白雲潭. 본디 넷째 구비다.
>
> 팔곡은 명옥뢰鳴玉瀨. 본디 다섯째 구비다.
>
> 구곡은 와룡담臥龍潭. 본디 여섯째 구비다.

정약용은 자신의 개정으로 비로소 9곡의 이름과 실제가 부합하게 되었다고 했다.

춘천 여행에서 돌아온 뒤 5월 4일에 정약용은 주자의 〈무이도가〉 운韻을 이용해서 〈곡운구곡시谷雲九曲詩〉를 지었다. 서시는 이러하다.

> 먼짓길에서는 마음 기를 게 도무지 없어
> 외진 곳에 하늘이 맑은 물과 바위를 두었구나
> 이러저런 사려로 북새 떠는 곳을 떠나
> 또렷이 새겨 두세, 구름 산 폭포소리
>
> 塵塗無物養心靈(진도무물양심령)
> 僻處天藏水石淸(벽처천장수석청)
> 須從百慮交喧地(수종백려교훤지)
> 醒記雲山瀑布聲(성기운산폭포성)

만년의 정약용은 구름 산의 폭포 소리를 떠올리며 와유臥遊의 즐거움을 느꼈을 것이다.

참고문헌

정약용, 《천우기행穿牛紀行》, 《여유당전서》 제1집 제7권, 신조선사본 / 《천우기행권》, 남애南涯 안춘근安春根 님 옛 장서, 현 한국학중앙연구원 소장 필사본 《여유당집》.
정약용, 《산행일기汕行日記》, 《여유당전서》 제1집 제22권, 신조선사본.
심경호, 《정약용과 춘천》, 강원대학교 출판부, 1995.

남자의 복장으로 떠난 산수 유람,

김금원, 《호동서락기》

1.

표훈사表訓寺로 향하니, 오른쪽에는 중향성衆香城이 끼고 있고 왼쪽에는 지장봉地藏峯이 솟구쳐 있어, 그윽하고 아득하며 깊고 으슥하다. 오른쪽 길은 아주 험하여, 외나무다리를 건너 절에 이르렀다. 문루는 능파루凌波樓라 한다. 법당과 여러 암자를 구경하고 백운대白雲臺에 올랐다. 팔뚝만 한 굵기의 쇠줄을 붙잡고 오르는데, 벌벌 떨리는 것이 마치 하늘에 오르는 기분이었다. 1만 인仞의 깊은 골짝을 내려다보니, 사찰이 운무 사이에 은은히 비쳐서 마치 그림 속 경치 같다. 보덕굴普德窟로 가서 보았다. 무갈봉無竭峯 아래 있는데, 작은 암자가 그 위에 있다. 한쪽은 산 모서리의 뾰족한 바위에 의지했고 일면은 봉우리 아래에 수백 인仞 높이로 바위를 포개었다. 구리 기둥을 세우고 허공에 얽고 걸쳐서 서너 칸 암자를 만들었다. 그리고 구리 기둥에 쇠줄을 칭칭 동여매고 그 한 끝을 드리워서 사람들로 하여금 붙잡고 오르게 해두었다. 하지만 흔들흔들 너무나 위태로워서 담이 떨리고 허벅지가 후둘후둘해서 감히 아래를 굽어 내려다볼 수가 없다. 옥 부처 하나를 안치했고, 그 앞에는 대야만 한 크기의 금향로를 두었는데, 무거워서 들 수가 없다. 전하는 말에 정명공주貞明公主〔조선 선조의 첫째 공주〕가 시주한 부처라고 한다. 암자는 크지 않았으나 생각건대 재물을 거만금 허비했을 듯하다. 승려의 말에, 옛날에 한 비구니가 이 굴 속에서 수도하다가 그대로 좌화坐化했으므로 무리들이 힘을 합해 암자를 쌓아 예불을 하게 되었다고 하며, 그래서 암자와 굴을 모두 보덕이라고 이름하게 되었다고 한다. 곁에는 폭포가 하나 있는데, 넓게 깔리듯 흘러 평평하고 너른하며, 바위 면에 쏟아져 내린다. 절벽이 두 층을 이루어서, 담潭이 하나는 둥글고 하나는 모나다. 맑은 여울과 날리는 포말이 차가워서 가까이 다가갈 수가 없다. 곁에 백천동百川洞이 있고, 동 안에는 와폭臥瀑이 있는데, 바위 구멍 사이로 쏟아져 뚫고 나와, 물이 모여 깊은 담을 이루었으니, 이른바 명연鳴淵이다. 그러나 내川는 볼 만하지 않다. 백천이란 이름을 어떻게 얻었는지는 알 수 없다. 서너 리를 가니, 벽하담碧霞潭과 비파담琵琶潭이 지척 사이에 이어져 있다. 옥이 바서지고 비단 폭이 옆으로 펼쳐진 듯하여, 갈수록 기이하고 장대하다. 냇가에 엎어진 바위는 위로 구멍이 뚫려 있어서, 샘이 저절로 솟아 나온다. 길가에 궁륭 모양의 바위가 있다, 아래는 마치 빈 집 같아, 비 올 때 들어가 피신할 수가 있는데, 볼 만한 곳이 아님이 없다. 조금 위로 올라가자 한 작은 못에 마주쳤다. 이름을 백룡담白龍潭이라 하여, 그 백색의 뜻을 취했으나, 팔담八潭에는 들어가지 않는다. 다시 수십 걸음을 가니, 바위 위에 비폭飛瀑이 쏘아서 내리는데, 물빛이 청흑색이다. 이름을 흑룡담黑龍潭이라 한다. 가고 가서 앞으로 나아가자, 반석이 마치 절구처럼 파인 것이 있어서, 물이 그 안에 저장되어 있다. 이름을 세수분洗手盆이라 한다. 수십 걸음을 지나자 폭포가 있어, 물빛이 자못 푸르다. 이름을 청룡담青龍潭이라 한다. 이것이 팔담의 원두源頭이다. 종일 폭포 속을 가니, 소리가 마치 산이 무너지고 골짝이 갈라지는 듯하다. 기이한 꽃과 이상한 풀들, 날짐승과 길짐승들이 기기괴괴하여 이루 다 형용할 수가 없다. 오선봉五仙峯 소향로봉小香爐峯의 두 산 사이에서부터 첩첩 시내가 돌아 나오고 굽어 나와 합해서 하나의 큰 물 흐름을 이루니, 곧 이름을 만폭동萬瀑洞이라고 한다. 담 가에는 큰 바위가 있고 그 위에는 '봉래풍악 원화동천蓬萊楓岳元化洞天'이라는 여덟 글자가 크게 적혀 있다. 전하는 말에 선인仙人 양봉래楊蓬萊〔양사언〕이 쓴 것이라고 한다. 은 갈고리 같고 쇠줄 같으며 용과 뱀이 날고 튀어오르는 듯한 글씨체이다. 그 위에는 작은 병풍석이 있고, 또 김곡운金谷雲 팔분八分의 글씨체로 쓴 '천하제일명산天下第一名山'이라는 여섯 글자가 새겨져 있다. 오선봉五仙峯에서부터 청학대青鶴臺가 끼고 있으면서 두 개의 궁륭석이 서로 덮어 문을 이루고 있다. 이른바 금강문金剛門이다. 청학봉青鶴峯은 뭇 돌들을 겹겹이 포개어 마치 항아리 같기도 하고 대고리 같기도 하다. 뾰족한 바위 위에 곧 네모난 바위를 덮어 두어서, 마치 돌로 만든 불감佛龕 같은 것도 있고, 마치 모자나 복두를 쓴 것 같은 것도 있다. 바위 위에는 날아가는 까마귀가 똥을 떨어뜨린 자취가 어지럽게 찍혀 있다. 정말로 선학仙鶴이 서식할 만한 곳이다. 전하는 말에 옛날에는 청학青鶴이 둥지를 깃들여서 이 봉우리에서 부화하여 태어났으나, 양봉래의 '원화元化'라는 큰 글자에 기운을 빼앗겨서 날아가 버리고 다시는 돌아오지 않았다고 한다.

마침내 그 곁에 이름을 새겼다. 시는 이러하다.

중향의 구역으로 방향 바꿔 들어가니 경지가 더욱 새로운데
낙화와 방초는 진세의 지난 모습을 연상시켜 슬프도다.
칠분七分〔막 무르익음〕의 나무 빛은 그림 같은 봄 풍경
1만 휘 옥이 쏟아지는 샘 소리에 동구는 가난하지 않아라.
달이 떠서 삼오야〔보름밤〕이 갓 지난 때이니
망향의 마음 일어도 몸을 천·억으로 화化하기는 어려워라.
깊은 산 해가 질 때 편편이 학이 나니
이 모두 지난밤 꿈 속에서 보았던 사람이려니.

轉入香區境益新(전입향구경익신)
落花芳草悵前塵(낙화방초창전진)
七分樹色春如畵(칠분수색춘여화)
萬斛泉聲洞不貧(만곡천성동불빈)
得月纔經三五夜(득월재경삼오야)
望鄕難化億千身(망향난화억천신)
深山落日翩翩鶴(심산낙일편편학)
俱是前宵夢裏人(구시전소몽리인)

방향을 바꾸어 수미탑須彌塔으로 갔다. 탑은 수미봉須彌峯 아래에 있어, 완연히 백색의 능단과 흑색의 능단이 골고루 섞여서 허공 속에 퇴적하여 높이 꽂혀 있는 듯하다. 앞에는 암석이 평평하게 깔려 있고, 폭포 물이 그 위를 흐르는데, 빙설이 여전히 남아 있다.

이 글은 사대부 여성 김금원金錦園(1817-?)의 《호동서락기湖東西洛記》 가운데 금강산 유람기의 일부이다.

김금원은 14세 때인 1830년(순조 30, 경인) 춘3월에 제천 의림지를 방문하고, 단양으로 가서 사인암을 보았으며, 영춘으로 향하여 금화굴金華窟과 남화굴南華窟을 구경했다. 다시 청풍으로 가서 옥순봉玉筍峯을 구경했다. 이렇

게 사군四郡의 명승을 다 본 뒤에 금강산으로 향했다. 금강산에서는 단발령, 장안사, 표훈사, 수미탑, 정양사, 마하연암, 안문령, 청련암, 원통곡, 사자봉, 수렴동의 팔담八潭, 유점사를 거치거나 돌아보고 구령狗嶺을 넘어 금강산을 벗어났다.

김금원은 금강산 유람을 마친 뒤 통천으로 가서 금란굴과 총석정을 구경하고, 고성으로 가서 삼일포, 사선정, 명사鳴沙를 돌아보고, 간성으로 가서 청간정에 올랐다. 양양의 낙산사와 의경대를 보고, 강릉의 경포대, 울진의 망양대, 평해의 월송정, 삼척의 죽서루에 올랐다. 관동팔경을 다 본 뒤에도 미련이 남아서 인제로 가서 설악산을 찾았다. 그리고 백담사白潭寺와 수렴동水簾洞을 구경한 뒤 비로소 경성으로 향했다.

김금원은 이때의 유람 기록을 34세 때인 1850년(철종 원년)에 《호동서락기》를 엮였다.

2.

김금원은 본관과 이름이 미상이다. 호가 금원이다. 원주에서 출생하고 거주했다. 본래 양반의 서녀였는데, 원주 감영의 기생으로 들어갔다가 나중에 규장각 학사를 지낸 김덕희金德喜(1800-?)의 부실이 되었다. 어릴 적부터 시문을 두루 익혔는데, 14세 무렵에는 이미 감영의 기생인 영기營妓로 있었던 듯하다. 1845년에는 의주부윤으로 부임하는 김덕희를 배행했고 1847년에는 다시 서울로 돌아왔다. 이후 김덕희의 거처인 용산의 삼호정三湖亭에서 기거하며 문학에 몰두했다. 그 결과 1850년에 《호동서락기》를 탈고하는 한편, 서기보徐箕輔의 부실로서 시인이었던 박죽서朴竹西의 《죽서시집竹西詩集》에 발문을 지었다. 또한 이 무렵에 '삼호정시단三湖亭詩壇'을 결성했는데, 동인들은 기생 출신이거나 소실들이었다. 곧, 김운초金雲楚, 박죽서, 경산瓊山, 그리고 아우 경춘瓊春이 그 동인들이다. 아우 경춘도 소실이었다.

김금원은 남자들은 사방을 주유하려는 뜻을 지녀 그것을 실현함으로써 존경을 받지만 여성은 오로지 술과 음식의 간을 맞추는 일을 논할 뿐, 규중에 깊이 거처하여 스스로의 총명과 견식을 넓힐 수가 없다는 사실을 서글퍼했다.

> 천하의 강산은 크고, 고금의 일월日月은 오래다. 인간사의 오고 오고 가고 가고 하는 것은 일만 가지로 다르다. 생물의 색과 색 형과 형도 역시 일만 가지로 다르다. 산은 본래 하나이되, 끝내 흩어져 일만 가지로 되어 백태천상百態千狀의 다름이 있고, 물은 본디 일만 가지로되 끝내 하나로 회합하여, 천파만절千波萬折의 다름이 있다. 날고 잠기고 움직이고 심어져 있어 기형이상奇形異狀의 같고 다름이 모두 조화의 자취가 아닌 것이 없다. 사람이 태어남은 천지 음양과 오행의 정령을 만물로부터 품부받되, 남녀의 차이와 재기才器의 고하, 직량職量의 대소와 그리고 수요壽夭, 귀천, 빈부도 역시 만 가지로 다르다. 요임금과 순임금의 높고 우뚝했으나 공자와 맹자는 분주했던 것은 시절이 달랐기 때문이다, 안연顔淵은 요절했으나 도척盜跖은 장수를 누린 것은 명命이 달랐기 때문이다. 직稷과 설契은 보좌를 하고 이윤伊尹과 여망呂望은 보필이 되었으나 영무자甯武子는 어리석은 체하고 기자箕子는 미친 척했던 것은 현군을 만남의 행운과 불행이 달랐기 때문이다. 그러므로 시절을 얻어서 군주를 요순의 경지로 올리고 백성들에게 은택을 끼쳐서 죽백〔역사책〕에 이름을 드리우는 자도 있고, 세상과 만나지 못하고 좋은 옥과 같은 재능을 품고도 초목과 마찬가지로 썩어 버리는 자도 있다. 혹은 문장으로 세상을 울리기도 하고, 혹은 절개와 의협으로 소문이 나기도 한다. 혹은 자신의 뜻을 고상하게 지켜서 산수의 사이에 소요하기도 하고, 혹은 세간사를 버려 두고서 시와 술의 장에서 즐기는 자도 있다. 대개 대부분의 뜻을 얻지 못한 자들은 낙심하여 울적해하여 스스로의 마음을 틔우고 유쾌하게 하려고 한다. 그렇기는 하지만 눈으로 산하의 큰 것을 보지 못하고 마음으로 사물의 많은 사실들을 경험하지 않으면 그 변화에 통하여 이치를 통달할 수가 없어서, 국량局量이 협소하고 견식이 트이지 않는다. 그러므로 어진 이는 산을 즐기고 지혜로운 자는 물을 좋아한다. 그리고 그것이 남자들이 사방四方의 뜻〔천하 사방을 두루 노닐려는 뜻〕을 둠을 귀하게 여기는 이유이다.
>
> 여자의 경우에는 발이 규합의 바깥으로 나가지 않고, 오로지 술과 음식의 간을 맞추는 일을 논할 뿐이다. 지난날, 문왕·무왕과 공자·맹자의 모친은 모두 성스러운 덕을 지녔고, 또 성스러운 자식을 낳았으므로, 이름이 만세의

아래에까지 드러났다. 이것은 혁혁하여 칭송할 만한 것으로, 가까스로 있을 뿐이지 절대로 없다. 여자 가운데 무리에서 벗어나 홀로 뛰어난 자로서 어찌 그런 사람이 없겠는가? 그렇기는 하지만 규중에 깊이 거처하여 스스로의 총명과 견식을 넓힐 수가 없어서, 결국 완전히 잊혀 버림으로 귀결되니, 어찌 슬프지 않은가?

김금원은 여자로 태어났고 그것도 한미한 집에 태어났기에 불행하다고 할 수 있지만, 인지仁知의 성性과 이목耳目의 육신을 지니고 있기에 산수 자연을 보고 듣고자 하며, 총명한 재주를 지니고 있기에 문명한 나라에서 무언가 하고자 한다고 했다.

나는 관동 봉래 사람이다. 스스로 호를 금원錦園이라 했다. 아이 적부터 병치레를 잘하여 부모님이 어여삐 여겨 바느질 등 여성이 해야 할 일에 종사하게 하지 않고 문자를 가르쳐서, 나날이 듣고 깨닫는 바가 있었다. 몇 해도 되지 않아서, 대략 경전과 역사서에 통하였고, 고금의 문장을 본받고자 생각하여, 때때로 흥을 타서 꽃과 달을 소재로 시를 읊고 지었다. 가만히 나의 인생을 생각하여 보면, 금수가 아니라 인간이 되었으니 다행이다. 머리를 빡빡 깎아 불승이 되는 그런 이방의 지역에 태어나지 않고 우리 동방의 문명한 나라에 태어났으니 다행이다. 하지만 남자가 아니라 여자가 되었으니 불행하다. 부귀한 집에서 태어나지 않고 한미한 집에서 태어났으니 불행이다. 하지만 하늘이 이미 내게 인지仁知의 성性과 이목耳目의 육신을 부여했거늘, 어찌 산수 자연을 즐겨서 보고 들음을 넓히지 않을 수 있겠는가? 하늘이 이미 내게 총명한 재주를 부여했거늘, 문명한 나라에서 무언가 함이 없을 수 있겠는가? 이미 여자가 되었으므로 장차 규방에 깊이 처박혀 문을 굳게 닫아걸고 경법經法을 근실하게 지킴이 옳겠는가? 이미 한미한 가문에 처했으므로 경우를 따라서 자신의 본분을 편안히 여겨 스르르 없어져서 이름이 들리지 않게 됨이 옳겠는가? 세상에 첨윤詹尹의 거북이 없으니 굴원屈原이 점친 일을 본받기 어렵다. 더구나 첨윤의 말에 "시책蓍策으로 치는 점에는 미치지 못하는 바가 있고 지혜에는 장점으로 삼을 바가 있다"고 하며 굴원으로 하여금 자신의 뜻을 스스로 실행하도록 하였으니, 나는 나의 뜻을 결정했다. 아직 비녀 꽂는 성년의 나이에 강산의 경승을 두루 보아 증점曾點이 기

> 수沂水에서 목욕하고 무우舞雩에서 바람 쐬고 음영하면서 돌아온 일을 본받는다면, 성인도 역시 나의 결정에 편들어 주실 것이다. 마음에 이미 계책을 정하고는 거듭해서 어버이께 간청을 드리자, 한참 뒤에야 할 수 없이 허락하여 주셨다. 이에 흉금이 드넓어져서, 마치 맹금이 새장에서 벗어나 곧바로 구층 하늘 위로 날아오르는 기세를 지니고, 훌륭한 천리마가 굴레를 벗나 천 리의 땅을 곧바로 내달리는 뜻을 지니듯 했다. 그날로 남자의 의상으로 갈아입고 행장을 꾸려 동쪽으로 향하여, 그 처음 목적지는 사군四郡으로 향했다. 때는 경인庚寅 봄 3월로, 나는 바야흐로 이칠二七의 나이이다. 동자처럼 편발編髮을 하고 교자轎子 안에 앉고, 청사靑絲의 장막을 빙 두르고는 앞면만 활짝 틔우고 제천堤川 의림지를 찾았다.

이칠, 곧 14세의 나이에 이렇게 선언한 것이 놀랍기만 하다. "동자처럼 편발編髮을 하고 교자轎子 안에 앉고, 청사靑絲의 장막을 빙 두르고는 앞면만 활짝 틔우고" 여행길에 오를 때의 그 호쾌한 태도를 상상해 보라.

3.

조선 시대에는 여성이나 서민들이 유람을 떠나는 일이 많지 않았다. 여성들이 기도를 위해 명산이나 사찰을 찾는 일이 있었지만, 조정에서는 풍기 문란을 이유로 수시로 금지령을 내렸다. 숙박시설도 발달하지 않았으므로 더욱 여행이 어려웠다. 하지만 조선 후기에는 '술주정꾼과 노파'까지도 금강산을 찾을 만큼, 금강산 여행은 하나의 붐을 이루었다. 강세황姜世晃(1713-1791)은 장사꾼, 품팔이, 시골 노파들까지도, 마치 금강산을 갔다 오지 않으면 사람 축에 끼지나 못하는 듯이 여겨 그곳을 찾는 것을 보고서 "산에 다니는 것은 인간으로서 첫째가는 고상한 일이다. 그러나 금강산을 구경하는 것은 가장 저속한 일이다"라고 말할 정도였다.

선인들은 우리나라의 명산으로 묘향산, 금강산, 두류산을 꼽았다. 묘향산은 웅장함, 금강산은 수려함, 두류산은 풍성함을 높이 쳤다. 이 가운데서 금강산이 가장 사랑을 받았다.

금강산 유람의 이른 예로는 1349년(고려 충정왕 원년) 8월에 이곡李穀(1298-1351)이 내외산과 해금강을 유람한 후 〈동유기東遊記〉라는 기행문을 남긴 것이 있다. 고려의 서울 개성에서는 500여 리, 철원에서 금강산까지 300리의 먼 길이었지만, 고려 선비들 가운데는 금강산을 찾은 사람들이 많았을 것이다. 그 후 금강산 유람의 기록이 무리지어 나왔다. 곧, 이곡의 〈동유기〉에서부터 조선의 남효온의 〈유금강산기〉, 이헌영의 〈봉래승람기〉에 이르기까지 80여 편의 기행문이 남아 있고, 한시는 헤아릴 수 없이 많다.

금강산은 '대림구산大林丘山'으로서, 기왕의 누정이나 서실이 위치한 안온한 공간과는 다르다. 김정희金正喜는 권돈인權敦仁의 동유東遊 소식을 묻는 서한에서, 신화와 전설, 불법의 세계가 혼효되어 있는 금강 세계를 상상했다.

1778년 8월에 신광하申光河(1729-1796)가 금강산 유람에 나설 때는 목만중睦萬中과 이용휴李用休·가환家煥 부자가 글을 지어 주었다. 이용휴의 〈신문초가 금강산으로 유람 가는 것을 전송하면서 준 글〉(送申文初遊金剛山序)은 범속한 선비들이 과거 시험 보러 서울로 몰려드는 때, 큰비 끝에 본상本相을 드러낸 금강산으로 표연히 떠나는 신광하의 탈속한 모습을 정말 맛깔스럽게 적었다.

> 금강산은 이름이 높아서 유람하러 오는 거마가 답지遝至하여, 티끌과 먼지가 나날이 쌓여간다. 정유년〔정조 즉위년, 1777〕 가을 8월에 하늘이 크게 비를 내려 한바탕 씻어 내어 버리자, 본상本相〔본모습〕이 마침내 드러났다. 선비 가운데 문학도 있고 기이함을 좋아하는 사람인 신문초申文初가 그 말을 듣고 그리로 갔다. 사람에게 비유하자면 비에 씻기기 전에 본모습은 병들고 때에 찌든 얼굴이고, 지금은 세수하고 목욕하여 모습을 바꾼 것이다. 손님을 끌어들이는 시기에 문초文初가 가는 것이므로, 마땅하고도 다행스럽다. 문초文初의 동유東遊는 마침 국내의 과거 고시에 합격한 거기擧人들이 대과에 응시하러 가는 날이기도 하다. 이것이 바로 선인仙人과 범인凡人의 분로처分路處〔분기처〕이기도 하다.

이용휴는 〈심대사 풍악록沈大士楓嶽錄〉에서, 동유는 중국의 재물이 모이는 곳(북경)로 향하는 서유나, 곡물의 창고(호남)에 마음을 쏟는 남유나, 고운 미인들이 있는 곳(평양)으로 향하는 북유와 다르다고 했다. 서유·남유·북유가 화장火藏(마음)의 욕구를 따르는 여행이라면 풍악(금강산)을 찾는 동유는 '청유淸遊'(맑은 유람)라고 규정했다.

그런데 여성으로서 금강산 등반의 사실을 기록에 남긴 사람은 그리 많지 않다. 1795년(정조 19) 제주도의 대기근 때 곡식을 덜어 구호한 만덕萬德이, 정조의 은사로 여의女醫의 직함을 띠고 역마를 갈아타며 금강산을 유람한 일은 한 시대의 성대한 일이었다. 그 이후, 금강산을 여행한 여성으로 김금원의 이름이 부각된다.

김금원은 금강산에 대해 다음과 같이 총평했다.

> 이 산의 명호는 아주 많다. 금강, 기달怾怛, 중향성衆香城, 열반涅槃, 개골皆骨, 풍악楓岳, 동래蓬萊라고 하는데, 단칭하면 금강이라고 한다. 금강산의 내산과 외산은 어느 봉우리도 기이한 벽이 아닌 것이 없고 어느 내도 이름난 폭포가 아닌 것이 없다. 내산은 아스라하게 높아 뛰어나면서 백색이 많고 청색이 적다. 외산은 온자穩藉로 뛰어나면서 청색이 많고 백색이 적다. 봉우리로 말하면 비로毗盧, 중항衆香, 대향로大香爐, 소향로小香爐, 청학靑鶴, 관음觀音, 석가釋迦, 오선五仙, 망호望孤. 혈망穴望이 가장 기이하다. 담潭은 만폭萬瀑, 흑룡黑龍, 벽하碧霞, 분설噴雪, 진주眞珠, 구담龜潭이 뛰어나다. 암벽의 웅장함은 명경대明鏡臺, 묘길상妙吉祥만 한 것이 없다. 조망眺望의 광대함은 헐성루歇惺樓, 백운대白雲臺만 한 것이 없다. 동구洞口의 경관은 모두 장안사長安寺를 추대하되, 표훈表訓, 보덕普德, 마하摩訶는 모두 내산의 명찰이다. 칠보七寶, 불정佛頂의 대臺, 석문石門의 동洞, 채하彩霞, 집선集仙의 봉峯은 산의 기특한 것들이다. 선담船潭의 정류渟流, 비봉飛鳳의 요대裊帶. 옥류玉流의 갱장鏗鏘은 물의 아름다운 것들이다. 구룡연九龍淵의 장쾌한 격랑과 험괴한 형상은 만이천 봉 가운데서 필적할 만한 것이 없다. 유점사楡岾寺의 유명한 기틀과 기이한 유적은 8만 9암八萬九庵 안에서 으뜸이다. 이것이 외산에서 저명하여 일컬어지는 것들이다. 대개 금강의 기이함은 천석泉石에 있지 않고, 오로지 산이 백색이라는 점이 가장 기이하므로, 외산은 명호의 안에 들어 있지 않다. 봉우리

색이 분칠한 것과 같은 것이 얼마나 되는지 알 수 없을 정도이고, 또 사물의 형상으로서 형형색색하여 없는 것이 없되, 노석老釋과 종고鐘鼓의 형상을 한 것이 열 가운데 아홉이다. 내산이든 외산이든 관계없이 볼 만한 곳이라면 만목이 뒤덮어 조밀하고 어지러운 바위에 시냇물이 시끄러운 속을 뚫고 가지 않는 것이 없었으니, 마땅히 호랑이나 범 따위가 있을 법하거늘, 옛날부터 그런 환난은 없었다고 한다. 이것은 역시 지령地靈이 명산을 가호呵護하여 주기 때문에 그런 것이 아니겠는가. 절의 고기古記는 중국의 신이한 승려 담무갈曇無竭이 나와서 중향성衆香城에 앉아, 1만 2천 제자를 인솔하여 설법하여 성불했고, 뭇 제자들은 1만 2천 봉으로 변환했다고 하며, 지금도 큰 바위 하나를 가리켜 담무갈의 화신이라고 한다. 어찌 허망하고 허탄한 말이 아니랴. 내산을 두루 돌아본 것이 아마 6, 70리인 듯하고, 외산을 두루 돌아본 것이 아마 100여 리인 듯하다. 외산은 전적으로 고성高城을 근거로 하여 북쪽 가지가 뻗어서 통천通川으로 들어간다.

4.

문인들은 산놀이에서 느낀 감흥과 머릿속에 떠오른 착상을 시와 산문으로 적었으며, 그림으로 남겼다. 또한 다른 사람들이 기록한 유록을 읽으면서 마치 스스로 거듭 산에 노니는 것 같은 기쁨을 누렸다. 그것을 와유臥遊(누워서 놂)라고 했다.

처사로 살다간 남하행南夏行 같은 이는 평소에 산수에 유람하기를 좋아했으나 국토 안의 산천을 두루 다닐 수 없자 선배들의 유록을 모아서 와유록을 엮어 멀리 산에 노닐어 세속을 벗어나려는 뜻을 부쳤다.

조선 후기에 금강산 유람이 성행하면서, 금강산의 산세나 여정을 그림으로 그린 화첩도 나오게 되었다. 이용휴李用休는 최칠칠崔七七이 그린 풍악도에 화제畵題를 붙였는데, 그 〈제풍악도題楓嶽圖〉의 제3편에서는 이렇게 말했다.

옛날 사람이, 아무 산은 조화옹이 어린 시절에 만든 것이어서 허술하다고 한 말이 있다. 내가 생각건대, 이 산은 조화옹이 노성해지고 솜씨가 익숙하

표12_18세기 중엽-19세기 초의 동유기 혹은 풍악록

작품명	작가	수록 문헌
遊金剛錄	釋法宗(1670-1733)	虛靜集 권6
東征記	蔡之洪(1683-1741)	鳳巖集 권13
遊金剛山記	李宜顯(1669-1745)	陶谷集 권25
關東錄	鄭栻(1683-1741)	明庵集 권3
陪遊金剛錄	李道翼(1692-1762)	喜懼齋遺稿
遊楓嶽錄	鄭基安(1695-1767)	晩慕遺稿 권6
東征日錄	金種正(1722-1787)	雲溪漫稿 권8
海山日記	吳載純(1727-1792)	醇庵集
東遊記	任靖周(1727-1796)	雲湖集 권5
東遊日記	宋周相(영조대인)	미상
遊楓嶽記·再入楓嶽記	趙載道(영조대인)	忍菴集
楓嶽記	徐榮輔(1759-1816)	미상
東行日記	趙弼鑑(정조대인)	瞻猗軒遺稿
東遊紀實	洪百昌	미상
金剛山記	李祖默(1792-1840)	六橋稿略
遊金剛山錄	姜獻奎(1797-1860)	農廬集 권3

게 된 뒤에 별도로 신의新意를 내어 창조한 것이라고 본다. 그렇지 않다면 천하에 어찌 이 산과 방불할 만한 산이 하나도 없단 말인가!

정철鄭澈(1536-1593)은 45세 때 강원도 관찰사로 부임하여 관동 팔경을 두루 유람하고 〈관동별곡〉을 지었다. 모두 4단이다. 제1단은 강원도 관찰사로 부임된 감격과 임지로 향하는 모습을 엮은 서곡이다. 제2단은 만폭동, 금강대, 진헐대, 개심대, 화룡연, 십이폭포 등 내금강의 절경을 서술했다. 제3단은 총석정, 삼일포, 의상대의 일출, 경포대, 죽서루 및 망양정에서 보는 동해의 경치 등 외금강, 해금강과 관동팔경의 절경을 노래했다. 마지막 제4단은 작자

의 풍류를 꿈속에서 신선이 되어 달빛 아래 노니는 모습으로 비유했다. 정철은 소나무 밑동을 베고 얼핏 잠이 들었는데, 꿈에 신선이 북두칠성을 기울여 동해물의 술을 부어 그에게 주었다. 정철은 술을 받아 마시고 하늘을 나는 것 같은 느낌을 지녔으며, "이 신선주를 가져다가 온 세상에 골고루 나누어 온 백성을 다 취하게 만든 후에 그때에야 다시 만나 또 한잔 하자꾸나"라고 말했다.

정선鄭敾(1676-1759)은 단발령에서 바라보이는 가을의 내금강 전경을 화폭에 압축해서 〈풍악내산총람楓岳內山總覽〉을 그렸다. 바위 봉우리들을 상악준霜鍔皴으로 처리하고 그 주위의 흙산은 피마준과 미점으로 처리하여 양과 음의 조화를 이루게 했다. 또한 뭇 봉우리 저쪽 끝에 비로봉이 군림하게 했다.

18세기 중엽에는 가난한 선비나 여항인들도 금강산을 유람하고 동유록·금강록을 엮었다. 또 그것에 대한 제후題後도 여럿이 나왔다. 19세기 중반에 들어와서는 금강산 유람을 한글로 기록한 사본들도 출현했다.

조선 말기의 문신 이풍익李豊瀷(1804-1887)은 1825년 그의 나이 21세 때 금강산의 명승지를 주로 돌아보고 동유기와 동유시, 그리고 금강산의 대표적인 경관의 실경산수 28점이 들어 있는 《동유첩東遊帖》이라는 서화첩을 남겼다. 시는 자신이 짓고, 그림은 화공으로 하여금 그리게 했다.

5.

조선 중기에는 기氣의 확충을 추구한 도학자 성향의 사대부들이나 재야 학자들이 산수 유람을 시도했다. 하지만 조선 후기에 이르러 문인-지식인들은 국토의 자연미와 역사미를 탐색하고 국토 이용의 실제 문제를 자각하게 되었다. 18세기 중엽에 이르면 여행 자체의 즐거움을 중시하게 되었고, 다른 한편으로 《군현지》나 《여지전도》에서는 실용적·경제적 요건을 더 중요하게 여겼다.

조선 전기의 산수 유람은 구도적 성격을 전면에 내세우는 것이 보통이었다. 또한 문인들은 산수의 발견 그 자체에 대단한 의미를 부여하여, 인간 사회의 우불우遇不遇(시대현실에서 받아들여짐과 그렇지 못함) 사실을 가탁했다. 그런데 조선 후기에서는 천성대로 노니는 것을 중요하게 여기는 관점도 대두되었다.

1776년에 이광려李匡呂(1720-1783)는 큰형 광윤匡尹과 함께 묘향산 구경을 떠날 때 선천 사람 전택량田宅良이 함께 갔다. 보현사에 묵은 첫날 저녁밥을 먹다가, 평소 술을 즐기고 여색을 밝히던 전택량에게서 치사리가 나왔다. 승려는 "공께서 어떤 수행을 하셨기에 이런 게 나오는지 모르겠습니다. 아니면 전세의 인연인가 봅니다"라고 추켰다. 그러나 이광려는 이렇게 말했다. "깊은 산 속에서 수행을 쌓아도 꼭 사리가 나오라는 법은 없소. 오히려 천성대로 활달하게 사는 사람 가운데 더러 이런 기특한 일이 나타난다오." 독룡毒龍(불교에서 말하는 욕망)을 제압한다고 참선하는 것이 다 무슨 소용이냐는 뜻이다. 이광려는 〈뇌옹사리찬瀨翁舍利贊〉을 적어, "내가 천리길을 온 것은 규백揆伯〔전택량의 자字〕을 보려고 한 것인데, 이런 일까지 보게 되니, 이번 걸음은 헛걸음이 아닐 것이다"라고 했다. 산놀이하러 가서 노정이나 견문을 적지 않고, 산 어구의 절에서 겪은 치사리 이야기를 적었으니, 정말로 기이하다.

조선 중기까지의 사대부 여행은, 대부분 집단 행위였다. 예외로는 김시습의 탕유宕遊가 있었을 따름이다. '우리 집 산'인 청량산을 주행한 주세붕周世鵬이나 역시 고향의 산인 지리산을 종주한 조식曺植은, 한 사람은 기흥奇興을 추구했고 한 사람은 도심道心을 양성했지만, 두 사람 모두 집단의 산행을 했다. 주세붕은 인근 현감, 속관, 재지사족들과 함께, 늙은 기생, 피리장이, 노래하는 어린 재인, 거문고 타는 어른 여종, 아쟁 켜는 어린 여종까지 이끌고 가서 즐겼다.

조선 후기에 이르면 여행은 단독자로서의 결연한 일탈이라는 의미를 지니게 되었다. 정란鄭瀾(1725-1791)과 신광하라는 여행가가 나온 것도 그 때문이다.

정란은 백두산에서 한라산까지, 대동강에서 금강산까지 돌아다니고는, 산의 풍치를 글로 묘사하거나 그림으로 그리고 산맥과 수맥을 표시해서《유산

표13_18세기 중엽-19세기 초 기행가사 작품
(가사 연구 전공자인 장정수, 백순철 님의 자문을 구했음)

작품명	지은이	창작 연대	수록 문헌	참고
(명촌)금강별곡	박순우 (1686-1759)	1739	명촌유고	최강현,《기행가사자료선집 I》
탐라별곡	정언유 (1687-1764)	1749경	우헌집	최강현,《기행가사자료선집I》
단산별곡	신광수 (1712-1775)	1752	필사본	최강현,《기행가사자료선집I》
북정가	이용 (영조조인)	1776		최강현,《기행가사자료선집I》
부여노정기	연안 이씨 (1737-1815)	1802	필사본	최강현,《기행가사자료선집I》
북새곡	구강 (1757-1832)	1812	북새곡(필사본)	최강현,《기행가사자료선집I》
교쥬별곡	구강 (1757-1832)	1820	북새곡(필사본)	최강현,《기행가사자료선집I》
금강곡	구강 (1757-1832)	1820	북새곡(필사본)	최강현,《기행가사자료선집I》
총석가	구강 (1757-1832)	1820	북새곡(필사본)	최강현,《기행가사자료선집I》
(병자)금강산가	미상	1816	장편가집	임기중,《역대가사문학전집》7권
금강산완샹록	미상	1816	향산별곡(필사본)	임기중,《역대가사문학전집》7권
이부인기행가사	광주 이씨	1821	필사본	임기중,《역대가사문학전집》21권
봉내곡	김재화 (1768-1841)	1824	필사본	《한국가사자료집성》8

기遊山記》를 엮었고, 화가와 문인들로부터 자신의 산행을 묘사한 그림과 글씨를 받아《불후첩不朽帖》으로 묶었다. 1780년에 묘향산, 백두산, 금강산을 두루 돌아본 뒤 1781년에 서울의 김홍도를 방문했다. 이때 김홍도는 진솔회眞率會를 열었다. 진솔회란 당나라 시인 백거이가 달관으로서의 만족감을 즐기는 모임을 그렇게 이름 지었다. 정란 등은 달관도 아니면서 세상사에 대한 불만을 털어 버리고 자유로운 정신의 경계를 즐겼던 것이다. 정란은 만년에 성대중成大中에게《불후첩》의 서문을 받았다. 성대중은 정란을 마테오 리치에 견주

어, 편관偏觀을 이룬 그를 칭송했다. 편관은 광대한 공간을 자유자재로 운동하는 초월자가 천하를 두루 구경하면서 돌아다닌다는 뜻이다.

한편 신광하는 백두산 등람 이후에 백택白澤이라는 호를 사용했는데, 묘향산妙香山·기달산怾怛山(금강산)·오대산五臺山·속리산俗離山의 절정에 올라 보았고 그 행로와 감흥을 시문으로 남겼다. 앞서 보았듯이 1778년(정조 2) 8월에 금강산 유람에 나설 때는 목만중과 이용휴·가환 부자가 글을 지어 주었다.

소설《옥수기玉樹記》의 작가 심능숙沈能淑(1782-1840)은 1800년 3월 25일에 친구들과 함께 인산仁山 앞 작도鵲島로 신기루를 보러 가서, 〈유작도일기遊鵲島日記〉·〈신루기蜃樓記〉·〈신루기후서蜃樓記後序〉·〈신루기소전蜃樓記小傳〉을 지었다. 상선이 밤새 풍랑에 파손되어 뱃사람들이 모두 곡을 하고 있었지만 심능숙 일행은 석우石隅에 들러 거나하게 마시고 돌아왔고 다음 날은 포구에 나가 제선祭船을 구경했다. 정오에 섬의 봉우리에 신기루가 나타나자, 황홀경을 경험한 심능숙은 술판을 벌이고 〈신루기〉를 썼다.

18세기 중엽, 19세기 초에는 국문으로 작성된 기행가사들도 여럿 나오고, 금강산 기행을 한글로 기록한 산문도 나왔다. 조병균趙秉均의《금강록金剛錄》은 1890년경의 기록물이라서 시대가 내려오지만, 같은 유의 국문 기록이 진작 나왔을 것이다.

조선 후기에는 사행록도 국문으로 번역되었다. 국문 사행기 가운데 이른 예로는 조즙趙濈의《됴텬일승》(1623년 7월 25일부터 1624년 4월 2일까지)을 꼽는다. 임뇌지의《조천일승朝天日乘》(1623)을 한글로 옮긴 것이나,《조천록》(1624)을 번역한《됴텬녹》, 김창업의《연행록》을 한글로 옮긴《연행록》, 홍대용의《연행록》(1765)을 옮긴《을병연힝녹》, 서유문徐有聞의《연행록》(1798)을 옮긴《무오연힝녹》(6권 6책)도 있다. 또 홍순학의《병인연행록》(1866)에서 가사를 발췌 번역한《연행긔》는 사본이 여럿 전한다. 조선 후기에 연행록이 '읽을 거리'로 이용되었음을 짐작할 수 있다. 고려대학교에 소장되어 있는 한글본《연행록》 5책도 그러한 풍토를 배경으로 필사되었으리라 추정된다. 최부의《표해록》이 국문으로 번역된 것도 같은 맥락에서일 것이다.

조선 후기에 기행 가사류, 국문 번역의 여행기 등이 필사되어 유통된 것은, 아무래도 서민과 여성들이 여행에 관심을 갖게 되었기 때문일 듯하다.

6.

조선 시대의 선인들은 산수를 유람할 때 대개 동행을 많이 데리고 가마꾼의 도움을 받아 길을 갔다. 방랑자 김시습이나 가난한 선비들의 경우는 종자만 대동하거나 혼자서 터덜터덜 산길을 갔지만 그러한 예는 드물었다. 지방관이나 지방관의 친척으로서 권세가 있거나, 사림의 인망이 높은 사람들은 노새나 암말을 타고 산 밑에 이르러서, 젊은 승려들이 메는 담여擔輿에 올라 산허리까지 이르렀다. 담여는 견여肩輿, 편여便輿라고도 하며, 대나무로 만든 것은 죽여竹輿라고 한다. 그러다가 조선 후기에는 정란의 예에서처럼 단독으로 여행하는 사람들이 생겨났다.

또한 조선 시대에는 여행 가이드북이 있었다. 김종직 〈유두류산기遊頭流山紀〉에 "태허太虛와 함께 《수친서壽親書》에 적혀 있는 산행에 대한 기구를 상고하여 대강 준비를 갖추었다"라고 한 것을 보면, 여행 가이드북이 이미 조선 전기에도 있었던 것 같다. 하지만 후기에 이르도록 목판으로 간행된 예는 아직 발견하지 못했다.

산행이나 여행의 준비물은 매우 간단했다. 조선 전기의 기록인 권호문權好文의 〈청량산록淸凉山錄〉에 보면, 서적과 필연을 넣은 작은 상자, 망혜, 죽장 정도가 고작이었다. 주세붕의 〈유청량산록遊淸凉山錄〉에는, 일행이 귀로에 올라 용수사龍壽寺에 묵은 다음 날에 이현보李賢輔가 아들 이문량李文樑을 데리고 와서 유산의 도구를 내보여 주었다고 했다. 그 도구에 대해 주세붕은 "모두 지극이 간이하면서도 잘 구비되어 있다. 여러 물품들을 차비하여 늘어놓되, 바깥에서 구하지 않았다"고 했다. 그러나 자세한 기록은 남기지 않았다.

조선 시대에는 지식층의 여행이 활발해지면서, 국토의 자연지리적 아름다움과 역사적 아름다움을 확인하는 갖가지 여행기, 노정기, 일록이 발달하고,

기행화첩이 제작되었다. 연행기나 사행록도 유례없이 많이 출현하고 유통되었으며, 감상의 대상이 되었다.

그러나 조선 후기에 이르러도 여행자들은 여행의 숙소는 그리 발달하지 않았다. 여행자들은 대개 사찰, 친지의 집, 외거노비의 집, 민가에 기숙하는 일이 많았다.

서민들의 여행 사실도 기록으로 전하는 것이 드물고, 또 서민들이 계를 조직하여 단체 여행을 한 흔적은 보이지 않는다. 〈흥보가〉를 보면 조선 후기의 서민들은 품팔이 노동을 위해 남쪽에서 북쪽으로 이동한 듯하지만 서민들이 유흥의 목적으로 여행을 하고 그 내용을 기록으로 남긴 예는 찾아볼 수 없다. 같은 시기 일본에서는 성지 순례의 목적이 변질되어 서민층의 조직적 단체 여행이 발달했고, 여성들도 여행을 하면서 일기를 남긴 것이 상당히 많은데, 조선 후기에는 그러한 예를 보기 어렵다. 조선의 경우에는 몇몇 사례만 보고되어 있다.

또한《승경도勝景圖》나《진경도眞景圖》와 같은 유의 화첩은 유행했으나, 그것들이 목판으로 간행되지는 않은 듯하다. 같은 시기 일본에서 서민들을 위한《명소회도名所繪圖》가 목판으로 간행된 것과는 사정이 다르다.

김금원이 남장을 하고 산수 유람을 떠난 것은 시대를 앞선 획기적 행위였다고 말할 수 있다.

참고문헌

허미자 편,《조선조여류시문전집》4, 태학사, 1989.
허미자,《한국여류문학론》, 성신여자대학교출판부, 1991.
강원대학교 강원문화연구소,《조선 시대 강원여성 시문집》, 강원도, 1998.
김여주,《조선 후기 여성문학의 재조명》, 성신여자대학교출판부, 2004.
이혜순,《조선조 후기 여성 지성사》, 이화여자대학교출판부, 2007.
정창권,《꽃으로 피기보다 새가 되어 날아가리—조선의 큰 상인 김만덕과 18세기 제주 문화사》, 푸른숲, 2006.
심경호,《산문기행—조선의 선비, 산길을 가다》, 이가서, 2007.

정한기, 《여행문학의 표현과 창작배경》, 월인, 2010.
김미란, 〈19세기 전반기 기녀, 서녀 시인들의 문학사적 위치〉, 《문학과 사회 집단》, 집문당, 1995.
안난욱, 〈김금원의 《호동서락기》에 관한 연구〉, 성균관대학교 교육대학원 석사논문, 1999.
손앵화, 〈조선조 여성되기의 새로운 모색—김금원의 《호동서락기》를 중심으로〉, 《국어국문학》 39, 국어국문학회, 2004.
이효숙, 〈《호동서락기》의 산수문학적 특징과 금원의 유람관〉, 《한국고전여성문학연구》 20, 한국고전여성문학회, 2010.
박영민, 〈'기생안'을 통해 본 조선 후기 기생의 공적 삶과 신분 변화〉, 《대동문화연구》 71, 성균관대학교 대동문화 연구원, 2010, pp. 227-259.
심경호, 〈조선 후기 문인의 동유東遊 체험과 한시〉, 《한국한시의 이해》, 태학사, 2000.
안대회, 〈여행가 정란, 청노새 타고 백두에서 한라까지—조선 최초의 전문산악인〉, 《신동아》 539호(2004년 8월 1일), pp.556-569.
柴桂子, 《近世おんな旅日記》, 歴史文化ライブラリー13, 吉川弘文館, 2004(2쇄).

중국 고전문학과 여행

장강을 거슬러 오른 역사기행,

육유, 《입촉기》

1.

6월 8일, 비가 개고 아주 시원해서 깊은 가을 같다. 마침 순풍을 만나 뱃사람이 돛을 펴기 시작했다. 합로合路를 통과했다. 주민이 대단히 많은데, 젓〔자鮓〕을 파는 사람들이 특히 많다. 길 곁에는 군대의 말이 방목되고 있다. 운하의 물이 범람하여 가까운 토지보다 서너 자나 높게 되어 있으므로, 양쪽 기슭에서는 모두 고인 물을 수차로 퍼내고 있다. 부녀자나 아이들도 모두 일하고 있고, 혹 소를 사용하기도 한다. 부녀자는 한편으로는 발로 수차를 밟고, 한편으로는 손으로 삼실을 자으며 쉬지 않는다. 평망平望〔오강현吳江縣의 남쪽〕을 통과할 무렵, 큰비와 폭풍을 만나, 배 안은 완전히 물에 젖었다. 하지만 잠깐 있자니, 비가 개었다. 팔척八尺〔오강현의 동남쪽〕에 숙박했다. 듣자니, 배가 운항 중에 전복하여 익사한 사람이 있었다고 한다. 작은 배의 위에서 뱃전을 두드리면서 생선을 팔고 있는 자가 있는데, 상당히 값이 싸다. 벌이나 전갈 같은 모기가 있어서 무섭다.

9일, 날씨가 개었지만 바람이 있다. 뱃사람은 지난밤 낭패를 본 것에 질려서 좀처럼 닻을 걷으려 하지 않는다. 해가 높이 올라온 뒤에야 가까스로 배를 출발시켰다. 숭덕崇德〔지금의 절강성浙江省 숭덕현崇德縣〕에 온 이후, 줄곧 커다란 소택沼澤 속을 운행하여 왔는데, 여기 와서 비로소 진택震澤〔강소성江蘇省과 절강성에 걸쳐 있는 태호太湖의 별명〕의 원산遠山을 보았다. 정오 무렵에 오강현

吳江縣에 이르렀다. 송강松江을 건넜다. 바람은 아주 고요하다. 구암癯庵의 죽림과 수목이 점점 촘촘해지고 있지만, 주인은 돌아가신 모양이다. 오강현의 지현知縣으로서 우승의랑右承議郞〔종7품〕인 관윤管鈗과 현위縣尉〔군사, 경찰, 형벌을 관장하는 관리〕로서 우적공랑右迪功郞〔종9품〕인 주연周郔이 내방했다. 오현의 치소治所에 증문청공曾文淸公〔송나라 증기曾幾(1084-1166). 하남河南 사람으로서 자字는 길보吉甫로, 강서성江西省 상요上饒의 다산사茶山寺에 교거僑居하여 다산거사茶山居士라고 스스로 호를 했다. 강서시파江西詩派에 속한다. 관직은 권예부시랑權禮部侍郞에 이르렀다. 문청은 시호이다. 육유는 젊은 시절에 시에서 이 증기를 사사師事했다.〕의 〈어구도漁具圖〉 시의 석각石刻이 있다. 앞서 오강현의 지현이었던 유영柳楹이 새기게 한 것이다. 어구漁具는 《송릉창화집松陵倡和集》〔당나라 피일휴皮日休(?-880)과 육구몽陸龜夢(?-881) 등의 창화시唱和詩를 실은 시집, 10권〕에 실려 있는 것〔《송릉창화집》 권4에 피일휴의 〈봉화어구십오영奉和漁具十五詠〉 시에는 망網, 조罩(대나무로 만든 고기잡이 그물), 담罧, 조통釣筒, 조거釣車, 어량漁梁, 차어叉魚, 사어射魚, 명랑鳴榔, 호滬, 삼槮, 종어種魚, 약어藥魚, 책맹舴艋(작은 배), 영성笭箵(종다래끼) 등 15종의 어구를 노래했다〕보다 열 가지가 더 많다〔단, 현전하는 《다산집茶山集》에는 증기가 어구를 읊은 시가 나오지 않는다〕. 주연 현위에게 부탁해서 의사인 정단성鄭端誠을 불러서, 장남인 통統과 또 토綯의 진맥胗脈을 하게 했다. 모두 열사병에 걸렸다. 저자에서는 어자魚鮓〔생선젓〕을 팔고 있는데, 조금 진기하다. 저녁 무렵에 배를 강 가운데로 나아가게 하여, 머리를 돌려 장교長橋〔오강현 동이리東二里에 있는 길이 130장丈 즉 약 400미터의 나무 다리, 이왕교利往橋 혹은 수홍교垂虹橋라 함〕와 층탑層塔을 바라보니, 아득하여 안개가 깔린 모습이 정말로 그림으로 그린 것과 같다. 윤교尹橋에 묵었다. 다리에 올라가 달을 구경했다.

남송 때의 시인이자 학자인 육유陸游(1125-1209)의 《입촉기入蜀記》 가운데 1170년 6월 8일과 9일의 기록이다. 4권으로 엮은 것도 있으나 대개 6권으로 엮은 것이 널리 읽힌다.

육유는 송나라 월주越州 산음山陰〔현재 절강성 소흥紹興〕 출신으로, 자字는 무관務觀, 호는 방옹放翁이다. 남송 제일의 시인으로, 무려 9,200수의 시를 남겼는데, 금나라에게 빼앗긴 북방 산하를 탈환하길 바라는 의지를 불태우는 한편, 한적한 일상을 즐겨 노래했다. 금나라와의 전쟁을 강경하게 주장해서, 관직 생활은 불우했다.

관직에서 해임되어 고향 산음에 있던 육유는 1169년 음력 12월에 기주夔州(사천성 봉절현奉節縣. 중경重慶 부근)의 통판通判에 임명되었는데, 질병을 이유로 다음 해 여름에 부임해도 좋다는 허락을 받았다. 마침내 1170년 윤5월 18일에 고향을 출발해서, 항주로 나가 운하를 북상해서 진강鎭江으로 가서 거기서부터 장강 즉 양자강을 거슬러 올랐다. 산음을 출발한 후 5개월이 지난 10월 27일 아침에 마침내 기주에 도착했다. 이때 작성한 기행문이 바로《입촉기》이다.

조선의 정조 대왕은 육유의 시를 두보의 시와 마찬가지로 높이 평가했다. 본래 주자(주희)도 같은 시대의 사람인 육유의 시에 대해 "화평하고 순수해서 중원의 태평스러운 기상이 있다"고 인정한 바 있는데, 정조 대왕도 그 평가를 그대로 승인한 것이다. 그래서 백성을 가르치고 풍속을 변화시킬 수 있는 방법으로 두보의 율시 500수와 육유의 율시 500수를 선정해서《두륙천선杜陸千選》이라는 선집을 편찬하게 했다.

한편 박지원은 중국에 갔을 때 성경盛京〔심양瀋陽(센양)〕의 속재粟齋라는 상점에서 한밤에 중국 상인들과 필담을 나누다가, 이귀몽李龜蒙, 목춘穆春, 온백고溫伯高 등 세 사람이 5천 리 멀리 외지에 와서 비단 장사를 하는 것을 알았다. 노룡현盧龍縣 사람 배관裴寬은 자신이 양자강을 거슬러 촉蜀으로 들어간 일이 있다고 하면서, "촉의 길은 배로 가나 뭍으로 가나 마찬가지로 어려워요. 이는 이른바 하늘에 오르기보다 더 어렵다는 것이지요"라고 하여 세 사람의 고충을 위로하자, 박지원은 "비록 고생하신 것은 그러하지만 저 육방옹의《입촉기》를 읽을 때면 흥겨워 춤이라도 너풀너풀 추고 싶던걸요"라고 했다. 배관은 글처럼 실제로 양자강을 거슬러 오르는 수로가 흥취가 있는 것은 아니라고 부정했지만, 박지원은《입촉기》를 읽고 수로 여행을 동경하고 있었다. 박지원이 속재에서 중국 상인들과 나눈 필담은《속재필담粟齋筆談》으로 정리되어 있다.

박지원이 말했듯이,《입촉기》를 읽다 보면 너무도 흥겨워 춤이라도 너풀너풀 추고 싶어진다.

2.

육유는 송나라 휘종 선화宣和 7년(1125)에 부친인 회남전운부사淮南轉運副使 육재陸宰가 가족을 이끌고 회하淮河를 따라 수도 개봉으로 갈 때 배 안에서 태어났다. 육재의 3남이다. 육유의 이름과 자는 모친이 임신하고 있을 때 꿈에서 북송의 시인 진관秦觀을 보았기 때문에 진관의 이름 관觀, 진관의 자字인 소유少游에서부터 따왔다고 한다. 육유는 산음의 명문 출신이다. 조부 육전陸佃은 왕안석王安石의 제자로, 상서우승에까지 이르렀다.

지도17_《입촉기》관계 지도

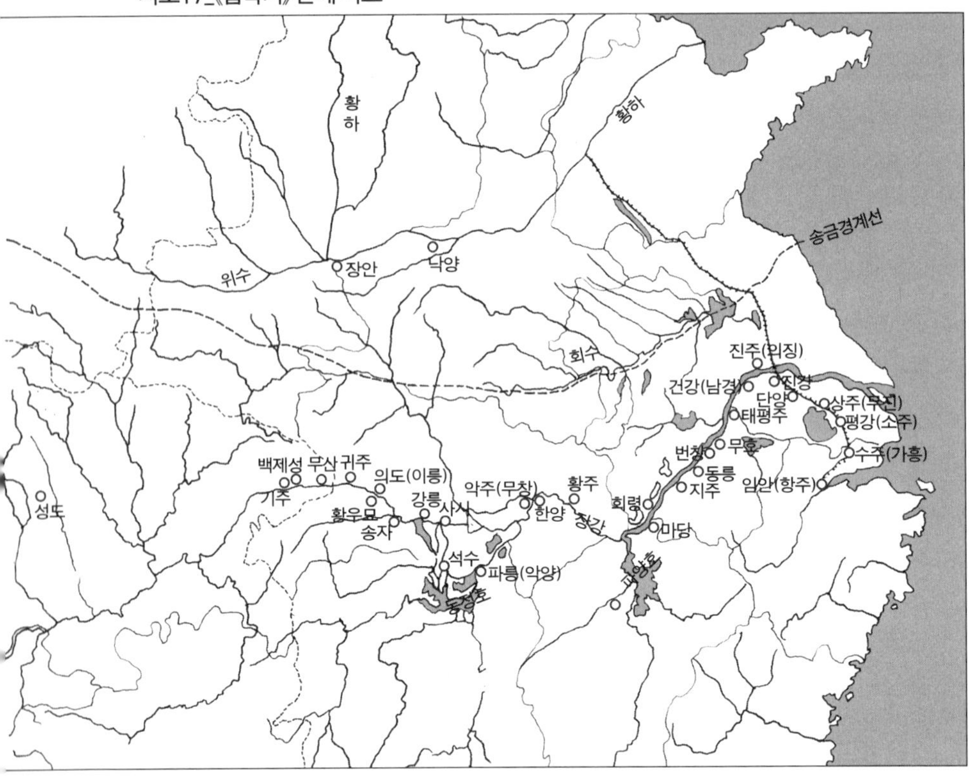

그 뒤 육유의 부친은 경서로 전운부사京西路轉運副使에 부임했으나 면직되어 귀향했다. 바로 그 다음 해 정강靖康 원년(1126)에 여진족의 금나라가 침략하여 개봉이 함락되고, 흠종의 아우가 황제가 되어 지금의 항주에 수도를 정하여 남송의 정권을 열었다. 육유는 부친이 친우들과 주전론을 주장하는 것을 들으면서 성장했다. 육유가 17세 때인 소흥紹興 11년(1141)에는 진회秦檜가 주전파의 맹장 악비岳飛를 감옥에 구금했다가 살해하고, 금나라와 굴욕적인 강화조약을 맺었다.

육유는 20세 때 어머니의 조카인 당완唐婉과 결혼했으나, 당완이 어머니 당씨의 미움을 받아서 이혼했다. 뒷날 두 사람은 각각 다른 사람과 재혼했는데, 심원沈園이라는 정원에서 우연히 재회하여, 〈차두봉釵頭鳳〉이란 사詞를 주고받았다. 육유는 당완을 마음속에서 잊지 못했다.

29세 때 과거의 예비시험인 쇄청시鎖廳試에서 일등을 했다. 하지만 당시 권력자였던 진회秦檜의 손자 진훈秦塤이 2등이 되어, 진회가 분노해서 감독관을 처벌했다. 육유는 중앙시험인 성시省試에서 불합격했다. 1155년에 진회가 사망하고서, 1158년에 복주福州 영덕현寧德縣(복건성福建省 영덕시寧德市)의 주부로서 벼슬길에 올랐다. 34세였다.

2년 후 1160년에는 중앙으로 불려가, 문서를 담당하는 관직인 칙령소 산정관에 취직했다. 그리고 1162년에 효종이 즉위하자마자 진사 출신의 자격을 하사받았다. 이때 그는 금나라가 지배하고 있는 영토 안의 민중들에게 봉기를 재촉하는 기밀문서를 기초했다. 그런데 장준張浚의 북벌이 실패하고 강화파의 세력이 커지자, 평소 전투를 주장하던 강경론자였다는 이유로, 1164년에는 진강鎭江의 통판으로 전출되었다. 이어서 융흥부隆興府(강서성江西省)의 통판이 되었으나, 장준의 강경론을 지지했다는 이유로 면직되었다. 이때 육유는 산음의 삼산三山에 집을 짓고 4년간 그곳에서 생활했다.

1169년 음력 12월에 기주 통판에 임명되어, 이듬해 1170년 윤5월 18일에 고향을 출발해서 5개월간 양자강을 거슬러 올라 10월 27일 아침에 기주에 도착했다. 그 후 노윤문虞允文이 재상이 되어 정부에서 주전론이 주류가 되자, 사

31_소주蘇州 한산사寒山寺(上)
32_소주蘇州의 옛거리(下)

천선무사四川宣撫使가 된 왕염王炎의 초청으로 그 소속인 사천선무사사四川宣撫使司가 되었다. 육유는 정찰 등의 임무를 정력적으로 추진했다. 하지만 정부에서 다시 강화론이 강화되고 왕염은 중앙으로 소환되었으므로, 육유는 촉 땅의 각 지방의 지사대리知事代理의 직책을 전전하게 되었다. 사천제치사四川制置使였던 범성대范成大의 부하가 되어, 그와 시로 깊이 교유했다. 하지만 그의 그러한 태도가 분수를 모르는 행위로 비난을 받아, 육유는 성도에 우거했다. 당시 그는 자신의 호를 방옹放翁이라 했다.

1178년에 효종의 부름을 받았지만 중앙의 요직에는 취임하지 못하고, 국가 전매품인 차와 소금을 감독하는 제거상평다염공사提擧常平茶鹽公事에 임명되어 건녕建寧으로 부임했다. 다음 해 무주撫州(강서성江西省)의 같은 직책으로 전임했다. 이때 큰 홍수를 만나 관창에 보관된 쌀을 풀어 주민을 구제했으나, 그 책임을 추급당해 관직을 빼앗겼다. 육유는 고향으로 돌아가, 20년 가까이 은둔했다.

1186년에 이르러 엄주嚴州(절강성浙江省)의 지현으로 부임했다. 이때 자신의 시집인《검남시고劍南詩稿》20권을 간행했다. 임기를 마친 후 중앙의 관직에 임명되었다. 하지만 효종이 광종光宗에게 양위한 뒤로는, 평소 주전主戰의 직언을 했던 것이 화근이 되어 파면되었다. 당시 "풍월을 조롱조로 읊었다"는 이유로 파면되었으므로, 육유는 자신의 서실에 '풍월헌風月軒'이라는 이름을 붙였다.

다시 영종寧宗의 시대가 되어 가태嘉泰 2년(1202)에 한탁주韓侂胄의 추천으로 벼슬길에 나아가 실록원 동수찬 겸동수국사實錄院同修撰兼同修國史가 되어,《효종실록》과《광종실록》의 편찬에 참여했다. 그런데 한탁주는 주자(주희)의 일파를 모함한 간신으로서 규탄을 받았으므로, 그의 추천을 받은 사실 때문에 후에 비판을 받았다. 한탁주는 잠시 인기를 끌기 위해 주전론을 폈는데, 육유는 그에게 이용당한 셈이었다.

육유는 보장각 대제寶章閣待制로 있다가 정례대로 나이 일흔에 벼슬을 그만둔 후, 고향으로 돌아가 청경우독晴耕雨讀의 생활을 보내다가, 1209년에 85세로 세상을 떴다.

저술로는《검남시고劍南詩稿》85권,《위남문집渭南文集》, 그리고 수필집인《노학암필기老學菴筆記》가 있다.

3.

작가의 여행행로를 골간으로 삼아 행로의 견문을 기록하고 산천경물을 묘사하는 산문작품을 유기游記라고 한다. 산천경색을 묘사하되 작가가 직접 여행해서 본 것을 적은 것이 아닐 때는 산수기라 한다. 한문고전에서는《상서尙書》(서경) 〈우공禹貢〉이나《산해경山海經》,《장자》〈소요유〉,《사기》〈하거서河渠書〉,《한서》〈구혁지溝洫志〉에도 자연경물에 대한 묘사가 들어 있지만 문학적인 색채는 적었다. 진정한 유기는 동한 때 출현하여 남북조 때 이르러 유행했다. 동한의 마제백馬弟伯이 지은 〈봉선의기封禪儀記〉, 진·송 교체기의 도연명이 지은 〈유사천시서游斜川詩序〉와 〈도화원기桃花源記〉가 그 예들이다. 남북조에 이르러서는 서찰로 산수를 묘사한 글들이 나왔다. 포조鮑照의 〈대뢰안에 올라서 누이에게 준 서신〉(登大雷岸與妹書), 구지丘遲의 〈진백지에게 준 서신〉(與陳伯之書), 오균吳均의 〈송원사에게 준 서신〉(與宋元思書), 도홍경陶弘景의 〈사중서에게 준 서신〉(答謝中書書) 등이 그 예다. 한편 북위北魏의 역도원酈道元이 지은《수경주水經注》의 주석문注釋文도 문학성이 있지만 이 글들은 산수를 객관적으로 묘사했을 뿐이어서 유기라고는 할 수 없다.

진정한 유기는 당나라 때 원결元結이 지은 〈우계기右溪記〉에서 시작되었다. 그 뒤 유종원柳宗元은 〈영주팔기永州八記〉를 지어, 아름다운 산수가 미처 사람들에게 발견되지 못하고 있는 사실이, 재능 있고 덕 있는 사람이 불우한 처지에 놓여 있는 것을 비유한다고 보았다. 곧, 유종원은 〈시득서산연유기始得西山宴游記〉·〈고무담기鈷鉧潭記〉·〈원가갈기袁家渴記〉·〈석거기石渠記〉·〈석간기石澗記〉·〈소석성산기小石城山記〉에서 경치를 묘사하는 데 그치지 않고 자기 자신의 불행한 처지와 흉금을 글 속에 드러낸 것이다.

송나라 때 들어와서는 범중엄范仲淹의 〈악양루기岳陽樓記〉, 왕안석의 〈유포선산기游褒禪山記〉, 소식의 〈석종산기石鐘山記〉, 증공曾鞏의 〈묵지기墨池記〉 등의 명작이 많이 나왔다. 이 글들은 서사과 사경과 의론을 융합한데다가 사상성이 매우 높다. 또한 장편 여행일기가 이 시기에 출현했는데, 육유의《입촉기》와 범성대范成大의 《오선록吳船錄》이 대표적이다. 《오선록》은 사천성 성도를 출발해서 지금의 남경까지 장강을 내려와서 다시 운하를 통해 소주에 이르기까지 5개월간 배로 여행한 사실을 기록했다. 원나라 때 이르러서 유기는 작가의 심정과 행보를 치밀하게 묘사해 내었다. 이효광李孝光의 〈대룡추기大龍湫記〉는 대표적인 예이다. 명나라 서홍조徐弘祖의 《서하객유기徐霞客游記》는 일기 형식으로 각지의 경승, 민정, 풍속, 물산, 수원, 지세, 지질을 상세히 서술했다.

중국인이 외국을 여행하면서 남긴 기록도 많다. 진송晉宋 때 법현法顯이 쓴 《불국기佛國記》는 인도 왕복을 기술한 것으로, 문학적으로도 가치가 높다. 당나라 현장의 《대당서역기大唐西域記》는 인도 여행을 소재로 하되 사실의 기록에 중점을 두었다. 명나라 때 《서유기》의 바탕이 되었다. 금나라 말, 원나라 초의 도사 장춘진인長春眞人은 칭기즈칸의 초청을 받고 중앙아시아로 갔을 때 《서유기》라는 기록을 남겼다.

명나라 때 하당何鏜은 《고금유명산기古今游名山記》를 엮어, 1,400여 편을 수록했으나, 《입촉기》는 싣지 않았다. 그러나 《입촉기》는 묘사의 치밀함과 함께 고증의 정밀함 때문에 높이 평가받았다. 《사고제요四庫提要》의 평가가 가장 참고할 만하다.

《사고제요》란 청나라 건륭 황제의 칙명을 받은 기윤紀昀 등이 선진 시대부터 청나라 당시에 이르기까지 3,503종의 서적을 4부 44류로 나누어 각기 7부씩 교정 필사하여 7곳의 서고에 보관하여 사고전서를 정리하고, 책마다 붙인 제요와 목록만 남긴 책들의 제요까지 덧붙여 만든 《사고전서총목제요四庫全書總目提要》 200권을 말한다. 《사고제요》의 《입촉기》 제요는 이러하다.

> 《입촉기》 6권. 송나라 육유의 찬. 육유의 자는 무관, 호는 방옹. 산음山陰 사람, 전佃의 손자, 재宰의 아들이다. 처음에 음보로 사랑仕郎의 직에 올랐다가, 융흥 연간의 초에 진사 출신을 하사받았다. 가태嘉泰 연간의 초에 관직이 보모각 대제寶謨閣待制〔보장각 대제〕에 이르렀다. 사적은 《송사宋史》 본전本傳에 자세하다.
>
> 육유는 건도乾道 5년〔1169〕에 기주 통판의 직을 제수받고, 다음 해 윤6월

18일에 산음을 출발해서 10월 27일에 기주에 도착하고, 그 지나온 도로를 서술해서 이 기를 이루었다. 육유는 본디 문장에 능하므로 산천과 풍토에 관한 서술이 자못 우아하고 깨끗한데다가, 고적을 고정考訂〔고증〕함에 대해 상당히 유념했다. 다음과 같은 예가 있다. "단양丹陽의 황업사皇業寺는 역사서에서 말하는 황기사皇基寺인데, 당나라 원종의 휘諱를 피해서 그렇게 고쳤다", "이백의 시에서 말하는 신풍주新豐酒란 것은 그 땅이 단양丹陽과 진강鎭江의 사이에 있지, 장안의 신풍이 아니다", "감로사甘露寺, 흔석狠石, 다경루多景樓는 모두 옛날부터 유명한 그 고적이 아니다", "진주眞州의 영난진迎鑾鎭은 서온徐溫이 개명한 것이지, 후주 세종 때 고친 것이 아니다. 매요신梅堯臣의 〈제과보사시題瓜步祠詩〉는 잘못해서 위나라 태무제〔조조〕로 보았다", "당혜사唐慧寺의 〈제오공선사문석각祭悟空禪師文石刻〉에 나우는 보대保大 9년은 곧 남당 원종 때의 일이지 후주 때의 일이 아니다", "유량루庾亮樓는 마땅히 무창武昌에 있지 강주江州에 있을 리가 없거늘, 백거이 시와 장순신張舜臣의 〈남천지南遷志〉는 둘 다 답습해서 잘못을 범했다", "구양수의 〈광록시경 육석웅 가장본시光祿寺卿陸錫熊家藏本詩〉에서 '강위 외론 봉우리가 녹라를 덮었네'(江上孤峯蔽綠蘿)의 구에서 녹라는 시내 이름이지 범범하게 등라藤蘿를 가리킨 것이 아니다", "송옥宋玉의 집은 자귀현秭歸縣 동쪽에 있어서, 옛날에 석각이 있었는데, 태수의 가휘家諱를 피하여 훼손하고 말았다". 이러한 것들은 모두 여도輿圖의 고증에 갖추어 둘 만하다. 그밖에 두보 시의 '장년삼로長年三老' 글자와 '탄전攤錢'의 글자를 해석한 것, 소식 시에서 '옥탑와미란玉塔卧微瀾'의 구를 해석한 것, 남방에서 7월 6일을 칠석으로 삼은 이유를 변석辨析한 것, 이백의 문집에서 〈고숙십영姑孰十咏〉, 〈귀래호歸來乎〉, 〈소의호笑矣乎〉, 〈승가가僧伽歌〉, 〈회소서가懷素書歌〉 등 여러 편은 모두 북송의 송민구宋敏求가 함부로 끼워 넣은 것이라고 논증한 것등은 역시 견문을 넓히기에 충분하다. 그밖에 금석문을 찾아 내고 시문을 근거로 삼아 지리를 증명한 것은 너무 많아서 이루 헤아릴 수가 없다. 그러니 다른 문인들의 행기行記〔여행기, 기행문〕가 그저 풍경에 정신이 팔려서 기록이 엉성한 것에 비할 바가 아니다.

《입촉기》는 명나라 때 《보안당비급寶顔堂秘笈》과 《위남문집渭南文集》, 청나라 때 《지부족재총서知不足齋叢書》와 《이경당장서칠종詒經堂藏書七種》, 근년의 《필기소설대관筆記小說大觀》과 《육유집陸游集》 등에 수록되었다. 《설부說郛》와 《속백천학해續百川學海》에는 축약되어 들어 있다.

한편, 일본에서는 1783년에 교토에서 번각한 책, 1794년에《오선록》과 합각한 책, 1881년에 도쿄에서 간행한 오쓰키 도요(大槻東陽)의 주석본이 있다. 그리고 1981년에는 영역본도 나왔다.

4.

《입촉기》1170년 8월 1일의 기록은 봉화기烽火磯를 지날 때의 일을 적었다. 육유는 우선, 봉화기란 남조(420-589) 때 무창武昌(지금의 호북성胡北省 무한武漢시)에서부터 경구京口(지금의 강소성)에 이르는 사이에 두었던 봉수烽燧 가운데 하나임에 틀림없다고 고증했다. 또한 부근의 팽랑기澎浪磯와 소고산小孤山에 대해서도 관련 설화를 분석했다.

> 8월 1일, 봉화기를 지났다. 남조에서는 무창에서부터 경구에 이르는 사이에 봉수를 두었으므로, 이 산은 그 가운데 하나에 틀림없다. 배 위에서 바라보니, 산은 우뚝하게 솟아나 있다. 강물에 떠서 그 아래를 지나가 보니, 암벽에는 감실처럼 들어간 부분도 있고 굴도 뚫려 있고 하여 갖가지 기괴한 형상을 드러내고 색깔이 맑고 윤택이 나서 다른 곳의 바위 벽과는 전혀 다르다. 또 바위 하나가 있는데, 산과는 이어져 있지 않고 우람하게 홀로 솟아나 있다. 높이는 100척 정도이고, 붉은 색의 등덩굴이나 비췻빛 덩굴이 그 위에 얽혀 있어, 보석으로 장식한 병풍과 같다. 오늘은 바람이 고요하여 배의 운행이 상당히 더디다. 게다가 가을도 깊어져서, 수위가 낮아져 있으므로, 두보〔〈차공령안次空靈岸〉 제3,4구〕가 "다행히 배의 노 젓기가 느리기에, 거쳐 지나는 곳의 오묘한 광경을 죄다 보노라"(幸有舟楫遲, 得盡所歷妙)라고 노래한 풍경을 충분히 감상할 수 있었다. 팽랑기澎浪磯와 소고산小孤山의 두 산이 동서로 마주하여 서 있다. 소고산은 서주舒州 숙송현宿松縣〔지금의 안휘성安徽省 숙송현〕에 속하고, 수병戍兵〔수비대〕가 주둔하고 있다. 보통 산 하나가 강 가운데 서 있는 경우에는 금산金山〔진강鎭江 서북쪽 산. 본래 장강의 한가운데 있었으나 지금은 육지와 이어짐〕, 초산焦山〔진강 북쪽 장강 한가운데 있는 섬〕, 낙성산落星山〔강소성 남

경시 동북의 산)의 예와 같이, 모두 천하에 이름이 알려져 있다. 하지만 아스라이 높이 솟아나고 수려한 모습의 면에서 보면 어느 것도 이 소고산에 견줄 바가 못 된다. 수십 리 먼곳에서 바라보면, 벽색碧色의 봉우리가 가파른 모습으로 홀로 일어나서, 위로 구름 하늘을 뚫고 들어가 있어서, 도무지 다른 산들이 견줄 수가 없다. 가까이 가면 갈수록 한층 그 수려함이 더한다. 겨울이나 여름, 맑은 날이나 비 오는 날에 따라 이 산의 자태는 천변만화하여, 정말로 조화옹의 우물尤物(탁월한 물건)이다. 다만 그 위에 있는 사당은 황폐할 대로 황폐해 있다. 만약 조금이라도 누관樓觀이나 정자로 아름답게 장식을 했더라면, 강산의 풍광과 서로 어우러져서 당연히 금산보다도 훌륭하게 되었을 것이다. 사당은 산의 서쪽 기슭에 있다. 편액扁額에는 '혜제惠濟'라고 적혀 있고, 제신祭神은 '안제부인安濟夫人'이라고 한다. 소흥紹興(남송 고종高宗의 연호(1131-1162))의 초에, 장위공張魏公(장준張浚(1097-1164). 남송의 주전파. 위국공에 봉해졌음)이 호상湖湘(지금의 호남성湖南省 부근)에서 돌아와, 일찍이 수리한 적이 있다. 비碑가 있어서 그 사실이 기록되어 있다. 또 별도의 사당이 팽랑기彭浪磯에 있어서, 강주江州 팽택현彭澤縣(지금의 강서성江西省 팽택현)에 속해 있다. 삼면이 장강에 임하여, 수면에 그림자가 거꾸로 비치고 있다. 이것도 역시 이 산의 뛰어난 경승이다. 배가 팽랑기를 지날 때, 비록 바람은 없어도 파랑이 끓어올랐다. 아마도 이러한 현상으로부터 팽랑이란 이름이 붙은 듯하다. 옛날 사람의 시(북송 소식蘇軾의 〈이사훈화장강절도도李思訓畫長江絶島圖〉)에 "배 안의 장사꾼이여, 함부로 미친 짓 하지 말라. 소고가 지난해 팽랑에게 시집갔으니"(舟中估客莫漫狂, 小姑前年嫁彭郎)라는 구절이 있어, 거기서부터 소고묘小孤廟에 팽랑彭郎의 상像이 있고 팽랑묘澎浪廟에 소고小姑의 상이 있게 되었으나, 사실은 정말 그런 것은 아니다. 저녁에 사협沙夾에 정박했다. 소고小孤로부터 1리 정도 되는 곳이다. 가랑비가 내린다. 다시 작은 배를 타고 소고묘의 사당으로 놀러갔다. 남쪽으로 팽택彭澤과 도창都昌(지금의 강서성 도창현)의 여러 산들을 바라보니, 안개비가 어슴프레하고 갈매기와 백로가 나타났다가는 사라져서 조망眺望이 아주 뛰어나다. 장시간 동안 배회한 후에 돌아왔다. 마침 사당의 문 부근에 섰을 때 날랜 송골매(준골俊鶻)가 물새를 쳐서 장강의 수면을 스치면서 동남쪽으로 날아간다. 정말로 대단히 장쾌하다. 사당의 무축巫祝이, "산에는 송골매가 많이 서식하고 있습니다"라고 했다.

1170년 10월 23일의 기록은 무산을 지날 때의 일을 기록했다. 무산은 곧 무산신녀의 고사로 유명하다. 고당高唐은 초나라 운몽택 가운데 있던 곳으로, 초나라 양왕이 꿈에 선녀와 만났다는 고사가 있다. 송옥의 〈고당부·서문〉에 자세한 이야기가 전한다. 초나라 양왕이 고당에 노닐다가 나른해져서 낮잠을 자다가 꿈속에서 한 부인을 만났다. 그 부인은 자신이 무산의 여인인데, 고당의 손님으로 왔다가 그대가 고당에 와서 노닌다는 말을 듣고 천침薦枕하려 왔다고 했다. 다음 날 신녀는 떠나면서, "나는 무산의 남쪽, 고구高丘의 험벽한 곳에 있으면서, 아침에는 지나가는 구름이 되고 저녁에는 지나가는 비가 되어, 아침마다 저녁마다 양대陽臺의 아래에 있을 것입니다"라고 했다. 육유는 신화 전설이 깃든 곳을 하나하나 찾아 옛일을 상상하고, 현재의 유적 보존 상태에 대해 상세하게 기록했다.

> 10월 23일, 무산巫山(사천성四川省 무산현의 동쪽에 있음)의 응진관凝眞觀에 들러, 묘용진인妙用眞人의 사당에 참예參詣했다. 묘용진인은 곧 세상에서 말하는 무산신녀巫山神女이다. 사당은 바로 무산과 마주하고 있다. 무산의 봉우리는 위쪽은 아득한 하늘로 들어가 있고, 산의 다리 부분은 곧바로 장강 속에 꽂혀 있다. 논평하는 사람들은, "태산泰山, 화산華山, 형산衡山, 여산廬山이라 하여도 이러한 기이한 경승은 없다"라고 한다. 그런데 무산 십이봉은 모두 다 볼 수가 없고, 보이는 것은 여덟인가 아홉인가 봉우리이다. 그 가운데 신녀봉神女峰이 가장 섬세한 아름다움을 지니고 험준하게 솟아나 있으니, 정말로 선진仙眞(선녀)이 몸을 의탁할 만한 곳이다. 축사祝史(신관)이 말하길, "매년 8월 15일 밤, 달이 밝을 때, 사죽絲竹(관현管絃)의 소리가 신녀봉의 꼭대기 부근에 울려 나면 산 원숭이들이 모두 울기 시작해서 아침 새벽이 되어 차츰 잦아듭니다"라고 한다. 사당의 뒤, 산의 중복中腹에는 돌로 된 단壇이 있어, 평평하고도 널찍하다. 전하는 말에, "하夏나라의 우禹 임금이 신녀를 만나보고서, 여기서 부서符書를 받았다"라고 한다. 단의 위에서 십이봉을 바라보니, 완연히 병풍과도 같았다. 이날, 하늘은 맑게 개고, 사방은 작은 티끌 하나 없다. 다만, 신녀봉 위에 흰 구름이 서너 조각 있어서, 마치 봉황이나 백학이 춤을 추고 배회하는 듯하여, 언제까지고 흩어지지 않으니, 이 역시 기이하

다고 할 만하다. 사당에는 본래 수백 마리의 새가 있어서, 여행하는 길손의 배를 영접하고 전송하고 했다. 당나라 때 기주자사夔州刺史였던 이이李貽〔이이손李貽孫일지 모름〕의 시에 "까마귀 무리가 삭육胙肉〔제사 때 바치는 고기〕 남은 것을 다행으로 여기네"(群烏幸胙餘)라고 했다. 최근 건도乾道 원년〔1165〕에 홀연 더 이상 이르러 오지 않게 되어, 지금은 끊어져서 까마귀가 한 마리도 없다. 어째서 그런지 알 수가 없다. 청수동淸水洞에 정박했다. 청수동은 아주 깊고, 뒤쪽의 문은 산의 배후로 나오게 되어 있는데, 대단히 어둡고 컴컴하여, 그 속을 강물이 흐르고 있어서, 그 속으로 선뜻 들어갈 수 있는 사람이 드물다. 한발의 때에 기우제를 올리면 상당히 영험이 있다. 무산현의 권지사權知事인 좌문림랑左文林郎〔종8품〕 염휘지冉徽之, 현위 우적공랑右迪功郎〔종9품〕 문서기文庶幾가 내방했다.

10월 26일에는 무산현 동서쪽의 대계구大溪口를 출발하여 구당협瞿唐峽을 통과한 이야기를 적었다. 구당협은 곧 무협巫峽, 서릉협西陵峽과 함께 장강삼협長江三峽 가운데 하나로, 사천성 백제성白帝城 가까이에 있는데, 강물의 흐름이 아주 빠르고 산세가 몹시 험하기로 유명하여 서촉의 관문이라고 일컬어져 왔다.

육유는 일부러 배에서 내려 백제성에 들러 삼국 시대의 옛 역사를 회고했다. 백제성은 사천성 봉절현奉節縣의 동쪽에 있는 성이다. 삼국 시대 때 촉나라가 성을 쌓아 오나라를 막았다. 왕망의 때에 공손술公孫述이 촉의 익주益州에 성成이란 나라를 세웠을 때 이곳의 우물에서 백룡이 나와 하늘로 올라갔으므로 한나라 왕실의 운을 이었다고 해서 백제성이라고 이름 지었다. 유비는 관우가 살해된 것을 복수하기 위하여 직접 군사를 거느리고 오나라를 공격했다가, 오나라 장수 육손陸遜에게 대패하여 후퇴하여 백제성 영안궁에 있다가 장무章武 2년(222)에 병사했다. 양안궁을 어복영안궁魚復永安宮이라고도 한다. 제갈공명이 유비의 유조遺詔를 받은 곳이 여기라고 한다.

그리고 구당관으로부터 동쪽은 곧 동둔東屯으로 옛날 두보가 곤궁하게 살던 곳이었으니, 육유는 평소 두보를 존경했으므로 감회가 특별했을 것이다.

10월 27일은 드디어 부임지 기주에 도착한 이야기를 적었다. 기주에서 제일 관심을 둔 것은 제갈공명의 관련 유적인 팔진적八陣磧이다. 제갈공명은 팔진도를 강 유역의 바위들로 제시했다고 한다. 즉, 제갈공명은 통당洞當, 중황中黃, 용등龍騰, 조비鳥飛, 호익虎翼, 절충折衝, 형衡, 악기握機의 8진을 만들었는데, 주위가 480장丈 높이는 5척이었다고 한다. 육유는 천하삼분의 계책을 내고 한때 중원을 엿보는 기세를 떨쳤지만 결국 오장원에서 병사하고 만 제갈공명의 삶에 깊이 동정하기도 하고 또 그 천하구원의 열정에 깊이 공감했을 것이다.

> 10월 26일, 대계구大溪口〔무산현巫山縣의 동서쪽〕를 출발하여 구당협瞿唐峽에 들어갔다. 양 기슭의 바위벽이 대치해서 솟아나서, 위쪽은 하늘로 들어가 있고, 표면은 평평하여 깎은 듯하다. 우러러 하늘을 보니, 한 필의 비단과 같다. 수량은 이미 줄어들어, 협곡의 안은 기름동이 안의 기름처럼 평평하다. 성모천聖姥泉을 지났다. 아마 바위 위에 틈이 하나 있어서인지, 사람이 곁에서 큰소리를 내면, 물이 뿜어져 나오고 거듭 큰소리를 낼 때마다 거듭 흘러나오니, 정말 기괴하다. 저녁에 구당관瞿唐關에 이르렀다. 당나라 때에는 기주라고 하여, 백제성과 서로 이어져 있었다. 두보杜甫의 시〔〈기주가십절구夔州歌十絶句〉 제2수〕에서 "백제와 기주는 각각 다른 성"(白帝夔州各異城)이라고 한 것은, 대개 그 둘을 구별하기 어려움을 두고 한 말이다. 구당관의 서쪽 문은 바로 염예퇴灩澦堆〔사천성 봉절현奉節縣의 서남쪽. 장강의 구당협 어구에 우뚝 서 있는 큰 바위〕를 마주하고 있다. 염예퇴에는 부서진 돌이 포개어 쌓여서 수십 장丈이나 물 바깥으로 나와 있다. 이 지방 사람이 말하길, 여름과 가을의 경계에 물이 불어날 때에는 물이 돌무더기 위로 수십 장丈도 더 높게 올라간다고 한다. 견여肩輿를 타고 구당관에 들어가 백제묘白帝廟에 알현했다. 상당히 기상이 고풍스러워, 소나무나 잣나무는 모두 수백 년의 수령이다. 서너 개의 비碑가 있는데, 모두 맹촉孟蜀〔오대십국의 하나. 934-965〕 때 세운 것이다. 정원 가운데 있는 죽순 형태의 바위에는 황노직黃魯直〔황정견黃庭堅〕이 쓴 '건중정국원년建中靖國元年'이라는 제자題字가 있다. 또 월공당越公堂이 있는데, 수隋나라 양소楊素〔문제文帝를 따라서 천하를 평정하고 월국공에 봉해짐〕가 창건한 것이다. 소릉少陵〔두보〕가 소재로 삼아 시〔〈배제공상백제성연월공당지작陪諸公上白帝城宴越公堂之作〉〕를 지었던 그 당은 이미 훼손되었고, 현재의 월공당은 최근에 축조된

것인데, 아주 넓고 웅장하다. 구당관으로부터 동쪽은 곧 동둔東屯이니, 소릉〔두보〕가 옛날 살던 곳이다.

27일 아침, 기주에 이르렀다. 기주는 산기슭의 모래밭 위에 있다. 이른바 어복영안궁魚復永安宮이다. 영안궁은 지금 주州의 관창官倉이 되었고, 주의 치소治所는 영안궁의 서북쪽, 감부인甘夫人 묘의 서남쪽에 있다. 경덕景德 연간〔북송 진종의 연호. 1004-1007〕에 전운사轉運使 정위丁謂와 설안薛顔이 전근해 왔던 곳이다. 백제성에 비해 상당히 평평하고 드넓다. 하지만 관새關塞로서의 험준함을 갖추지 못하고 지형이나 지세도 뛰어나지 못하다. 양수瀼水의 서쪽에 있기 때문에 양서瀼西라고도 부른다. 이 지역 사람들은 산간의 물줄기로서 강으로 통하는 것을 양瀼이라고 말한다. 주州의 동남방에는 팔진적八陣磧이 있는데, 제갈공명의 유적이다. 부서진 돌들이 먹줄을 튕겨 선을 그은 듯이 열을 짓고 있다. 매년 장강의 물이 불어나면, 팔진적의 위로 물이 수십 장丈 높이가 되는데, 강물이 물러나면 진陣의 형태를 이룬 돌들은 그대로라고 한다.

이상의 기록에서 알 수 있듯이, 육유는 자연풍광을 묘사할 때에 같은 부류의 다른 것들과 비교했으며, 관련 시문을 상기하여 그 의미를 반추했고, 사당이나 민간 신앙의 사실들을 면밀하게 적었다.

5.

조선 후기 이하곤李夏坤(1677-1724)은 46세 되던 1722년(경종 2)에 장인 송상기宋相琦가 전라도 강진으로 귀양 가자 위로차 찾아가는 길에 호남 지방을 유람하고, 《남행기南行記》(남행록, 남유록)을 엮었다. 이때 기행문 작성의 모범을 육유의 《입촉기》에서 찾았다. 그래서 〈남행기서南行記序〉에서는 자신의 여행에 대한 설명은 생략하고, 《입촉기》을 기행문으로서의 가치를 논하고 자신의 글이 《입촉기》를 모범으로 삼았음을 주장하는 데 주력했다.

송나라 건도乾道 연간에 육무관陸務觀〔육유〕가 기주夔州의 통판이 되어서 오

吳 땅에서부터 촉으로 들어갈 때 배로 대강〔장강〕을 거슬러 오르길 5천여 리나 했다. 그가 거친 곳 가운데, 태호太湖와 동정호洞庭湖의 넘실거림, 삼축三竺과 육교六橋의 아름다움, 건업建業과 석두성石頭城의 형승, 광려산匡廬山과 구화산九華山이 기묘함, 구당협瞿塘峽과 삼협三峽의 험괴함 등으로 말하면, 천하의 진기하고 빼어난 경관이 아닌 것이 없다. 무릇 그사이 군읍郡邑, 시조市朝, 임궁琳宮〔사찰〕, 도관道觀〔도교 사원〕 등 고금의 명승고적, 그리고 인민, 습속, 풍토, 물산 등의 사실을 전부 적지 않은 것이 없어서, 그 모두를《입촉기》에 넣었다.

나는 이 책이 고거考據가 정밀 해박하고 문장이 고와 간결하며, 그다지 사색을 거치지 않고서 손 가는 대로 써 내려 갔으면서도 저절로 일단의 담박하고 초일한 기상이 있어 필묵의 정통 길 바깥으로 벗어나고, 애당초 공교로움을 구하지 않았으면서도 그 공교로움이 저절로 이와 같음을 사랑하였다. 만일 육무관이 공교로움을 구하려고 의도해서 조금이라도 긍지를 지녔더라면, 비록 이와 같으려고 해도 어찌 그럴 수가 있었겠는가. 그러므로 글 짓는 도는 항상, 유의有意냐 무의無意냐의 사이에 있으니, 공교로움을 기대하지 않더라도 저절로 공교로운 연후에 비로소 천하의 진정한 글일 수가 있다.

원소수袁小修〔원중도袁中道, 원굉도의 아우〕는 이렇게 말했다. "구공歐公〔구양수〕의《귀전록歸田錄》, 동파東坡〔소식蘇軾〕의《동파지림東坡志林》, 방옹放翁〔육유〕의《입촉기》는 모두 공교롭게 하려고 의도하지 않아도 공교로우니, 이것이 천하의 참 문장이 된 이유이다." 이 말이 어찌 믿을 만하지 않은가.

지난해 10월에 나는 남쪽 강진으로 내려갔는데, 왕래한 거리가 2천 리에 불과하다. 더구나 그 산천이란 것이 천박하고 읍리도 썰렁해서 진기하고 빼어난 경관이란 것이 없었다. 그러니 육무관과 같은 문장이 있다고 해도 발휘할 길이 없다. 하물며 나의 졸렬한 문장으로 어떻게 하겠는가. 하지만 눈이 내리는 속에 일찍이 천관산天冠山에 들어가 남해南海에 임하여 한라산을 바라보았으니, 역시 이것을 장대한 경관이라고 말하지 않을 수 없다. 한스러운 것은 내가 육무관의 문장이 없어서 육무관의《입촉기》처럼 그 승경을 모사할 수가 없다는 점이다. 그렇기는 하지만 나의《남행기》는 역시 여행길에서 보고 들은 것을 그대로 근거로 삼아 깊이 사색을 거치지 않고 손 가는 대로 써 내려갔으니, 스스로는 육무관을 상당히 배운 편이되 혹 간간이 긍지를 품기를 면하지 못한 점이 있다고 여기고 있다. 이것은 내 문장이 끝내

> 공교로울 수 없는 이유이다. 아아, 만일 육무관 같은 자가 지었다면, 필시 볼 만한 것이 있었으리라!

기행문을 적으면서 그 서문에서, 육유의 《입촉기》는 고거考據가 정밀하고 해박하며 손가는 대로 써 내려가는 가운데서 문장의 솜씨가 저절로 드러나는 자연스러움을 지향한다고 했다.

홍석주洪奭周(1774-1842)는 58세 되던 1831년(순조 31)에 대사헌 겸 규장각 제학으로서 7월에 사은사謝恩使 정사가 되어 12월에 돌아와, 여행 때의 기록을 《북행록北行錄》으로 묶었다. 그리고 그 글을 묵혀 두다가 5년 뒤에 제책을 하면서 〈북행록발北行錄跋〉을 적어, 자신의 글이 《입촉기》보다 곱절이나 길므로 훌륭할 수가 없다고 자조했다. 수백 마디에 불과한 구양수의 《우역지于役志》가 수만 마디를 허비한 육유의 《입촉기》보다 낫다는 관점에서 그런 것이다. 곧, 고문가들은 되도록 간결한 문장 속에 깊은 함의를 바랐기 때문에 이와 같이 길이를 문제 삼았다. 하지만 자신의 글을 《우역지》와 《입촉기》에 대비시킨 사실로부터, 홍석주가 그 둘을 기행록의 모범으로 삼았고, 자신의 글에 대해서도 실상 자부심을 지니고 있었음을 알 수가 있다.

> 내가 이미 《북행록》을 저술하고서 크게 한숨을 지으며 탄식하며 말했다. 옛 사람 가운데 어떤 사람(《장자》〈소요유逍遙遊〉에 나오는 막고야산의 신인)은 구름 기운을 타고 해와 달을 끼고서 한만汗漫(광대무변함)한 우주의 바깥에 노닐었다고 스스로 말하였으나, 나는 그를 배울 겨를이 없다. 또 어떤 사람(귀곡자鬼谷子라든가 한나라 장형張衡의 〈사현부思玄賦〉에서 노래한 인물)은 사방 한 장丈의 방에서 네 벽으로 에워싸인 공간을 청소하지도 않고 거처하며 문밖을 나가지 않고서도 사해를 알았지만, 나는 역시 그렇게 할 수가 없다. 나는 잠시 사방으로 구획된 안(方內)에 거처하면서 오늘날의 사람들이 유람할 수 있는 방식대로 유람할 뿐이 아니겠는가. 그렇다면 연도燕都(북경)의 유람은 역시 유람의 지극한 경지이다. 그러니 내가 어찌 이 기록에 연연해하지 않을 수 있겠는가.
>
> 하지만 공자는 《논어》〈자로子路〉에서, "사방의 다른 나라에 사절로 가서

군주의 명령을 욕되게 하지 않으면 선비라 할 수 있다"라고 했다. 한나라 무제는 천하에 조칙을 내려 장상將相이 될 수 있는 자와 교통이 끊긴 먼 나라에 사신으로 갈 수 있는 자를 구했다. 그러니 옛사람이 사신의 일을 중하게 여긴 것이 이와 같았다. 이것은 사신 가운데 상급의 사람은 능히 위령威靈을 떨치고 국가를 존대하게 하며 만 리의 바깥에서 외적의 힘을 꺾을 수 있고, 사신 가운데 하급의 사람이라도 민요와 풍속을 살피고 정치와 난리를 엿보며 고로에게 의견을 묻고 두루 탐방하여 군주의 총명을 보필할 수 있어서 그런 것이 아니겠는가. 지금 나는 군주의 명령을 받들고 가서 그저 관광 유람을 능사로 삼았으니, 이 기록이 어찌 또 보존될 만한 것이겠는가! 하지만 내가 이 기록을 한 것은 비단 왕래한 노정을 서술할 뿐인 것만은 아니다. 이 기록을 읽는 사람은 나의 지향을 볼 수 있고, 나의 재주를 볼 수 있으며, 나의 문사文辭와 견식을 볼 수 있으니, 내가 현명한 사람인가 아니면 못난 사람인가, 졸렬한가 아니면 공교로운가, 능히 옛사람에 미칠 수 있는가 아니면 오히려 지금 사람의 아래에 있는가, 나는 이것을 모두 자신할 수가 없다. 그렇다면 이 기록은 보존할 만한가, 아니면 보존하기에 부족한가 하는 것은 훗날 보는 사람이 스스로 택하는 데 달려 있으니, 내가 사사롭게 할 수가 없다.

하지만 구양자歐陽子〔구양수〕는 《우역지于役志》을 고작 수백 마디 지었고, 육무관〔육유〕는 《입촉기》를 수만 마디 지었는데, 나는 이 기록을 하면서 또 육무관보다 곱절을 썼으니, 내가 고인보다 못한 것은 분명하다. 그래서 나는 책상자 속에 갈무리하기를 다섯 해 동안 하면서, 내 문사文辭와 견식이 조금이라도 진보하기를 바랐으나, 지금 문사와 견식이 끝내 진보하지 않음을 알았으므로 그래서 이것을 꺼내어 책의 뒤에 이렇게 적는다. 만약 내가 앞으로의 공부가 그래도 지금보다 진보하게 된다면, 이 기록을 보존할지 보존하지 않을지는 아직 알 수가 없다.

홍석주가 말했듯이 일반적인 사람들은, 구름 기운을 타고 해와 달을 끼고서 한만汗漫(광대무변함)한 우주의 바깥에 노닐거나 사방 한 장丈의 방에서 네 벽으로 에워싸인 공간을 청소하지도 않고 거처하며 문밖을 나가지 않고서도 사해를 알 수는 없다. 결국 우리는 오늘날의 사람들이 유람할 수 있는 방식대로 유람할 뿐이며, 스스로의 여행이 지극한 의미를 지닌다고 여기고 기록에 연연하지 않을 수 없다. 그때 육유의 《입촉기》를 모범으로 삼아, 특별한 고안을 하지 않고 여행지에서 보고 들은 것과 자신의 평소 학식을 엮어 자연스럽게 써 내려가면 좋은 것이다.

육유의《입촉기》는 매혹적인 기행문일 뿐 아니라 남송 때 양자강 주변의 자연지리와 역사고적 생활문화를 이해하는 데 매우 중요한 자료이기도 하다. 이 여행기는 19세기 말에 양자강과 만자蠻子족 거주 지역을 여행한 영국 여인 이자벨라 버드 비숍(Isabella Bird Bishop)의《양자강을 가로질러 중국을 보다》(*The Yangtze Valley and Beyond*, 1899)와 비교해서 읽어 봄직하다. 비숍 여사는 1897년 12월 하순부터 1898년 6월 하순까지 양자강을 거슬러 올라 사천성(쓰촨성)으로 들어가 성도(청두)와 테베트와의 국경 지역을 돌아보고 보녕부(바오닝부)와 만현에서 다시 양자강을 따라 내려갔다. 비숍 여사가 티베트와의 국경 지역에 거주하는 만자족의 생활풍습을 묘사한 것은 무굴 민족학의 자료로서 극히 귀중하다. 그러니 비숍 여사의 양자강 유역 탐사 역시 육유의《입촉기》와 비교하여 읽어 보는 것도 흥미진진하지 않겠는가.

참고문헌

陸游著, 岩城秀夫譯,《入蜀記》, 東京:平凡社, 1986.

South China in the Twelfth Century, A Translation of Lu Yu's Travel Diaryes, July 3-December 6, 1170, By. Chun-shu, Chang and Joan Symthe, The Chinese Universty Press, Hong Kong, 1981.

李夏坤,〈南行記序〉,《頭陀草》책18 雜著, 한국문집총간 191, 1997.

洪奭周,〈北行錄跋〉,《淵泉集》권20 題跋·上, 한국문집총간 293, 2002.

이자벨라 버드 비숍,《양자강을 가로질러 중국을 보다》, 효형출판, 2005.

제국인의 우월감으로 이민족의 풍토 바라보기,

주달관, 《진랍풍토기》

1.

국궁國宮〔왕궁〕 및 관사官舍, 부제府第〔관청 건물〕은 모두 동쪽을 면하고 있다. 국궁은 금탑〔바이욘〕과 금교金橋의 북쪽에 있으며, 북문에 가깝고, 둘레는 5, 6리 정도다. 그 정전正殿의 기와는 납으로 만들었고, 그 나머지는 모두 흙기와로 노란색이다. 들보와 기둥은 대단히 크고, 모두 부처의 형상을 조각해서 그려 두었다. 지붕은 상당히 장관이며, 긴 회랑은 복도〔2층 건물의 회랑〕로, 높이 솟아서 들쑥날쑥한데, 그래도 상당히 건축의 규격이 있다. 국왕이 집무하는 곳에는 금창金窓이 있고, 창의 격자의 좌우에 있는 4각형의 기둥 위에 거울이 있다. 거울은 약 4, 50개가 있어서, 차의 곁에 줄지어 놓여 있다. 그 금창의 아래에는 코끼리의 형상을 하고 있다.

궁전에는 기이한 곳이 많다고 들었는데, 감시가 심하여 볼 수가 없다. 그 궁전의 금탑〔비메아나카스〕에는 국왕이 밤이 되면 그 아래서 잠을 잔다. 지역민들은 모두 이렇게 말한다. "탑 속에는 아홉 개의 머리가 달린 뱀의 정령이 있는데, 이것이 바로 나라 전체의 토지의 주인이다. 여성의 모습으로 되어 매일 밤마다 나타난다. 국왕은 먼저 그와 동침하여 관계하는데, 그사이에는 비록 왕비라 해도 함부로 안에 들어갈 수가 없다. 이고二鼓〔두 번째 알림 시각, 4시간〕가 지나면 그때 탑에서 나와 비로소 아내나 첩과 함께 잘 수가 있다. 만일 이 뱀의 정령이 어느 날 밤에 나타나지 않는다면 그때는 번왕番王〔캄보디아

> 왕)이 죽을 때가 된 것이다. 만일 번왕이 하룻밤이라도 탑으로 가지 않는다면, 그때는 반드시 재앙을 입는다."

이 글은《진랍풍토기眞臘風土記》에 나온다.

《진랍풍토기》란 어떤 책인가? 진랍을 시찰하고 그곳의 풍토를 보고한 문건이다. 진랍이란 어느 곳인가? 곧 캄보디아의 옛 나라인데, 여기서는 고대 캄보디아(Kambujia)의 앙코르(Angkor) 왕조(9세기-1432년)를 말한다. 누가 작성했는가? 원나라 사람 주달관周達觀(1266-1346)이 작성했다. 어떤 문자로 기록했나? 한문으로 기록했다.

위는 캄보디아의 왕궁에 대해 기록한 부분이다. 중국은 건물들을 남쪽으로 향하게 지으며, 그것을 남면南面한다고 한다. 그런데 캄보디아는 동쪽을 숭상하여, 동쪽으로 면하여 문을 내므로 그것을 기이하게 여겨 기록한 것이다. 또한 캄보디아의 전설에 따르면 국왕은 인간과 나가(여자 뱀)의 몸에서 났고, 나가의 부친이 국토의 수호신이자, 국왕과 나라의 수호신이기도 하다고 한다. 주달관은 국왕이 나가의 정령과 밤마다 교접한다는 기이한 전설을 기록해 두었다. "금창의 아래에는 코끼리의 형상을 하고 있다"는 표현은 현재의 이른바 '코끼리 테라스'(Terrace of the Elephants)를 말한다. 테라스 위의 건물들은 지금 없지만, 주달관의 당시에는 테라스 위 높이 3미터 되는 곳에는 건물들이 즐비했던 것이다.

진랍이라는 명칭은 유래가 분명치 않으나, 당나라 초에 수나라 시대의 역사를 정사로 편찬된《수서隨書》제4권에 처음 등장한 이래 지금의 캄보디아를 지칭하는 말로 사용됐다. 원나라 때 완성된 송나라 시대의 정사인《송사》권 489에는 이 나라 역사를 정리한〈진랍전眞臘傳〉이 들어 있다. 점랍占臘이라고도 적는다. 주달관은 당시 진랍국을 현지에서 감패지甘孛智라고 불렀다고 했다. '캄보디아'의 음역이다.

원나라 성종(테무르 칸)이 즉위한 원정元貞 원년(1295) 6월, 영가永嘉(절강성 온주溫州의 영가현永嘉縣) 사람인 주달관에게 진랍에 가는 사신 일행을 수행하라는 조정의 명령이 떨어졌다. 주달관은 호를 초정일민草庭逸民이라 했는데, 생몰이나 사적에 대해서는 자세히 알 수가 없다. 온주는 원나라 때 해상무역을 감독하는 시박사市舶司가 있었으므로, 주달관은 해외무역에 관계했거나 시박사의 일에 관여했던 듯하다. 그가 캄보디아에 갔다 온 것은 장년, 즉 30-34세 때 일이라는 기록이 별도로 있다.

이듬해인 1296년의 2월 20일, 주달관 등은 온주를 출발해 복주福州(푸저우), 해남海南(하이난) 등 해로를 따라갔다. 칠주양七洲洋을 지나 안남을 거쳐 메콩강의 수로에 있는 캄보디아 캄퐁 참에 이르러 메콩강을 따라 점성占城·진포眞蒲·사남査南·반로촌半路村·불촌佛村(보리살주菩提薩州)을 거쳐 담양淡洋(톤레사프호)을 건너 오가국吳哥國에 도착해 해안에 상륙했다. 그리고 7월에 마침내 진랍의 수도인 오가성吳哥城(야소다라프라, 현재의 앙코르 톰)에 도착했다. 주달관 일행은 술리안드라바르만(재위 1295?-1307)이 다스리는 캄보디아에서 약 1년간 생활했다. 그리고 대덕大德 원년(1297) 6월에 귀국길에 올라 8월 12일에 사명四明(영파寧波)으로 돌아왔다.

주달관은 캄보디아 여행의 기록을 《진랍풍토기》로 엮었다. 다른 연구자의 고증에 의하면 이 글은 1312년 이전에는 완성이 되어 있었으며, 아마도 주달관이 귀국한 지 얼마 되지 않아 14세기 초에 이루어졌을 가능성이 높다고 한다.

2.

《진랍풍토기》는 약 8,500자의 짧은 분량이지만 진랍국 수도인 오가성吳哥城의 건축과 조각예술을 상세히 기술하고, 거주민의 생활·경제·문화·습속·언어 등을 상세히 서술했다. 아울러 진랍의 산천·물산 등을 언급했다. 또 당시 진랍에 거주하는 해외 중국인인 '당인唐人'의 실상에 대해서도 보고했다.

첫머리인 '총서總敘'는 다음과 같다.

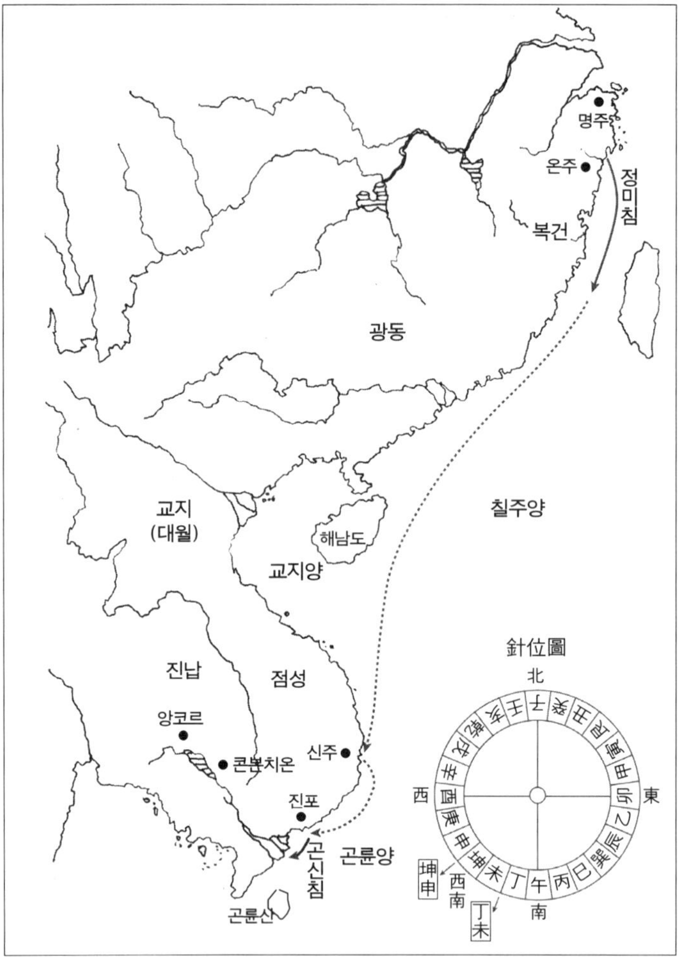

지도18_주달관의 항로

진랍국眞臘國은 혹 점랍占臘이라고도 일컫는다. 이 나라는 스스로를 감패지甘孛智라 일컫는다. 지금의 성조聖朝〔성스러운 조정, 곧 원나라 조정〕에서, 서번경西番經〔티베트 불경〕을 조사하니, 그 나라를 이름 불러 감포지澉浦只라 하고 있는 것은 대개 앞서의 감패지甘孛智와 음이 가깝기 때문이다. 온주로溫州路〔현재의 절강성浙江省 온주시溫州市〕에서 출항하여 나침반의 정미丁未의 침〔남남성의 방향〕이 가리키는 곳으로 가서, 민閩〔복건성福建省〕, 광廣〔광동성廣東省〕, 해외海外〔해남도海南島〕의 여러 주〔해남도에 있는 경주瓊州 등의 여러 주〕의 항구를 거쳐 칠주양七洲洋

〔해남도의 칠주열도七洲列島 부근 바다〕을 통과해서 교지양交趾洋〔해남도 서부로부터 북부 베트남 연안에 이르는 바다〕을 거쳐, 점성占城〔참바. 베트남 중부를 거점으로 한 참인종의 국가. 당시 수도는 현재의 쿠냥〕에 이르렀다. 또 점성으로부터 바람을 타고 반 개월 정도 가서 진포眞浦〔메콩 하구 좌측 기슭. 남부 베트남의 발리아 해안 혹은 산재크 갑岬 지방〕에 이르렀다. 거기서 가까스로 진랍의 경역이다.

또 진포로부터 나침반의 곤신坤申의 침〔남서보다 약간 서쪽〕이 가리키는 곳으로 가서, 곤륜양崑崙洋〔콘돌 섬 이북의 바다〕을 통과해서 항구에 들어갔다. 항구는 모두 수십 개이지만, 다만 제4항구〔미트 하구로 추정〕만이 들어갈 수가 있고, 나머지는 모두 모래땅이고 수심도 얕아, 커다란 배는 통행하지 못한다. 그런데 멀리서 바라보면 모두 높은 등나무 고목古木, 누런 모래밭과 흰 갈대여서, 갑작스럽게는 주위의 풍경을 또렷하게 인식하기가 쉽지 않다. 그런 까닭에 뱃사공은 항구를 찾는 것을 어렵게 여기는 것이다.

항구로부터 서북쪽으로 가서, 하수를 따라〔7월부터 11월까지 메콩강의 증수기에 하수가 역류하여 톤레사프호로 물이 흘러감〕 반 개월 정도 가자, 그 나라의 사남査南〔콘본치온. 톤레사프호의 출입구로서 요지〕이란 곳에 이르렀다. 곧, 진랍국의 속군이다. 다시 사남에서 작은 배로 바꾸어 타고 물길을 따라서 10여 일 정도 가서, 도중에 있는 마을인 불佛〔푸삿(pursat)〕이라는 마을을 통과해서 담양淡洋〔톤레사프호〕를 건너, 그 간방干傍〔콤퐁. 캄보디아어로 항구, 혹은 선착장〕이라는 곳에 이를 수가 있다. 거기서부터 수도의 성으로 가기까지 50리〔원나라 때 1리는 약 589미터〕 거리이다.

《제번지諸番志》〔조여괄趙汝适 저술〕를 조사하니, "그 땅의 너비는 7천 리이다"라고 일컫고 있다. 그 나라는, 북쪽은 점성占城에 이르기까지 반 개월의 노정이고, 서남쪽은 섬暹〔타이국의 스코타이 조정. 본문에는 섬라暹羅로 되어 있으나 라羅는 뒤에 추가된 글자인 듯. 섬라는 타이국의 아유타야 조정을 가리킴〕으로부터 반 개월의 거리이다. 남쪽은 번우番禺〔현재의 광동성 광주廣州시〕로부터 10일 노정의 거리이다〔광주시는 진랍의 남쪽에 있지 않으므로, 중간에 글자들이 빠져 있는 듯하다〕. 그 동쪽은 큰 바다이다. 옛날부터 중국과 통상을 하여 왕래가 있었던 나라이다.

성조聖朝는 크게 천명을 받아, 사방의 외국을 하나도 남김없이 점령했다. 사도唆都 원수元帥〔지원至元 18년(1281) 10월에 점성행성占城行省이 설치되고 사도는 우승右丞의 직위였다. 사도는 점성 원정의 총대장이 되었으므로 원수라고 일컬었다〕가 행성行省을 점성에 두고는, 한 사람의 호부만호虎符萬戶와 한 사람의 금패천호金

牌千戶를 파견해서, 두 사람을 모두 그 나라〔진랍국〕에 보냈지만, 결국에는 구금되고 말아서 돌아오지 못했다.

원정元貞 을미〔원정 원년, 1295〕 6월에, 성천자聖天子〔원나라 성종〕께서 사신을 파견해서 초유招諭〔외국을 불러 종속시키는 일〕하고자 하심에, 나를 종행從行하게 하셨다. 다음해 병신丙申〔1296〕 2월에 명주明州〔절강성 영파寧波. 사명산四明山이 있어서 사명이라고도 부름〕를 떠나, 20일에 온주溫州의 항구로부터 출항하여, 3월 15일에 점성에 이르렀다. 도중에 역풍逆風〔서남계절풍을 가리키는 듯〕 때문에 사정이 나빠서, 가을의 7월이 되어서야 가까스로 진랍국에 이르러, 마침내 신복臣服시킬 수가 있었다. 대덕 정유〔대덕 원년, 1297〕 6월에 이르러 배를 돌려서, 8월 12일에 사명四明〔영파寧波시, 명주〕에 이르러 해안에 정박했다. 그 나라의 풍토와 국사國事〔국가 관련 사항〕의 상세한 내용은 전부야 알 수 없지만, 그 대강은 그나마 볼 수가 있었다.

주달관은 자신을 포함한 사신 일행이 캄보디아로 가게 된 것은 1281년 10월에 점성행성에서 진랍국에 파견한 호부만호와 금패천호가 돌아오지 못한 사건에 대해 문책하는 뜻이 있다는 듯이 기록했다.

33_고금설해본古今說海本《진랍풍토기》〔가정 23년(1544) 간행〕

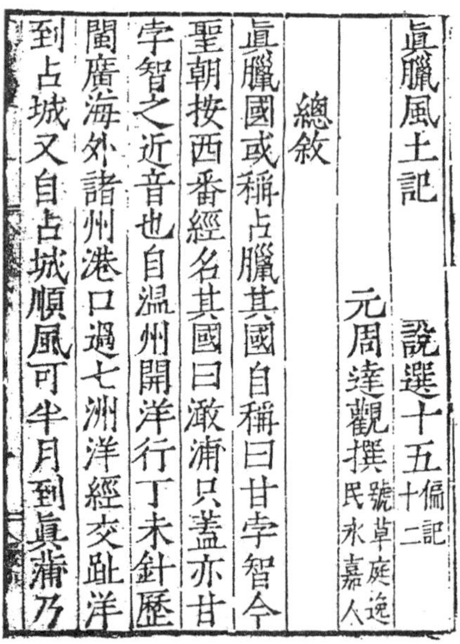
眞臘風土記 說選十五 偏記十二
元周達觀撰 號草庭逸民永嘉人
總敘
眞臘國或稱占臘其國自稱曰甘孛智今
聖朝按西番經名其國曰澉浦只蓋亦甘
孛智之近音也自温州開洋行丁未針歷
閩廣海外諸州港口過七洲洋經交趾洋
到占城又自占城順風可半月到眞蒲乃

《원사元史》에 따르면, 1281년 10월에 점성행성이 설치되고 사도唆都가 우승이 되었는데, 그 무렵 만호 하자지何子志와 천호 황보걸皇甫傑이 섬국暹國〔타이국의 스코타이 왕조〕에 파견되었다. 하지만 그들이 타고 가던 배가 점성占城에서 구류되고 다음 해 그들이 그곳에서 살해되고 말았다. 이에 사도는 점성으로 군대를 이끌고 갔으나, 1284년에 베트남에서 전사했다. 파견한 사실이 나와 있지 않다. 만호와 천호가 캄보디아로 파견된 것은 아니고, 또 그들이 살해된 곳도 캄보디아가 아니므로, 주달관의 기록에는 약간 착오가 있는 듯하다.

하지만 주달관의《진랍풍토기》는 캄보디아의 번성기인 13세기의 앙코르 시대의 정황을 증언해 주는 유일한 기록이다. 청나라 때《사고제요》에서는 "글의 뜻이 아주 풍부하고 본말이 잘 갖추어져 있어서《원사》의 빠진 부분을 보충할 수 있다"라고 높게 평가했다.

> 저희들이 삼가 고찰하건대,《진랍풍토기》1권은 원나라 주달관이 지은 것입니다. 주달관은 온주溫州 사람입니다. 진랍은 본디 남해 속의 작은 나라로, 부남扶南의 속국이었다가, 그 후로 점차 강성하여서《수서》에 처음으로 외국전外國傳에 나옵니다. 당나라 역사서와 송나라 역사서에 모두 기록이 되어 있으나, 조공이 늘 이르러 오지는 않았습니다. 그러므로 기록되어 있는 풍토와 방물은 종종 소략하여 갖추어져 있지 않습니다. 원나라 성종 원정 원년 을미〔1295〕에 사신을 보내어 그 나라를 초유招諭했는데, 주달관이 수행했습니다. 대덕 원년 정유〔1297〕에 마침내 돌아왔으니, 모두 3년의 기간이었습니다. 그 풍속을 잘 알아서, 견문한 바를 기록하여 이 책을 만들었으니, 모두 40칙입니다. 문장의 뜻은 자못 풍부합니다. 다만 제36칙으로 말하자면 그 안에 윤리를 모독하고 신의 견책에 관해 서술한 사실이 있는데, 천도의 상도常道로 여기지 않고 부처에게 공적을 돌렸으니 견식이 아주 비루합니다. 하지만《원사》는〈진랍전〉을 별도로 세우지 않아 이것을 얻어서 본말이 자세히 갖추어지게 되므로, 빠진 것을 보충할 수 있다고 하겠습니다. 그러므로 마땅히 잘 보존해서 참고해서, 직방職方의 '외기外紀'로 삼아야 할 것입니다. 주달관은 이 책을 지어 완성한 후 오연吾衍에게 보여 주었는데, 오연은 시를 지어 추존하고 공경하기를 아주 대단히 했습니다. 그 시는 오연 또한 지은《죽소산방시집竹素山房詩集》에서 볼 수 있습니다. 대개 오연 또한 그 서술의 공교로움에 탄복했던 것 같습니다.

《진랍풍토기》는 명나라, 청나라, 중화민국의 여러 총서에 수록되었다. 이를테면, 명나라 때의 고금설해古今說海, 역대소사歷代小史, 증정고금일사增訂古今逸史, 중편백천학해重編百川學海, 중교설부重較說郛, 청나라 때의 흠정고금도서

집성欽定古今圖書集成, 사고전서, 중화민국 때의 설고說庫, 사료삼편史料三篇 등의 총서에 수록되어 있다. 이외에도 청나라 때 여러 판본이 나왔다.

그런데 이 책의 가치를 알아보고 서구에 소개한 사람은 프랑스의 동양학자 아벨 레뮈사(A. Rémusat)로, 1819년에 프랑스어 번역본을 간행했다. 그 뒤 프랑스는 인도차이나를 식민지화하고 1898년에 하노이에 프랑스극동학원(EFEO)을 설립했는데, 혜초의 《왕오천축국전》을 발견했던 폴 펠리오(Paul Pelliot)가 그곳의 교수로 있으면서, 1902년에 그 학원의 기관지에 〈주달관의 캄보디아 견문록에 대한 비망록〉이라는 제목으로 본격적인 역주를 발표했다. 이후 번역본으로 프랑스어·일본어·영어본·캄보디아본(柬埔寨文), 그리고 독일어본, 한국어본이 있다. 펠리오 자신은 새로운 역주를 시도하다가 완성하지 못하고 1945년에 죽었다.

1819년 아벨 레뮈사(A. Rémusat, 雷慕沙) 프랑스 번역본.

1902년 펠리오(伯希和) 프랑스 번역본.

1933년 풍승균馮承鈞, 〈眞臘風土記箋注〉(펠리오 번역을 토대로 한 중국어 번역).

1940년 일본의 松楓居主人 훈점본(펠리오 번역을 함께 覆印).

1951년 펠리오 유작 《增訂本眞臘風土記箋注》. *Mémoires sur les coutumes du Cambodge*, récit de Tcheou Ta-Kouan vers 1300, traduit par Paul Pelliot, 1951.

1967년 J.Gilman, D'Arcy Paul, *Notes on the Customs of Cambodia*, Bangkok, 1967(펠리오의 1902년 불역본을 영문으로 번역).

1971년 캄보디아(柬埔寨) 작가 이첨정李添丁의 캄보디아어 번역판, 금변金邊 출판(미완).

1976년 김영화金榮華, 《眞臘風土記校注》, 臺北:中華書局, 民國 65년.

1980년 三宅一郎, 中村哲夫, 《考証真臘風土記》, 京都:同朋舍出版, 1980.

1981년 하내夏鼐, 《眞臘風土記校註》, 北京:中華書局, 1981.

1989년 와다 히사노리(和田久德) 역주, 《真臘風土記 ―アンコール期のカンボジア》, 東京:平凡社, 1989.

2001년 *Zhou Daguan, The Customs of Cambodia*, transl. by Michael Smithies, Bangkok:The Siam Society, 2001.

2006년 *Chou Ta-Kuan : Sitten in Kambodscha*. Über das Leben in Angkor im 13. Jahrhundert. Keller und Yamada. 2. Auflage. Angkor Verlag, Frankfurt 2006.

3.

앙코르 왕조의 왕은 26대나 이어졌다. 초기의 왕도는 하리하랄랴아였으나, 제4대 왕 야쇼바르만 1세(재위 889-912)는 그곳에서 13킬로미터 떨어진 곳에 야소다라푸라를 건설했으니, 곧 제1차 앙코르 도성이다. 그는 북인도 문자를 이용해 캄보디아 문자를 만들었으며, 저수지 '야소다라타타카'도 만들었다. 그 후 왕도는 다른 곳으로 옮겨지기도 했으나, 제9대 라젠드라바르만이 앙코르 지역으로 환도하고, 제10대 자야바르만 5세(968-1001)는 정치를 안정시켰다. 그 뒤 내전 상태를 겪다가 수리야바르만 2세 때에 베트남 북부의 대월국大越國과 참파 왕국을 공격하여 국력을 신장하고 앙코르 와트를 건설했다. 이것을 제2차 왕도라고 한다. 12세기 이후 앙코르 왕조는 내정의 혼란과 참파 군의 침략으로 혼란을 겪다가, 자야바르만 7세(재위 1181-1219)에 이르러 불교를 수용해서 국정을 쇄신했다. 그는 타 프롬(Ta Prohm), 프레아 칸(Preah Khan), 앙코르 톰(Angkor Thom), 바이욘(Bayon) 사원 등 불교사원을 건축하고, 치수 기능을 보완하기 위해 동 바라이(Baray, 야소다라타타카) 앞에 닉 펜(Neak Pean, 자야타타카) 저수지를 팠다. 하지만 자야바르만 7세 이후 캄보디아는 급속하게 쇠퇴하고, 아유타야 왕국에 의해 앙코르가 점령당하게 된다.

주달관은 캄보디아의 역사나 3차에 걸친 앙코르 왕도의 건설에 관해서는 상세한 보고를 하지 않았다. 위와 같은 개괄은 오로지 근대 이후의 연구에 근거한다.

'총서'에 나와 있듯이 《진랍풍토기》는 전체 40칙則으로 되어 있다. 그 항목을 열거하면 다음과 같다. 주달관이 기록한 내용은 현재의 캄보디아 북서부

시엠리아프시 근교에 있는 앙코르 톰에 들러 관찰한 정치제도와 도시구조, 그리고 풍습에 관한 것이 주류를 이룬다.

> 성곽城郭·궁실宮室·복식服飾·관속官屬·삼교三教·인물人物·산부産婦·실녀室女·노비奴婢·어언語言·야인野人·문자文字·정삭시서正朔時序·쟁송爭訟·병라病癩·사망死亡·경종耕種·산천山川·출산出産·무역貿易·욕득당화欲得唐貨·초목草木·비조飛鳥·주수走獸·소채蔬菜·어룡魚龍·온양醞釀·염초장면鹽醋醬麪·상잠桑蠶·기용器用·거교車轎·주즙舟楫·속군屬郡·촌락村落·취담取膽·이사異事·조욕澡浴·유우流寓·군마軍馬·국주출입國主出入 등.

앙코르 톰은 '큰 도시'란 뜻으로, 한 변이 3킬로미터의 정사각형 모양이다. 높이 8미터의 라테라이트(Laterite, 철분과 알루미늄을 함유한 홍토석) 성벽과 너비 약 100미터의 수로로 둘러싸여 있다. 해자로 둘러싸인 지역에만 약 100만 명 이상의 주민이 살았으리라 추정된다.

앙코르 톰에는 우주의 중심을 상징하는 바이욘(Bayon) 사원이 있다. 크메르 왕조가 붕괴되기 직전인 1,200년 자야 바르만 7세가 지은 건조물이다.

바이욘 사원에서부터 동서와 남북으로 뚫린 두 개의 도로에 의해 앙코르 톰은 4등분 된다. 앙코르 톰의 북쪽에는 왕궁이 자리 잡고 있고, 그 중앙의 수로에 걸쳐서 바이욘 사원이 있다. 왕궁의 왼편에는 피미아나카스 사원(Phimean Akas)과 바푸온 신전(Baphuon)이 있고, 그 위쪽에는 코끼리 테라스가 있다.

앙코르 톰에서 남쪽으로 1.5킬로미터 떨어진 곳에 앙코르 와트(Angkor Watt)가 있다. '사원(에 의해 세워진) 도시'라는 뜻이다. 이 사원은 앙코르 바트(Angkor Vat)라고도 하는데, 수르야바르만 2세의 통치 아래 1113년 무렵부터 약 30년에 걸쳐 건립되었다. 해자垓字의 길이가 5.4킬로미터, 너비가 190미터, 사원의 서쪽 진입로가 540미터이다. 회랑이 3중으로 되어 있고 본전의 높이가 65미터나 되는 중앙 사당을 중심으로 5기基의 탑당塔堂이 에워싸고 있다. 서쪽 진입로에는 포석이 깔려 있고 양쪽에 나가(Naga, 큰 뱀)의 난간이 있으며 진입로 좌우에 경장經藏과 성지聖池가 있다. 5기의 탑당은 세계의 중심인 수미산須彌山, 메루(Meru)을, 주위의 벽은 히말라야 영봉을, 해자는 깊고 무한한 대양을 상징한다. 사원의 주신은 비슈누신이며, 왕과 비슈누신을 합체合體한 특별한 신상(비슈누신왕)이 안치되어 있다.

주달관은 '성곽'의 조항에서, 앙코르 톰과 바이욘 사원 등의 모습을 매우 정확하게 묘사했다. 각각을 나누어 살펴보면 다음과 같다.

(1) **앙코르 톰**(Angkor Thom) — **앙코르 시대 캄보디아의 도성**

주성州城〔도성, 현재의 앙코르 톰〕은 둘레가 20리〔약 11.78킬로미터〕쯤 된다. 다섯 개의 문이 있고, 문은 각각 이중으로 되어 있다. 오직 동쪽을 향해서만은 두 개의 문〔북쪽의 승리의 문과 남쪽의 사자死者의 문〕을 두었고, 나머지 방향에는 모두 하나의 문만 두었다. 성의 바깥에는 커다란 호濠〔해자〕가 있고, 해자의 위에는 모두 성내의 큰길로 통하는 커다란 다리가 놓여 있다. 다리의 양쪽에는 모두 석신石神 54개가 있는데, 석장군의 형상을 하고 있으며, 아주 거대하고 용맹스럽다. 다섯 개의 문은 모두 서로 비슷하다. 다리의 난간은 모두 돌로 만들었고, 뱀의 형상을 새겨 두었는데, 그 뱀은 모두 아홉 개〔일곱 개의 잘

34_앙코르 톰

35_바이욘의 벽면 부도

36_코끼리 테라스

못인 듯)의 머리를 갖고 있다. 54개의 석신은 모두 손으로 뱀을 품고 있어서, 마치 뱀이 달아나지 못하도록 하고 있는 듯한 자세이다. 성문의 위에는 커다란 돌로 만든 불두佛頭 다섯 개가 있고, 그 얼굴은 동서남북의 사방을 향하고 있으며, 중앙에 둔 하나의 얼굴은 금으로 장식했다. 문의 양쪽에는 돌을 깎아서 코끼리의 형상(안팎에 코끼리 두상의 석조가 있어 좌우 양측에 각각 3개씩이므로 모두 12개이다)을 만들어 두었다. 성의 벽은 모두 돌을 차곡차곡 겹쳐 쌓아 올렸는데, 높이는 2장丈(약 6.5미터)쯤 된다. 돌은 아주 주밀하고 견고한데다가, 잡초가 자라 있지 않다. 그런데 여장女墻(성벽 위의 낮은 담)은 없다. 성벽 위에는 여기저기 광랑목桄榔木(종려 비슷한 야자과의 나무)을 심어 둔 곳이 있다. 즐비하게 나열되어 있어 모두 빈 방이다(목조의 방은 현재 남아 있지 않다. 또 원문에 오탈자가 있는 듯하여 잘 읽히지 않는다). 성벽의 안쪽은 언덕과 같아서, 두께가 10여 장丈(약 33미터)이나 된다. 언덕의 위에는 큰 문이 있어, 저녁에 닫았다가 아침에 연다. 역시 문을 감시하는 파수꾼이 있으며, 개들은 문을 출입할 수 없다. 성벽은 아주 정확하게 정돈되어 있는데, 사방의 구석에는 각각 석탑이 하나씩 있다. 발가락이 잘리는 형벌을 받은 죄수들도 문을 출입할 수가 없다.

(2) 바이욘(Bayon) — **자야바르만 7세**(재위 1181-1201)**가 중심 사원으로서 건설한 불교사원**

도성의 중앙에 금탑 1좌〔바이욘〕가 있고, 그 곁에 석탑이 20여 좌, 돌로 만든 방이 백여 칸이있다. 동측에는 금교金橋 1개소가 있고, 금사자 두 마리가 다리 좌우에 나란히 서 있고 금불상 8신이 돌로 만든 방 아래에 위치해 있다〔금사자와 금불상은 현재 없다〕.

(3) 바푸온(Baphon) — **1060년경에 건설된 제2차 앙코르의 중심 사원**

금탑〔바이욘〕의 북쪽으로 1리〔약 589미터, 실제 거리라기보다는 지근거리임을 말함〕쯤 되는 곳에 동탑 1좌〔바푸온〕가 있다. 금탑에 비교하면 그보다 훨씬 높아서, 이것을 바라보면 울연히 성대하다. 그 아래에는 또 돌로 만든 방이 수십 개 있다.

(4) 바푸온 북쪽의 앙코르 톰 왕궁 — **자야바르만 5세**(재위 968-1001)**가 세운 목조 건축물로, 국왕의 거처**

또 동탑〔바푸온〕 북쪽으로 1리를 가면 거기가 국왕의 거처이다. 그 침실에는

37_바푸온 사원

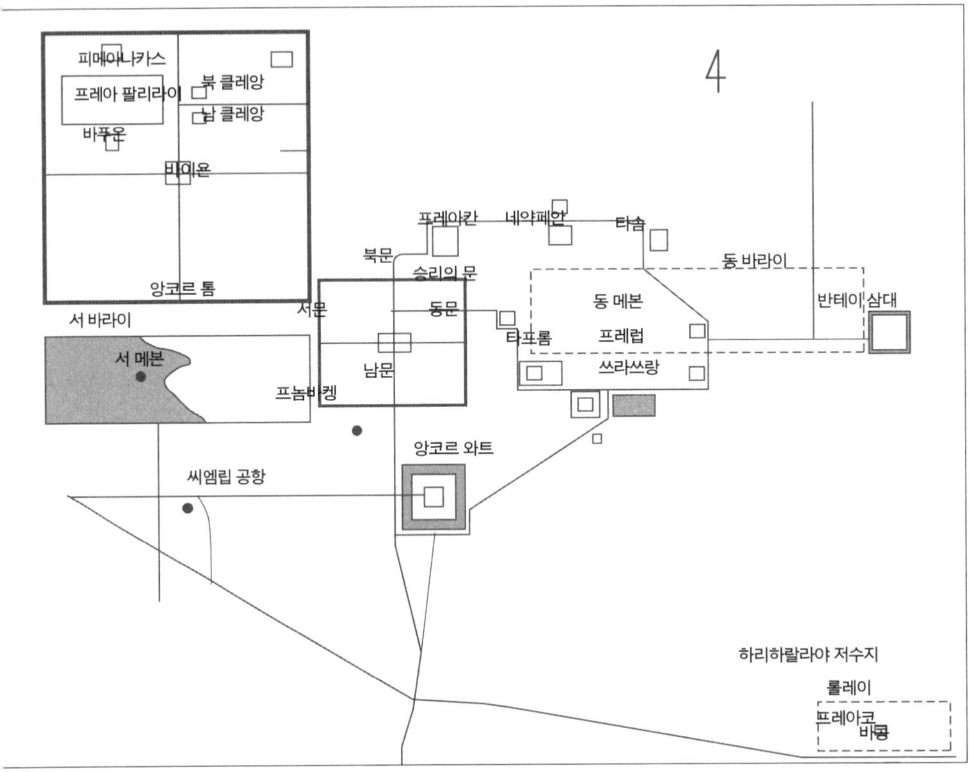

지도19_앙코르와트 유적 지도

또한 별도의 금탑〔현재의 피메아나카스〕 1좌가 있다. 해상무역상인들이 왕래하여, 그들 사이에서 '부귀한 진랍'이라는 칭송의 말이 있는 이유는 생각건대 이렇게 금탑들이 늘어서 있기 때문일 것이다.

(5) 프놈 바켕(Phnon Bakeng) — **앙코르 톰 남문 밖 약 300미터 지점에 있는 구릉에 야쇼바르만 1세**(재위 889-910)**가 건설한 제1앙코르 도성의 중심사원**

석탑이 있는 산〔프놈 바켕〕이 남문의 바깥 반 리쯤에 있다. 속언에 노반魯般〔중국 춘추 시대의 공장工匠. 캄보디아의 힌두교에서는 건축의 신으로 뷔슈누카르만(Visnukarman)이 앙코르의 건축자라고 알려져 있다〕이 하룻밤에 쌓았다고 한다

(6) 앙코르 와트(Angkor Watt) — **수리야바르만 2세**(재위 1113-1150)**가 건설한 것으로, 비슈누의 사당이었으나, 수리야바르만 왕이 죽은 후 그의 묘가 되었다고**

38_앙코르 와트

함. 앙코르 톰의 남쪽 약 1.5킬로미터 거리에 있음

'노반魯般의 묘'라고 전해지는 건물〔앙코르 와트〕이 남문 밖 1리에 위치해 있는데, 둘레는 10리〔약 5.9킬로미터〕쯤 되고, 돌로 만든 방들이 수백 개나 된다.

(7) 동쪽 바라이〔야쇼다라타타카(Yasodharatataka)〕 — **야쇼바르만 1세가 관개용으로 만든 인공호수**(서쪽 바라이도 있으나 주달관은 언급하지 않음)

동쪽의 연못은 도성의 동쪽 10리에 있는데, 둘레는 100리〔약 59킬로미터〕나 되며, 연못의 중앙에는 석탑과 석실〔메본(Mebon), 석탑과 석실은 라젠드라바르만 2세가 건설〕이 있다. 석탑의 중앙에는 동으로 만든 와불상 1신이 있고, 와불상의 배꼽에서 항상 물이 흘러나온다.

(8) 프레아 레아크 다크〔Preah Reach Dak, 자야타타카(Jayatatakā)〕 — **자야바르만 7세**(재위 1181-1218)**가 만든 인공호수**

북쪽의 연못〔프레아 레아크 다크〕은 성의 북쪽 5리〔약 2.9킬로미터〕에 있다. 연못 가운데 금으로 만든 방형方形의 탑〔네아크 보안〕 1좌가 있고, 돌로 만든 석실이 서너 개〔원문에는 수십간數十間으로 되어 있는데 수간數間의 잘못인 듯하다〕이며, 금사자〔입에서 물을 뿜는다〕, 금불金佛, 청동 코끼리, 청동 소, 청동 말 상이 있다.

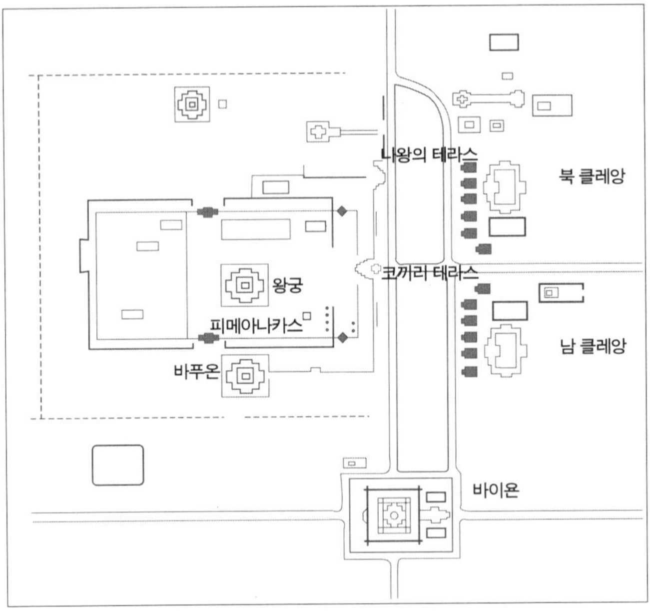

지도20_왕궁과 그 주변

앙코르 와트는 캄보디아의 고건축으로서 세계에서 가장 널리 알려진 건물이다. 하지만 주달관의 기록은 매우 간단하다. 아마도 그곳에는 직접 가 보지 않았을 가능성이 있다.

주달관은 정치제도에 대해서도 관심을 보였으나, 관직에 관한 기술은 매우 소략하다. 오히려 '국주출입國主出入'의 항목을 두어, 캄보디아의 왕이 하루에 두 번씩 황금과 보석으로 장식된 호화스러운 옷을 입고 국사를 처리했다고 기술한 내용에서 알 수 있듯이, 정치제도를 체계적으로 서술하기보다 흥미 위주의 사항을 우선시한 듯하다.

> 이전에 국왕은 선대로부터 내려오는 전통에 따라서 결코 집을 떠나지 않았다고 들었다. 아마도 예기치 않은 변고가 일어나는 것을 예방하기 위해서였다고 생각된다. 새로운 국왕〔술리안드라바르만, 재위 1295?-1307〕은 죽은 국왕〔자야바르만 8세, 재위 1243-1295?〕의 만사위로서 병권을 담당하는 직위에 있

었다. 그 장인(자야바르만 8세)이 죽자, 선왕의 딸이면서 자신의 아내가 된 부인이 몰래 왕권을 상징하는 금으로 된 보검을 훔쳐서는 남편에게 주었다. 이런 까닭에 선왕의 친자親子들 사이에서 왕위를 계승할 수가 없게 되었다. 어느 때인가 죽은 국왕의 아들들이 군사를 일으키려 했으나, 새로운 국왕에게 붙잡혀서 발가락이 절단된 채 어두운 방에 감금되었다.

새로운 국왕은 몸에 성스러운 쇠붙이를 집어넣고 다녔으므로, 칼이나 화살 따위가 몸에 이른다고 해도 해를 입힐 수가 없었다. 그래서 그것을 믿고는 안심하고 외출을 했다. 내가 진랍국에 체재하고 있던 1년여 동안, 이 새로운 국왕이 외출하는 모습을 4, 5회 본 적이 있다.

보통 국왕이 외출할 때는 여러 군마들이 그 전방을 지키고, 깃발과 고악鼓樂이 그 뒤를 따른다. 또 궁녀 300-500명이 꽃무늬의 비단을 걸치고 꽃 장식을 트레머리에 하고, 손에 커다란 납촉(촛불)을 들고, 별도로 하나의 대열을 이룬다. 대낮이라 하더라도 촛불을 켠다. 또 별도의 궁녀가 있어서, 모두 궁정에 있는 금은의 그릇이라든가 장식이 붙은 기구들을 손에 드는데, 그 만듦새가 중국과는 아주 달라서, 그것이 무엇에 쓰는 것인지는 알 수가 없다. 또 별도의 궁녀가 있어서, 표창摽槍과 방패를 손에 들고 내병內兵(궁중의 군대)가 되어, 역시 별도의 대열을 이룬다. 또 양이 끄는 수레, 사슴이 끄는 수레, 말이 끄는 수레가 있어, 모두 금으로 장식하고 있다. 여러 신료와 왕족들은 모두 코끼리를 타고 앞서 가는데, 멀리 주홍색의 양산이 보이지만 그 수를 이루 헤아리기 어렵다. 그 다음에는 왕비와 후궁이 뒤따르는데, 가마나 마차 또는 말이나 코끼리를 타며, 금을 뿌려서 장식한 양산이 백여 개 정도로 그칠 정도가 아니다.

그 뒤가 비로소 국왕인데, 국왕은 코끼리 위에 서서, 금으로 만든 검을 손에 쥐고 있다. 왕이 타는 코끼리의 상아 또한 금으로 쌌다. 금을 뿌려 장식한 흰 양산도 20여 개를 펼쳤는데, 그 양산의 손잡이도 모두 금으로 만들었다. 또한 사방의 둘레에서 모여 지키는 코끼리(코끼리를 탄 군사)들이 대단히 많고, 또한 군마가 있어서 보호하고 있다.

만일 근처로 놀러 갈 때는 다만 금으로 장식된 가마만 사용하며, 궁녀들이 그 가마를 떠받든다. 대체로 국왕이 외출할 때는 반드시 작은 금탑의 금불을 맞아들여, 국왕의 앞에 둔다. 이 금불을 보는 자들은 모두 땅에 꿇어서 이마를 땅에 대는 예배를 해야 한다. 이를 일컬어 삼파三罷(손을 마주하여 절한다는 뜻의 캄보디아 말을 한자로 옮긴 것)라 한다. 그렇게 하지 않으면 모사자貌事者

(정무를 담당하는 자)에게 체포되어, 조금도 용서하지 않는다.

매일 국왕은 두 차례 집무실에서 정무를 보지만, 그렇다고 정해진 집무실이 있는 것은 아니다. 신하들과 서민들 가운데 국왕을 알현하고자 하는 사람이 있다면 누구라도 땅 위에 열지어 앉아 있으면서 거기에서 기다린다. 잠깐 지나서 궁정에서 은은한 음악 소리가 들리면, 궁정의 바깥에서는 그제서 고동을 불어서 국왕을 맞이한다. 다만 금으로 장식한 수레 한 대만을 사용하는데, 이때 국왕의 행선지가 조금 멀다고 들었다. 잠깐 지나서 두 명의 궁녀가 가늘고 아리따운 손으로 발을 걷어 올리는 것이 보이더니, 국왕은 손에 검을 짚고 금으로 만든 창 한가운데 서 있다.

신하들과 서민들은 모두 합장하며 머리를 땅에 대고 절을 하는데, 고동 소리가 멎고 나서야 머리를 드는 것이 허락된다. 국왕도 이에 따라서 좌석에 앉는다. 국왕이 앉는 좌석에는 한 장의 사자 가죽이 깔려 있는데, 이것은 대대로 내려오는 보물이라고 들었다. 말로 정무를 전하는 일이 끝나자, 왕은 이어서 곧바로 몸을 되돌리고, 두 명의 궁녀가 다시 발을 내리고, 모든 사람들은 각각 몸을 일으킨다.

이것을 근거로 보면, 감패지 사람들 같이 비록 야만인의 나라라 하더라도 군주가 있음을 알지 못하는 것이 결코 아니다.

마지막 문장의 원문은

以此觀之(이차관지), 則雖蠻貊之邦(즉수만맥지방), 未嘗不知有君也(미상불지유군야).

이다. 만맥은 미개국을 가리킨다. 본래 만은 남방의 오랑캐, 맥은 북방 오랑캐를 뜻하지만, 합하여 중국 이외의 미개 지방을 말한다. 주달관의 이 말은 《논어》〈팔일八佾〉편에서, "子曰(자왈) 夷狄之有君(이적지유군)이 不如諸夏之亡也(불여제하지무야)니라"라고 했던 말을 바탕에 깔고 있다. 주자(주희)는 《논어》의 이 구절에 대해 "이적에도 군장이 있으니, 참람됨이 있고 어지러운 중국과는 같지 않다"라고 했지만, 옛 주석을 따르면 "이적이 임금이 있어도 예의가 없으니 임금이 없어도 예의가 있는 중국만 못하다"는 뜻이다. 그리고 주자의 학문이 큰 영향을 끼친 뒤로도 실은 이러한 풀이가 더 일반적이었다. 주달관도 캄보디아 앙코르의 정치제도를 보면서, 군주를 대하는 예절이 엄하지만 중국만 하겠는가 하는 우월감을 은근히 내비친 것이다.

4.

당시 진랍국에는 그들만의 문자문화가 있었고, 왼쪽에서 오른쪽으로, 위에서 아래로 써 내려가는 중국의 필기 전통과는 달리, 오른쪽에서 왼쪽으로, 위에서 아래로 줄을 바꾸어 써 내려가는 필사 전통이 있었다고 한다. 그 사실을 주달관은 '문자'의 항에서 밝혀 두었다.

또한 기후의 특성 때문에 캄보디아 사람들이 목욕을 즐기는 풍습에 대해서도 자세히 적었다. '조욕澡浴'의 항목을 보면 이러하다.

> 이 땅에서는 뜨거운 태양과 높은 온도 때문에 고통을 겪는다. 매일 서너 차례 목욕을 하지 않으면 하루도 지내기 어렵다. 밤이 되어서도 한두 번 목욕을 하지 않으면 안 된다. 이전에는 욕실, 대야, 물통 등이 없었다. 그러나 집집마다 목욕을 하기 위해서 하나의 연못을 가져야 하고, 그렇지 않으면 두, 세 가구별로 하나의 공동 연못을 가진다. 남녀 구분 없이 모두 벌거벗은 채로 연못에 들어간다. 다만 부모나 연장자가 연못에 있을 때는 자녀나 연소자는 절대로 들어가지 않는다. 반대로 연소자가 먼저 연못에 있으면 즉 연장자들도 이것을 회피해서 차례를 기다려야 한다. 만일 동년배들이라면 이런 예의에 구애되지 않는다. 다만 여성들은 왼손으로 자신의 음부를 가리고 물에 들어갈 따름이다. 혹은 3, 4일 혹은 5, 6일마다 성중의 부녀자들은 삼삼오오 짝을 지어 성밖으로 나가 강에 와서 목욕을 한다. 강가에 도착하면 몸에 걸쳤던 천을 벗어던지고 물속에 들어간다. 강에는 모여드는 사람들은 툭하면 수천을 헤아린다. 관리의 부녀자들이라고 하더라도 마찬가지로 그들 사이에 끼어들며, 대체로 그것을 부끄럽게 여기지 않는다. 발끝부터 정수리까지 모두 신체를 볼 수가 있다. 성밖의 큰강〔씨엠립 강〕에서는 하루라도 이런 일이 없는 때가 없다. 중국 사람들은 쉬는 날이면 목욕 구경하는 것을

> 대단히 즐기고 있다. 또 물속에 들어가 몰래 기다리는 자도 있다고 들었다. 물은 늘 따스하여 덥힌 물 같지만, 다만 오경五更(한밤)이 되면 조금 차갑게 되고, 해가 뜨면 다시 따스해진다.

한편 '쟁송爭訟'에서는 코끼리 테라스에 면한 왕궁 앞 광중에 남북으로 각각 6기의 연와탑이 일정한 기능을 한다는 사실을 말해 주고 있다. 지금 이 탑들은 '프라삿 수오르 프랏'이라고 부른다.

> 민간에서 소송을 제기한 일은 작은 일이라고 해도 반드시 국왕에게 보고한다. 본래 태笞와 장杖으로 다스리는 형벌이 없고, 다만 벌금에 대해 들을 따름이다. 그 사람에게 대역大逆의 큰일이 있더라도 교絞와 참斬의 형벌이 없고 다만 성의 서문 밖에 땅을 파서 구멍을 만들고 죄인을 그 속에 넣어서 토석土石을 그 구멍에 채워 굳히는 것으로 그쳤다. 그 다음의 형벌로는 손가락과 발가락을 베는 것이 있고, 코를 베어 버리는 것이 있다. 단, 간음과 도박은 금지가 없다. 간음한 여자의 남편이 그 사실을 알게 되면, 두 개의 작은 잡목으로 간음한 남자의 발을 조인다. 간음한 남자가 아파서 견디지 못해 자기의 재산을 간음한 여자의 남편에게 주면, 비로소 용서를 받을 수가 있다. 그렇지만 형편을 살펴서 기만하는 자도 있다.
>
> 사람이 문간에서 죽게 되면 그때는 발견한 사람이 스스로 끈을 이용해서 시체를 끌고 성밖의 황무지에 둔다. 애초에 이른바 상세한 조사나 치밀한 검증을 하는 일이 없었다. 개인 집에서 만일 도적을 붙잡으면 자기가 감금하고 고문 형벌을 가할 수도 있다. 이 항목은 채용할 만한 점이다.
>
> 또 만일 어떤 집에서 물건을 잃어버려, 이 사람이 훔치지 않았을까 의심하는데 그 사람이 자백을 하려고 들지 않으면, 냄비에 기름을 끓여 아주 뜨겁게 하여 그 사람의 손을 그 속에 뻗게 만든다. 만일 과연 물건을 훔쳤다면 그 손이 썩게 되고 그렇지 않으면 살가죽이 그대로라고 한다. 번인番人(여기서는 캄보디아인)에게 이법異法이 있는 것이 이와 같다.
>
> 또 양쪽이 소송을 하여, 곡직을 분명히 할 수가 없을 때는 왕궁에서 마주 보이는 기슭(큰길의 반대편)에 작은 석탑(프라삿 수오르 프랏. 코끼리의 테라스에 면한 왕궁 앞 광중에 남북으로 각각 6개씩 연와煉瓦로 만든 탑이 있음)이 12좌가 있어서, 두 사람을 각각 탑 속에 앉힌다. 그 바깥에서는 두 사람의 집안사람들이 각

> 각 친족을 이끌고 서로 재계를 한다. 이렇게 앉아 있기를 하루, 이틀 하기도 하고 사흘, 나흘 하기도 하는데, 도리道理 없는 자는 반드시 증거가 될 만한 조짐이 드러나 바깥에 나온다. 곧, 몸에 혹이 생기든가 기침 하고 발열하든가 한다. 도리가 있는 자는 대개 어떠한 작은 일도 일어나지 않는다. 이것으로 곡직을 분별하니, 이것이 곧 천옥天獄(하늘의 재판)인 것이다. 생각건대 이 땅의 지신地神의 신비로운 능력으로 이러한 일이 있는 것이다.

'쟁송'의 항목에서도 알 수 있듯이, 주달관은 이국의 진기한 풍습에 관심을 가지고 기술하되, 이국의 신비함을 과장하고 있다.

게다가 주달관은 제국의 문명의식을 기준으로 진랍의 풍토를 기술해 나갔다. 이를테면 주달관은 출산과 진담陣毯의 성 풍속을 자국 문명의 관점에서 비판적으로 기록했다.

'산부産婦'의 항을 보면, 캄보디아의 부인들은 출산 후에 곧바로 영아를 끌어안고 강으로 가서 몸을 씻는다는 사실을 기록한 후, 이렇게 덧붙였다.

> 사람들을 만나 보면 진납국의 여인들은 대단히 음란하다고 한다. 산후 하루나 이틀이 되면 곧바로 남편과 잠자리에 든다. 만일 남편이 원하지 않을 경우에는 즉좌에 주매신朱買臣(전한 때의 사람. 약을 팔면서 공부를 했는데, 가난하다는 이유로 아내에게서 버림받았다)이 버림을 받은 것처럼 버림을 받는 일이 있다. 만일 남편이 마침 멀리 부역을 가게 되면, 만일 서너 날이라면 괜찮지만, 십여 일이 지나면 그 부인은 반드시 "나는 정령精靈이 아니다. 어째서 혼자 잠을 자야 한단 말인가!"라고 말한다. 음탕한 마음이 아주 깊은 것이다. 그러나 한편으로 지조를 굳게 지키는 여인도 있다고 들었다. 부녀자는 늙기 쉽다. 판단하건대 결혼과 출산, 교육이 이미 어려서부터 시작되기 때문에 2, 30대 여인은 중국의 4, 50대처럼 늙어 보인다.

한편 '실녀室女'의 항에는 이른바 성녀식成女式인 '진담陣毯'의 사실을 자세하게 기록했다.

민간에서 여자 아이를 출산하면 그 부모는 반드시 장래의 행복을 기원하여 "너는 남들이 탐내어 장차 천, 백의 남자에게 시집가라!"라고 말한다. 부잣집의 여자는 일곱 살에서 아홉 살이 되면, 가난한 집의 여자는 열한 살이 되면, 반드시 승려와 도사에게 명하여 그 동정童貞을 없애는데, 이것을 진담陳毯〔캄보디아어로 미성년남녀를 뜻하는 촘톤을 표기한 것인데, 성녀식成女式을 뜻함〕이라고 한다. 즉 관리가 매년, 중국의 달력으로 말하면 4월 중의 하루를 선택하여, 나라 안에 이렇게 포고한다. "응당 여자를 길러서 진담의 시기에 해당하는 집이 있으면 우선 진담을 행하고 관리에게 보고하라." 관리는 그 집에 우선 커다란 납촉〔양초〕 하나를 지급한다. 그 납촉의 위의 한 곳에 눈금을 새겨, 이 진담의 밤에 저물녘이 되면 점화할 것을 약속하고, 눈금을 새긴 곳까지 납촉이 타들어 가면 그것이 진담의 시각이다.

기일이 오기 전 한 달, 혹은 반 개월, 혹은 열흘 전에, 부모가 먼저 한 사람의 승려나 한 사람의 도사를 선택한다. 그것이 어느 곳의 사찰인지 도관인지에 따라 왕왕 단골이 있다. 고급의 훌륭한 승려는 모두 관직이 있는 집안이나 부유한 집안에서 먼저 선택되어, 가난한 사람은 고를 겨를이 없는 것이다. 관직이 있거나 부유한 집안은 술, 쌀, 포백布帛, 빈랑檳榔, 은그릇 따위를 보내며, 100담擔〔1담은 100근, 60킬로그램. 혹은 담은 짐 꾸러미의 수를 세는 단위일지 모름〕에 이르면, 그 가격은 중국의 은 200, 300량의 물건에 해당한다. 적더라도 혹은 30, 40담, 혹은 10, 20담이어서, 그 집안의 풍요로움과 빈곤함에 따른다. 가난한 집이 11, 12세에 비로소 진담을 하는 이유는, 이 선물을 준비하는 것이 어렵기 때문이다. 부잣집에서는 또 돈을 희사해서 가난한 여자에게 진담을 행하게 하는 자가 있는데, 이것을 선행을 베푸는 것이라고 한다. 대개, 1년 중에 한 사람의 승려는 다만 한 사람의 여자를 취급할 수가 있기 때문에, 승려가 이미 한 여자를 받아들이기로 했다면 다시 다른 사람에게 허락하지 않는다.

이날 밤에 그 집은 대대적으로 음식을 장만하고 북 치며 음악을 연주하여, 친척과 이웃 사람들을 불러 모은다. 문밖에는 높은 선반을 얽어서 세우고 흙으로 빚은 인형, 흙으로 빚은 짐승 등을 그 위에 올려놓아 장식한다. 그것이 십여 개든가, 다만 3, 4개든가 하는데, 가난한 집의 경우에는 이것이 없다. 인형 따위는 각각 고사故事를 고려해서 두는 것이다. 모두 합하여 7일간 그렇게 장식해 두며, 7일 만에 비로소 철거한다. 저녁이 되면 각 집안마다 양산을 받치고 북 음악을 연주하면서 이 승려를 절에서 맞아들여 돌아간다.

비단무늬의 견직물로 두 개의 정자를 묶어서 한쪽 정자에는 여자를 그 속에 앉히고 다른 한쪽에는 승려를 그 속에 앉힌다. 그 승려가 어떤 말을 하는지는 분명하지 않다. 연주의 음악이 떠들썩하게 길 전체에 가득하게 된다. 이 밤은 야간 통행금지가 해제된다.

시기가 되면 승려는 여자와 함께 잠자리에 들어가, 스스로 손으로 그 여자의 동정을 제거하여, 이것을 술 속에 넣는다고 들었다. 어떤 사람은, 부모나 친척, 이웃사람들이 각각 그것으로 이마 위에 표시를 한다고 한다. 또 어떤 사람은, 모두 입으로 핥는다고 한다. 어떤 사람은, 승려와 여자가 잠자리를 함께 한다고 한다. 어떤 사람은, 그런 일은 없다고 한다. 다만, 중국인이 이것을 보는 것은 허용되지 않기 때문에 그 정확한 일을 알 수가 없다. 날이 밝아질 때쯤 되면 집마다 양산과 북 음악으로 승려를 전송한다. 그 뒤 포백布帛 따위를 승려에게 주어, 여자의 몸값을 치르게 되어 있으니, 그렇게 하지 않으면 그때는 그 여자는 끝내 그 승려의 소유가 되어, 다른 곳으로 시집갈 수가 없다.

내가 본 것은 대덕 정유〔대덕 원년(1297)〕 4월 6일의 밤이다. 이 행사보다 앞서, 부모는 반드시 딸과 침실에 함께 있지만, 이 행사가 있은 뒤로는 침실 밖으로 내쫓아, 그가 가는대로 내맡겨, 다시는 그를 구속하고 감시하는 일이 없다.

시집가고 장가가는 일로 말하면, 납폐納幣〔혼례 때 행하는 육례六禮의 하나. 남자 측에서 여자 측에 폐백을 보내 혼약 성립의 증거로 삼는다〕의 예가 있다고 해도 간략화해서 일을 행할 따름이다. 먼저 여자를 간음하고 뒤에 아내로 맞는 자가 많은데, 이곳의 풍속에서는 이것을 부끄럽게 여기지 않고, 또 그것을 기괴하게 여기지도 않는다.

진담의 밤은 한 골목 안에 진담을 해야 하는 집이 10여 집이 있게 되면, 성 안에 승려와 도사를 맞이하는 자가 길에 가득 들어차서 음악 소리가 곳곳마다 울려나지 않는 곳이 없을 정도다.

《진랍풍토기》에서 가장 기묘한 이야기는, 진랍의 사람들이 점성占城〔점파占婆, 참바(Champa)〕의 왕을 위해 사람의 간을 수집했다는 이야기일 것이다. '취담取膽'이라는 항목에 이렇게 적혀 있다.

> 이전에, 중국의 달력으로는 8월의 시기에, 쓸개를 모았다. 대개 점성의 왕이 매년 와서 한 항아리에 1천여 개의 사람 쓸개를 구했던 것일 듯하다. 밤이 되면 사람들에게 명하여, 여러 곳으로 가게 한다. 성안이나 마을에서 밤에 길 가는 사람이 있는 것을 보면, 끈으로 그 목을 묶어서 작은 칼을 오른쪽 옆구리에 집어넣어 쓸개를 잘라낸다. 수가 충분하게 되면 점성의 왕에게 바쳤다. 다만 중국 사람의 쓸개만은 취하지 않았다. 생각건대, 어떤 해에 중국인의 쓸개 하나를 취하여, 다른 많은 쓸개들 속에 섞어 두었더니 끝내 독 안의 쓸개들이 모두 썩어 버려서 전체 쓸개를 쓸 수 없게 된 일이 있었기 때문일 것이다. 근년에는 이미 이렇게 쓸개 모으는 일을 그만두어서, 특별히 쓸개 모으는 관리들을 두어, 특별히 북문의 안쪽에 거주시키고 있다.

점성 왕이 사람 쓸개를 모았다는 이야기는《도이지략島夷誌略》등의 책에도 기록이 되어 있다. 사람 쓸개를 술에 채워 두었다가 집안의 사람들과 함께 마시면 온 몸이 쓸개(담낭膽囊)가 되어 남들로 하여금 두려움을 갖게 만들고 자신은 악병에 걸리지 않게 된다고 해서, 점성국에서는 관가에서 은으로 사람 쓸개를 샀다고 한다.

5.

주달관은 캄보디아를 방문한 처음이자 마지막 사신은 아니었지만《진랍풍토기》같은 기록은 더 이상 존재하지 않는다. 그의 저서는 현재 크메르 제국을 이해하는 가장 중요한 사료로 평가받고 있다. 그의 기록에는 바이욘과 바푸욘, 앙코르 와트에 대한 기록이 나오며, 당시의 풍습과 일상생활에 대한 귀중한 정보를 제공하고 있다.

하지만《진랍풍토기》에는 신화에 대한 언급이 없다.

인도의 창조설화 '바가바타 푸라나'(Bagavata-Pourana)에는 '유액의 바다 휘젓기'(乳海攪拌)라고 불리는 신화가 있다. 악마와 신들은 끊임없이 전쟁을 하다 지치자 비슈누에게 도움을 청하게 된다. 비슈누는 서로 싸우지 말고, 힘을 합하여 젖의 바다를 휘저어 불로장수의 영약인 암리타(Amrita)를 만들 것을 권했다. 이들은 1천 년 동안 바다를 휘저었다. 이러한 노력으로 영약인 암리타를 얻고 유액의 바다에서 춤추는 여신 압사라가 태어났다고 한다.

바로 이러한 신화들이 앙코르 와트의 사원 벽화로 살아 움직이고 있다. 하지만《진랍풍토기》는 그러한 신화를 언급하지 않았다. 어째서일까?

참고문헌

伯希和(P. Pelliot) 著, 馮承鈞 譯,《眞臘風土記箋注》, 北京:中華書局. 1957.
金榮華,《眞臘風土記校註》, 臺灣臺北:中華書局, 1976.
夏鼐,《眞臘風土記校注》, 北京: 中華書局. 1981.
陳正祥,《眞臘風土記硏究》, 香港:中文大學 刊布, 1975.
三宅一郎, 中村哲夫 著,《考証眞臘風土記》, 京都:同朋舍出版. 1980.
和田久德 譯注,《眞臘風土記ーアンコール期のカンボジア》, 東京:平凡社, 1989.
《진랍풍토기》, 백산자료원, 2007.
서규석,《신화가 만든 문명 앙코르 와트》, 제2판, 리북, 2006.

칙사의 눈으로 본 조선의 풍습,

동월, 《조선부》

1.

오직 저 서경만은
지세가 가장 평탄하고 넓기에,
지세를 따라 이름을 지어,
평양이라 했다.

여기에 나라를 세울 때부터 이미 물을 임하여 유성維城(나라의 울타리)을 높이 쌓았었는데,

얼마를 지내다가 또 가까운 북쪽 산의 험한 곳으로 옮겼다.(평양성은 가장 오래 된 것으로 기자가 처음으로 봉해졌을 때 이미 있었던 것이다. 고구려에 이르러서는 또 그것이 험한 곳에 의거하지 않았음을 흠으로 여겨, 다시 그 성 북쪽에 한 성을 쌓았는데, 동쪽으로는 대동강을 내려다보고 북쪽으로는 금수산錦繡山에 접했다. 기자 이후에 동한 때 이르러, 준準이란 사람이 연나라 위만에게 쫓겨 마한 땅으로 도읍을 옮겼으나 지금은 자취조차 없어졌다.)

나머지 여러 고을들은
흙이 대개 마르고 붉으며,
가끔 누런 흙이 있으나
또한 모래와 돌이 섞이었으되,

오직 이 평양성 가까이만은

그 흙이 차져서,

밭도랑이나 붓도랑의 형상이 남아 있고,(옛 성 안에 기자가 구획한 정전의 제도가 아직 남아 있는데, 곧은 길 같은 따위가 이것이다.)

벼나 삼이나 콩이나 보리를 심기에 적당하다.

그 풀은 무성하고

그 나무는 키가 크며,(여기에 와서 중국과 같이 높은 버드나무가 있게 되었다.)

나뭇잎에는 매미가 울고 있고

풀은 빼어나고 무성하다.

그리고 금수봉은 멀리 우뚝한 용산에 접하고(용산은 구룡산이라고도 하고 노양산魯陽山이라고도 하는데, 금수산 북쪽 20리에 위치해 있고 산꼭대기에는 99개의 못이 있다.)

부벽루는 밑으로 도도한 패수를 굽어본다.(대동강은 곧 패수이다.)

옛날의 기린은 아직도 석굴에 남아 있고(기린석은 부벽루 아래 있다. 세상에서 전하기를, "동명왕이 기린마를 타고 이 굴로 들어갔다가, 땅 속에서 조천석朝天石 위로 나와 승천했다"라고 하는데, 지금도 말 발자국이 남아 있다 한다.)

타양駝羊은 반쯤 산허리에 버려져 있다.(옛날의 돌말과 구리 낙타가 모두 가시덤불 속에 있다.)

궁전은 옛 터로 남아 있고,

소나무는 쓰러져 위태로운 다리로 되어 있구나.

지난 일을 멈추게 할 수 없음을 슬퍼하나니,

해가 드디어 사라지는 것을 보는 것과 같도다.

공자묘의 뜰에 만들어 세운 형상은

모두 면冕과 상裳을 갖추었고,

또 청금靑衿〔선비들〕들이 있어

길가에 제제濟濟하게 늘어섰다.

부드러운 비단으로 만든 건책巾幘과 띠는

바람에 나부끼고 날리는데,

가죽으로 만든 신은,

밑이 뾰족하고 모가 났다.

문안할 때는 몸을 굽히고

앞으로 나아갈 때는 종종걸음을 한다.(생도들은 모두 부드러운 비단 건을 썼고, 푸른 비단 적삼에 띠 하나를 늘어뜨렸다. 발에는 코가 뾰족하고 밑바닥은 판판한 가죽으로 만든 신을 신었으며, 모두 버선도 신었다.)

동쪽에는 기자의 사당이 있어

나무 신주를 예법에 맞게 설치하고,

거기에 쓰기를, '조선의 후대 시조'라 했다.

대개 단군을 높이어 그 나라를 개창한 분이라 했으니,

마땅히 기자가 그 대를 잇고 왕통을 전했다고 여긴 것이다.(단군은 요임금 갑진년에 여기에 나라를 세웠다가, 뒤에 구월산에 들어갔는데, 그 후의 일은 알 수 없다. 나라 사람들이 대대로 사당을 세우고 제사지내는 것은 그가 처음으로 나라를 세웠기 때문이다. 지금 그 사당은 기자 사당의 동쪽에 있는데, 나무 신주를 세우고 거기에 쓰기를, '조선 시조 단군 신위'라 했다.)

기자의 묘는 토산兎山에 있으니,

유성維城의 건방乾方〔서북방〕이다.(기자묘는 성의 서북쪽 토산에 있는데, 성에서 반 리도 안 되지만 산세는 매우 높다.)

두 옹중翁仲(石人)이 있는데,

마치 당나라 사람의 건거巾裾와 같은 복장을 했으니,

얼룩덜룩 이끼가 점철되어,

마치 비단 무늬옷을 입은 것과 같구나.

좌우에는 꿇어앉아 젖을 먹이는 석양石羊이 벌려 있고,

비갈碑碣은 머리 쳐든 귀부龜趺에 실려 있다.

둥근 정자를 지어 절하는 자리를 만들었고,

뜰의 가장자리는 다듬지 않은 돌을 포개어 만들었다.

이것은 보본報本의 뜻이 융성하다고 하여도,

물건을 갖추는 예의로서는 역시 소홀한 것이로다.

대동강을 건너서니 산은 차츰 높아지고,

생양生陽〔관의 이름〕에 다다르매 길은 다시 굽어 돈다.

영루營壘를 소나무 숲 그늘에 버려 두어,

마치 옹긋종긋한 옛 무덤 같구나.(전하기를, "이것은 당나라가 고려〔고구려〕를 칠 때의 진터다"라고 하는데, 울퉁불퉁해서 크고 작은 것이 아무 질서가 없어, 기주冀州의 그것과 아주 비슷한 점이 있다. 내가 처음 기주에 갔을 때 그것을 의심하여 어떤 늙은 군인에게 물었더니, 그는 말하기를, "이것은 당나라 왕이 동쪽〔고구려〕을 칠 때 양곡 무더기라고 속인 것이라고 했다. 즉 그 밑에는 흙을 쌓고 그 위를 쌀로 덮어서, 마치 모두 단도제檀道濟가 모래를 쌀처럼 속이느라 되에 담았던 일①과 같은 것이다. 생각하면 이 땅의 영루도 그런 따위일 것이다.)

바다 위에서 파도를 바라보니

넓은 우주의 크고 넓음을 새삼 알겠고,(땅은 황해도에 속했는데, 북쪽은 모두 산이요 그 남쪽은 바다에 접했다.)

성불成佛〔고개 이름〕의 웅장한 관문에는

버린 돌이 층층이 쌓였구나.

북으로는 자비慈悲〔고개 이름〕에 접하고

남으로는 발해에 다다랐다.

앞서 원나라에서는 이곳을 그어 경계로 삼았는데,

국조〔명나라〕에 이르러 안과 밖의 구별이 없음을 보였다.(성불령은 북으로는 산을 베고 남으로는 바다를 베고 있다. 산꼭대기에서 바라보면 구름 위에 높이 솟아 있다. 어떤 관문 어귀에 옛날에 무너진 추성甃城의 네모난 돌 두어 무더기가 있었다. 한 통사에게 물었더니, 그는 말하기를 "그 북쪽은 곧 자비령입니다. 원나라 때는 여기를 그어 경계로 삼았죠. 이것이 곧 그 관문의 어귀입니다" 한다. 만일 그렇다면 압록강에서 동쪽으로 평양에 이르기까지 모두 내지가 될 것이니, 조선이 통치하는 8도 가운데 이미 하나의 도를 버리는 것이 된다. 우리 성조成祖〔명나라 태조〕는 그것을 모두 경계로 삼았으니, 마땅히 공손히 예를 행하여 옛날과는 다른 태도를 보여야 할 것이다. 그 고개는 황주黃州에 속해 있다.)

연진延津〔강 이름〕, 검수劍水〔관의 이름〕,

봉산鳳山〔주州 이름〕, 용천龍川〔관의 이름〕,

환취環翠는 날아갈듯 아름답고,(환취는 누대 이름인데, 봉산주 관내에 있다.)

총수葱秀는 구름에 닿아 있으며,(산은 벽처럼 서서 물가에 임하여 있다. 옛 이름은 총수總秀였는데, 내가 지금 이 이름으로 고쳤다. 일찍이 내가 기문을 지었다.)

보산寶山에는 서기瑞氣가 날아오르고

금암金巖에는 시내가 뚫고 지난다.(보산과 금암은 다 관의 이름으로서 평산부에 속해 있다.)

① 양사창주量沙唱籌 : 남북조 시대에 송宋나라 단도제가 적병과 대치하고 있을 때 아군의 군량이 풍부하다는 것을 보이기 위해 모래를 쌀처럼 속여 말(斗)로 담았다는 고사가 있다.

이 글은 중국 명나라 사신 동월董越이 조선의 역사와 유적, 풍토를 부賦의 형식으로 노래한 《조선부朝鮮賦》에 나온다. 부란, 운문의 형식이되 사물이나 사건에 대해 길게 서술하는 양식이다.

동월은 1488년(성종 19) 정월에 북경을 출발해서, 음력 2월 21에 압록강을 건너 명나라 효종의 등극 조서를 반포하고 3월 28일에 압록강을 건너 돌아가서, 5월에 복명했다. 조선에 머문 기간은 37일간이었다. 요동을 지나 북경으로 향하다가 4월 27일에 어양漁陽에서, 중국에 표류했다가 송환되는 최부를 만나, "당신 나라의 사람들이 그대가 살아서 중국에 도착한 것을 이미 알고 있다"라고 일러주었다. 최부의 《표해록》에 나온다.

동월은 《조선부》를 저술하고 자기 스스로 주를 달아 두었으며, 그 책을 중국에서 간행했다. 그리고 서문을 적어서, 왜 그 책을 저술하게 되었는지, 저술은 어떠한 형식으로 했는지에 대해 상세하게 밝혀 놓았다.

그 서문에 따르면 동월이 자신의 부에 주를 단 것은 중국 남북조 시대 사영운謝靈運이 〈산거부山居賦〉를 짓고 스스로 주를 달았던 일을 본떴다고 했다. 동월은 자신의 책을 중국에서 간행하고는 우리나라 사신 일행을 통하여, 자신이 조선에 왔을 때 접반사로서 도움을 준 허종許琮에게 기증했다. 성종은 허종에 기증하려고 보낸 책을 보고, 그 책이 우리나라 일을 자세히 기록했다는 이유에서 속히 인쇄하라고 지시했다.

《조선부》는 우리나라의 지형, 지세, 상업, 농업, 학교, 제도, 관복, 상례, 예절, 향음례, 양반 자제의 모습, 성곽, 관사, 산천, 강, 서울 거리의 풍경, 대궐 풍경, 조례朝禮 모습, 궁궐의 예절, 개성과 평양의 거리 모습, 관청의 구조, 민가의 예절, 백성들의 풍습, 꽃, 나무, 여인의 장식 등에 관해서 적었다. 따라서 15세기 조선의 풍속지라고 할 만하다. 고려 때 북송의 서긍徐兢이《고려도경高麗圖經》을 지은 이후, 중국인이 우리나라 풍속을 적어 책으로 엮는 관습을 계승한 것이라고 할 수 있다.

그런데《조선부》의 내용은 반드시 저자의 견문을 그대로 적은 것은 아니다. 동월은 명나라로 돌아가 여러 문헌을 보고 대조하여 수정해서 이 책을 엮었다. 또한 동월은《조선부》를 집필할 때 당시 접반사였던 이조판서 허종許琮의《풍속첩風俗帖》을 크게 참고로 삼았으며,《문헌비고文獻備考》나《명일통지明一統志》등 중국의 기록물을 참고로 했다. 동월 자신이 밝힌 말이다.

동월은 의주를 통해 들어와 평안도, 황해도를 거쳐 서울에 이르렀으며, 다시 같은 길로 귀환했다. 그는 자신이 거친 곳의 자연환경과 인문지리를 비교적 상세하게 적었다. 또 우리나라 국왕인 성종과 당시의 조신들이 행한 예식 및 그들과의 대화를 상세하게 적었다. 하지만 북부의 함경도, 동부의 강원도, 남부의 경상도, 전라도, 충청도에 관해서는 기록하지 않았다.

동월은 '상국'의 사신이라는 의식에서 우리나라 역사와 풍습을 왜곡된 시선으로 바라보기도 했다. 이를테면 기자를 조선 문화의 시발점으로 보았고, 중국과 다른 조선의 의복과 생활문화를 얕잡아 보기도 했다.

2.

동월이 명나라에서 간행한 책은 본문 외에 구양붕歐陽鵬이 홍치 3년 8월에 쓴 인引(서문에 해당)과 왕정王政이 쓴 후서가 붙어 있었다. 중국 길안부吉安府 태화현泰和縣에서 먼저 간행했다. 조선에서는 길안부 간행본을 토대로 복간했다. 조선 복간본을 보면 책 머리에 3행에 걸쳐 다음과 같은 사항을 기록하여 두었다.

> 奉議大夫 右春坊右庶子 兼 翰林侍講 寧都 董越 撰
> 賜進士 文林郎 知泰和縣事 石埭 吳必顯 刊行

吉安府 泰和縣 儒學訓導 桂林 王政 校刊

조서에서 《조선부》를 인쇄한 사실은 《성종실록》 권266, 성종 23년 6월 23일(임술)의 기록에 나와 있다. 그날 원접사 노공필盧公弼이 복명하면서 중국 사신 동월이 허종에게 기증하라고 준 《조선부》를 함께 올렸다. 성종은 그 책을 보고 "이 부는 우리나라의 일이 자세히 기록되었으니, 속히 인쇄하여 바치도록 하라" 했다. 당시 갑진자의 활자로 간행했을 듯하다.

성종 23년 갑진자 활자본은 규장각에 소장된, 중국본으로 알려져 있는 '奎중 No.2187'은 중국본이 아니라 조선본으로 곧 이 판본인 듯하다.

얼마 뒤 전라관찰사 소세양蘇世讓은 유권柳灌이 지니고 있던 조선본 《조선부》를 보고서 남원부사 태두남太斗南을 시켜 목판으로 인쇄하게 했다. 이 목판본은 경북 소수서원을 비롯해 국내외 여러 곳에 소장되어 있다. 고려대 만송문고 소장 목판본도 소수소원 소장본과 같은 판본이다. 뒷날 1697년(숙종 23)에도 다시 간행되었다. 한편 1937년에 조선총독부 조선사편수회는 소수서원 소장의 목판본을 그대로 영인하고 해제를 붙여 '조선사료총간 제15책'으로 간행했다.

또한 《조선부》는 중국의 대표적 총서라고 할 《예장총서預章叢書》, 《사고전서四庫全書》와 《국조전고國朝典故》에도 수록되었다. 그리고 일본에서도 정덕正德 원년 간본과 향보享保 2년 간본의 2종이 나왔다.

한편 《조선부》 가운데서 동월의 주석을 빼고 본문만 편집한 《조선잡지朝鮮雜志》, 〈유총수산기遊葱秀山記〉 등을 제외한 시만을 편집한 《사동일록使東日錄》도 파생되어 청나라에서 간행되었다.

《신증동국여지승람》 제1권의 '경도부'에 《조선부》가 인용되어 있는데, 《신증동국여지승람》은 민족문화추진회의 역주본이 있다. 1994년에는 상세한 역주본이 별도로 나왔다.

명나라 사신이 오면 조선 조정에서는 접대하는 문신인 접반사를 배정했다. 동월이 왔을 때 접반사는 이조판서 허종許琮이었다. 허종이 동월 일행을 압록강 가에서 만나 상견례를 한 것은 1488년 2월 21일의 일이었다. 통역은 사역원 첨정 이의李義가 맡았다. 뒤에 동월은 중국으로 돌아갈 때 이의를 위해 장편 고시를 써 주고 떠난다.

중국 사신이 시를 지으면 조선의 접반사는 그 운자와 시상을 이용하여 화답하는 시를 지어야 했다. 그것을 창화唱和라고 한다. 동월과 부사 왕창王敞의 시에 대해 허종이 지은 창화시도 상당수 남아 있다. 그런데 그 시들은 반드시 본인이 지은 것은 아니었다. 창화시는 종사관의 문인이 대신 짓는 일이 많았다. 조선 조정은 중국 사신과의 창화에 대비하여 젊은 문인들을 접반사의 종사관으로 그때그때 선발했다. 당시 허종의 종사관은 시에 뛰어난 문신이었던 조신曹伸이었다. 조신의 직함은 태의원 승훈랑 겸 내의원주부라는 임시직이었다.

세종대왕은 중국 사신과 우리나라 문인들 사이에 주고받은 시를 편찬한 《황화집皇華集》을 갑인자로 간행했다. 태종 원년인 1401년에 고명사신 단목례

39_1602년에 前豐原府院君 柳成龍**에게 50권본《황화집》을 내린 내사기**內賜記**와《황화집》의 1쪽과 3쪽**(1933년 촬영, 경북 안동군 풍남면 하회동 柳承佑 소장, 출처 : 국사편찬위원회).

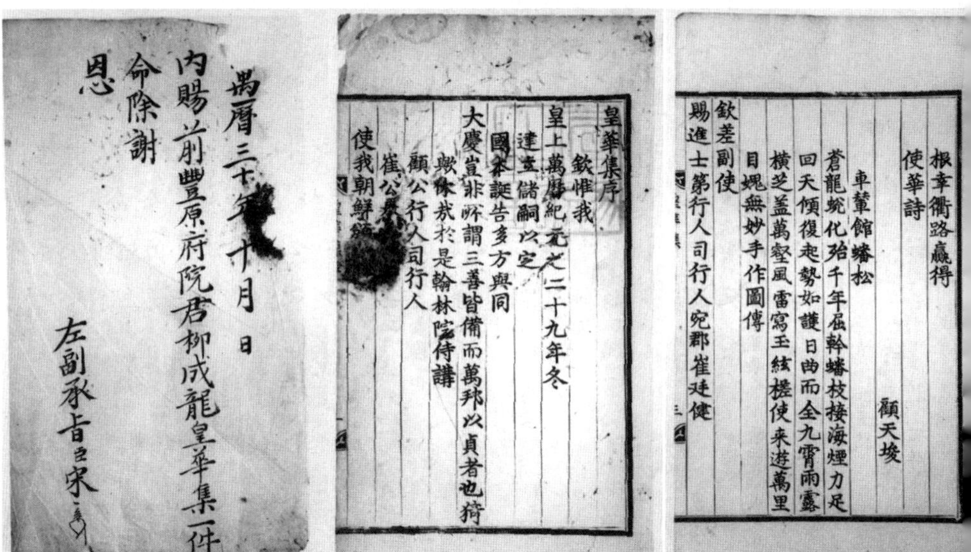
萬曆三十年十月 日
內賜前豐原府院君柳成龍皇華集一件
命除謝
恩
左副承旨 臣 宋

皇華集序
欽惟我
皇上萬曆紀元之二十九年冬
建立儲嗣以定
國本誕告多方與同
大慶豈非所謂三善皆備而萬邦以貞者也猗
歟休哉於是翰林院侍講
顧公行人司行人
崔公
使我朝鮮

根幸衢路贏得
使華詩 顧天埈
車輦館蟠松
蒼龍蛻化殆千年屈幹蟠枝接海煙力足
回天傾復起勢如護日曲而全九霄雨露
橫芝蓋萬壑風雷寫玉絃樓使來遊萬里
目媿無妙手作圖傳
欽差副使
賜進士第行人司行人宛郡崔廷健

가 조선에 왔을 때는 창화집을 묶지 않았다. 하지만 세종대왕은 재위 32년인 1450년에 예겸倪謙과 사마순司馬恂이 명나라 경제의 등극조서를 가져왔을 때, 원접사 정인지, 종사관 신숙주와 성삼문이 그들과 창화한 시문을 갑인자본 《황화집》 1책으로 간행했다. 이것을 간행 연도의 간지를 따서 '경오황화집'이라 부른다. 그 후로 1641년(인조 19, 숭정 14)에 최후의 명나라 사신이 올 때까지 24집의 《황화집》이 편찬되었다. 단, 1506년(중종 원년)의 창화집은 1492년(성종 23, 홍치 5)의 창화집과 합철하여, 전체 《황화집》은 23집이다.

사신과의 창화는 응구첩대의 계교에 불과한 면이 있다. 또 그 창화집을 활자본으로 간행해서 저들에게 증정한 것은 사대事大의 혐의를 받을 수도 있다. 하지만 세종대왕이 《경오황화집》을 간행한 것은 명나라 사신의 격을 높여 달라는 일종의 외교적 압력이었다. 조선 초에 내방한 명나라 사신들 가운데는 우리 출신의 환관이 있었는데, 그들은 방자한 작태를 보여 국가 권위를 실추시켰다. 이에 대해 세종대왕은 진사 출신의 사신이 온 것을 계기로 《황화집》을 저쪽에 헌정함으로써, 창화를 항례로 만들어 명나라 사신들의 품격을 격상시키도록 압박한 듯하다. 사신들이 한림원 편수 등의 직위에 있는 사람이라면 우리 접반사와의 응대에서 예의를 갖추고 현안을 합리적으로 처리하며, 귀환 후 우리 사정을 객관적으로 보고하여 외교상의 마찰을 초래하지 않을 수 있을 것이라고 계산했을 것이다. 세종대왕은 사대의 뜻에서 《황화집》을 헌정한 것이 아니라, 그 출판과 헌정을 외교적 전략의 하나로 활용한 것이다.

이렇게 세종 말 이후로 명나라 말까지, 중국 사신과 우리 문신들의 창화시들은 조선 측에서 《황화집》으로 편찬하는 것이 관례화되었다. 그런데 중국 사신이 여행기를 중국에서 간행한 예는 그리 많지 않다. 동월의 《조선부》는 매우 진기한 예라고 할 수 있다.

3.

《조선부》를 지은 동월의 자字는 상구尙矩, 시호는 문희文僖이다. 명나라 효종 때 우춘방 우서자右春坊右庶子 겸 시강侍講 벼슬로, 효종 황제의 즉위 조서를 가지고 조선에 사신으로 왔다. 문집으로《규봉문집圭峯文集》이 있었다고 한다.

동월이 조선에 사신으로 올 때 왕창王敞이 부사로 따라왔다.

두 사람에 관해서《조선왕조실록》은 다음과 같이 신상을 기록해 두었다.

> 동월 : 좌춘방우서자 겸 한림시강左春坊右庶子兼翰林侍講의 직함으로, 58세였다. 강서江西 당주인戇州人이며, 기축년에 진사 제2명에 급제했다.
> 왕창 : 공과 우급사중工科右給事中, 나이는 36세요 남경 성내에 살며, 신축년에 진사로 등제했다.

《사고제요》에 따르면 동월은 중국 영도寧都 사람으로, 1469년에 진사에 합격하여 관직이 남경 공부상서에 올랐다. 명나라 효종의 명을 받고 조선에 사신으로 왔을 당시에는 우춘방우서자 겸 한림원시강 동형과급사중右春坊右庶子兼翰林院侍講同刑科給事中을 겸했다.

중국의 정사正史로서 명나라 역사를 기록한《명사明史》에는 동월에 관한 기사가 한 번도 나오지 않는다. 부사로 따라온 왕창은《명사》에 일곱 번이나 나온다.

그런데 조선 후기의 박학가 이덕무李德懋가 동월에 대하여 조사해 둔 것이 있다. 이덕무는 우리 문화의 역량을 현양하기 위해 중국의 문헌들을 샅샅이 뒤져서 조선 관계 자료를 수집했다. 그의《청장관전서靑莊館全書》권56〈앙엽기 4〉에 '동규봉董圭峯'이란 조항을 두었다. 그 가운데 동월의 출신과 약력에 관한 사실만 민족문화추진회(현재의 고전번역원)의 번역문을 통해 살펴보기로 한다.

> 위예魏禮의《영도선현전寧都先賢傳》에 대략 이런 말이 기록되어 있다.
> "동월의 자는 상구이다. 어려서 아버지를 여의고 집 형편이 가난했으나

정성을 다하여 어머니를 봉양했다. 그는 성화成化〔명나라 헌종의 연호〕 기축년〔예종 1, 1469〕에 진사에 급제하여 한림원 편수에 제수되었다가 시독으로 승진, 동궁강관에 충원되었다. 효종이 등극하자 춘방 우서자春坊右庶子로 승진되고 기린복麒麟服을 하사받았다. 그리고 조선에 정삭正朔을 반사頒賜하러 사신으로 가서는 주는 선물을 하나도 받은 것이 없었으므로 조선에서 해마다 사신이 나오면 반드시 동월의 기거起居를 물었다. 그리고 《헌종실록》이 이루어지매 태상소경太常少卿에 발탁, 남경 공부상서를 제수받았다. 졸하고 나서는 문희文僖라는 시호를 받았다. 동월은 풍채가 진중하고 언동에 법칙이 있었다. 다른 사람의 착한 점을 말하기 즐겨했으며 경솔하게 응답하는 일이 없었다. 그리고 자기의 재능을 자랑하여 남의 단점을 드러나게 하는 것을 부끄럽게 여겼고 자신 경계하기를 잊지 않았으며, 욕심이 적었고 검소를 앞세워 봉록은 항상 종족과 친구 가운데 가난한 자를 도와주었다. 그의 저서로는 《규봉문집》과 《동사일록東使日錄》이 있다."

이것만 읽어보아도 규봉圭峯이 훌륭한 사대부였던 점을 알 수 있다. 성종 23년 홍치弘治〔명나라 효종 연호〕 임자에 공과우급사중工科右給事中 왕창과 더불어 반조頒詔차 우리나라에 왔었는데 용재 성현이 그때 평안감사였으므로 사신을 환영하고 또 전송하는 접대를 맡았었다.

《영도선현전》을 집필한 위예는 자字가 화공和公이며, 호는 백자伯子·숙자叔子·계자季子라고 했다. 《청사》 권483에 입전되어 있다. 《영도선현전》은 영도 출신 선배들의 사적을 엮은 책이니, 동월도 영도 출신이었음을 알 수 있다. 단, 《영도선현전》에서 동월이 "조선에 정삭을 반사하러 사신으로 가서는"이라고 서술한 것은 잘못이다. 동월은 명나라 효종의 등극을 선포하는 조서를 가지고 왔다.

또한 《동사일록》은 《조선부》 가운데서 산문 〈유총수산기遊葱秀山記〉를 제외하고 시만 편집한 《사동일록使東日錄》을 가리키는 듯하다.

명나라 사행의 부사로 왔던 왕창은 형 도道, 아우 영潁과 함께 재주가 뛰어난 것으로 유명했다. 왕창은 아우의 아들을 친자식처럼 아껴서 동진 때 등유鄧攸에 비견할 만했다.

진晉나라 우복야 등유는 영가永嘉 말에 석륵石勒에게 가산을 몰수당하고 사

표14_ 중국인 사신의 조선 사행기록

중국인의 사행기록	사신	사행의 연도	사행 목적	출판사항	비고
朝鮮紀事	倪謙	1450년 (세종 32)	1459년 명나라 景泰帝 등극을 포고하러 온 正使.	1권. 중국의《紀錄彙編》,《玉簡齋叢書》,《國朝典故》등에 수록.	
奉使朝鮮唱和集				1권. 예겸과 조선 문인들의 창화집. 중국의《玉簡齋叢書》에 수록.	조선에서《황화집》으로 간행된 것을 저본으로 한 듯함.
奉使錄(《張方洲奉使錄》)	張寧	1460년 (세조 6)	두만강 유역을 침입한 毛憐衛의 女眞族 浪孛兒罕을 조선 군사가 죽인 사건을 명나라 측에서 추궁하러 온 正使.	2권. 중국의《鹽邑志林》,《四庫全書》, 장녕의《方洲先生集》에 수록.	상권은 題本 3통과 조선에 보낸 문서 1통. 하권은 조선에서 장녕과 조선 문인들의 창화시를 편찬하여 조선에서 간행한《황화집》의 내용을 수록함.
朝鮮賦(《朝鮮雜志》·《使東日錄》)	董越	1488년 (성종 19)	명나라 弘治帝의 등극을 포고하러 온 正使.	1권. 조선에서 간행된 후 중국의《國朝典故》,《四庫全書》,《豫章叢書》에 수록. 일본에서도 2회 목판 간행.	《조선잡지》는《조선부》가운데서 동월의 주석을 빼고 본문만 편집한 것,《사동일록》은〈遊蔥秀山記〉등을 제외한 시만 편집한 것임.
使朝鮮錄	龔用卿	1537년 (중종 32)	명나라 嘉靖帝의 황태자가 탄생한 사실을 포고하러 온 正使.	2권. 중국에서 嘉靖十六年序刊本이 나옴.	공용경 자신이 조선의 여정과 연회 내용을 서술하거나 자신과 부사 吳希孟이 발송한 문서 등을 수록함.《황화집》을 저본으로 삼은 것이 아님.
使朝鮮錄	吳希孟	1537년 (중종 32)	嘉靖帝의 황태자가 탄생한 사실을 포고하러 온 副使.	10권. 단, 출판 사실 불명.	薛應旂의〈使朝鮮錄序〉가 있음.
朝鮮日記	許國	1567년 (선조 즉위)	隆慶帝 즉위 사실을 포고하로 온 正使.	3권. 단《千頃堂書目》에 저록되었을 뿐, 소장처 불명.	
朝鮮國紀	黃洪憲	1582년 (선조 15)	萬曆帝의 황태자 탄생을 포고하러 온 正使.	1권. 중국 명나라 때의 간본이 있고,《學海類編》,《碧山學士集》에 수록.	주나라 때 箕子가 조선에 봉해지고, 1575년(중국 萬曆 3)에 조선왕실의 宗系辨誣 청원 때까지의 조선 역사를 기록.

輶軒紀事	姜曰廣	1619년 (광해군11)	萬曆帝의 황태자 탄생을 포고하러 온 正使. 毛文龍의 동향을 탐지하려는 목적도 지님.	1권. 중국의 《豫章叢書》에 수록.	강왈광의 여행 기록. 모문룡과의 면담 사실도 나온다.
奉使朝鮮驛程日記	柏葰	1843년 (헌종 9)	청나라 道光帝의 명으로, 조선국왕의 모친이 병사한 것을 위문하기 위해 파견된 정사.	1권. 청나라 道光二十四年柏氏刊本	여행일정을 간단히 기록했다.
奉使朝鮮日記	崇禮	1890년 (고종 27)	청나라 光緖帝의 명으로 조선국왕의 모친이 병사한 것을 위문하기 위해 파견된 사행의 副使.	1권. 청나라 《光緖間排印本》, 《小方壺齋輿地叢鈔》 수록.	해로로 인천에 입항하여 서울에 4일간 체재하다가 귀국한 기록. 단, 《小方壺齋輿地叢鈔》 제10帙 수록본은 조선 입국 전의 일정에서 중단되고, 上奏文과 관련 문서 등을 미수록.

수泗水를 건너게 되었는데, 이때 소와 말에 처자식을 싣고 도망했다. 그런데 도적을 만나 소와 말을 약탈당하자 걸어서 도망치면서 자신의 아이와 동생의 아들 수綏를 업고 갔다. 등유는 두 아이를 온전히 보전할 수 없다고 판단하고는 아내에게, "아우가 일찍 죽고 오직 한 자식이 있으니, 도리상 후사를 끊을 수 없소. 마땅히 우리 아이를 버려야 하겠소"라고 하고는 자식을 버리고 떠났다. 그에게 끝내 후사가 없어서, 당시 사람들이 슬퍼하여 말하기를 "천도가 지각이 없어 등백도로 하여금 아들이 없게 했다"(天道無知, 使鄧伯道無兒)라고 했다. 아우의 아들 수가 등유의 3년 상복을 입었다.

왕창은 명나라 무종 정덕正德 6년(1511)에는 병부상서로 있었다. 정덕 6년에 기보畿輔와 사천과 강서의 지방 호족들이 왕을 칭했는데, 왕창은 병부상서로 있으면서 적을 제압하지 못했다. 이에 무종은 홍종洪鍾, 진금陳金, 마중석馬中錫으로 하여금 군사를 이끌고 각각 토벌하게 하고, 그해 5월에는 왕창을 파면하고 하감何鑑으로 대신하게 했다. 《명사》 권75 〈왕감전〉에 나온다.

왕창은 비록 반란군을 진압하지 못해서 파직되기는 했으나, 1511년에 병부상서에 올라 있을 만큼 명나라 조정에서 꾸준히 정치적 역량을 발휘했음을 알 수 있다.

4.

동월은《조선부》에서, 조선의 조정이 명나라 황제의 조서를 맞는 의식과 명나라 사신을 위해 베푸는 연회의 장면을 매우 상세하게 묘사해 두었다.

조서詔書가 전殿의 뜰에 이르면
임금은 몸을 낮게 구부리고,
세자와 배신들은
좌우에서 보필한다.
헌가軒架〔경쇠를 다는 시렁〕를 섬돌 위에 시설하고,
장막을 정우庭宇에 둘러친다.(전의 앞에서 섬돌 안까지는 모두 흰 베 장막을 둘러친다. 흰 빛을 숭상하기 때문이다.)
의장儀狀은 간로干鹵를 가지런히 하고,
음악은 축어柷圉에서 시작하고 그친다.
호배虎拜①와 숭호嵩呼②하며 함께 세 번 소리치고,
봉황 춤과 사자 춤을 추어 문무 양반을 거느리고 나온다.
비록 음성은 알아들을 수 없으나,
그 예의는 또한 취할 것이 있다.(예식은 한결같게 중화를 따른다. 세 번 향을 올리고 고두叩頭를 세 번 더하는데, 산호山呼〔만세〕할 때는 곁에 모시거나 호위하는 사람들이 모두 공수拱手하고 따라한다.)
궐정闕庭의 설비를 이미 거두고,
사물賜物도 내리면,
이에 동서로 갈라서서
손님과 주인을 나눈다.(조서의 내용을 선포한 뒤에는 인례引禮는 천사天使를 인도하여, 중간 계단에서 내려와 동쪽으로 장막에 이른다. 다음에 왕이 옷을 갈아입기를 기다려 천사를 인도하여 중간 계단에서 동쪽으로 전에 오르고, 왕을 인도하여 중간 계단에서 서쪽으로 전에 오른다. 천사는 동쪽에 있으면서 서쪽을 향하고 왕은 서쪽에 있으면서 동쪽을 향하여 두 번 절하고

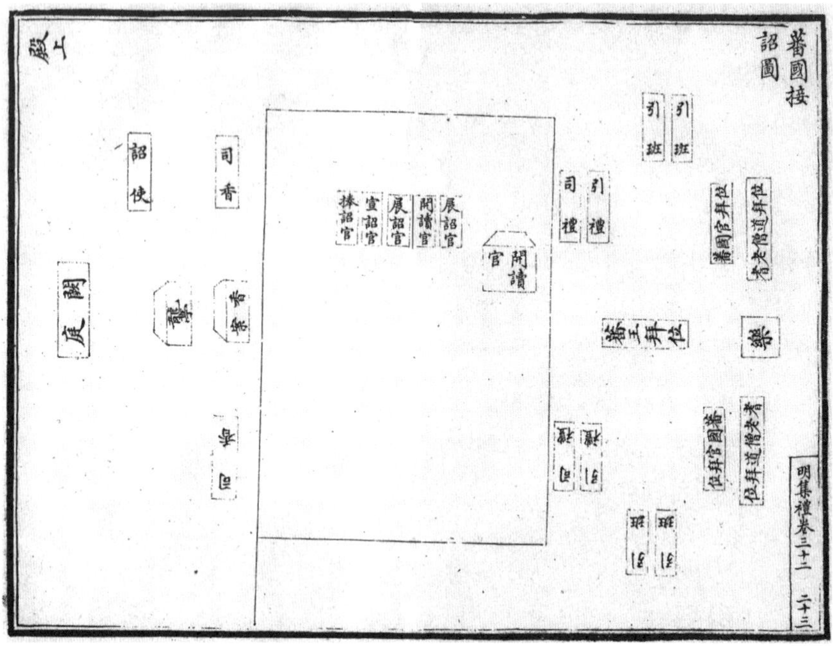

40_〈번국접조도蕃國接詔圖〉(《명집례明集禮》 권32 〈빈례賓禮〉)

포단蒲團에 앉는다. 왕의 자리는 부사의 자리와 마주 대하되 조금 아래로 반 자리 정도 조금 아래이다.)

바야흐로 서로 절하고 예를 마친 뒤에는
드디어 통역을 빌려 말을 전한다.
"대국의 울타리가 되는 것은 진실로 소국으로서 마땅한 일인데
큰 은혜를 베풀어 주셔서 여기까지 오셨습니다.
물방울이나 티끌 같은 힘을 다한다 하여도 보답할 수 없으니,
비록 죽은들 어떻게 도움이 되겠습니까.
오직 날마다 주나라 〈천보天保〉③의 시를 노래하고,
멀리서 해 오르듯 욱일승천旭日昇天의 황우皇祐를 빌 뿐입니다.
비로소 〈습상隰桑〉시의 '희견喜見'을 읊고,
비로소 《춘추》에서 말한 예서禮序를 강講합니다.
생각건대 여러 나라가 모두 왕인王人〔황제의 사신〕을 앞세우는데,
더구나 맑고 빛나는 덕으로 날로 당저當宁에 가까이서 모시는 분의 경우

야 어떻겠습니까."(근정전에서 자리를 정해 앉은 뒤에 인삼탕 한 잔을 다 마셨다. 왕은 몸을 일으켜 앞으로 나가 통역 장유성張有誠과 이승지李承旨를 돌아보고 말을 전하기를, "소국의 신하로서 조정(명)을 높이 섬기는 것이 예의에 마땅하온데, 조서를 내려 이처럼 격려하시니, 넓은 은혜를 갚기 어렵습니다" 했다. 우리 두 사람(정사와 부사)이 대답하기를, "조정(명)은 동국(조선)이 본래부터 충성과 공경으로 받들어 왔기 때문에 그 은전이 다른 나라에 비하여 같지 않습니다" 했다. 왕은 또 손을 들어 이마에 대고 연방 말하기를, "보답하기 어렵습니다" 했다. 말을 마친 뒤에 나 한 사람을 배웅하기 위해 홍례문까지 나와 가마에 탈 때까지 기다렸다가 물러갔다. 우리 두 사람이 태평관에 돌아오니 여러 배신들을 차례로 인사를 했다. 그것이 다 끝나자 왕이 따라와 잔치를 베풀려 하여 관문 밖에서 기다리며 동쪽을 향해 서 있으면서 들어오지 않았다. 집사가 알리므로, 우리 두 사람이 나가 맞이하니, 읍하고 사양하면서 들어왔다. 뜰에 이르러 서로 읍하고 차례로 앉아 술잔을 들어 주고받았다. 술잔을 마시려 하자, 임금은 턱으로 통역을 시켜 말하기를, "《시경》에 '습상이 언덕에 있으니 그 잎은 어디에 있는가, 이미 군자를 보았으니, 그 즐거움이 어떠한가'라고 했소이다. 나는 두 분 대인을 뵈오며 마음속의 기쁨이 끝이 없소"라고 했다, 우리 두 사람도 왕의 어짊을 칭찬하고, 또 역로歷路에서 도타이 대접받은 것을 사례했다. 곧 자리에 나아가 다시 예로 사양하고, 왕은 이내 말하길, "《춘추》의 예에 왕인이 비록 미미하나 제후의 윗자리에 있다고 했습니다. 더구나 두 분 대인은 바로 어떤 지위이십니까. 두 분 모두 천자의 가까운 신하이시거늘 오늘 여기 멀리 오셨으니, 우리나라에서 어찌 감히 사양하지 않겠습니까" 했다. 다시 빙그레 웃으면서 두 통역에게 말했다. "너희들은 가까운 신하가 어떤 것인지를 알지 못할 것이다. 바로 황제 앞에서 직접 거행하는 사람이다." 우리는 웃으면서 통역에게 대답하기를, "본래부터 왕이 글을 읽고 예를 좋아한다는 말씀을 들었는데, 지금 뵈오니 과연 그러하십니다" 하니. 왕이 또 두 손을 마주잡고 "황공, 황공"이라고 연달아 일컬었다.)

문무門廡와 전정殿庭은 다 자리를 까는데,
손님과 주인이 자리를 나누면 겹으로 더 깐다.
저 자리의 등급은 용이 나란히 엎드려 비늘을 거두었고,
이 자리의 무늬는 봉황이 쌍으로 날면서 날개를 편다.(집사는 자리 세 벌을 말아가지고 따라 다니다가, 서로 절할 때에는 각각 펴서 놓는다.)

식기는 금, 은, 동, 자瓷를 섞어 쓰고,

식품은 바다와 육지의 진기한 것이 골고루 많다.

주인이 손님에게 잔을 드릴 때에는 한결같게 중화의 예를 따르고,

손님이 주인에게 수작할 때도 또한 중국 연회의 예의를 쓴다.

밀이蜜餌를 벌여 놓을 때는 그 수가 다섯 겹이요,

상에 차린 음식 무더기를 재면 크기가 한 자 둘레이다.

그릇마다 모두 은과 구리쇠로 난간을 만들어 푸른 구슬의 엮은 줄로 얽었고,

그 위에는 모두 비단을 베어 꽃과 잎을 만들고 아롱진 봉의 깃으로 춤추게 한다.(음식을 차린 줄은 다섯 겹인데, 모두 과실을 쓰지 않는다. 꿀을 밀가루에 반죽하여 모나고 둥글게 만들어 떡과 유전油煎을 차려놓으니, 들쑥날쑥 영롱하게 첩첩이 쌓아 올린 것이 높이와 크기가 한 자쯤 된다. 다시 백은이나 백동으로 팔각과 난간을 두르고 푸른 구슬의 그물을 엮어 그 위를 덮는다. 그리고 푸른 비단을 베어서 네 개의 꽃잎을 만들고, 또 붉은 비단을 베어서 네 개의 화판을 만들며, 화판마다 백동으로 두르고 작은 못으로 엮으니, 중국의 진주화 모양 같다. 그 꼭대기에 곧 동선銅線으로 다섯 빛깔의 채색 실을 얹어 날아가는 모양의 봉황이나 공작이나 혹은 날아가는 신선을 만들었다. 꼬리는 치켜 올리고 날개는 펴고 있으며, 머리는 모두 손님을 향해 숙이고 있다. 절조折俎〔짐승 고리를 익혀 그릇에 담을 때 그것을 꺾어 토막을 내 그릇에 담는 것〕를 보낼 때 이르러 제거한다.)

두변豆籩〔나무로 만든 그릇과 대로 만든 그릇〕은 아름답게 보이도록 앞의 것은 크고 뒤의 것은 작게 놓아 차례를 삼고,

진열한 것은 향배를 적당히 하기 위해 겉의 것은 높고 안은 낮게 두어 차별을 낸다.(그 상은 일자의 형태로 가로로 진열한다. 상마다 다 그렇다.)

효수肴羞〔반찬〕에 섞어 삼식糝食을 만들고(이것 또한 중화의 쌍떡과 여뀌꽃 따위를 만든다.)

혜해醯醢〔식초와 젓갈〕을 버무려, 장조림을 만들었다.

술은 멥쌀로 빚는데(수수쌀은 쓰지 않는다.)

비록 청주종사靑州從事④로도 거의 그 우열을 다툴 수 없고,

빛과 향기가 잔에 넘치매, 평원독우平原督郵라도 또한 감히 멀리서 그 울타리조차 바라볼 수 없다.(술맛이 뛰어나서 산동의 추로백秋露白과 비슷한데 빛깔과 향기도 역시 같다.)

상에는 일자로 벌여 놓고

가운데는 비단으로 덮는다.(상은 일자로 가로 벌여 놓는데, 복판의 한 상에는 붉은 비단으로 덮은 뒤, 그 위에 기름종이를 깔고서 거기에 그릇을 벌여 놓는다.)

좌우의 익翼이 셋인데,

모두 희뢰餼牢를 놓는다.

앉는 자리에 가까운 한 의자는 착석하기를 기다려 왕이 비로소 스스로 들고 오며,(처음에 자리에 나아갈 때는 의자를 상에서 세 치쯤 떨어져 있도록 놓아 두어 그 까닭을 몰랐다. 그러다가 왕이 스스로 한 상을 들고 오는 것을 보고서야 비로소 그것이 스스로 공경하는 뜻을 나타내려고 그렇게 했음을 알았다.)

상에 가득한 희생을 벨 때는 신하가 반드시 친히 잡는다.(희생에는 소와 염소, 돼지, 거위의 네 종류가 있는데, 모두 익힌 것이다. 맨 마지막 상에는 큰 만두를 한 쟁반을 두고, 은으로 덮개를 만들어 그 위를 덮었다. 한 대신이 칼을 잡고 들어와 그 희생을 베고 난 뒤에 큰 만두 껍질을 쪼개는데, 그 속에는 조그마한 만두가 들어 있어 크기가 호도 알만하여 한입에 먹을 만하다.)

특별히 죽인 것을 보이기 위하여 희생은 모두 그 심장을 올리고,

살찌고 맛난 것을 취하여 창자 세 개에다 기름을 채웠다.(염소 등살 위에 양의 창자 세 개를 꿰고, 그 속에는 구운 고기와 여러 가지 과실로 채웠다.)

속헌續獻(첫 잔 다음에 계속하여 손님에게 순서대로 잔을 드리는 일)하는 데는 동성同姓으로서 군君에 봉封한 이가 먼저 하고(동종同宗 가운데 어진 이는 군君에 봉하는데, 모두 왕신王臣이라 일컫는다. 여러 신하들 중에서 무공이 있는 자도 군에 봉한다. 문직文職으로서 공이 있는 자를 봉하는 것도 그와 같다.)

다음에는 정부와 육조에까지 미친다.(잔을 드릴 때 왕은 반드시 자리에 나와, 잔을 드리는 사람이 오르고 내릴 때마다 왕은 언제나 그를 따른다.)

탕을 한 번 올릴 때에는 반드시 다섯 사발로 하고,(왕이 스스로 드리지 않는다. 오직 이 예만은 중국과 다르다.)

그릇을 포개어 쌓을 때는 높이가 한 자를 넘지 않게 한다.(그 밥상이 매우 작으므로, 굽고 지진 음식이 너무 많으며 여러 개를 포개게 된다.)

상에다 다 올릴 수 없으면 그것을 걷어 깔아놓은 자리에 두고,(안주와 탕을 두 번 올리면 상 위에 둘 자리가 없으므로 상 위에 있는 것을 거둬 자리 사이의 땅에 놓는다. 이것은 그 나라 풍습이 그렇다.)

고기를 배불리 먹고 나면 채소를 올린다.

종관從官들은 다 안팎에 늘어서서 모시고 있고,(집사자들은 모두 나아가고 물러날 때 머리를 조아린다.)

내시와 통역들은 그 주위에 엎드리고 있다.(내시들은 모두 오사모烏紗帽를 쓰고 검은 각대를 띠고 부복하여 왕이 앉은 의자의 발을 받들고 있다. 통사와 승지는 좌우에 부복하여 분부하는 말을 기다린다. 우리 두 사람의 자리 뒤에도 통사가 또한 부복하고 있는데, 단 내시만 없다.)

대개 세 번의 잔치는 태평관에서 하는데 그 예식은 모두 같아서 감한 것이 없고,

한 번의 잔치는 인정전에서 하는데, 정성이 더욱 지극하고 힘이 더욱 드는 것이다.(태평관의 처음 잔치는 하마연下馬燕이고, 두 번째 잔치는 정연正燕이며, 세 번째 잔치는 상마연上馬燕이다. 인정전의 잔치는 곧 사연私燕이라고 한다. 처음에는 이 예가 마땅하지 못한 것 같아서 의논하여 고치려 했다. 그러나 태평관과 모화관의 두 관의 제도가 모두 전殿인데, 그것은 모두 오로지 천조天詔를 맞기 위해서 지은 것이며, 일이 없을 때에는 왕은 거기에 가지 않게 되어 있는데다가, 왕이 거기 와서 잔치를 베풀 때에는 왕은 반드시 관문 밖의 작은 전에서 기다린 뒤에야 들어오는 것을 보고, 비로소 반드시 고칠 필요가 없다는 것을 알았다.)

① 절함. 《시경》 대아 〈강한江漢〉에 "호虎가 절하고 머리를 조아린다"(虎拜稽首)라는 구절이 있다. 호는 주선왕周宣王의 신하 소호召虎이다.

② 만세 삼창함. 한무제가 숭산嵩山에 오르자 사람들의 귀에 산에서 만세를 세 번 부르는 소리가 들렸다는 고사에서 비롯된 말이다.

③《시경》 소아 〈천보天保〉. 그 시에, "(차기 시작하는) 달의 초승달과 같고, (밝아지기 시작하는) 해의 떠오름과 같으며, 남산이 장구한 것처럼, 이지러지지도 무너지지도 말며, 송백松栢의 무성함과 같아 그대를 계승하지 않음이 없도다"(如月之恒, 如日之升. 如南山之壽, 不騫不崩. 如松栢之茂, 無不爾或承)라고 했다. 남산은 본래 중국의 장안에 있는 종남산을 말하는데, 남산지수南山之壽라고 하면, 남산이 무너지지 않는 것처럼 그 업業이 장구하고 견고하게 유지되는 것을 말한다.

④ 술맛이 좋은 것을 청주종사라고 부른다. 청주에는 제현齊縣이 있는데, 좋은 술은 뱃구멍(臍, 齊자와 음이 같음)까지 내려가므로 청주의 종사라는 벼슬에 비유한다. 나쁜 술은 평원독우라고 부른다. 평원에는 격현鬲縣이 있는데 나쁜 술을 마시면 가슴(膈, 鬲자와 통함)에서 체하므로 평원독우의 관직에 비유한다

5.

동월은 1488년 3월 13일부터 18일까지 불과 8일간 서울에 머물렀다. 그러나 허종 등의 도움을 받아 조선의 문물, 제도, 풍속을 상당히 자세하게 취재했다. 돌아가는 길에는 평안도 평산의 총수산에 노닐고, 〈유총수산기遊葱秀山記〉를 지었다. 한자의 표기가 바뀐 것은 동월 이후로의 일이다. 연산군 2년인 1496년의 1월 13일에는 평산 길가에 동월이 지은 '총수산비葱秀山碑'를 세우게 했다. 〈유총수산기〉를 비석에 새겨 세우게 한 것이다.

동월의 기록을 지나치게 존중하는 태도는 오늘날에도 계속되고 있다. 우선《조선부》는 중국인이 단군신화를 언급한 가장 이른 시기의 문헌 가운데 하나로 손꼽히고 있다.

또한 인터넷상에는《조선부》를 인용한 전자문서가 상당히 많음을 알 수 있다. 몇 가지 예만 들면 이러하다.

(1) 풍수지리설과 관련하여, 개경을 명당이라고 지적한 문헌의 하나로 동월의《조선부》가 언급되어 있다.

> 삼국 시대에 도입된 풍수사상은 신라 말기부터 활발하여져 고려 시대에 전성을 이루어 조정과 민간에 널리 보급되었다. 〔…〕 개경〔개성〕도 풍수상의 명당이라 하여《삼국사기》,《고려사》, 최자崔滋의 〈삼도부三都賦〉, 이중환李重煥의《팔역지八域志》, 송나라 서긍의《고려도경》, 명나라 동월의《조선부》등에도 개경의 풍수를 찬양했다. 즉 개경은 장풍득수藏風得水의 형국으로 내기불설內氣不洩의 명당이라는 것이다.

(2) 서울 여의도의 옛 지명이《조선부》에는 나의도羅衣島로 되어 있다.

> 여의도는 전일에 잉화도仍火島, 나의주羅衣洲로 불리던 섬으로 유래는 이 섬이 홍수로 잠길 때에도 현재 국회의사당이 자리잡은 곳에 있던 양말산이 머

리를 내밀고 있어 사람들이 '나의섬', '너의섬' 하고 부르다가 여의도라고 된 것으로 알려져 있다. 잉화도라는 이름은 중종 25년(1530)에 편찬된《신증동국여지승람》에 소개되어 있는데 "서강은 남쪽에 있고 축목장畜牧場이 있다. 사축서 전생서의 관원 한사람씩을 보내어 목축을 감독한다"라고 했다. (…) 《조선부》에 씌어진《동국여지비고》2권에 의하면 밤섬과 여의도는 서로 붙어 있었는데 홍수로 갈라졌다고 하고 나의주를 나의도羅衣島라고 적은 것을 보면, 여의도는 고립된 섬이 아니라 영등포동에 이어진 삼각주였다고 할 수 있다.

"《조선부》에 씌어진《동국여지비고》2권"이라는 말은 애매하지만, 조선부에 여의도 관련 기사가 있었음을 알 수 있다.

(3) 정선 관광 안내의 인터넷 사이트를 보면 '열목어'를 처음 소개한 문헌이 동월의《조선부》라고 했다.

정선군 고한읍 고한리 정암사 계곡에 열목어 서식지가 있다. 이 열목어는 시베리아가 원산지로서 한랭한 지방에서 서식하는 담수어로 몸이 길고 은색 바탕에 눈 사이와 옆구리 등지느러미에 크고 작은 반점이 흩어져 있다. 우리나라산 열목어를 최초로 소개한 고서는 동월이 1488년에 저술한《연경재전집》중《조선부》책자에 처음 소개 되었다. 동월은 그 당시 우리나라에 파견되었던 명나라의 사신으로서 압록강산 열목어를 이항어飴項魚라고 기록했고 1530년 이행등이 편찬한《신증동국여지승람》에는 여항어餘項魚로 소개되기도 했으며 1787년 이전에 발간된 것으로 추리되는 서명응徐命應의《고사신서故事新書》에 열목어 산지 지도를 발간했고 1834-1845년 사이에 서유구가 편찬한《임원경제지》중〈전어지佃漁志〉에도 소개되었다. 열목어가 *Brachymystax lenok*(Pallas)란 학명으로 한국산 담수어에 정식으로 등록된 것은 1925년 모리 다메조(森爲三)에 의해서이다.

위에서 "동월이 1488년에 저술한《연경재전집》중《조선부》책자"라는 표현은 착오다. "성해응의《연경재전집》에 인용된, 동월이 1488년에 저술한《조선부》"라야 옳다. 어쨌든 열목어에 대해서는 동월의 《조선부》에 처음 기록이 나온다는 사실을 알 수가 있다.

(4) '서울육백년사'의 인터넷 사이트에 보면, 동월의 《조선부》는 '쌍륙'에 관한 기록을 남긴 것으로서 언급되어 있다.

> 쌍륙은 일명 '악삭握槊'이라고도 하여 조선 말기까지만 해도 궁중에서와 양반 가정에서 성행되었던 것이다. 노는 법은 쌍륙판을 가운데 두고, 두 사람이 마주 앉아서 흑백의 말 각각 15개씩을 자기 진陣에 벌여 놓고, 각형角形의 주사위 육각에 1에서 6까지의 수목을 적은 것 두 개를 죽통에 넣어, 이것을 흔들어 내어, 나온 그 수만큼 말을 전진시켜 승부를 다투는 것인데, 상대편 진에 다 들어가면 이기는 것이다. 《북사》의 〈백제전〉에 의하면, 백제에는 투호와 저포와 농주弄珠와 악삭 등의 잡희가 있다고 했음을 보아, 일찍부터 우리나라에는 삼국 시대에 이 쌍륙〔악삭〕이 있었음을 알 수 있다. 쌍륙의 내용 개략은 《재물보》에 보이거니와, 《조선왕조실록》, 동월의 《조선부》, 심수경의 《견한잡록》 등에도 이에 대한 기사가 보인다.

쌍륙은 저포와는 별도의 놀이였다. 저포는 윷을 말하는 것 같다. 쌍륙은 현재의 우리에게는 친숙하지 않지만, 《조선부》에 의하면 15세기 조선에서 유행했던 것 같다.

(5) 이수광의 《지봉유설》은 《조선부》를 근거로, 조선의 낭미필은 누런 쥐털로 만든 것이라고 했다.

> 우리나라의 황모필은 중국에서 소중하게 생각하게 여기고 있다. 《일통지》에는 낭미필이라 했고 소식과 황정견의 시에는 성성모필猩猩毛筆이라 했다. 동월의 《조선부》 자주自註에, "《일통지》에 실려 있는 낭미필은 이리의 꼬리털이 아니고 누런 쥐털이다"라고 했다. 대체로 이것은 동월이 사신이 되어 우리나라에 왔다가 비로소 안 것이다.

(6) '서울육백년사' 홈페이지의 '한성부 시대(1)(조선 전기의 수도 건설) 종루와 대종(2)'을 보면, 종루는 본래 2층 5칸으로 탑동공원 옆 인사동 입구 대로의 청운교 서쪽에 있었으나 태종 13년(1413)에 행랑의 공역을 다시 시작할 때 종묘 남로에 5칸의 층루를 세우면서 종루를 순금사巡禁司의 남이요 광통교의 북인 오늘날의 종로 네거리로 옮겼다고 한다. 그리고 조선 초에 종루가 종로 네거리에 있었다는 사실은《조선부》를 통해서도 입증된다고 했다.

이 외에도, 흰 옷을 입는 풍속, 풍수지리설에 관한 내용, 여의도의 지명, 삼국 시대의 집에 관한 내용에서《조선부》를 언급한 것이 무척 많다. 몇몇 예만 보더라도《조선부》는 실로 우리나라의 주거, 복식, 놀이, 물명의 기원을 탐색할 때 중요한 자료로 인용되고 있음을 알 수 있다. 과연《조선부》는 이러한 가치가 있는 것일까, 되물어보지 않을 수 없다.

참고문헌

민족문화추진회 편,《신증동국여지승람》제1권 '경도부京都府' 인용〈조선부〉, 솔, 1996.

민족문화추진회 편,《국역 청장관전서》IX권, 솔, 1978(초판)/1986(중판).

윤호진 역주,《조선부》, 까치동양학 21, 도서출판 까치, 1994.

夫馬進,〈使琉球錄と使朝鮮錄〉, 夫馬進 編,《增訂使琉球錄解題及び研究》, 榕樹書林, 1999.

감각의 여로,

원굉도, 《화숭유초》

1.

대저 산의 이름은 반드시 그 골骨(바위)을 기준으로 하는 것인데, 대개 골은 피부(흙)보다 곱절일 수가 없어, 골이 피부의 삼분의 일만 되어도 기이하여 곧 드러나게 된다. 그런데 안과 밖이 순연히 골로만 된 것은 오직 화산華山이 그러하다. 골에는 때깔이 있고, 색이 있다. 어두우면서 탁한 것은 그 병이 색에 있는 것이오, 덩어리지고 흉물스러운 것은 그 병이 때깔에 있는 것이다.

화산의 골은 마치 칼로 벤 듯하고, 구름은 담장을 두른 듯하다. 옥을 잘게 부수어 깔아둔 듯한 하늘 아래, 물과 안개와 흰 눈이 잡다하게 뒤섞여 절벽에 붙어 있다. 모나면서 깎아질러 있어 계단을 만들 수 없으니, 부득이 절벽에 굴을 뚫어서 들어간다. 절벽에 틈이 있어 겨우 한 사람이 들어갈 수 있는데, 어두운 곳은 우물과 같고 밝은 곳은 처마의 홈통과 같다. 우물과 같은 것을 동幢(천척동千尺幢. 동산東山의 허리에 있으며, 우물 입구의 모양이다. 태화인후太華咽喉라고 부른다. 높이는 30미터 정도이고, 동(민둥산)은 깍아지른 듯한 구유의 형태이며, 바위를 깎아 260여 계단을 만들었다)이라 하고 협峽(천척동 서쪽의 백척협百尺峽. 협 안에는 물고기의 등 모양을 한 거석이 있어서 유람객들은 쇠줄을 잡고 올라간다)이라 하며, 처마의 홈통과 같은 것을 구溝(노군이구老君犁溝. 노자가 푸른 소를 몰고 쇠 쟁기를 끌고 허공을 밟아서 갈 때 이 길로 갔다고 한다)라 한다. 모두 도끼로 재갈처럼 만들어서 손과 발을 붙일 수 있게 하고, 재갈 같은 것을 손과 발로 대어 다 오른 뒤에는 나뭇가지를 대신 붙잡고 오른다. 손을 받아들여 손댈 수 있는 것이라고 해도 손가락이 다 들어가는 것이 아니고, 발을 받아들여 발을 댈 수 있는 것이라고 해도 정강이까지 들어가는 것이 아니다.

쇠줄은 수천 발가량 되는데, 곧장 아래로 드리워져 있어서, 그것을 끌어당기면서 오르니 매달려 오르는 사람은 마치 절벽에 붙어 있는 날다람쥐와 같다. 절벽은 틈새만 있는 것이 아니라, 때때로 거대한 봉우리 사이에 허공에 매달린 듯 아스라한 길이 굽이굽이 꺾여 바짝 다가드니, 마치 일부러 동아줄을 걸쳐놓아 시험을 하는 듯하다.

동아줄을 가로지른 듯한 길은 배를 묶어 절벽에 의지하여 가는데, 발은 돌길 밖으로 드리워져 있어서, 마치 벽을 마주한 듯, 마치 심연에 임한 듯, 마치 귀를 담에 붙인 듯, 심장을 자그마한 알갱이로 졸이게 되니, 어이 죽어 귀신이 되는 일이 아침에 저녁을 꾀하지 못할 그런 지경이 아닌 줄 알랴.

동아줄을 길게 늘여 둔 것 같은 길의 잔등을 잔뜩 움켜쥐고 포복하여 나아가니, 아스라한 돌길이 깎아지른 듯 천여 인仞 높이로 곧추서 있다. 넓이는 등짝 넓이만큼도 안 되어, 왼쪽 오른쪽을 돌아보면 모두가 끊어진 골짝이라서 오로지 짙은 어둠만 보일 따름이다. 나의 몰골이란 뭉긋뭉긋하여 마치 항아리를 짊어진 것 같은 형상이니, 스스로 보기에 아주 혹 덩어리 꼴이다. 그러다가 바람이 솔솔 불어오자, 아슬아슬 떨어질 듯하여, 그저 내 몸이 구르는 돌덩이가 되지 않을까만 염려했다.

사람들이 의지하고 기대는 것은 제 손과 발이되, 감독하는 것은 제 눈에 달려 있는 법이다. 몸이 바위틈에 있을 때는 눈이 어두운 벽에 들러붙듯 집중하다가, 위로 오르게 되면 시선을 손가락에 붙이고, 아래로 내려갈 때는 시선을 발꿈치에 붙이므로, 눈은 어딘가에 고착하여 시각을 형성하기 마련이었다. 그러다가 바위틈이 다 끝나고 벼랑이 나오자, 눈은 즉각 빌미(祟:탈, 장애)가 되어, 깎아지른 것을 보면 어질어질 전율하고, 깊숙한 것을 보면 어질어질 울렁거리며, 비스듬히 기운 것을 보면 어질어질 헐떡이게 된다. 어리석은 자는 그렇지 않다. 마음이 눈에까지 이르지 않기 때문이다. 이제야 비로소 험준한 산을 오르는 것이 극도로 힘든 이유를 알 것 같다.

내 웃옷은 허리도 가리지 못하고 아래쪽에는 해진 바지를 걸치고 있으니, 그림자를 보고는 웃었다. 절벽을 올라가 아래를 조망하니 더위잡아 오르는 사람은 원숭이 같고, 옆으로 붙어오는 사람은 게 같고, 엎드려 기는 사람은 뱀 같고, 허리를 꺾어서 오는 이는 새매와 같아, 산의 험준함이 이러한 경지였거늘, 참모습을 그려내는 호두虎頭〔동진東晉의 화가 고개지顧愷之. 자는 자강子康, 어려서 이름이 호두〕의 붓이 없는 것이 스스로 한스러웠다.

선장벽仙掌壁〔선인장仙人掌, 선장애仙掌厓, 거령장巨靈掌이라고도 한다. 조양봉朝陽峯 동북의 바위벼랑인데, 멀리서 보면 다섯 손가락이 나란히 서 있는 듯하며, 가운데 손가락이 곧바로 봉우리의 정상을 뚫었다. 사람들은 화산선장華山仙掌이라 하며, 관중팔경關中八景의 하나이다〕을 넘어 바위 골목으로 꺾어 들어갔다가 북쪽으로 돌아 오르는데, 바위는 미끄러운데 계단이 없으니, 곧 동봉東峯〔화악 삼봉의 하나. 조양봉朝陽峯〕이다. 평평한 곳을 지나 낭떠러지를 건너매, 길은 술동이를 든 것 같으면서 중간이 끊어져 있으니, 이것이 남봉南峯〔화악의 주봉. 낙안봉落雁峯〕이다. 봉우리를 더듬거리며 다리를 뱀처럼 구불구불하며 기어오르니 바위가 나뭇잎처럼 위를 덮고 옆으로 갈라졌으니, 이것이 서봉西峯〔화악 삼봉의 하나. 연화봉蓮花峯〕이다. 남봉은 동봉과 서봉의 두 봉우리 위에 걸터타고 있는데, 마치 사람이 똑바로 앉아 두 무릎을 끌어당기고 있는 듯하다. 그 아래에는 흙길이 있어 기이한 나무들이 서로 뒤얽혀 있고 계곡물이 그사이를 울린다.

봉우리의 꼭대기에는 각각 못이 있어서 절구 같기도 하고 단지 같기도 하고 깨진 항아리 같기도 한데, 깨끗한 벼랑은 맑고도 투명하며 오래된 소나무 숲이 덮고 있다. 서봉은 바위가 많이 갈라져 있어서 언뜻 보면 안온하지가 못하다. 남봉의 뒤편에는 정실靜室이 있는데 쇠줄을 양쪽으로 드리웠고 쇠줄이 다한 곳은 쇠말뚝으로 판도板道를 받치고 있다. 동봉에서 남쪽으로 내려오면 위숙경衛叔卿〔한나라 무제 때 화산에 숨어서 신선이 되었다. 위숙경과 다른 선인들이 바둑을 할 때 사용했다는 큰 돌이 화산 동봉의 동쪽에 있다〕의 박대博臺인데, 쇠줄이 마주하여 걸려 있어 낭떠러지를 열어 이르게 했으니 모두가 기이하고 험준하다.

명나라 말의 문인 원굉도袁宏道(1568-1610)가 1609년(만력 37년 기유)에 화산華山을 유람하고 지은 글이다.

이 글에서 원굉도는 감각기관이 마음의 통어를 받지 않고 각각 빌미가 될 수 있다는 사실을 경험적으로 논했다. 그 내용은 박지원이 〈일야구도하기一夜九渡河記〉의 감각경험론과 유사하다. 박지원은 〈일야구도하기〉 끝에서 "몸 가지는 데 교묘하고 스스로 총명한 것을 자신하는 자"에게 경고했다. "소리와 빛은 외물이니 외물이 항상 이목에 장애를 주어 되어 사람으로 하여금 똑바로 보고 듣는 것을 잃게 하는 것이 이와 같거늘, 하물며 인생이 세상을 지나는데 그 험하고 위태로운 것이 강물보다 심하고, 보고 듣는 것이 문득 병이 되는 것임에랴." 하지만 그 글은 일상 경험의 신뢰 문제를 되묻고, 감각 경험을 초월하여 의식의 명징성을 확보하려고 사색한 내용이다.

곧 박지원은 청각과 시각이 함께 협력하여 실재 세계에 대한 명징한 인식 정보를 주지 못하고 서로 모순하고 기만할 수 있다는 사실을 새삼 문제 삼았다. 넓혀 생각하여 보면, 그것은 일상적 경험의 명징성이 의심받기에 이른 사회 역사적 현상에 대응하는 의미를 지닌 것이라고 볼 수 있다.

종래의 감각경험론은《장자》〈외물〉편의 "눈이 그 기능을 다하는 것을 눈 밝다 하고, 귀가 그 기능을 다하는 것을 귀 밝다 한다"(目徹爲明, 耳徹爲聰)라는 구절에서 발단하여, 오관의 감각을 총괄하는 마음의 작용을 논하는 것이 보통이다. 그러나 원굉도의 이 글과 박지원의 〈일야구도하기〉에서는 마음이 온갖 이理를 꿰뚫는 철徹의 작용을 지닐 수 있는 것만은 아니라는 의문을 던졌다.

단, 두 글은 결코 영명한 마음의 작용을 부정하지 않았다. 마음의 영명함을 부정하는 현실 세계의 참 현실성을 직시함으로써, 규범에 고착되어 죽어 있는 마음에 본래의 영활성을 되돌리겠다는 뜻을 드러내었다.

2.

정약용은 1800년 봄에 자신을 비판하는 정파의 공격에 견디지 못하고 처자를 인솔하여 능내리의 여유당으로 낙향하고는 강에 떠다니는 집을 장만하려고 했다. 며칠 뒤 정조의 명령이 있어 부득이 상경하게 되면서 〈초상연파조수지가기苕上烟波釣叟之家記〉를 지었다. 그 첫머리에 이런 말이 있다.

> 원굉도는 천금으로 배 한 척을 사서, 배 안에 북, 장고, 피리, 퉁소 등 오락 기구를 전부 두고 마음 내키는 대로 다하여, 그렇게 해서 신세를 망쳐도 후회

> 않겠다고 했다. 이는 미치광이나 하는 짓이지 내가 바라는 바가 아니다. 나는 금 한 냥으로 배 하나를 사서 배 안에 어망과 낚싯대 너덧 개를 두고 솥이며 그릇이며 술잔 등 생활할 수 있는 기구를 갖추어 두고, 지붕 씌운 집 한 칸을 만들어 아궁이를 설치하겠다.

정약용이 언급한 원굉도의 말은 1595년에 원굉도가 오현吳縣에 있으면서 공유장龔惟長에게 쓴 서한에 나온다. 원굉도는 인생에서 추구해야 할 다섯 가지 즐거움을 열거하는 가운데, 네 번째 즐거움과 다섯 번째 즐거움에 대해 이렇게 말했다.

> 천금으로 배를 하나 사서, 배 안에 고취鼓吹의 악대를 두고, 기생과 첩 서너 명, 한량한 사람 서너 명과 함께 '가택을 둥실 물위에 띄워'(浮家汎宅) 늙음이 장차 이르러 오는 것을 모르고 살아가는 것이 네 번째 쾌활함입니다. 하지만 사람으로 태어나 이렇게 기쁨을 누리면 10년에 채 못 가서 자산과 전지를 탕진하고 말 것입니다. 그런 뒤에 일신이 낭패하여 아침에 저녁까지 살지 어떨지를 알지 못하여, 가기歌妓의 교방에서 탁발托鉢하고 고단한 노인의 밥그릇을 나누어 먹어야 하며, 고향 친척들 사이를 왕래하여 담담하게 수치를 모르는 것이 다섯 번째 쾌활함입니다.

정약용은 1800년에는 "가택을 둥실 물 위에 띄우는" 꿈을 실현하지 못하고 18년이나 되는 유배생활을 하게 되지만, 귀양에서 돌아온 뒤 1820년과 1823년의 두 번에 걸친 춘천 여행 때 그 꿈을 잠시 실현하게 된다.

여기서, 원굉도의 일을 정약용이 환기할 만큼, 원굉도의 삶과 정신에 대하여 조선 후기의 지식인들이 깊은 관심을 보였다는 사실을 잘 알 수 있다.

원굉도는 명나라 말기의 자유주의 사상가이자 개성주의 문학가였다.

즉 원굉도는 형 원종도袁宗道(1560-1600), 아우 원중도袁中道(1575-1630)와 함께 복고주의를 극복하고 '자아의 성령性靈'을 중시하는 새로운 문학사조를 열었다. 그들을 삼원三袁이라고도 하고, 출신지를 따라 공안파公安派라고도 한다.

삼원은 왕양명王陽明의 뒤를 잇는 태주학파泰州學派와 이지의 혁신사상에 심취했다. 또한 명나라 말기의 개성적인 문인들인 초굉焦竑·서위徐渭·탕현조湯顯祖에게서도 영향을 받았다.

원굉도는 불과 43세로 세상을 떴고, 문학 및 사상 방면에서 활동한 기간도 고작 10여 년에 지나지 않는다. 하지만 그는 진보적 사상을 문학으로 표현했으며, 개성을 중시하는 참신한 시문을 창작하여, 명나라 말기의 중국에서만이 아니라 17세기 이후 한국이나 일본에서도 인기가 매우 높았다. 그의 문집은 청나라의 관찬 총서인《사고전서》에 수록되지 않고〈존목存目〉에 이름만 기록되어 있다. 이것은 그 책이 금서라서 그런 것은 아니지만, 사람들은 그의 시문이 하도 청신하고 발랄하여 청나라 사람들이 싫어해서 총서에 넣지 않았다고 오해할 정도였다. 그 후 중국에서 신문화운동이 전개된 1930년대에 원굉도의 문학에 대한 찬반 양론이 첨예하게 대립되었다.

원굉도는 생전에 자신의 문집들을 시기별로 묶어 스스로 간행했다. 또 그것들은 여러 차례나 전집으로 묶여 여러 곳에서 간행되었다. 원굉도의 시문은 이미 허균이 열람한 기록이 있다. 일본에서는 17세기에 훈점본이 목판으로 간행되었다.

원굉도는 문학이란 "자아의 성령을 표현할 뿐 격식에 얽매이지 말아야 한다"(獨抒性靈, 不拘格套)라고 주장했다. 작위적이지 않고 구속되지 않은 자유로운 감정을 자연스럽게 유출할 때 비로소 참다운 문학이 성립한다고 본 것이다. 그는 대상의 참〔眞〕을 자아의 참을 통해서 포착하여 독창적인 시문을 창작하기에 이르렀다.

원굉도는〈소계원공묘석명少溪袁公墓石銘〉에서 숙부 원사옥袁士玉이 말〔馬〕을 하도 좋아해서 기행을 벌인 일을 묘사했고, 원중도는〈회군전回君傳〉에서 왕회가 술 때문에 재산을 탕진하고 아내를 돌보지 않은 사실을 서술했다. 그들은 그러한 인물들의 삶을 긍정적으로 묘사해서, 인간의 천진난만한 본성을 강조하고자 했다.〈소계원공묘석명〉을 소개하면 이러하다.

숙부 소계공少溪公은 휘諱가 사옥士玉으로, 내 아버지 봉공封公〔원사유袁士瑜. 한림원편수翰林院編修에 봉해졌다〕과 함께 할아버지 좌계공左溪公〔원대화袁大和〕에게서 태어났지만 어머니는 다르다. 일곱 살 때 생어머니인 총모冢母(嫡母) 구씨丘氏를 잃고 내 아버지의 어머니인 여씨余氏 할머니를 어머니로 모셨다. 어려서 놀기를 좋아해서, 도박의 재주를 끼고 동네를 내달리고, 술을 마셔 귓불이 달아오르며, 탄환으로 잡은 참새를 내어서 구워 여러 소년들을 두루 먹이고는 하였다. 하지만 할아버지께서 아끼고 사랑하셔서 이를 금하지를 않으셨다. 열다섯 살에 아버지를 여의고 내 아버지가 단지 한 살 위였지만, 숙부는 집안일을 내 아버지에게 맡기고, 놀러 다니기 좋아하기를 전과 같이 하였다.

숙부는 천성적으로 말을 유난히 좋아하였다. 마구간의 말들이 모두 좋은 말들이었는데, 아무리 높은 가격을 내걸고 팔라 해도 팔지 않았다. 말들을 멀리까지 가게 하지 않고, 다만 날마다 물가와 숲으로 달리게 하여, 그 말들이 바람 속에 갈기를 날리고 안개 속에 갈기를 드날렸는데, 멀리서 바라보면 마치 천리마와 같았다. 숙부는 그 말들이 발로 땅을 차고 등뼈를 씹으며 교만하게 웃고 콧소리로 이야기하는 것을 보면서 유쾌하게 여기셨다. 새벽닭이 울기 전에 일어나 머리를 감아 빗고 옷과 관모를 갖춰 입고서 마당 가운데 서서 하인에게 명하여 망아지를 끌고 나오게 하여, 솔가지를 태워 비추어 보면서 그 망아지가 배가 고픈지 배가 부른지를 살펴 꼴을 먹인 뒤에 풀어놓았다. 저녁이 되면 산꼭대기에서, 말들이 돌아오는 때 일으키는 먼지를 바라보면서 이를 드러내고 웃었다.

숙부는 사람됨이 몸집이 아주 크고 우람하면서 다부졌고, 음식을 잘 드셨다. 날마다 가래나무 바둑판을 끼고 있거나 오로지 오목五木〔저포樗蒲〕을 가지고 놀았다. 또 여러 손님들을 끼고서 쌍전雙田과 맹계孟溪 사이에서 말을 달리고, 밤을 새워 가며 마음껏 술을 마셔 대었다. 사십 년을 하루같이 하면서, 잠시 동안도 공적인 일이든 사적인 일이든 일로 분주하여 인간세계의 수고로운 일을 한 적이 없다.

공은 가정嘉靖 갑진년〔1544〕에 태어났으니, 향년 60세이다. 아들은 네 사람이고 손자는 열한 명이다. 계묘년〔1603〕 11월 20일에 봉산鳳山의 언덕에 부장附葬하니, 구씨 할머니의 묘역을 나누어 모셨다. 왼편은 할아버지와 여씨 할머니의 무덤이다. 장차 장사를 지내려 하면서 내게 명銘을 맡겼다. 조카인 굉도 내가 붓을 잡고 흐느끼며 명을 짓는다.

명은 이러하다.

지공支公〔지둔支遁, 314-366. 동진 때 승려〕이 신마를 좋아하고

무자武子〔동진 때 왕제王濟. 자가 무자. 무제武帝의 딸 상산공주尙山公主를 아내로 맞음〕가 말 이야기를 알아들은 것은

외곬스러운 것은 외곬스러웠지만

그래도 손자형孫子荊〔동진 때 손초孫楚. 자가 자형〕이 검루黔婁의 기예〔언의言議〕를 좋아함보다는 낫고말고.

문사나 언의로 재주를 파는 것보다, 자신의 취향에 외곬로 빠지는 것을 더 존중하는 의식이 잘 드러나 있다. 세속으로부터의 도피, 현실에 대한 혐오의 뜻이 담겨 있다.

한편으로 삼원은 사회제도의 압력 때문에 인간이 자기 이상을 실현하지 못하고 불행과 고통을 겪게 되는 일을 가슴아파했다. 원굉도는 〈서문장전徐文長傳〉에서 서위徐渭의 '수기數奇'를 비통해하면서, 서위의 만년의 광기를 처절하게 묘사했다. 원중도는 이지李贄의 사후에 〈이온릉전李溫陵傳〉을 지어, 도학에 맞서 싸운 진보적 지식인의 형상을 제시했다.

3.

원굉도는 42세 되던 1609년(만력 37) 7월에 섬서陝西 향시의 주고관主考官으로서 장안〔지금의 시안(西安)〕에 부임하여 8월에 합격자 발표를 한 후, 진중秦中(섬서성 임당현臨潼縣 일대)의 명승지를 돌아보고 돌아오는 길에 숭산嵩山과 화산華山을 구경했다. 그는 이때 〈여산에 노닌 기록〉(遊驪山記), 〈화산기華山記〉, 〈화산후기華山後記〉, 〈화산별기華山別記〉, 〈숭산 유람기 첫째〉(嵩遊第一), 〈숭산 유람기 둘째〉, 〈숭산 유람기 셋째〉, 〈숭산 유람기 넷째〉, 〈숭산 유람기 다섯째〉, 〈소문산 백천에 노닌 기록〉(遊蘇門山百泉記) 등을 지어 《화숭유초華嵩遊草》라고 이름을 붙였다. 원굉도는 다음 해인 1610년에 이부계훈낭중吏部稽勳郎中으로 승진하지만, 휴가

를 얻어 아우 원중도와 함께 귀향해서 3월에 공안에 도착했다. 그런데 9월 6일에 사시沙市의 새집에서 질병으로 일생을 마치게 된다.

섬서 향시의 주고관으로 공무를 맡고 이후 숭산과 화산을 유람하던 때에 원굉도는 《장옥후기場屋後記》라는 일기도 남겼다. 숭산과 화산을 유람한 날의 기록을 보면 다음과 같다.

> 정해(9월 9일), 주비이와 함께 여산에서 등고 놀이를 했다. 이날은 아주 맑아서, 만리 밖까지 조금도 그늘이 없었다. 진시(아침 5시에서 7시) 이후에 탕천湯泉에서 목욕을 했는데, 푸른 섬돌이 옛 옥과 같고, 이끼의 빛이 사람을 비추었으니, 이른바 옥환지玉環池라는 곳이었다. 조금 북쪽이 화청궁華清宮(여산 서북쪽 산기슭에 당나라 현종이 양귀비를 위해 세운 온천궁)의 옛 유지인데, 큰 쇠종이 땅에 자빠져 있어서 관지款識가 보이지 않았다. 또 옥녀지玉女池·세두지洗頭池가 있었다.
>
> 옥녀지는 옛 돌로 에워싸여 있고 섬돌이 벽돌로 깔려 있는데, 옥색 빛의 푸른색이라 사랑스러웠다. 옥녀지는 일명 성진탕星辰湯이라고도 하니, 온천이 발원하는 곳이다. 궁전의 주춧돌이 있는데, 돌이 윤기가 나고 깨끗한 것으로 보아, 아마도 범양范陽의 백석白石인 듯하니, 분명히 안녹산이 석련화石蓮花와 함께 진상한 것일 듯하다. 산간에는 오래된 잣나무가 많았다. 산을 빙빙 돌아 오르면서, 당나라 때 새긴 유룡猶龍(노자)의 상을 보았다.
>
> 얼마 뒤 노모전老母殿에 올랐다. 고을 사람이 말하길, 오늘 9일이 노모의 생신이라고 하는데, 향을 사르는 남녀가 계곡에 가득했다. 조금 남쪽에 봉우리 하나가 돌기하여 있다. 도사가 말하길, "이곳이 유왕幽王(서주 말기의 왕. 총희인 포사에 빠져, 그녀의 웃음을 보려고 거짓으로 봉화를 올려 제후의 군사를 동원하는 어리석은 짓을 하다가, 결국 이민족에게 강토를 빼앗겼음)이 봉화를 들게 한 대입니다"라고 했다. 길을 꺾어서 오르니, 앞의 봉우리가 다시 봉분처럼 일어섰다. 그대로 그 꼭대기에 오르니, 위수渭水(장안 북쪽으로 흐르는 황하의 지류)가 굽이굽이 서리며 흘러 돌아 동쪽으로 간다. 아래로 진시황의 능을 내려다보니, 한 자의 흙덩이에 불과하다. 남쪽으로 여러 봉우리들을 바라보니, 그 끝이 보이지 않았다.
>
> 마침내 산을 내려와서, 노자전老子殿 쪽으로 해서 샛길을 찾아, 동수령東繡嶺의 푹 패인 곳으로 꺾어들었는데, 가파른 절벽이 곧장 아래로 나 있어, 아

스라하고 위태로워 발을 붙일 수가 없었다. 사신암捨身巖을 건너서 아래로 비천飛泉(폭포)을 보았는데, 바위벽이 돌아나가고 꺾여 있어서, 경치가 극히 깊숙하고 오묘했다. 그래서 나는 왕마힐(왕유)의 〈연자감선사燕子龕禪師〉 시를 떠올렸는데, "폭포는 울부짖으며 물을 뿜고, 괴석은 이제라도 떨어질 듯하네"(瀑泉吼而噴, 怪石看欲落)라든가 "바위의 배는 언뜻 곁으로 뚫려 있고, 시내의 입술은 때때로 밖으로 터져 있네"(巖腹乍旁穿, 澗唇時外拓)라든가 한 것이 아마 이것을 두고 한 표현인 듯하다. 승려가 말하길, "연자감은 조원각朝元閣 남쪽에 있죠. 곧 석옹사石甕寺입니다"라고 했다. 석옹사는 정녕 산과 시내의 경승처에 있을 것이니, 여산의 제일경이리라. 이날 저녁에는 그대로 임동臨潼에 묵었다.

무자(9월 10일), 홍문판鴻門坂(항우와 유방이 홍문연을 벌였던 곳)을 지나, 신풍新豐(한나라 고조가 고향 풍으로 돌아가기를 원하는 태상황을 위하여 풍과 비슷하게 만든 고을)에서 밥을 먹었고, 저녁에는 위남渭南(섬서성 주지현周至縣의 경계, 위수의 남쪽 기슭. 오장원이 있는 곳)에 머물렀다.

기축(9월 11일), 성의 서쪽으로 나가 수수滷水를 건너고, 남쪽으로 손씨산장孫氏山莊을 지났다. 토산이 층층이고 울창하며, 대나무 숲이 빼곡하게 들어차 있으며, 시냇물 소리가 산장을 에워싸다가, 그 시냇물이 아래로 떨어져 못을 이루었다. 서너 시각을 배회하다가 마침내 떠났다. 해가 뉘엿뉘엿할 때에 화주華州에 당도했다.

경인(9월 12일), 새벽에 일어나 주비이와 함께 이산담移山潭에 들렀다. 이산담에 이르기 전 5리쯤 되는 곳은 땅이 모두 난석亂石이었다. 물어보니 가정 연간에 산이 무너져 내린 돌이라고 한다. 이산담은 산의 아래에 있는데, 너비가 십리쯤 되었고, 깊어서 바닥이 보이지 않았다. 백여 근은 나감 직한 큰 물고기가 있으나 사람들이 감히 취하려 하지를 않는다. 물 속에 괴룡이 있다고들 한다. 이산담의 바위에 '벽조碧照'라고 적고 떠났다. 화음華陰에 이르니, 해가 서쪽으로 기울어 있었다.

신묘(9월 13일), 화음에서 묵었다. 읍령邑令이 《화산지華山志》와 《화산도》를 가지고 와서 보았다.

임신(9월 14일), 운대관雲臺觀에서 술을 마시고, 밤에는 청가평青柯坪에 묵었다.

계사(9월 15일), 태화산太華山 꼭대기에 묵었다.

갑오(9월 16일), 동봉과 서봉의 경승을 있는 대로 다 보고, 옥녀서玉女祠에 기숙하려 했으나 그럴 수가 없어서, 다시 태화산 봉우리의 정상으로 돌아왔다.

을미(9월 17일), 고을의 우역郵驛에 머물렀다.

병신(9월 18일), 축판祝版을 갖추어 백제묘白帝廟에서 제를 올리고, 망옥루望嶽樓에 올랐는데, 누대는 아주 웅장하고 화려했다. 오후에 동관潼關에 이르렀더니, 치병사자治兵使者가 초빙하여 서루西樓에서 술을 마시면서 황하와 위수가 합류하는 곳을 구경했다. 이날 바람이 불고 흙비가 오더니, 저녁에는 마침내 비가 내렸다.

정유(9월 19일), 수향閿鄕에 머물렀다.

무술(9월 20일), 정원鼎原에 오르려 했으나, 비가 와서 오르지 못했다. 〈화산기華山記〉 세 편을 지었다.

기해(9월 21일), 영보靈寶에 머무르면서 노자의 구택에 들르고, 진나라 함곡관을 구경했다.

원굉도는 화산을 유람하고 〈화산기〉만으로는 흥취를 다 표현하지 못했다고 여겼는지, 〈화산후기〉와 〈화산별기〉를 지었다. 〈화산후기〉는 화산 동구의 서남쪽 옥천원玉泉院에서 청가평青柯坪에 이르기까지 양편의 석벽과 계곡물이 이어지는 광경을 간단히 서술하고, 다시 도중의 장초곡張超谷, 희이협希夷峽을 묘사한 후, 청가평에 이르러 그곳에서 바라보이는 서봉(연화봉)의 기이한 광경을 그려 보였다. 다시 서봉에 이르기까지 창룡령蒼龍嶺, 일월암日月岩, 오장군수五將軍樹, 통천문通天門, 선인무仙人拇, 낙안봉落雁峰, 그리고 서봉의 원경과 근경을 묘사했다.

원굉도가 지은 〈화산별기〉는 이러하다.

젊어서 아우 중도(소수)와 함께 장안(원굉도의 고향 공안의 장안리)의 두장杜莊에서 글 읽을 때, 큰형 백수가 왕안도王安道(왕리王履. 곤산崑山 사람)의 〈화산기〉를 꺼내어 보여 주었다. 우리 세 사람은 일어나 소나무 그림자 아래에서 춤을 추면서, 어느 날에나 화산 삼봉의 객이 될 것인지 생각했다. 얼마 안 되어 가군(원굉도의 부친 원사유袁士瑜)께서 시어 공유장龔惟長(원굉도의 외삼촌 공중경龔仲慶. 자가 유장惟長) 공과 함께 포판蒲坂에서 돌아오셔서, "화산에 올라 청가평에 이르렀으나 험하여 발걸음을 옮길 수 없었는데, 그곳을 넘으면 창려昌黎(한유)가 투숙한 곳이다"라고 말씀하셨다. 나는 가만히 중도 아우에게 말하길, "최근에 이우린李于鱗(이반룡李攀龍. 자는 우린于麟, 호 창명滄冥) 등 여러분이 모두 그 깊숙한 곳까지 이르렀지. 그곳만은 발과 팔만으로 가지 않았을까?"라고 했다. 그러나 마음으로만 그 벼랑을 바라본 것이 19년이었다.

내가 이미 천목산天目山(절강성 서북부의 안휘성과 접경한 절서산맥浙西山脈 가운데 있는 산. 어잠현於潛縣 북쪽에 있다)에 오른 뒤에, 도주망陶周望(도망령陶望齡. 자가 주망)과 산수의 승경처를 헤아려 보았다. 도주망은 "듣자니 화산의 삼봉이 가장 승경이라고 하던데, 이 인생에 어이 이르러 가 보겠소?"라고 했다. 뒤에 나는 가군을 따라 참상嵾上에 노닐었는데, 여러 납자(승)가 화산에서부터 와서는 그 험준함을 매우 자세히 말하고는, 나의 몸을 손가락으로 가리키면서, "공의 경우에는 결코 오를 수가 없소"라고 했다. 나는 그 말을 듣고 아주 분했지만, 그 말을 번복하게 할 수가 없었다.

금년에 향시를 담당하기 위해 진秦 땅으로 들어와, 사람을 만나면 문득 화산 삼봉의 험한 곳에 대하여 물어보았다. 그런데 그곳에 오른 사람이 거의 없었고, 오로지 우할右轄 왕이허汪以虛(왕가수汪可受. 당시 섬서안찰사任陝西按察使였다. 우할은 섬서안찰사를 말함), 사리司理 조원생曹遠生(조징용曹徵庸), 장안 지현長安知縣 양수령楊修齡(양학楊鶴. 자가 수령)만이 일찍이 한 번 그 꼭대기에 올랐을 뿐이었다. 하지만 얼굴에는 자랑의 빛이 역력하지만 입으로는 별로 말을 하지 않으니, 아마도 극지에 이르는 것을 허용받지 못한 듯했다. 나는 화음에 이르러 무선武選 주비이朱非二(주일풍朱一馮. 병부무선사주사兵部武選司主事라서 무선이라 했음)와 약속하기를, 혼자서라도 죽을 것을 각오하고 한 번 가겠다고 했다.

이미 청가평에 묵은 뒤에, 안내자가 천척동千尺幢까지 인도했는데, 가느다란 가지가 그 위에 시렁처럼 걸쳐 있고 정상은 솥을 뒤엎은 듯한데다가 하늘 끝과 틈 하나 차이일 뿐이어서 나도 모르게 가슴이 벌벌 떨렸다. 그래서 소년 시절 말 타는 법을 배울 때 일을 생각했다. 처음에는 내게 말갈기를 부여잡고 등자를 밟는 법을 가르쳐 주는 사람이 있었는데, 그럴수록 마음은 더 겁이 났었다. 뒤에 말을 잘 타는 사람이 있어 내게 말하길, "그대가 말이 나아가는 앞에 마음을 두고, 상제(말굽)가 빠르지 못함을 늘 한스러워 한다면 내달리는 것을 뜻대로 할 것이오"라고 했다. 나는 크게 깨달아서 시험하여 보니 정말 그대로 들어맞았다. 지금 내게 계단을 오르면서 아래를 내려다보지 말라고 가르쳐 주는 것은 모두 내게 겁내도록 조장하는 것이다. 내 손에 줄이 있고 발에 재갈 모양의 발받침이 있거늘 무엇을 근심하랴?

내가 삼십 년 동안 마음속에 두고 버리지 못한 것은 이 험준한 산을 사모하는 마음이었다. 평평함으로 말하면 땅 위만큼 평평한 것이 없으니, 거기를 가서 어쩌겠는가? 계단을 손으로 더듬으며 오르면서, 험준함이 극도에 이르지 않을까 염려할 따름이며, 혹은 앉거나 혹은 서거나 하면서, 주비이와 화산의 옛일을 말하면서 험준함을 조금도 괘의치 않는 듯이 했다.

잠시 후에 끊어진 벼랑을 넘고, 구렁을 건너, 창룡령으로 길을 잡아나가자, 산마루가 다하고 산봉우리의 발 언저리에 이르렀으며, 땅이 조금 평평하게 뻗어 있었다. 나는 마음이 권태로워져서, 백 보에 한 걸음씩 쉬었다. 종자가 돌아보면서, "아까는 민첩하시더니 어째서 뒤에는 이렇게 더디더디 하시는가요?"라고 물었다. 나는 이렇게 말했다. "위태로운 곳을 밟아나가는 것은 기氣로써 하는 것인데, 기쁨이 하나이고 두려움은 열인 때에는 절승이라 여기는 것이 그 험준함에 있고, 두려움이 하나이고 기쁨이 열인 때에는 절승이라 여기는 기이함에 있다네. 나는 나의 발이 있는 것을 잊어버렸지. 그런데 위태로운 곳을 떠나자마자 곧 평탄하게 되어, 이제는 힘(力)으로 다투게 되었네. 이것은 여졸輿卒〔종, 가마꾼〕의 장처長處이니, 나와 무슨 상관이 있는가?"

하용下舂〔일몰〕에 남쪽 봉우리의 꼭대기로 올라가, 주비이와 함께 산봉우리의 머리에 자리를 깔고 달이 뜨기를 기다렸다. 이날은 하늘에 미세한 그늘도 없고, 푸른 벼랑에는 붉은 나무들이 늘어서 있어서, 석양과 아름다운 달이 각각 자신의 재능을 다 피로披露하여 유람객을 즐겁게 해 주었다. 밤이 깊어 잠자리에 들었으나, 달빛이 틈새로 일렁이는 것이 마치 흰눈의 빛과 같았으므로, 나는 배회하면서 잠을 이루지 못했다. 그래서 함께 노닌 저도인樗道人을 불러서 다시 함께 꼭대기에 이르렀다. 소나무 그림자가 바위를 쓸고 있었다. 나의 마음이 홀연 움직여, 나의 형 백수가 세상을 떠난 지 이미 십 년이고 공유장도 역시 서거했으며, 전날 소잠부蘇潛夫〔소유림蘇惟霖〕의 서신이 와서 도주망도 역시 물고物故했다고 말한 것을 떠올렸다. 산의 벗이 몇몇이나 된다고, 어이 이다지도 빨리 빼앗아 간단 말인가? 저도인은 내 마음을 알아차리고는, 마침내 《금강육여金剛六如》〔《금강반야경》에서 만물은 실체가 없고 무상하다는 것을 말한 여섯 비유. 몽夢, 환幻, 포泡, 영影, 노露, 전電. 육유六喩〕의 게를 낭송했다. 나도 소나무에 기대어 화하여 낭송했다.

다음으로 원굉도는 소문산蘇門山에 노닐었다. 소문산은 하남성 남휘현南輝縣 서북쪽에 있는 산으로, 일명 소령蘇嶺이라고 한다. 산 정상에는 백천百泉 즉 백문천百門泉이 있다. 동진의 손등孫登, 북송의 소옹邵雍, 원나라의 요추姚樞가 모두 이곳에 은둔했다. 원굉도는 〈소문산 백천에 노닌 기록〉(遊蘇門山百泉記)을 남겼다.

> 온 세상이 모두 무익하다고 여겨도 나는 미혹하여, 나는 심지어 성명性命을 버려서 순사殉死하니, 이것을 일러 탐닉이라고 한다. 탐닉이란 것은 통인通人〔통달한 사람〕이 경계하는 바이지만, 그러나 통인도 역시 그것에 가려진다. 술에 탐닉하는 사람〔삼국 시대 진晉나라 유령劉伶〕은 심지어 종자에게 삽을 등에 지고 따르라고 했다. 책에 탐닉한 사람〔동진 때 옛 무덤을 도굴하여 죽간을 얻은 급군汲郡 사람 부준不準〕은 심지어 무덤을 발굴했다. 선에 탐닉한 사람〔후위後魏의 고승 혜가慧可〕은 심지어 자기 팔을 잘랐다. 산수에 탐닉하는 자도 역시 그러하다.
>
> 소문산의 손등孫登〔동진 때 은둔자〕은 심지어 일상의 기거동작과 대화하고 웃는 것도 그만두었다. 일상의 인정을 기준으로 평가한다면 지극히 기괴하지만, 통인의 관점에서 본다면 역시 인정인 것이다. 무릇 이쪽은 그가 처자를 두지 않은 것을 두고 기괴하다고 여기지만, 저쪽은 이쪽이 산수를 멀리하는 것을 두고 기괴하게 여긴다. 각각 그 지니고 있는 것을 근거로 하면 서로서로 부유하다고 하겠지만, 저쪽과 이쪽이 자리를 바꾼다면, 다시 서로 괴로울 것이다.
>
> 완사종〔완적〕이 이렇게 한 말의 뜻은 조금 무언가 미련을 두고 있는 데 관계되었고, 서신도기棲神導氣의 양생술은 산수간에서는 세속의 이야기이므로, 손등이 그것을 논외로 하고 대답하지 않은 것은 그러한 이유에서였다. 그러나 완적이 떠날 때 휘익 긴 휘파람을 불어서 수풀과 골짝에 그 음향을 전하여 참뜻이 이르러 갔으니, 손등 선생이 어디 일찍이 응수를 폐했던가? 오직 세간 사람 가운데 그 인뢰人籟〔여기서는 위에 나온 손등을 의미함〕를 발하는 자가 없었기 때문에 그때까지 울리지를 않았던 것이다. 누가 물었다. "그대는 어이하여 손등이 탐닉했음을 안단 말이오?" 나는 답했다. "백천百泉을 보면 그것을 압니다."
>
> 백천은 대개 물 가운데 아주 뛰어난 품물이다. 나는 그 그윽한 녹색 빛에

비추어 보다가, 시선이 거기에 빼앗기고 만다. 해는 밝디밝게 빛나고, 비는 부슬부슬 가늘게 내리며, 풀은 흔들거리면서 푸르니, 나의 정신이 거기에 취한다. 나는 성색聲色에 대하여 정〔욕망〕을 잊어버릴 수 있는 자가 아니지만, 백천과 마주쳐서는 나의 기호가 홀연 다하고 말아서, 인간세계의 아무리 곱고 빼어난 것이라고 하여도 나의 이 한 번 응시를 바꿀 수가 없다.

술을 좋아하는 사람의 경우에는 타인이 그와 함께 상락주〔상락주桑落酒. 하동의 상락 고을 우물은 뽕잎이 지는 시기에 길어다 술을 빚으면 술맛이 매우 좋다고 함〕를 같이 볼 수가 없다. 미색을 좋아하는 사람의 경우에는 타인이 그와 함께 옛 미녀인 왕장王嬙과 서시西施를 같이 볼 수가 없다. 산수를 좋아하는 사람의 경우에는 타인이 그와 함께 신기하고 깊숙한 구역을 같이 볼 수가 없다. 송나라의 소강절〔소옹〕은 대개 손등과는 시대를 달리 하되 공감을 한 사람이니, 비록 풍모과 규범은 조금 달랐지만, 인간세계의 일을 버리고서 산수에 순사殉死한 점은 동일하다.

혹자가 이렇게 말했다. "손등은 어떤 사람이 그를 물속에 밀어넣어도 노하지 않고 물에서 나와서 다시 웃었으니, 인정에 어긋나는 것이 아닙니까?" 내가 말했다. "크게 탐닉하는 사람은 반드시 크게 참는 것이 있는 법입니다. 지금 부귀에 탐닉하는 자들은 먼지와 모래 속에 골몰하면서 인간세계로부터 꺾이고 부러뜨림을 당하니, 물에 빠지는 자보다 더 심한 면이 있습니다. 그런데 남이 억눌러도 그는 다시 절하고, 남이 침을 뱉어도 그는 다시 아첨하니, 인정에 거스르고 본성에 반하는 것이, 저 물에 빠졌다가 나오면서 웃는 사람보다도 더한 면이 있습니다. 그러므로, 참음이란 그 탐닉을 온전히 하는 방도라고 말하는 것입니다."

혹자가 다시 물었다. "그렇다면 그대는 산수에 대하여 어째서 탐닉하지 않소?" 나는 이렇게 답했다. "나는 이른바, 알기는 하여도 기호하지 못하고 기호는 하여도 극치에 이르지 못하는(《논어》〈옹야雍也〉편의 말을 이용한 표현〕 자라고 하겠지요. 나는 범용한 사람입니다"

4.

원굉도는 1599년(만력 27)에는 북경 근처 반산盤山에 노닐고 〈반산기〉라는 명문을 남겼다.

반산은 계주薊州 북쪽 30리에 있는데, 반선盤旋의 형상 때문에 이런 이름을 얻었다. 반룡산盤龍山이라고도 한다. 이 산은 샘이 많고 소나무가 많은데, 특히 바위가 괴이하다. 바위는 모두 아래가 날카롭고 위가 풍만하므로, 대부분 비동하는 형상이다. 깎아지른 벼랑에 앞으로 돌기한 두 개의 작은 돌은 마치 해를 받들어 붙어 있는 듯한데, 그것을 현공석懸空石이라고 한다. 바위가 허공에 들러붙어서 서 있어, 푸르게 깎여서 땅에 이르러 있는데, 마치 신기神氣와 성정性情이 있는 것 같다.

그런데《열하일기》가운데 1780년(정조 4) 7월 30일의 일을 적은 기록을 보면, 박지원은 요동에서 연경으로 향할 때 반산 부근에서 원굉도의 〈반산기〉를 회상하고 반산에 등람하고 싶어도 동반자가 없어 실행하지 못하는 것을 아쉬워했다. 당시 반산을 오룡산五龍山이라고도 불렀다는 사실을 박지원은 추가했다.

원굉도는 반산에 입산할 때 〈반산으로 들어가며〉(入盤山)라는 제목의 시를 지었다.

분명하여라 참 산이여
또렷하게 그림 같구나
바람과 서리는 흰색과 붉은 색을 고루 칠하고
구름과 노을은 땅을 온통 비단으로 덮었네
일준一皴〔담박한 먹으로 비스듬히 덧칠함〕이 일백 인仞 높이
아로새겨 허공 속으로 들어갔구나
마른 뼈에 푸른 기름이 사이사이 끼어
파르라니 억세어서 제법 풍치가 있도다
하늘 띠〔무지개〕는 꼭대기에서 꼴을 먹어 아래로 드리우고

선경의 꽃술은 겉옷이나 이불처럼 펼쳐져 있는데
규룡같은 소나무가 백만 그루
바위에 들러붙어 뿌리도 꼭지도 없는 듯
봉우리마다 활석活石이 있고
바위마다 선경의 기운을 끼고 있으며
바위 하나마다 산 하나를 두고
산 하나마다 한 점 비췻빛이네.
그걸 또 뫼 바위에다 흩어놓아
분신이 수천 개는 되겠구나

分明眞山子(분명진산자)
的的有畫意(적적유화의)
風霜匀粉丹(풍상균분단)
雲霞綴錦地(운하철금지)
一皴一百仞(일준일백인)
雕鏤入空際(조루입공제)
瘦骨間靑脂(수골간청지)
蒼勁有餘媚(창경유여미)
天紳秣頂垂(천신말정수)
仙蘂披襠被(선예피당피)
虯松百萬株(규송백만주)
黏石無根蔕(점석무근체)
峰峰有活石(봉봉유활석)
石石挾仙氣(석석협선기)
一石置一山(일석치일산)
一山一點翠(일산일점취)
散作諸巒巖(산작제만암)
分身可千計(분신가천계)

반산의 정점에 올라 원굉도는 〈반산의 꼭대기〉(盤山頂)라는 시를 지었다.

하늘에 닿도록 푸른 비녀같이 뽑혀 나와
굽어보아도 새 잔등을 볼 수가 없을 정도
서녘 해는 탑륜塔輪을 비추고
그림자는 첩첩한 변방 산 바깥에 떨어진다
아스라한 상투(산)는 파리한 신선의 것 같아
옥 관모 쓰고 푸른 물을 허리에 찼으니

모습이 예스럽고 골상이 기이하고 푸르러
보는 이는 엄숙하게 예배하누나
허공에 떠서 날마다 구름과 희희덕거리고
발 밑에선 광괴光怪를 드러내어
혹은 한데 모으고 혹은 실처럼 펼치며
혹은 춤추고 혹은 세차게 쏟아내네
천 리 멀리서 풍령風鈴 소리 들리고
날리는 꽃잎은 누린내 변새에 떨어지네
하나의 부평 같은 것이 하나의 청산이요
하나의 점 같은 것이 하나의 인간 세계로구나

摩天抽碧簪(마천추벽잠)
俯不見鳥背(부불견조배)
西日照塔輪(서일조탑륜)
影落重邊外(영락중변외)
峩髻瘦仙人(아계수선인)
玉冠蒼水佩(옥관창수패)
貌古骨奇靑(모고골기청)
見者肅而拜(견자숙이배)
浮空日嬲雲(부공일뇨운)
足底呈光怪(족저정광괴)
或聚或披絲(혹취혹피사)
或舞或澎湃(혹무혹팽배)
千里聽風鈴(천리청풍령)
飛花落羶塞(비화낙전새)
一萍一靑山(일평일청산)
一點一人界(일점일인계)

박지원이 그렇게도 애송했던 원굉도의 〈반산을 유람한 기록〉(遊盤山記)은 다음과 같다.

> 반산은 바깥은 뼈〔바위〕이지만 안쪽은 살〔흙〕이다. 바깥은 뼈이므로, 깎아지른 바위가 아스라하게 서서, 바라보면 마치 창과 칼날, 곰과 호랑이가 우글거리는 숲과 같다. 안쪽은 살갗이므로 과실수들이 무성하다. 그리고 소나무가 바위를 뚫거나 틈에서 나온 것들이 험하게 솟아나고 규룡처럼 굽어, 바위들과 성내어 다투는 듯하고, 그 줄기는 눈과 서리에 눌려 제대로 펴지 못

하기에, 옆으로 자라고 측면으로 누워, 그런 것이 십여 장丈씩 되었다.

산의 전면은 깎인 듯 가팔라서 발을 디딜 수 없으나 그 등은 평탄하므로 유람객들이 멀리 돌아가서 이를 수 있다. 그 바위들은 모두가 아래는 뾰족하나 위는 넓으므로, 대부분 날아갈 듯하다. 겹쳐져 솟은 것들은 높아질수록 솟구쳐, 높은 것은 수십 심尋에 이른다. 솟은 것들은 반드시 반은 옆으로 기울어져, 마치 반쯤 무너진 다리 같으므로 오르는 사람들이 두려워한다. 그 아래는 모두 계곡물이 내달려서, 곧게 뻗다가는 굽이쳐 꺾이며, 부딪히는 크고 작은 바위들이 모두 다투는 듯해서, 울리는 소리가 밤낮으로 이어져서 그치질 않는다. 그 산은 높고 고아하고 깊숙하고 기이함을 어느 곳이라도 극도로 다하지 않은 곳이 없다.

그 가장 뛰어난 것을 서술하면, 초입에서 반천盤泉을 만나게 되고 다음 것이 현공석懸空石이며, 가장 높은 것이 반정盤頂이다. 계곡물은 콸콸 흐르다가 반천에 이르러 떨어져 작은 못을 만든다. 흰 바위가 말려져 나오고, 바닥은 모두가 금모래이며, 작은 물고기 여러 마리는 꼬리며 지느러미까지 헤아릴 수 있으며, 떨어지는 꽃이 일렁이며 떠내려가서 그림자가 바닥에 비치다가, 물고기들이 뒤틀면 홀연 그림자도 함께 어지러워진다. 유람객들이 즐거워서 옷을 벗고 차츰 발을 물에 적시다가 갑자기 "너무도 시원하다"라고 크게 외치니, 모두가 뛰어들어 가슴까지 담근다. 조금 거슬러 올라가 바위 서너 개를 지나면 물이 더욱 콸콸거려 말이 들리지 않는다. 가끔 배꽃과 오얏꽃을 던지고 바라보면, 꽃잎이 돌다가 꺾이고 내달리고 춤을 춘다. 현공석의 서너 봉우리는 각각 벽 하나가 푸르게 깎여져 땅에까지 닿아 있어, 바위가 허공에 붙어 서 있는 것이 마치 신기神氣와 성정性情이 있는 것 같다. 정자가 절벽을 등지고 끊어진 계곡에 임하여 있는데, 계곡의 물소리가 위로 퍼져 소나무와 화답하는 듯하다.

그 옆이 상방上方 정사精舍로, 반산의 절승처이다. 반정은 마치 갓 뽑아 나오는 죽순같이 날카로우면서도 둥근데, 위는 솔도파窣都波〔탑〕로, 햇빛이 옆에서 비추면 그 그림자가 변방 너머까지 드리울 듯하며, 휘몰아치는 바람이 갑자기 불면 구름이 몸을 뒤집어 바다를 쓸어낼 듯하다. 그래서 발을 오래 머물지 못하고, 마침내 내려왔다. 내려오는 길은 우회하면서 궁벽한데다가, 또한 돌계단도 없다. 천문개天門開라 부른다. 상투같이 솟은 바위를 따라 길을 잡아 나가자, 손바닥처럼 트였는데, 산의 바위는 한결같이 오른쪽 어깨 너머에 있고 왼편으로는 허공을 밟을 듯해서 밑이 보이지 않으며, 큰 바위는 가운데가 끊어진 것이 여럿이었다.

안내하는 스님과 먼저 약속하기를, 극도로 위험한 곳을 만나면 한바탕 웃기로 했으므로, 웃음소리를 들을 때마다 모두 간담이 떨어지는 것 같았다. 넝쿨을 붙잡고 가시나무를 더듬으며 다시 오르내려서 가까스로 어떻게든 건너갈 수가 있었다. 양쪽의 바위는 수려하게 깎은 듯 서 있으며, 태고의 구름과 남기嵐氣가 절벽을 잠식하여 모두 비췻빛이다. 아래로 내려와 바둑판처럼 평평한 바위가 눈에 띄었는데, 사방 넓이가 자리를 깔 만했다. 소나무를 어루만지며 아래를 내려다보니 놀라움이 진정되어 마침내 웃음이 나왔다. 세상에 제 운명을 미리 아는 사람이란 없으니, 어찌 이러한 기이한 경관을 볼 수 있으리라 예상했겠는가?

앞에는 동굴이 뚫려 있는 절벽이 있는데, 동굴은 그리 넓지는 않았다. 스님 하나가 더위잡고 기어오르는데, 마치 원숭이와 같았다. 나는 그리로 가지 않고는, 안내하는 스님에게, "산을 오를 때에는 위험이 등 뒤에 있으므로 팔꿈치를 대고 기어오르면 올라갈 수가 있소. 하지만 산을 내려가게 되면 눈으로 발 언저리를 헤아릴 수 없으므로 위험하오. 장차 어찌하죠?"라고 말했다. 스님은 툭 튀어나온 곳을 가리키며, "작은 오솔길이 있습니다. 다만 절벽 하나가 깎아지른 듯 솟아 있는데다가 기름처럼 미끄러워 발 디딜 수가 없습니다. 하지만 그곳만 지나면 비록 험난하기는 하더라도 더위잡아 산등성에 이를 수 있으니, 그리로 돌아가면 산으로 다니는 길이 됩니다"라고 했다.

스님은 즉시 신발을 벗더니, 뱀처럼 몸을 뒤틀면서 올라가서는 아래로 줄을 매달아 드리운다. 그러자 건장한 사람이 손으로 내 발을 미는데, 나는 배를 바위에 붙였으나 바위가 미끄러운데다가 바깥쪽으로 기울어 있으므로, 심지어 몸이 반쯤 뻣뻣하게 죽은 강시 상태로 되었다가, 한참 만에야 가까스로 발을 오므리니, 건장한 사람이 애써서 손으로 뒤를 받쳐 마침내 오를 수 있었다. 가까스로 산등성에 이르러서야 비로소 손가락을 깨물면서 축하하고, 또한 조심하자고 했다.

봉우리의 이름들은 그다지 우아하지 않으므로 일일이 다 적지는 않겠다. 골짜기 가운데 처음에는 이름이 없었으나 새로 이름 붙인 것으로는, 석우동石雨洞과 혜석정慧石亭이 있다. 석우동은 하반下盤에 있는데 길에서 시내의 물소리를 들을 수 있으므로, 그 소리로 시내를 찾으면 쉽게 찾을 수 있다. 혜석은 상방上方에서 백보 정도 떨어져 있는데, 잘고 마르고 풍만하고 고와 한 가지 양태가 아니다. 마치 말이라도 할 듯 생동하며, 아래로는 허공을 나는 시내에 임하고 있는데다가, 갈기 같은 솔가지가 정자같이 뒤덮었으므로, 기대어 잠들 수 있고 자리를 깔고 앉을 수 있고 동무를 짝하여 한가히 지낼 수 있다. 그런 까닭에 '지혜롭다'는 뜻의 혜慧를 이름으로 붙인 것이다. 천석泉石 가운데 기이하고 으슥한데다가 사족蛇足으로 붙어 있는 것은 홍룡지紅龍池라 이름 했다.

동천洞天(신선이 살 만큼 경관이 빼어난 곳)으로서 저절로 이루어져 암자를 둘 만한 곳으로는 첫째가 서운암瑞雲菴의 앞 골짜기이고, 그 다음이 중반中盤의 뒷산이다. 산으로서 절벽이 아리땁고 빼어났으되 절이 황폐한 곳은 구화정九華頂이다. 올라가 보지 않았으므로 사찰들은 대부분 기록하지 않는다.

유방승遊方僧(여행하며 도를 닦는 승려)이 잠시 머무는 암자는 천상千像, 중반中盤, 상방上方, 탑원塔院이다. 그날은 칠월 초하루에서 열흘의 수가 지났다. 함께 유람한 사람은 소잠부蘇潛夫(소유림), 아우 소수, 승려 사심死心, 보방寶方, 적자寂子이다. 이곳의 관장이면서 옛날에 일찌감치 와 본 사람은 계주자사薊州刺史 종군위(鍾君威, 鍾起鳳)이다. 오지는 못했지만 편지로 안부를 묻고 또 채소와 물품을 보내 준 이는 호부낭중 이유경(李酉卿, 李長庚)이다.

명나라 말기의 장대복張大復은 "원굉도의 〈유반산기〉는 봄꽃이나 미녀같이 완미婉媚한 풍조가 많다"라고 논평했다.

5.

원굉도는 선禪에 대해 담론하길 좋아하고 생활 속의 선을 실천했다. 그러나 조선 지식인들은 이단의 혐의를 불식하기 위해 원굉도의 불교설에 대해서는 상당한 거리를 두었다. 또한 조선의 문인-지식인들은 문학의 신기축을 이루어낼 때 원굉도의 문학을 그대로 추수하지는 않았다. 조선 지식인들은 사회적 책무의식과 우환의식이 강하여 문학에서 재도론載道論의 관점을 관철하려고 했기 때문이다. 이 점은 원굉도의 문학에 접했던 초기 인물인 김창협金昌協(1651-1708)의 경우에서도 찾아볼 수 있다. 《농암잡지農巖雜識》〈외편〉에 다음 말이 있다.

명나라 말기에 문사들은 입 열고 붓 놀릴 때마다 걸핏하면 선의 이치를 담론했으나, 그 실제는 모두 허무맹랑하여 근거가 없었으니, 선에 있어서 어찌 터득한 적이 있었겠는가? 지금 원굉도의《원중랑집》을 읽어 보니, 그 내용이 한편으로는 선불禪佛을 담론했으면서도, 한편으로는 주색에 탐닉한 것이었다. 이는 마치 고기나 술파는 아이가 불경을 읊조리는 꼴이니 우스울 뿐이다. 그러나 석씨는 인욕을 인정하는 것으로 교리를 세웠다. 그러므로 세상에 방종을 즐기고 검속하는 것을 꺼리는 자는 모두 여기에 의탁하여 도피처로 삼았으니, 또한 그 형세가 그러했던 것이다. 명나라 때 학자들로 여요餘姚〔왕양명〕에서 우강盱江〔나여방羅汝芳〕에 이르는 일파는 그 논의가 더욱 해괴망측하여 다시 꺼리는 것이 없었다. 유학자라고 하는 자들도 이미 이와 같았으니 문사들은 진실로 말할 것도 없다.

과연 원굉도는 선을 터득하지 못했을까?《원중랑집袁中郎集》에는 불교 관련 저술인《덕산주담德山麈譚》이 들어 있을 뿐 아니라, 그 원본이라고 할《산호림珊瑚林》도 발견되었다.

원굉도가 선에 경도한 것은 인간 존재의 문제를 탐구하고 스스로의 본래적 주체성을 확인하기 위한 하나의 방편이었다. 원굉도는〈난정기蘭亭記〉라는 글에서, 달관한 듯 보이는 옛사람들도 생사의 문제에서 느껴, 높은 곳에 오르거나 물가에 임하여 산과 골짜기도 오래가지 못하리라 슬퍼하고 꽃이 핀 아침과 달이 뜬 저녁에 이슬과 번개가 쉬 사라지는 것을 서글퍼했던 것이라고 했다. 본래성을 추구하지 않는 속인들을 아프게 비판한 것이다.

유독 용렬한 자와 속된 자는 권세와 이익에서 쾌락을 찾아서, 눈앞에 죽음이 있음을 믿지 않으며, 썩은 유학자는 도리道理에 금고禁錮되어서 역시 "죽음은 죽음일 따름이니, 무어 두려워할 것이 있는가!"라고 말한다. 이것은 그 사람이 모두 극히 용렬하여, 말할 것조차 없는 자들이다. 무릇 몽장蒙莊〔장자〕은 달사達士이지만 산을 숨긴다(藏山)는 말로 비유했고, 니부尼父〔공자〕는 성인이시지만 흘러가는 물(逝水)을 보시고 탄식을 일으키셨다. 죽음이 만일 두려워할 만한 것이 아니라면 성현도 어찌 도 듣는 일(聞道)을 귀하게 여겼겠는가?

원굉도가 주창한 '독서성령獨抒性靈'이란 말 자체가 선가禪家에게서 나온 말이다. 원굉도의 문학과 사상에는 선가의 논리가 짙게 배어 있다.

원굉도는 인간의 개성을 중시하는 한편, 그 개성의 원천인 정情의 생동성에 주목했다. 불사의 시주모금책에 쓴 글인 〈제징공책題澄公冊〉에서 원굉도는 다음과 같이 말했다.

> 오늘날의 고승들은 '생각을 그친다'(止念)는 것으로 궁극의 목표를 삼는 사람들이 많다. 화두를 제기해서는 곧 '이것이 식識과 정情을 막는 법이다'라고 하고, 열불을 하여서는 곧 '이것이 생각을 섭렵하는 법이다'라고 한다. 그러나 이것은 아무런 생각이 없는 외도外道와 무엇이 다르단 말인가? 무릇 생각이란 어느 때이고 움직이지 않음이 없으니, 비록 혼몽하고 침묵하고 있더라도 움직인다. 또 생각은 어느 때고 고요하지 않음이 없으니, 비록 '불안한 마음으로 왕래하니, 친구만이 너를 따른다'(朋從爾思)라고 하더라도 역시 고요하다. 달을 그림자 속에서 구하려고 하면 달은 바람 따라 흘러간다. 그림자를 달 속에서 구하려고 하면, 그림자는 애당초 적멸하지 않은 적이 없다.

원굉도는 1604년(만력 32년 갑진) 가을에, 여러 승려들과 제생 장명교張明教와 함께 공안의 도화원桃花源에 들어가 선문답을 하고 그것을《덕산주담》이란 제목으로 정리했다. 그 가운데서 그는 다음과 같이 정情을 중시했다.

> 맹자는 인간의 본성이 선하다고 말했지만, 그것은 본성이 아니라 정의 측면을 말한 것일 뿐이며, 본성에 대해 선악의 틀을 끼워 맞추는 것은 불가능하다. 이를테면 주자학에서는 측은의 정을 인仁의 단端이라 하고, 맹자가 말한 "홀연 어린아이가 우물에 들어가려는 것을 본다"라는 말을 들어서 그 증거로 삼고 있다. 하지만 만일 사람이 홀연 미녀를 본다면 마음이 동탕할 것이고 홀연 금은을 본다면 마음이 두근두근할 것인데, 이것도 역시 태어나면서부터 그런 것이지 억지로 그렇게 시켜서 그렇게 되는 것이 아니다. 이것을 두고 모두 진심의 발로라고 말할 수 있을 것인가?

원굉도는 주자학과 달리, 성性과 정情을 마음에 융합함으로써 정의 가치를 긍정했다. 이것은 양명학의 심즉리心則理 논리이다.

또한 원굉도의 유기遊記는 자연의 생명력을 묘사하고 그 속에서 자유를 구가하는 인간 이상을 제시했다. 그는 생명에 애정을 지니고 자연의 역동성을 한껏 예찬했다. 이것은 사회의 속박에서 벗어나 개성의 자유자재함을 갈망했던 정신을 반영한다. 조선의 서얼시인 이봉환李鳳煥은 원굉도의 유기가 영심靈心을 구현한 것이라고 칭송했다.

원굉도를 비롯한 삼원은 산림으로 나가지 않고 도성 내에 원정園亭을 만들고 그곳에서 소요했다. 원중도袁中道는 〈석수성내산원기石首城內山園記〉에서는 석수성의 명원들을 거론하여 풍광이 풍부한 그 경지를 예찬했다. 마침내 그는 성내의 대탑 아래 동산을 하나 사서 금속원金粟園이라 이름하고, 〈금속원기金粟園記〉를 지어 도성 안에 은거하는 뜻을 밝혔다. 진정으로 유유자적하는 사람에게는 도성이든 산림이든 구분할 필요가 없는 것임을 그들은 실천으로 보여 주었다.

참고문헌

錢伯城,《袁宏道集箋校》, 上海:上海古籍出版社, 1981.

심경호 외 역,《역주 원중랑집》(10책), 소명출판사, 2004.

袁中道,《珂雲齋集》(전3책), 上海:上海古籍出版社, 1989.

袁宗道,《蘇齋類集》, 上海:上海古籍出版社, 1989.

《梨雲館類定 袁中郎全集》, 和刻本漢詩集成 第十九輯 補篇三, 影印 據 元祿九年(1696)十月 京都 小島市右衛門等 覆明末刊寫刻本 24冊, 汲古書院, 1977.

《袁中郎先生尺牘》, 和刻本漢籍文集 第十五輯, 影印 據 宮川德(崑山)·鳥居吉人(九江)編 山本時亮(北皐)校 安永十年(1781) 山本北山奚疑塾刊本 2卷, 汲古書院, 1975.

李贄,《焚書·續焚書》, 臺北:河洛圖書出版社, 1974.

荒木見悟 편,《珊瑚林》, ぺりかん社, 2001.3.

入矢義高,《袁宏道》, 中國詩人選集 2집 11, 岩波書店, 1963.

荒木見悟,《明代思想硏究》, 創文社, 1988.

周質平,《袁宏道評傳》, 東海大學中文硏究所 碩士論文, 1974.

任亮直,《袁中郎詩文選注》, 河南大學出版社, 1993.

周群,《袁宏道評傳》, 南京大學出版社, 1999.12.

이기면,《袁宏道性靈說研究》, 高麗大學校 博士學位論文, 1993.
우재호,《袁宏道詩歌研究》, 서울大學校 博士學位論文, 1995.
강경범,《袁宏道散文研究》, 成均館大學校 博士學位論文, 2001.
송태명,〈원굉도 척독 연구〉, 고려대학교 대학원 석사논문, 2001.12
陳萬益,《晚明性靈文學思想研究》, 臺灣大學校 博士學位論文, 1978.
林美秀,《袁中郎的思想與文學研究》, 高雄師範大學校 博士學位論文, 1997.
韋仲公,《袁中郎學記》, 新文豊出版公司, 1979.
田素蘭,《袁中郎文學研究》, 文史哲出版社, 1982.
任訪秋,《袁中郎研究》, 上海古籍出版社, 1983.
周質平,《公安派的文學批評及其發展》, 臺灣商務印書館, 1986.
邱敏捷,《參禪與念佛－晚明袁宏道的佛教思想》, 商鼎文化出版社, 1993.

광인인가 소요객인가,

서홍조의 《서하객유기》

1.

남단주南丹州의 북쪽 끝, 절대촌㽘歹村에서부터 타고 있던 말을 바꾸어, 첩첩 산중을 헤쳐나가 차츰 무인의 경지에 들어갔다. 5리를 가서 산의 경계의 산령(남단과 하사下司의 경계이다)을 넘고, 다시 북쪽으로 1리를 가서, 절벽이 협착해 있는 곳을 넘으니, 이곳이 간평령艱坪嶺이다. 바위는 불쑥불쑥 솟아나 있고, 수목은 무성하고 빽빽하여 그 길이 매우 험난하다. 귀주성과 광서성의 두 성의 경계는 여기서 갈라지며, 남북의 강의 흐름도 또한 여기서 나뉜다. 하지만 그 강물도 또한 모두 도니강都泥江〔반강盤江의 하류로 홍수강紅水江을 가리킴〕으로 흘러 내려가므로, 절벽이 협착해 있는 산의 등성마루는 동쪽에서 서쪽으로 뻗어서 파아巴鵝〔남단의 서쪽〕의 경계에 이르러 다하고, 다령多靈의 커다란 산등성이가 여전히 그 동쪽에 있다. 북쪽으로 1리를 내려가, 협곡으로 나아가 서쪽으로 1리를 가자, 비로소 밭두둑이 보인다. 다시 반 리를 가자 협곡은 북쪽으로 방향이 바뀌고, 비로소 거기에 드넓게 성보〔오塢〕가 펼쳐져 있다. 다시 북쪽으로 1리를 갔다. 서쪽의 성보 속에 유이由彝라는 마을이 있다. 그 부근의 성보는 모두 사면이 높아서, 물이 어디서부터 흘러나오는지 알 수가 없다. 그런데 유이촌由彝邨의 남쪽의 암벽 아래에 동향의 동굴이 있어, 작은 물 흐름이 밭두둑 한가운데로부터 졸졸 흘러들어와, 산의 서쪽을 휘감아 빠져나간다. 이것을 보면 커다란 산의 등마루가 동쪽에 있다는 것을 알 수 있다. 여기에 와서, 남단에서부터 나를 실어와 준 기마를 다루는 사람은 떠나갔다. 유이의 사람은 처음에 인부와 말을 내주겠다고 약속했으나, 아무리 기다려도 오지 않는다. 재촉을 하자 가까스로 인부만 두 사람이 와서, 짐을 등에 지고 앞장서서 가기 시작했다. 나는 홀로 난간에 걸터앉아서 정오부터 저물녘까지 기다려, 마침내 타고 갈 말을 손에 넣었다. 서북으로 2리를 가서, 산채山寨에 도착해 보니, 그 산채의 사람이 이미 짐을 내보내서 앞장을 서 가고 있다. 그래서 그 동쪽에서 고개를 넘고 등성을 넘어서 북쪽으로 1리를 내려가고 골짜기 속을 가 다시 북쪽으로 1리를 갔다. 다시 고개와 산등성을 넘어 협곡 속을 내려갔다. 골짜기는 둥글고 협곡은 길게 이어져서, 골짝과 협곡의 남북 향배에는 모두 등성이가 있다. 가운데로 뻗어 있는 곳에는 물 하나 새어나갈 틈이 없고, 북쪽으로 뻗은 등성에는 이빨 같은 돌이 톱처럼 날카로운데, 칼끝과 칼날 같은 돌들이 누워 있고 서 있어서 발을 디딜 수가 없다. 때는 벌써 해가 저물 무렵이어서, 나는 말을 달리게 해서 산의 등성을 내려갔다. 이것이야말로 목숨을 내맡기기에 충분한 말이다. 등성을 넘어서서 그대로 협곡의 바닥 쪽으로 떨어져 내려가는데, 위로 올라갈 때의 서너 곱절이나 된다. 여기서 비로소, 앞서 거쳐 왔던 둥근 골짜기와 긴 협곡은 산의 중턱에 있었다는 것을 알았다. 협곡의 바닥에는 물의 흐름이 남쪽의 등성으로부터 떨어지고 넘쳐흘러, 마침내는 기세 좋게 흘러간다. 물 흐름을 따라서 1리 정도 서쪽으로 나아가자, 남쪽의 산록山麓에 마을이 있다. 그 마을에서 교대하기로 한 인부는 벌써 출발하고 난 뒤였다. 나는 다시 말에 올라 서쪽으로 반 리쯤 갔는데, 가서 보니 인부는 또 떠난 뒤였다. 곧, 마을의 사람들은 내가 자기네 집에 머물까 봐 염려되어, 재빨리 짐을 대신 가지고 출발하고 있는 것이다. 게다가 또, 교대할 말도 없어서, 마부도 앞으로 가려 하지 않는다. 나는 그들을 억지로 재촉해서 어둠 속을 전진해 갔다. 서북으로 반 리쯤 가자, 계곡물이 동쪽에서 서쪽으로 흘러간다. 그 속에 방죽 둑이 옆으로 누워 있다. 방죽 좌우는 못이 깊은데, 방죽 둑을 북쪽으로 건너니, 말의 발굽이 따각따각 소리를 내어, 험준하기가 엄청나다. 다시 서쪽으로 방향을 바꾸어, 어떤 마을을 지나고, 반 리쯤 가서, 마을의 서쪽으로부터 북쪽을 향하여 고개를 넘자, 비로소 두 사람의 인부와 함께 가게 되었다. 어둠 속에서 서로 부르고 대답하고 하지만, 바위인지 사람 그림자인지 구별할 수 없을 정도였다. 두 번 올라가고 두 번 내려가서, 마침내 밭두둑을 가게 되었다. 여기까지가 5리이다. 산채山寨 하나를 지나 문을 여니 거주

지도21_서하객徐霞客 여정도

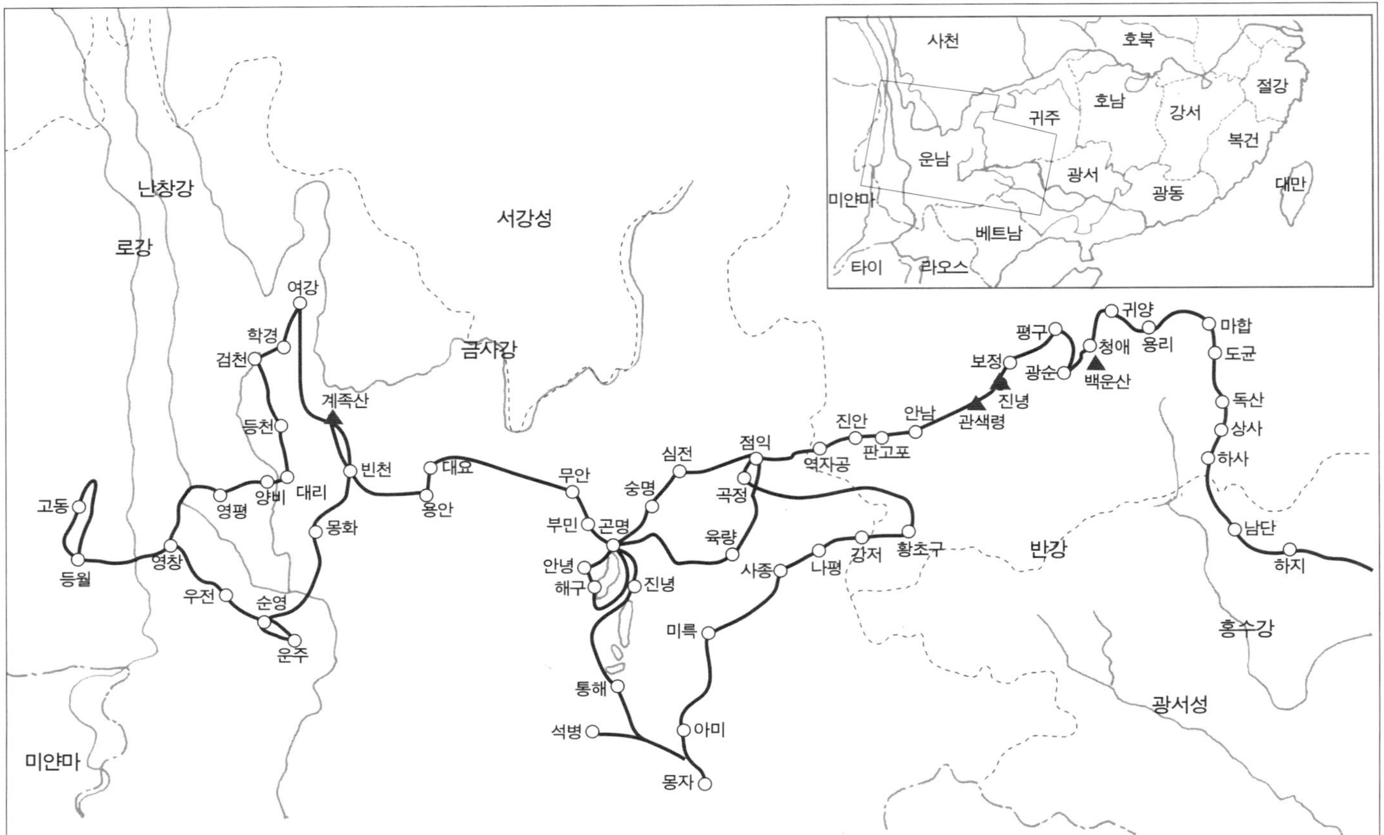

민이 상당히 많다. 반 리쯤 가서 다시 문을 열고 산채를 나서서, 다시 또 밭의 두둑 속을 간다. 1리 반을 가서 문들 두들겨 구사舊司에 들어갔다. 문 안에 있는 초가집은 모두 문이 닫혀 있고, 열어 주는 자가 없다. 가까스로 한 집에서 문을 열어 두고 있는 것을 발견하고, 거기에 묵을 수가 있었다. 바닥에 까는 짚도 없고, 밥도 얻어먹지 못하고, 그래도 잠이 들었다.

상사上司와 하사下司라고 하는 것은 곧 풍녕사豊寧司〔풍녕장관사豊寧長官寺. 토관이 다스리는 지방 행정구역〕를 말한다. 남쪽 경계에 가까운 것을 나누어 하사라고 하는데, 남단과 경계를 접하고 있다. 상사와 하사 모두 양楊이라는 성씨로 서로 형제간이되 사이가 나쁘다. 현재의 상사는 양유楊柚라 하는데, 세력이 강하여 치안이 잘 되어 있고 교통로도 열려 잘 다스려져, 도적들이 숨을 죽이고 있다. 하사는 양국현楊國賢이라 하는데, 영내는 어지럽고 통제할 수가 없다. 주민은 모두 약탈을 하여 살아가고, 3리 안이 도적의 소굴이 아닌 곳이 없다. 그 동쪽에 칠방七榜이라고 하는 곳이 있어서, 널찍하고 풍요한 땅인데, 흉포함이 너무도 심하다. 숙부 양운도楊雲道라는 자가 거기에 부하를 모아서 소란을 일으키는 두령이 되어 있어서, 무서워서 아무도 가까이 가지 않는다. 구사舊司라는 것은 하사가 원래 처음에 주거했던 곳인데, 상사의 공격을 받고 패하여, 양국현이 주거를 산채山寨 위쪽으로 옮겼다. 그 산채는 남쪽 산의 기슭에 있어서, 구사와는 남북으로 서로 마주보는 위치에 있다. 그 중간에 하나의 성보〔오塢〕가 있다. 하지만 특별히 거론할 만큼 험난하지는 않다.

1638년 3월 20일, 명나라 말기의 여행가 서홍조徐弘祖(1587-1641)는 광서성 북부에 있는 남단南丹에 도착했다. 그곳은 명나라 때 남단토주南丹土州로, 요猺라든가 묘苗라든가 하는 토착 소수민족이 살고 있었다. 24일에는 남단을 출발하여 북쪽으로 향하여, 27일에 절대촌昆歹村에 이르렀다. 그리고 다시 곧바로 북쪽으로 떠났다. 이로써 귀주貴州 여행이 시작되었다. 위의 글은 그 3월 27일의 기록이다. 그 1638년은 명나라 사종思宗의 숭정崇禎 11년에 해당한다.

장이머우(張藝謀) 감독이 1992년에 발표한 〈귀주 이야기〉라는 영화가 있다. 제목만 보면 이 영화는 귀주라는 지역과 관련이 있거나 등장인물의 이름이 귀주일 것이라고 생각하게 된다. 하지만 원제는 '추국타관사秋菊打官司'(*The*

Story Of Qiu Ju)로 바로 추국秋菊(치우쥐, 공리巩俐)이라는 농촌의 임부가 소송을 한다는 내용이다. 그리고 영화의 무대는 귀주가 아니라 섬서성의 농촌이다. 영화의 제목을 번역할 때 병음(중국어의 알파벳 발음부호) Qiuju를 '귀주'로 잘못 읽은 것이다.

서홍조는 호를 하객霞客이라 했다. '노을 속 나그네'라는 뜻이다. 본래 이름은 서홍조이지만, 홍弘이란 글자가 청나라 황제의 이름과 같으므로 청나라 때 나온 책들은 홍弘을 굉宏으로 적었다. 그래서 서홍조는 서굉조라는 이름으로 더 널리 알려졌다.

서홍조는 51세 되던 1636년 가을에 대여행을 계획하고는, 절강浙江(저장), 강서江西(장시), 호남湖南,(후난), 광서廣西(광시), 귀주貴州(구이저우), 운남雲南(윈난) 등의 지역을 4년 동안 돌아다녔다. 실용이나 경세經世라든가 하는 목적의식을 내세우지 않고 여행 그 자체를 좋아해서 여행을 했고, 그러는 사이에 인간 삶의 자연환경과 인문환경에 대해 깊이 성찰하게 되었다. 그리고 때로는 매일, 때로는 며칠분의 일기를 상세하게 적어 나갔다.

그가 죽은 뒤 많은 부분이 없어졌으나, 후대의 사람이 그 유기遊記를 모아 《서하객유기徐霞客遊記》 10권으로 펴냈다. 처음 원고의 6분의 1에 지나지 않는다고 한다. 이 10권만 하더라도 북쪽은 산서山西와 섬서陝西, 남쪽은 복건福建과 광서廣西, 서쪽은 귀주貴州와 운남雲南에 이르러, 중국의 15, 16개 성의 인문지리와 자연지리를 다루었다. 만년의 여행 기록이 전체의 9할을 차지하고, 운남 유기만 5할이다. 청, 장년기의 유기는 1할에 불과하다.

서홍조는 자신이 거친 경로와 자신이 겪은 일을 자세하게 적었을 뿐 아니라, 목격한 마을의 주민과 거주 방식, 도로 사정, 주민의 성향, 마을과 마을의 관계 등에 대해서, 말하자면 작은 보고서를 작성해서 덧붙이는 방식을 취했다. 따라서 여행이 좋아서 여행을 하고 여행의 기록을 남겼지만, 그 여행의 기록에는 당초 서홍조가 지니고 있던 현실 감각, 경세 의식, 인문지리적 시선이 짙게 배어 있는 것이다.

2

오악에서 돌아오면 산이 산으로 보이지 않고,
황산에서 돌아오면 오악이 산으로 보이지 않는다.

五岳歸來不看山(오악귀래불간산)
黃山歸來不看岳(황산귀래불간악)

서홍조는 1616년 2월에 황산黃山을 여행하고 돌아와 이같이 말했다고 전한다. 출전을 알 수 없고 과연 서홍조가 이런 말을 했는지도 의문이다. 하지만 명산 탐방에 부합하는 말이라고 할 수 있을 듯하다.

오악五岳이란 《상서》, 즉 《서경》의 〈순전〉에 나오는 개념인데, 중국의 동서남북과 중앙의 다섯 명산을 아울러 부르는 말이다. 중국에서의 동악은 산동(산둥)의 태산太山(타이산), 남악은 호남(후난)의 형산衡山(헝산), 서악은 섬서(산시)의 화산華山(화산), 북악은 산서(산시)의 항산恒山(항산)이다. 중악은 하남(허난)의 숭산嵩山(쑹산)으로, 저 유명한 소림사가 이 중악에 있다.

그런데 이들 산을 제사지내는 사당에는 〈오악진형도〉를 탁본하는 비석이 있다. 원래 있던 비석은 하도 탁본을 해서 글자나 도형을 알아볼 수 없고, 탁본을 이용해 다시 비를 새겨 두고 그것으로 탁본을 한다. 오악의 부적을 몸에 지니면 수도하는 사람들이 귀신이나 정령들의 침범을 받지 않는다는 사상은 도교 고전인 《포박자抱朴子》에서 나왔다. 즉 그 내편 〈등섭登涉〉에 보면, 도를 닦은 상등의 인사가 《삼황내문三皇內文》과 〈오악진형도〉를 지니고, 가는 곳마다 산의 신을 부르고 귀신의 명부를 살피면서 마을 사당의 신이나 산의 정령이나 집의 호위신을 부르면, 목석의 괴물과 산천의 정령이 감히 사람을 시험하지 않을 것이라고 했다.

그만큼 오악 사상은 중국인의 의식 속에 뿌리잡고 있다.

그런데 서홍조는 오대 명산보다도 아름다운 산이 바로 '황산'이라고 '자기의 관점'으로 산수의 미를 재발견했다. 황산은 중국 남부 안휘성의 동쪽에 자리 잡은 아름다운 산이다. 면적은 약 154제곱킬로미터로 4개 현에 걸쳐 있는 산들을 합치면 72봉이나 된다. 최고봉은 광명봉光明峰(1,860미터)이다. 옥병루에서 보면 연꽃 같이 보인다고 해서 연화봉이라고도 한다. 일출이나 일몰을 보려면 청량대淸凉臺나 사자봉獅子峰으로 가는 것이 좋다고 한다.

서홍조는《유황산기遊黃山記》에서 이렇게 말했다.

> 내가 그 앞으로 이르러가자 안개는 나의 뒤로 옮겨갔다. 내가 그 오른쪽으로 건너가자, 안개는 왼쪽에서 생겨났다. 소나무 가운데는 굽은 것, 곧은 것, 꼿꼿이 선 것, 옆으로 누운 것 등이 있었고, 잣나무에는 큰 줄기가 팔뚝만 한 것이 있었지만, 어느 것이든 바위 위에 마치 이끼류가 그러하듯이 착 달라붙어 있지 않은 것이 없었다. 산은 높고 바람은 거세며, 안개 기운은 고정되어 있지 않고 오갔다. 아래로 여러 봉우리들을 내려다보니, 때로는 푸른 뾰족봉우리가 되어 나타나기도 하고 때로는 잠겨서 은색 바다가 된다. 다시 산 아래를 응시하니, 태양의 빛이 환히 밝아서, 별도로 한 세계를 이루었다.

이 말은 그가 여행지에서 체득한 자유분방한 정신 경계의 특징을 매우 잘 드러낸다.

3.

서홍조는 자가 진지振之이다. 1587년(만력 14) 11월 27일(양력 1월 5일) 강소성江蘇省 강음江陰에 위치한 마진馬鎭 남양기南陽岐의 몰락 선비 집안에 태어났다. 조부 이상 4대는 모두 문학으로 이름이 있었으나, 부친 서유면徐有勉은 농촌에 은둔했다. 어머니 왕씨王氏는 활달하고 근검했으며, 장사의 수완도 있었다. 서홍조는 총명해서 15세에 조부의 강운루絳雲樓 장서를 읽었으며, 특히 역사책과 지지地志와 도경圖經을 좋아해서, 오악五嶽을 유람할 뜻을 지녔다. 18세 때 부친이 부호에게 모욕을 당해 분해서 죽자, 과거 응시를 끊고 벼슬길에 들어서지 않고는 명산대천을 찾아다니기로 결심했다. 21세 때(만력 35, 1608) 모친과 신혼의 부인과 이별하고 유람을 시작했다. 처음에는 명산에 오르고 명승을 찾되, 모친이 생존해 계시므로 매년 봄에 나갔다가 가을이나 겨울에 돌아오는 식이었다. 36세 되는 1623년까지 이미 태산泰山, 숭산嵩山, 화산華山, 항산恒山, 오대산五臺山에 오르고, 남방의 황산黃山, 여산廬山, 보타산普陀山, 천태산天台山, 안탕산雁蕩山을 돌아보았으며, 멀리 복건福建의 무이산武夷山까지 갔다. 천계天啓 원년인 1621년에 모친의 병환이 낫자, 청산당晴山堂을 짓고 선대의 유묵遺墨 등을 발굴해서 각석刻石했다.

1624년에 모친이 여든의 고령이 되자 잠시 여행을 늦추려 했으나, 모친이 오히려 친척과 함께 의흥宜興과 구용句容을 유람하도록 격려했다. 다음해 9월에 모친이 병으로 돌아가시자, 여막에서 시묘했다. 1628년(숭정 원년) 삼년상을 마치고 원유遠遊를 시작했다. 4월에 복건福建의 장주漳州로 가서 친우 황도주黃道周를 만나고, 광동廣東의 나부산羅浮山에 이르렀다. 1629년에는 남쪽에서 북쪽으로 향해 북경으로 들어가 반산盤山에 노닐었다. 1630년에는 다시 남쪽으로 가서 장주漳州에 노닐었다. 1632년에는 다시 천태산, 안탕산에 노닐었다. 1633년에는 남경南京을 나서서 다시 북경에 노닐고, 오대산, 항산을 유람한 뒤, 남하해서 세 번째로 장주漳州에 노닐었다. 그는 신체가 건장했으며, 지팡이 하나, 이불 하나를 지니고 다니면서 바위틈에서 자기도 하고 서너 날 굶주림도 참았다.

1636년(숭정 9), 나이 50에 서남 지역을 돌아보기로 결심해서, 9월 19일 심야에 친우들을 이별하고 껄껄 웃으면서 문을 나서, 만리 장정에 올랐다. 동생에 정문화상靜聞和尙과 고顧 성의 종이 하나 있었다. 정문화상은 강음江陰 영복사迎福寺의 승려인데, 《법화경法華經》을 혈서하여 운남雲南의 계족산鷄足山에 봉헌하려고 했다. 일행은 절강浙江으로 접어들어 강서江西, 호남湖南, 광서廣西, 귀주貴州를 거쳐 운남으로 가려고 했다. 1637년 2월 20일 밤에 상강湘江 신당新塘에서 정박하고 있는데 도적이 배에 불을 질렀으므로, 정문화상과 고씨가 상처를 입고, 행리는 모두 도적을 맞았다. 그러나 서홍조는 낙담하지 않고 길을 떠났다. 9월에 정문화상은 광서廣西 남녕南寧 숭선사崇善寺에서 병으로 죽었다. 서홍조는 그의 유골을 짊어지고, 고씨와 함께 남은 행리를 나누어 메고, 1년

남짓 걸려 귀주貴州를 거쳐 1638년 12월 24일에 운남 계족산 실단사悉檀寺에 이르러, 정문화상의 유골을 절의 오래된 매화나무에 걸쳐 두었다. 이후 전滇의 여러 사찰들을 순방하고, 1939년 9월 9일, 대각사大覺寺에 이르렀다.

1639년 9월 10일에 고씨가 행리를 훔쳐 달아났다. 하지만 서홍조는 승려들의 도움을 받아 험준한 산악을 조사했다. 산속에서는 양식이 끊겨서 야채를 뜯어먹으면서 살았고, 숙박소가 없어서 숲을 집으로 삼았다. 절벽을 기어오르고 거친 물살을 건너, 100여 개의 석회암 동굴을 발견했다. 이것은 세계 최초로 석회암 지형을 조사한 보고가 된다.

서홍조는 운남을 가로질러 금사강金沙江, 난창강瀾滄江, 여강麗江 등의 수원을 실제로 조사했기 때문에, 〈소강기원고溯江紀源考〉와 〈반강고盤江考〉를 작성할 수 있었다. 그는 이 글에서 금사강이 장강(양자강)의 상류임을 밝혀서, 유가 경전인 《상서》 〈우공禹貢〉에서 민강岷江이 장강의 근원이라고 적은 기록의 잘못을 정정했다.

서홍조는 운남의 변방 등충騰冲에서 지하열이 나오는 곳을 조사했다. 발에 병이 났으나 여강麗江 지부知府인 목생백木生白의 청으로 《계족산지鷄足山志》 4권을 3개월에 걸쳐 저술해 주었다. 발의 병이 낫지 않아 더 이상 여행을 하지 못하고 1640년(숭정 13)에 배를 타고 동쪽으로 돌아가, 6월에 집에 도착했다. 그리고 1641년 정월 27일(5월 8일이라고도 함)에 세상을 떴다.

4.

조선 후기에는 성호 이익 무렵부터 《서하객유기》를 두루 읽었다. 《성호사설》에 《서하객유기》가 인용되어 있다.

한편 이덕무의 《청장관전서》 제55권 〈앙엽기盎葉記 2〉에 보면 〈변발辮髮하는 전滇의 풍속〉이란 글이 있고, 그 글에 《서하객유기》가 인용되어 있다.

《하객유기霞客遊記》에 이렇게 되어 있다.

"이곳(전성滇省의 안녕주安寧州) 어린 동녀童女는 한 가닥의 머리를 땋아 뒤로 드리우고 어른이 된 여자와 남자는 두 가닥의 머리를 땋아 좌우 귀 곁으로 드리운다. 여자는 포괄包髻〔머리묶개〕를 사용하고 남자는 건모巾帽〔천 모자〕를 그 위에다 쓴다. 라라玀玀 부족들은 한 가닥의 머리를 땋아 뒤 끝에서 이마까지 빙 둘러서 마치 머리에 테를 씌운 것같이 한다. 또 성년이 되지 않은 남자는 머리를 뒷골에다 따로 한 가닥의 머리를 조그맣게 땋아서 마치 소라 모양으로 붙인다."

내가 보건대 이는 우리나라 풍속과 비슷하니, 이 또한 몽골의 유제遺制이다. 즉 원나라 유민이 이전 대리국大理國에서 왕 노릇을 했기 때문에 그 옛 풍속이 변하지 않은 것이다. 우리나라는 동남동녀와 여자는 몽골의 유제를 지키고 있는데 남자만 그렇지 않다.

또《하객유기》에 이렇게 되어 있다.

"취봉산翠峯山은 곡정현曲靖縣 서북쪽에 있고 조양암朝陽菴은 대사大師 유구암劉九菴이 세웠다. 대사의 이름은 명원明元〔명현明玄〕이며 원나라 태강太康 사람으로 시어侍御를 지내다가 가정嘉靖 갑자년〔1564〕에 취봉산에 석장을 머물렀다. 그 고장 사람들이 '시어가 지방에 내려왔을 때 책상에 두 개의 복숭아를 놓았었는데, 쥐가 물어갔다. 시어가 그 광경을 엿보고 나서 거짓으로 문지기를 시험하기를 「너는 왜 복숭아를 훔쳤느냐?」고 했다. 문지기가 승복하지 않자 「내가 너에게 형벌을 내리겠다」고 겁을 주었다. 문지기가 형벌을 두려워하여 억지로 승복하고는 다른 복숭아를 가져다가 스스로 죄를 뒤집어쓰자, 시어가 말하기를 「천하의 일에는 억울한 일이 많다」 하고는 벼슬을 버리고 여기에서 머리를 깎았다' 한다."

이는 이정익공李貞翼公(이완李浣)이 종에게 계란을 훔쳤다고 힐문해 본 일과 같다. 또《하객유기》에 "귀주貴州에서는 저자〔市〕를 장場이라 한다" 했으니, 역시 우리나라의 경우와 같다.

5.

서홍조의 원유는 개인의 취향에 따른 것이지만, 동시에 그것은 당시의 시대풍조를 반영하고 또 시대풍조를 대표한다.

명나라 말기는 근세 이전의 중국에서는 보기 드물게 개인의 개성과 주체가 중시되었던 시대다. 양명학으로 대표되는 새로운 사조는 인간의 주체성을 강조했고, 그 사상에 동조한 여러 문인들이 형식주의와 선험적인 유교 윤리를 배격하고 문학 속에 개인의 개성을 담아내고자 시도했다.

광기는 욕망에 집착하거나 열정을 다스리지 못한 상태에서 일어나는 정신의 일탈이다. 지각적인 진리를 부정하는 정신착란, 표상 내용을 변형시키는 환각, 진리에 접근하는 능력이 약화되어 일어나는 정신분열이 광기의 여러 단계이다. 이러한 광기는 격리되어야 할 광기다.

하지만 일상의 이성적이고 지혜로운 사람이 부분적인 지식에 만족하고 지식의 무기력에 젖어 있는 반면에, 광인을 자처하는 지식인들은 인간의 불완전한 모습을 그대로 인정하지 않는다. 세간의 참이란 것이 진정한 참이 아니라 거짓이고, 세상의 실재란 것이 진정한 실재가 아니라 허상일 때, 세인이 믿는 미와 정의가 진정한 미와 정의가 아니고 폭력과 추함일 때, 그것을 자정할 힘을 세상이 지니고 있지 않을 때, 자유를 꿈꾸는 지식인들의 광기 어린 언동은 유력한 부정의 힘을 발휘한다. 이것이 동양에서 광기를 질병으로만 보지 않고, 그 속에서 부정의 힘을 찾으려고 했던 이유이다.

이를테면 공안파公安派의 원굉도袁宏道는 서위徐渭의 우울하고 고생스러웠던 일생을 〈서문장전徐文長傳〉이란 글로 적으면서, 그 기인의 '거짓 미치광이 짓'(佯狂)과 '광질狂疾'을 서술하고, "나는 서문장이 어디든 기이하지 없음이 없는 자라고 생각한다. 어디든 기이하지 않음이 없으니, 이에 어디든 기이하지 않음이 없는 것이로다. 슬프고나!"(余謂文長無之而不奇者也. 無之而不奇, 斯無之而不奇也, 悲夫!)라는 유명한 말을 남겼다. 문장의 기奇를 운명의 기奇와 관련시킨 것이다.

서위의 정신병은 당시 문학가가 처했던 역경과 정신세계의 특징을 전형적으로 보여 주어서, 현실의 정치와 예교에 대한 침통한 저항이라는 의미를 지녔다. 서위는 시문과 서화書畫에 뛰어났고, 병법과 국가안위에 관하여 군주에게 올린 글들이 모두 기이하다고 평가되었는데, 그 인생 자체가 더할 나위 없이 기이했다.

서위는 절강순무浙江巡撫였던 호종헌胡宗憲의 지우를 입었는데, 호종헌은 왜구를 물리치는 데 공이 있기는 했으나 권간權奸인 엄숭嚴嵩에 붙었다가 엄숭이 실각할 때 특무정찰하는 제기緹騎에게 체포되어 옥중에서 죽었다. 이 때문에 서위는 자기에게 화가 미칠까 봐 거짓으로 미친 짓을 했고, 그러다가 결국 마음의 평형을 잃어서 정말로 광질이 발하여, 끝내는 의처증 때문에 계실繼室을 죽여 하옥되었다. 마침 누군가 그를 변호하여 옥에서 나올 수 있었으나, 그 뒤로 성을 내는 일이 더욱 심해지고 미치광이 짓이 더욱 심해졌다. 언젠가는 손도끼를 들고 자기 머리를 내려쳐서 피가 흘러 얼굴을 덮고 두개골이 다 아스러지자, 그걸 주물럭거리면서 신음소리를 내었다. 때로는 날카로운 송곳으로 자기 두 귀를 뚫어서 한 치 남짓 깊이 들어간 일도 있다.

서위의 광기는 당시 문학가의 역경과 정신세계의 특징을 가장 전형적으로 보여 주는 면이 있다. 같은 시기 동심설童心說을 주장했던 이지李贄가 자할自割한 것이나 서위가 광질에 걸린 것은 모두 현실 정치와 예교에 대한 침통한 저항이었던 것이다. 청나라 초기의 장조張潮는 《우초신지虞初新志》에, 명나라 말과 청나라 초기에 광기를 통하여 선험적인 유교 윤리에 대해 침통한 저항을 했던 예술가, 여성, 곡예가, 도술가의 삶을 그려낸 기문奇文들을 수록했다.

서홍조의 원유는 바로 이러한 분위기 속에서 이루어진 것이라고 할 수 있다.

41_태산 대묘岱廟의 〈오악진형도〉 비석

참고문헌

丁文江,《徐霞客遊記及附圖》.
丁文江,《徐霞客年譜》.
徐宏祖, 三木克己 譯,《徐霞客遊記》(일부), 世界ノンフィクション全集 6, 東京:筑摩書房, 1960.
吳膺壽,《徐霞客遊記讀》, 成都:巴蜀書社, 1993.
和乃 역(현대중국어 역),《서하객유기徐霞客遊記》, 上海:上海社會科學院出版社, 2003.

수면 아래 잠긴 외교적 갈등,

이정원, 《사유구기》

1.

9월 15일 갑오, 맑음.

참예參詣와 기거起居은 관례대로 행했다.

선장에게 빨리 봉주封舟를 정비하여, 순풍을 기다리라고 명했다.

식후에 양문봉楊文鳳은 네 공자들과 함께 각각 기어寄語 500여 조항을 가지고 왔다. 나는 진작부터 유구의 사람들은 지나치게 신중한데다가 기가 약하므로 더 이상 군웅할거하지는 않을 것이라고 생각하고 있었으므로, 양문봉에게 물었다. "내가 여기에 와서 다섯 달이나 지났소. 풍속을 보면, 지나치게 겸손하고 너무도 신중하오. 간특한 자가 없을 듯하오."

양문봉은 말했다. "사람의 마음은 헤아리기 어렵습니다. 모두가 겸손하고 신중한 것은 결코 아닙니다." 그러면서 이런 이야기를 했다.

옛날에 중성안사中城按司〔나카구스쿠아지〕에 모국정毛國鼎〔호좌환성춘護佐丸盛春. 수리首里의 시조〕이란 자가 있었다. 충의의 인물로 마음이 강하고 지모와 재략이 있었다. 윗사람에게도 아랫사람에게도 성실했으므로 나라에서는 중진重鎭으로서 명망이 높았다. 승련안사勝連按司〔가쓰렌아지〕에 아용阿庸〔아마화리阿摩和利〕가 있어, 존대를 받아, 왕녀를 아내로 삼고 있었다. 그러나 욕심이 많고 교활한 성격인데다가 문무의 재능이 없었다. 가만히 나라를 빼앗으려고 했으나, 호좌한護佐丸〔즉 모국정〕이 두려워서 실행에 옮기지 못하고 있었다. 그는 호좌환을 존경하고 흠모하고 있는 듯이 꾸며서, 그를 죽이려고 생각했다. 그래서 갑자기 저녁나절에 황급하게 호좌환에게 알렸다. "지금 들었습니다만, 바다의 동쪽에 이변이 일어났습니다. 즉시 대처하려고 하는데, 병력이 부족할지 모릅니다. 안사按司〔아지〕에서 군대를 출동시켜 저를 도와주신다면 걱정하지 않아도 되겠습니다만." "나라의 중대사이지 않소. 그대로 둘 수 없소. 언제 출동시키면 좋은가?" "머뭇머뭇할 수가 없습니다. 늦으면 큰일입니다. 내일 몰래 군진을 말길末吉에 벌려서, 우리 쪽을 기다려 주십시오."

호좌환은 승낙했다. 아마화리는 호좌환의 군진이 벌려져 있는 것을 멀리서 보고는 왕에게 급히 알렸다. "호좌환이 반란을 일으키려 합니다." "그런 일이 있을까." "거짓말이 아닙니다. 군진이 말길에 벌려져 있습니다. 지체하시다가는 후회하실 것입니다." 왕이 그 말을 믿고 신하를 보내어 탐지하게 했다. 그 신하가 돌아와 "틀림없습니다"라고 보고했다. 왕은 급히 군사를 아마화리에게 지휘하게 했다. 아마화리는 군사를 휘하에 두자, 사자를 보내어 호좌환에게 왕의 명령이라면서 이렇게 말했다. "빨리 자결하지 않으면 군대를 출동시키겠다."

호좌환은 모함에 빠졌음을 알았지만, 결백을 입증할 수 없음을 깨닫고 자결했다. 아마화리는 호좌환의 저택을 군사로 포위하고, 늙은이든 젊은이든 모두 죽였다.

호좌환에게는 사산남查山南이라는 첩이 있었다. 사국길查國吉〔구니시누히야(國吉比屋)〕의 딸이다. 두 아들을 낳았는데, 형은 학鶴〔지루, 송松(마치)〕, 동생은 구龜〔가미, 천대千代(지유)〕로, 12, 13세였는데, 탁월한 아이들이었다. 마침 어머니가 본가에 근친하러 갈 때 따라갔으므로 난을 면했다. 아버지가 살해되었다는 소식을 듣고, 밤이나 낮이나 원수 갚을 생각을 했다. 이름을 바꾸고는 승련勝連에 가서 상황을 살피고자 하여, 눈물을 흘리며 어머니와 이별했다. 어머니는 각각에게 검을 주면서, "원수를 갚지 못한다면 다시 만날 일도 없다"라고 했다.

아마화리는 호좌환을 죽였으므로, 더 이상 염려할 것도 없어서 야망이 점점 커지고 계략은 점점 많아져서, 매일 총애하는 소년과 미녀를 데리고 야외에 나가 노닐어, 박자를 울리면서 노래하며 즐겼다. 학송鶴松과 구천대龜千代는 그 사실을 알고 검을 숨기고 아름답게 꾸며서 거기에 나가 보니, 아마화리는 이미 흥에 겨워서 두 사람을 보고는 속세의 사람이 아니라고 여겨,

"춤을 추겠는가?"라고 물었다. 구천대는 곧바로 검을 빼려고 했으나 학송이 눈짓을 하여 멈추게 했다. 두 사람은 머리를 숙여 절을 하면서 "추겠습니다"라고 대답했다. "추거라!" 하는 말에, 두 사람은 서서 춤을 추어, 온 정성을 다해 그의 마음에 들게 했다. 학송은 또 종자에게도 술을 권했다. 아마화리는 아주 기뻐서, 학송에게는 검을 주고 구천대에게는 옷을 갖게 했다. 두 사람이 술병을 손에 들고 술을 권하자, 모두 완전히 취하고 말았다. 학송은 구천대에게 눈짓을 하고는 아마화리의 뒤에서 몸을 숙여 그의 배를 검으로 찔렀다. 아마화리는 깊이 상처를 입고 뒷걸음치다가 비틀비틀했는데, 그때 구천대가 뒤에서 즉시로 베었다. 종자들도 죽였다. 이것이야말로 욕심이 많아서 교활했던 자가 벌을 받은 것이다.

나는 학송과 구천대 두 사람이, 아직 관례도 올리지 않은 어린 나이에 적의 마음을 혼란스럽게 해서 마침내 본래의 뜻을 이룬 것만을 사랑한다. 어린아이가 사람을 속여도 좋다는 것은 아니다.

이 글은 1800년에 청나라 이정원李鼎元(1749-1812)이 남긴 일기인《사유구록使琉球錄》의 일부이다. 이정원은 유구국琉球國 중산왕中山王 상온尙溫(쇼우온)의 즉위를 인정하는 책봉사冊封使의 부사副使로서 유구에 갔다 왔다. 책봉이란 중국의 황제가 속국의 국왕에게 그 즉위를 인정하는 문서를 주는 것을 말하는데, 15세기에는 명나라를 중심으로 하는 책봉 체제가 동남아시아에까지 확장되었으며, 청나라도 그러한 체제를 유지했다. 1800년의 책봉사 정사正使는 조문해趙文楷였다.

유구는 지금 일본의 오키나와沖繩현으로 되어 있지만, 근세 이전에는 독립국이었다. 나키진(今帰仁)성 유적, 자키미(座喜味)성 유적, 가쓰렌(勝連)성 유적, 나카구스쿠(中城)성 유적, 슈리(首里)성 유적, 세화우타키(齋場御嶽), 다마우돈(玉陵), 소노한우타기이시몬(園比屋武御嶽石門), 나하(那覇)시 시키나엔(識名園)이 세계문화유산으로 등록되어 있다. 특히 시키나엔은 19세기 말에 만들어진 왕실의 별저로, 조문해와 이정원은 이곳에 초대되었다. 조문해와 이정원이 지참했던 중국 가경제嘉慶帝의 인장 '해표공번海表恭藩'이 지금 오키나와현립박물관에 소장되어 있다.

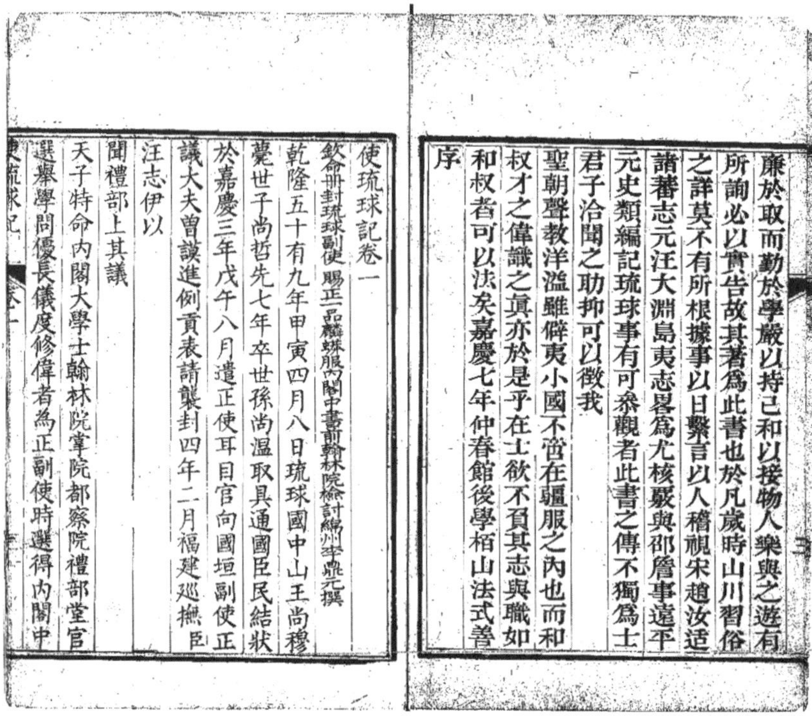

42_이정원의《사유구기使琉球記》

일기를 쓴 이정원은 조선의 박제가, 유득공, 김정희와 깊이 교류한, 청나라 건륭乾隆·가경嘉慶 연간의 일류 지식인이었다. 사천성 면주綿州 나강현羅江縣 사람으로, 종형 이조원李調元, 아우 이기원李驥元과 함께 진사가 되었으며, 관직은 뒤에 병부주사兵部主使에 이르렀다.

유구국에 전하는 학송과 구천대의 복수담은 정말 무서운 이야기다. 내용은 단순하지만, 배신, 암투, 기만, 복수의 사실들이 여기에 모두 들어 있다. 게다가 "지나치게 겸손하고 너무도 신중하오. 간특한 자가 없을 듯하오"라는 말에 반박이라도 하듯, 자기 나라의 설화적인 역사를 이야기한 것이니, 이 이야기를 들려준 사람의 속내를 어떻게 해석해야 좋을까?

2.

조선 시대 초기에 유구는 조선에 조공을 바쳤고, 유구의 상인은 쓰시마를 통해 도항허가서를 받아 감합무역堪合貿易을 했다. 심지어 규슈(九州) 지방 등 일본 남부 서해안의 상인들도 유구 국왕의 국서인 서계書契를 위조하여 유구의 사신을 가장해서 무역을 하려 했다. 그들이 가져온 것은 향香이 많고 그들이 요구한 것은 철鐵과 대장경이었다. 신숙주申叔舟(1417-1475)가 1471년(성종 2)에 엮은《해동제국기海東諸國記》는 유구를 매우 중시했다. 즉, 이 책의 머리에는 〈해동제국총도海東諸國總圖〉·〈일본본국도日本本國圖〉·〈서해도구주도西海道九州圖·〈일기도도壹岐島圖〉·〈대마도도對馬島圖〉·〈유구국도琉球國圖〉 등 6장의 지도가 첨부되었다. 또한 본 내용도 〈일본국기日本國記〉·〈유구국기琉球國記〉·〈조빙응접기朝聘應接記〉 등을 서술하여, 유구국을 일본과 대등하게 취급했다. 하지만 이후 유구에 대한 관심은 줄어들고 말았다.

유구는 옛날부터 중국, 조선, 일본과 교역했다. 그뿐만 아니라 20톤급의 천원선山原船(범선帆船)으로 안남, 시암, 자바, 수마트라까지 왕래했다.

중국과의 왕래는 1372년에 명나라 태조의 사절이 와서 조공을 요구한 것에서부터 시작되었다. 당시에는 유구가 남산南山, 북산北山, 중산中山으로 분열되어 있었는데, 중산왕中山王 찰도察度는 곧바로 진공사進貢使(조공을 바치는 사신)를 보냈다. 뒤이어 남산과 북산도 조공을 했다. 1404년에 찰도의 뒤를 이어 무녕武寧이 중산왕이 되자, 명나라 세조는 사신을 보내어 그를 책봉했다. 이후 중국은 1866년에 최후의 유구왕 왕상태王尙泰를 책봉하기까지 24회에 걸쳐 유구에 책봉사를 보냈다.

책봉사는 400-500명에 달했으며, 4-8개월간 체재했으며, 책봉의 의식을 슈리성 앞뜰에서 거행했다. 책봉사를 태우고 오는 봉선封船은 중국 황제가 유구왕을 임명하는 조칙, 왕관, 의복 등을 싣고 오기 때문에 어관선御冠船이라고도 하는데, 책봉 의식 자체를 어관선이라고도 했다.

한편, 유구에서는 중국에 조공하러 가는 진공사는 모두 100-300명 정도

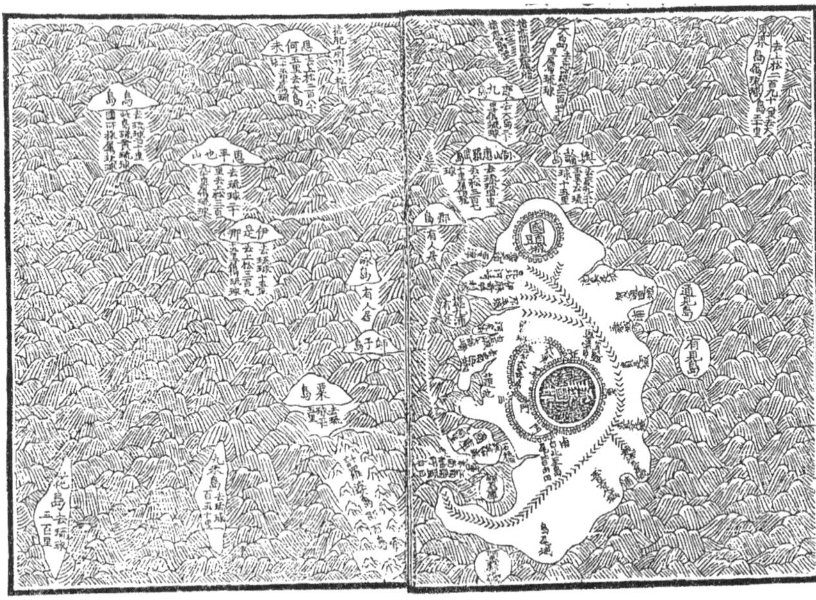

43_〈유구국도琉球國圖〉(《해동제국기》, 도쿄대학 사료편찬소 소장)

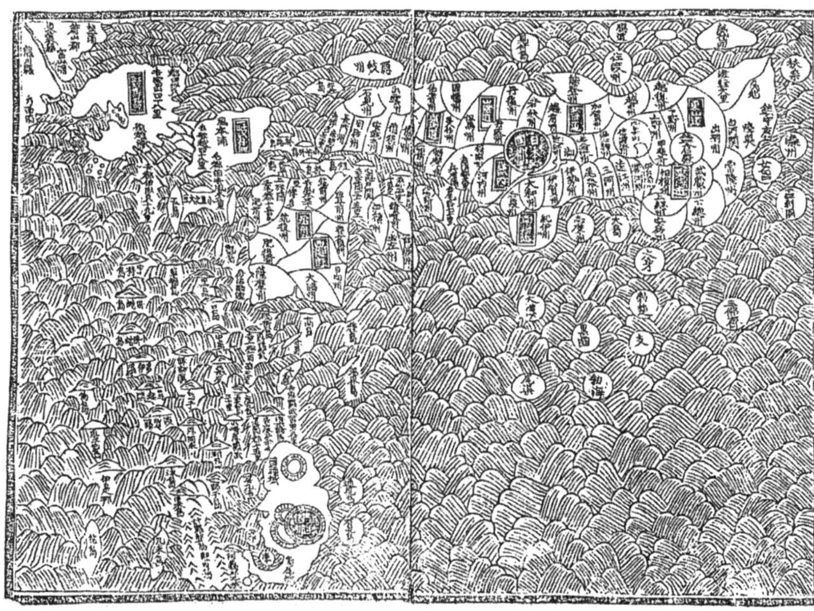

44_〈해동제국총도海東諸國總圖〉(《해동제국기》, 도쿄대학 사료편찬소 소장)

로 편성되며, 진공은 1372년부터 1867년까지, 2년에 1회이다가 중간에는 5년에 1회, 10년에 1회로 바뀌고 다시 2년에 1회로 되었다. 진공사는 중국이 정한 기일에만 파견되었다. 나하항을 배로 출발해서 복주福州 복주성의 성도인 복주시에 이르고, 거기에서 북경까지 3천 킬로미터를 약 60일간 도보나 강과 운하의 배를 이용해서 이동했다. 진공의 해로는 처음에는 천주泉州항에 이르렀으나, 1472년부터 복주로 바뀌었다. 복주에 이르면 마강馬江 중류에 있는 나성도羅星島에 세워진 나성탑羅星塔(마심탑磨心塔)이 종착역의 표시였다.

유구는 진공을 이용해 무역을 하고, 조선, 일본, 동남아시아 여러 나라들과

45_《해동제국기》(도쿄대학 사료편찬소 소장)

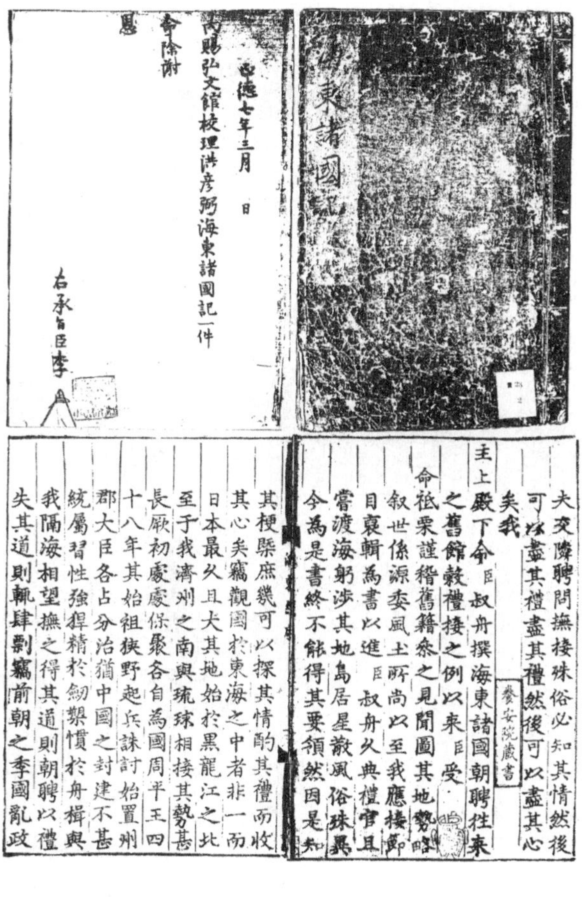
海東諸國記

正德七年三月 日
內賜弘文館校理洪彥弼海東諸國記一件
命除謝恩
右承旨臣李

夫交隣聘問撫接殊俗必知其情然後可以盡其禮盡其禮然後可以盡其心矣我
主上殿下命臣叔舟撰海東諸國朝聘往來之舊館穀禮接之例以來臣受
命祗栗謹稽舊籍參之見聞圖其地勢略敍世係源委風土所尚以至我應接節目裒輯爲書以進臣叔舟久典禮官且嘗渡海躬涉其地島居星散風俗殊異今爲是書終不能得其要領然因是知

養安院藏書

其梗槩庶幾可以探其情酌其禮而收其心矣竊觀國於東海之中者非一而日本最久且大其地始於黑龍江之北至于我濟州之南與琉球相接其勢甚長厥初處處保聚各自爲國周平王四十八年其始祖狹野起兵誅討始置州郡大臣各占分治猶中國之封建不甚統屬習性强悍精於劍槊慣於舟楫與我隔海相望撫之得其道則朝聘以禮失其道則輒肆剽竊前朝之季國亂政

지도22_유구 사절의 조공로(眞榮平房昭,〈琉球使節の異國體驗〉, 永積洋子 編,《'鎖國'を見直す》, 山川出版社, 1999에 의함)

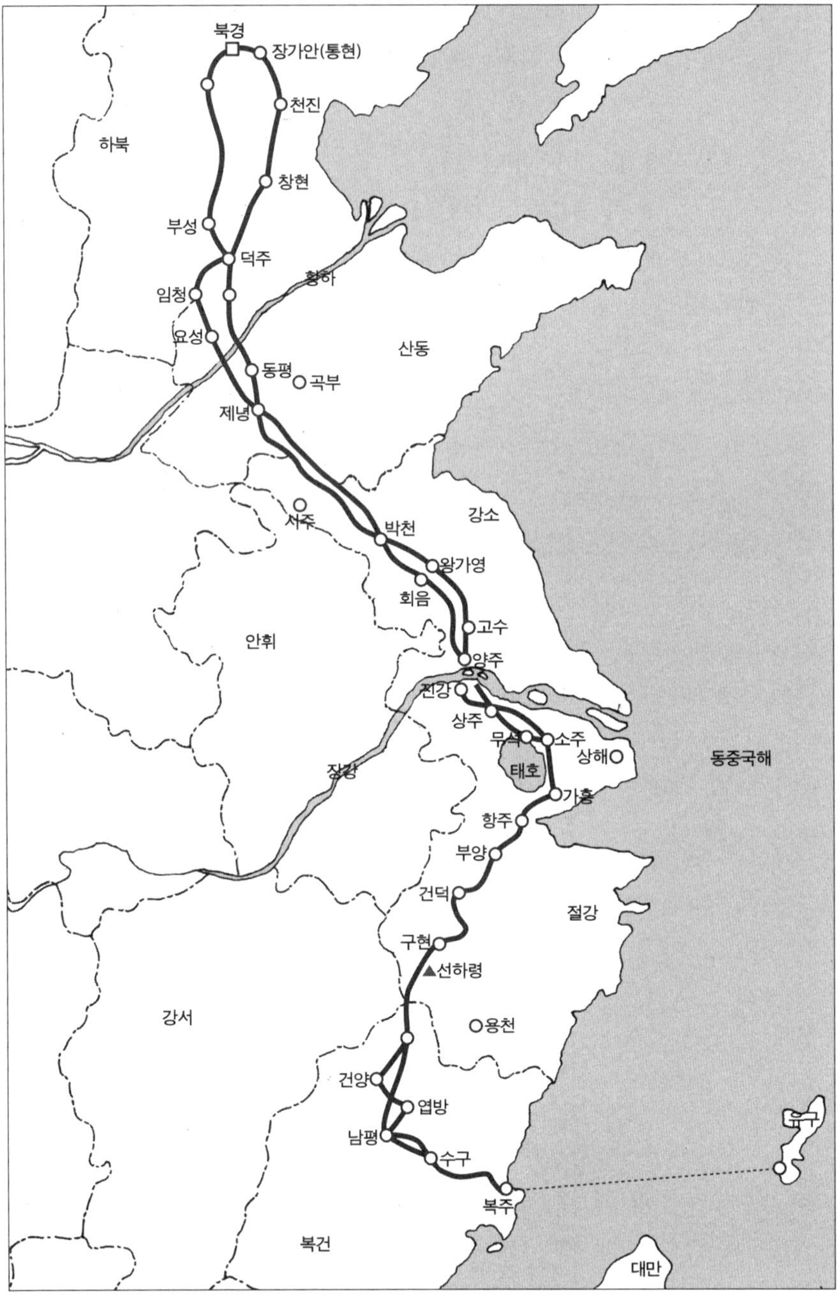

외교 관계를 맺었다. 또한 유구는 중계무역으로 번영했다. 즉 중국에서 생사, 견직, 도자기를, 남해로부터 향료와 약료, 소목蘇木과 호초를, 일본에서 도검刀劍과 부채를 취해서 교역했다. 중국에는 유학생을 보내어, 중국에서는 유구를 위해 국자감에는 기숙사를 마련해 주었다.

명나라는 15회, 청나라는 8회에 걸쳐 유구에 책봉사를 파견했는데, 명나라 가정嘉靖 13년(1534)에 진경陳境이 《사유구록》을 편찬한 이래, 청나라 동치同治 5년(1866)에 조신趙新이 《속유구국지략續琉球國志略》을 편찬하기까지, 중국의 책봉사들은 12회에 걸쳐 여행기를 남겼다. 이 여행기들을 '사유구록' 혹은 '책봉유구사록'이라 총칭한다.

이 가운데 이정원의 《사유구록》은 모두 6권으로, 1802년에 간행되었다. 법식선法式善과 양방찬楊芳燦의 서문이 있다.

1권 : 책봉 부사 임명부터 가경嘉慶 5년〔1800〕 3월 30일까지. 북경北京에서 강소성江蘇省 강도현江都縣 광릉역廣陵駅까지.
2권 : 가경 5년 4월 1일부터 윤4월 29일까지. 강소성 강도현江都縣 과주瓜州부터 복주성福州城까지.
3권 : 가경 5년 5월 1일부터 6월 22일까지. 복주성에서 나하(那覇)까지.
4권 : 가경 5년 6월 23일부터 8월 5일까지. 나하.
5권 : 가경 5년 8월 6일부터 9월 19일까지. 나하.
6권 : 가경 5년 9월 20일부터 11월 3일 귀환까지. 나하부터 복주성까지.

한편, 1429년에 상파지尙巴志(쇼하시)는 유구를 통일하고, 행정조직을 정비해서 간절間切(촌村)마다 관청인 역우驛郵를 두어, 슈리 정청政廳이 발령한 포고를 정확하게 전달하게 되었다. 포고를 우서羽書(하가키)라 하고 우체의 일을 숙차宿次(슈쿠즈키)라고 했다. 1432년에는 명나라로부터 아시카가 요시노리(足利義教)에 보내는 국서를 받아 와서, 보물과 함께 그것을 아시카가 요시노리에게 전달했다.

그 후 1591년에 사쓰마 번의 시마즈씨(島津氏)는 상녕尙寧왕에게 조선 침략을

표15_중산왕을 책봉하러 간 중국 사신과 그들의 '사유구록使琉球錄'

중국 황제	冊封 正使	冊封 副使	琉球王	중국 출발 유구 도착	사유구록
명나라 洪武帝	楊載(行人)	없음	察度	1372년 도착(《中山世譜》에는 없음)	
永楽帝	時中(行人)	없음	武寧	1404년	
洪熙帝	柴山(中官)	없음	尚巴志(尚思紹의 王號 追贈)	1425년	
英宗	余汴(給事中)	劉遜(行人)	尚忠	1442년 출발 1443년 도착	
英宗	陳伝(給事中)	萬祥(行人)	尚思達	1447년 출발 1448년 도착	
景帝	陳謨(左給事中, 혹은 喬毅)	董守宏(行人)	尚金福	1452년 도착	
景帝	李秉彝(給事中, 혹은 嚴誠)	劉儉(行人)	尚泰久	1455년 출발 1456년 도착	
英宗	潘榮(史科右事中)	蔡哲(行人司行人)	尚德	1462년 출발 1463년 도착	
成化帝	官榮(兵科給事中)	韓文(行人司行人)	尚圓	1471년 출발 1472년 도착	
成化帝	董旻(兵科給事中)	張祥(行人司右司副)	尚眞	1478년 출발 1479년 도착	
嘉靖帝	陳侃(吏科左給事中)	高澄(行人司行人)	尚清	1531년 출발 1534년 도착	陳侃《使琉球錄》(陳侃使錄, 陳使錄, 甲午使錄이라고도 함). 1534년 自序. 1권.
嘉靖帝	郭汝霖(刑科給事中)	李際春(行人)	尚元	1558년 출발 1562년 도착	郭汝霖(李際春과 공저)《重編使琉球錄》(郭汝霖使錄, 郭使錄, 辛酉使錄이라고도 함). 1561년 自序. 2권.
萬曆帝	蕭崇業(戶科左給事中)	謝傑(行人司行人)	尚永	1575년 출발 1579년 도착	蕭崇業·謝杰《使琉球錄》(附:皇華唱和詩. 蕭崇業使錄, 蕭使錄, 己卯使錄이라고도 함). 1579년, 自序. 상하 2권, 附 1권. 《皇華唱和詩》는 蕭崇業과 謝杰가 사신으로 나갈 때 창화한 시. 조선 문인과 명나라 사신의 《皇華集》과는 체제가 다름. 高澄《操舟記》수록.

万曆帝	夏子陽(兵科右給事中)	王士禎(行人司行人)	尙寧	1600년 출발 1606년 도착	夏子陽《使琉球錄》(夏子陽錄, 夏使錄, 丙午使錄이라고도 함). 1606년, 自序. 상하 2권. 高澄《操舟記》, 謝杰《琉球錄撮要補遺》, 夏子陽《瑣言二條》를 수록.
崇禎帝	杜三策(戶科左給事中)	楊掄(行人司行人)	尙豊	1629년 출발 1633년 도착	杜三策·楊掄《琉球記》(《杜天使冊封琉球真記奇観》). 실물은 아직 발견되지 않음. 《杜天使冊封琉球真記奇観》은 胡靖의 《琉球圖記》가운데 記만 수록. 胡靖(杜三策과 楊掄의 從客), 《琉球圖記》(附 : 中山詩集). 1권.
順治帝	張學禮(兵科副礼官)	王垓(行人司行人)	尙質	1654년 출발 도착 못함	
康熙帝	張學禮(兵科副礼官)	王垓(行人司行人)	尙質	1662년 출발 1663년 도착	張學禮《使琉球紀》. 1664년 序. 1권. 張學禮《中山紀畧》. 1664년 自署. 1권.
康熙帝	汪輯(翰林院検討)	林麟焻(内閣中書舍人)	尙貞	1682년 출발 1683년 도착	汪輯《使琉球雜錄》. 1684년 自序. 5권. 汪輯《中山沿革志》. 1684년 自序. 2권. 汪輯《冊封疏鈔》. 1권.
康熙帝	海寶(翰林院儉討)	徐葆光(翰林院編修)	尙敬	1716년 출발 1719년 도착	徐葆光《中山傳信錄》(附 : 中山贈送詩文). 1721년 自序. 6권 附. 중국에서 널리 읽힘. 일본에서도 간행되어 읽힘.
乾隆帝	全魁(翰林院侍読)	周煌(翰林院編修)	尙穆	1754년 출발 1756년 도착	周煌《琉球國志略》. 1759년 初刊. 16권. 중국에서 武英殿聚珍版의 官版. 일본에서는 1831년 昌平坂學問所의 重刻.
嘉慶帝	趙文楷(翰林院修撰)	李鼎元(内閣中書)	尙溫	1796년 출발 1800년 도착	李鼎元《使琉球記》. 1802년 序. 6권. 일기형식(청나라 沈復의 《浮生六記》가운데 제5권 〈中山紀歷〉은 이정원 《사유구기》의 표절).
嘉慶帝	齊鯤(翰林院修撰)	費錫章(工科給事中)	尙灝(尙成의 王號 追贈)	1806년 출발 1808년 도착	齊鯤·費錫章《續琉球國志畧》. 嘉慶 간본. 5권.
道光帝	林鴻年(翰林院修撰)	高人鑑(翰林院編修)	尙育	1836년 출발 1838년 도착	
同治帝	趙新(翰林院検討)	于光甲(翰林院編修)	尙泰	1865년 출발 1866년 도착	趙新《續琉球國志略》. 1882년 自序. 2권.

위해 군량미를 공출하라고 요구했다. 그리고 1609년에는 유구에 3천 명의 군대를 파견해서 슈리성을 함락시켰다. 이후 유구는 아마미(奄美) 제도를 사쓰마에 할양하고, 15개 조약을 강제되어 사실상 사쓰마 번에 예속되었다. 사쓰마 번은 그 이후로도 중국에서 알지 못하게 유구 왕국을 존립시켜, 중국과의 진공 무역을 계속하게 했다. 1634년에 사쓰마는 유구에 대해, 막부 쇼군의 즉위를 축하하는 경하사慶賀使를 파견하고 후사 국왕을 인정받은 데 대해 감사하는 사은사謝恩使를 파견하도록 요구했다. 일본의 에도 막부는 1635년에 쇄국정책을 실시하면서, 유구를 중국 무역의 창구로 활용했다. 사쓰마 번은 유구를 지배하고 있음을 과시하려는 뜻에서, 유구의 사절에 대해 중국풍으로 복식을 입고 중국풍으로 음악을 연주하도록 했다. 이것을 '에도노보리'(江戸上り)라고 했다.

1818년에는 영국함대가 유구에 이르고, 1844년에는 프랑스함대가 유구와 와서 무역을 하고 기독교의 포교를 요구했다. 1853년에는 미국 페리 함대가 오고, 1854년에는 유구와 미국 사이에 수호조약을 맺었다. 1855년에는 프랑스와 조약을 맺고, 1859년에는 네덜란드와 조약을 맺었다. 1866년에 청나라의 최후 책봉사가 오고, 1872년에는 유구 왕국이 류큐 번(琉球藩)이 되었다. 1874년에는 청나라로 최후의 진공선을 파견했다.

일본의 관점에 따르면, 사쓰마는 유구가 중국에 조공을 바침으로써 생겨나는 무역의 이익을 확보하기 위해 유구국을 존속시킨 것에 불과했고 에도 막부도 이를 용인하고 있었다고 한다. 사쓰마 번과 에도 막부는 이 사실을 중국에 알리지 않은 채 수백 년 동안 숨겼다는 것이다.

3.

고려 공양왕 원년(1389)에 유구국 중산왕 찰도는 사신을 보내와서 빙문聘問하고, 우리나라에서 왜적에게 사로잡혀 간 37명을 돌려보냈다. 공양왕 2년(1390) 8월에 김윤후金允厚 등이 유구로부터 돌아왔는데, 중산왕은 또 옥지玉之

등을 보내어 신하를 칭하며 표문表文을 올렸고, 잡혀 갔던 사람들을 돌려보냈으며 토산물을 바쳤다. 이때부터 해마다 사신을 보내왔으며, 그 세자 무령武寧 역시 방물을 바쳤다. 조선 태조 원년(1392) 8월 18일(정묘)에도 유구국 중산왕이 사신을 보내 조회했다는 기록이 《태조실록》에 실려 있다.

조선의 신숙주가 《해동제국기海東諸國記》(1417년, 자서)에 유구 언어를 조사한 보고서를 작성했는데, 이것은 유구에 대해 외국에서 본격적으로 연구한 첫 업적이다. 또 《서지학연표》(윤병태)을 보면, 1462년 1월의 기사에 유구에 불전佛典을 하사한 기록이 있고, 1467년 3월에도 유구에 불전을 하사한 기록이 있다.

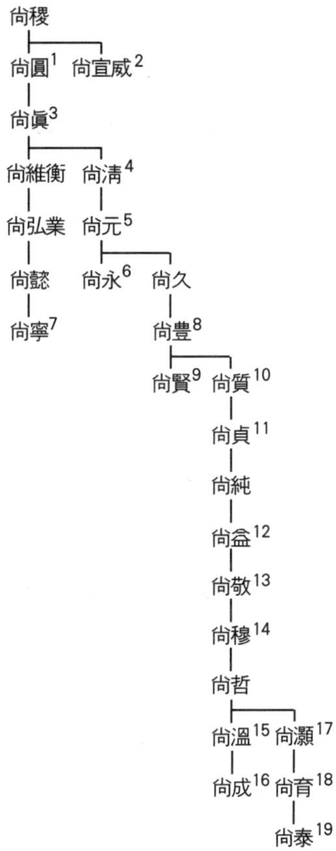

표16_유구국 중산왕 상씨 왕통

1590년(선조 23)에 유구국의 사람들이 표류하다가 조선 경내에 들어온 일이 있어, 관원을 차임하여 요동으로 압송하게 한 다음, 그곳에서 주본奏本으로 중국에 알려 연경으로 데리고 가게 한 일이 있다. 이에 대한 사례로 유구국은 1593년(선조 26) 겨울에 동지사 민여경閔汝慶 등을 중국에서 만나 빙례를 원하는 자문을 보냈다. 선조 때 최립崔岦은 승정원에 있으면서, 〈유구국에 회답한 자문〉(咨回流球國)을 작성해서, 본년本年의 동지사로 떠나는 박동량朴東亮 편에 부쳐 유구에게 전송할 선물을 싸 가지고 가게 했다는 사실을 알렸다.

이수광은 사신 일행을 따라 연경에 있을 적에 안남, 유구, 섬라 등의 사신들과 만나 시를 주고받았다. 하지만 이것은 매우 특수한 경우에 해당한다. 조선 조정이나 지식인들은 17세기 초에 이르기까지 유구에 대해 깊은 관심을 보이지 않았다.

광해군 즉위년인 1608년에 유구국 중산왕이 자문을 보내와, "귀국과 형제의 의를 맺게 되어 함께 중국 조정의 번병藩屛으로서 고굉股肱의 신하가 될 수 있다면 지금 이후로는 영원한 동맹을 맺어 귀국이 형이 되고 우리나라가 아우가 되어 우러러 중국 조정을 섬기고, 화목하게 빙문聘問하여 천지와 더불어 영원히 변함이 없기를 바랍니다"라고 했다. 이에 대해 광해군 조정이 어떤 답을 했는지는 알 수 없다.

1716년(숙종 42)에 송상기宋相琦는 유구국에 자문을 보내지 말도록 청하면서 이렇게 상소했다.

> 유구에서 표류한 사람을 풀어 보내 주는 일이 가끔 있었지만 감사의 뜻을 전하는 자문을 보냈다는 소리는 들어 보지 못했으니, 어찌 일의 형세가 불편한 데에 구애되어 그렇게 했던 것이겠습니까. 대개 우리나라가 일본에 대해서는 땅이 서로 접해 있고 신사信使가 왕래하여 곧 저들이 알 수 있는 바로서 숨길 만한 일이 없습니다. 그러나 유구는 그렇지 않아 먼 바다 만여 리나 떨어져 있습니다. 만력萬曆 연간 이후 수백 년 가까이 일찍이 통문通問한 일이 없다가 지금 갑자기 서계書契를 만들고 폐백을 마련하여 서로 잘 지내 보려는 뜻을 보인다면 저들이 괴이하게 여기면서 곤란해하지 않으리라 신은 감히 기필할 수 없습니다. 신의 생각으로는, 조정에서 반드시 한 번 감사의 뜻을 전하고자 한다면 재자관賫咨官으로 하여금 "조만간 절사節使를 보낼 때 유구에 서계를 부쳐 그 뜻에 감사하고자 한다"는 등의 말로 먼저 예부禮部에 넌지시 뜻을 전하고, 또 유구가 조공을 바치러 오는 시기가 언제인지를 물어 그 사정을 알아 와서 우선 훗날을 기다리는 것이 좋을 듯합니다. 그렇게 한다 해도 또한 어찌 늦을 리가 있겠습니까.

그런데 조선 말기의 《증보문헌비고》를 보면 그 〈여지고輿地考〉의 '관방關防'에 유구국의 교빙해로交聘海路를 실어 두었다. 교빙은 중국을 중심으로 하는 조공 체제에서, 조공국 사이에 국왕의 죽음을 애도하거나 국왕의 즉위를 축하하는 등 대등하게 외교를 하는 것을 말한다.《증보문헌비고》는 우리의 문화, 정치, 역사의 자료를 집성한 것으로, 영조 45-46년(1669-1770)에《동국문헌비고》100권 40책을 엮은 후, 정조 6-14년(1782-1790)에 첫 번째 개정, 광무 7-11년(1903-1907)에 두 번째 개정을 했다. 모두 16고 총 250권 40책으로, 1908년에 홍문관 활자로 간행했다. 조선 시대에는 유구국과의 교빙이 결코 활발했다고는 할 수 없지만, 조선 조정으로서는 유구국을 대등한 외교 관계를 지닌 국가로 인정했던 셈이다.

한편, 유득공이 엮은 연행록인《연대재유록燕臺再游錄》에 보면, 이정원은《구아球雅》의 서명을《유구역琉球譯》으로 바꾼 일을 유득공에게 이야기하고, "이 서명의 변경에 대해 당신은 어떻게 생각하십니까?"라고 물었다. 이에 대해 일본의 학자들은, 이정원은 당초 우아하지 않은 조공국의 언어를 한어(중국어)로 번역하려 했으나 유구 왕국이 일본의 실질적인 지배를 받고 있음을 알고 당초의 계획을 바꾼 듯하다고 보았다.

유득공의《연대재유록》은 1801년(순조 원년)1월 28일에 내각(규장각)으로부터 "사은사 일행을 따라 연경에 가서《주자전서》선본善本을 구입해 오라"는 명령을 받고 중국을 오가며 작성한 일기이다. 그 가운데 이정원을 만나 유구에 관해 이야기한 내용을 보면 다음과 같다.

> 사인舍人 묵장墨莊 이정원을 방문하여 예전 친분을 다지고 문답했다.
>
> "우촌雨村 선생도 평안하십니까?"
>
> "여전하십니다."
>
> "듣자니, 선생께서는 1품品의 복服을 하사받아, 칙명을 받들고 바다를 건너 번왕藩王을 책봉하시고 오셨다던데, 이런 영광이 어디 또 있겠습니까? 선생이 부사이셨다면 누가 정사이셨습니까?"
>
> "조공趙公으로, 성함은 문해文楷입니다. 병진년에 장원 급제한 분이지요."
>
> "유구가 수로로 따지면 얼마나 됩니까?"
>
> "7천여 리지요. 오호문五虎門에서 거기까지 계산하면 그렇습니다. 예전에는 만 리다, 4천여 리다 했는데 모두 정확하지 않았어요."

"유구 국왕의 성은 상씨尙氏라는데, 새로 책봉받은 왕의 이름은 무엇입니까?"

"상온尙溫이라 하더군요."

"바다를 건너시는 데 무슨 기이한 광경이라도 있었습니까?"

"별다른 광경은 없었고, 해적을 만나 공격하여 쫓아 버린 일이 있습니다."

"배 안에 인력이 얼마나 됐습니까? 무기라도 있었습니까?"

"200여 명의 인력이 있었고 대포와 기타 무기가 다 구비되어 있었습니다."

"그곳 풍속과 의복은 어떻습니까?"

"왕과 관리만 짚신을 신고 평민들은 모두 맨발이니, 의장衣章을 따질 게 무어 있겠습니까."

"《주시강략周詩講畧》같은 대작大作이 많을 줄로 생각되는데 어떠하신지요?"

"이번 걸음에 시 300여 수를 지어 한 책에 기록한 것이 있고, 그밖에《유구역서琉球譯書》상·하 두 권도 탈고했습니다. 시록詩錄은 아직 나오지 않았습니다."

묵장은 또 말했다.

"저는 바다를 건너가 귀국의 문헌을 얻어 책을 만들어 외번外藩의 관면冠冕이 되게 하고 싶습니다."

"노자는 한비자와《사기》의 열전에서 같은 편에 들어 있는 것을 부끄럽게 여깁니다."

묵장은 크게 웃었다.

〔…〕

묵장은 말했다.

"귀국이 일찍이 유구와 통상을 하다가 뒤에 틈이 생겼다고 하는데 지금은 어떠하오?"

"국초에는 그들이 와서 조공하다가 지금은 오지 않으나, 특별히 틈이 벌어진 것은 없소이다."

"궁벽하고 협소하여 가소롭지요."

"그들이 왜놈에게 소속되어, 만력 연간에 평수길平秀吉이 그 국왕을 잡아갔다는군요."

"왜놈에게 예속되었다는 사실은 그 나라 사람들이 아주 비밀로 삼고 있기 때문에 정식 기록에는 들어가지 못했습니다."

〔…〕

묵장은 또 말했다.

"전에 영공英公이 귀국에 갔었는데, 그때 만나 보았던가요? 그 사람은 젊지만 글씨에 능하고 또 글도 일컬을 만한데, 귀국에서 예법만 따지고 제약이 너무 지나쳐서 각지의 경승을 마음껏 유람하지 못했다고 하니, 과연 그랬습니까? 왜 손님을 그렇게 엄하게 제약합니까?"

"영공을 만나 보지는 못했으나 수려하고 고아하다는 말을 들었고, 또 그 필적도 보았습니다."

이번에는 내가 물었다.

"선생은 남쪽 유구에 계실 적에 가끔 구경을 다니셨습니까?"

"그랬지요. 답답하면 종자도 떼어 버리고 홀가분한 몸으로 산과 바다를 구경하며 실컷 마시고 했으니, 역시 대단히 즐거웠습니다."

"구구한 섬나라에서는 될 수 있겠지만, 폐방敝邦에 이르러서는 주객이 모두 예로써 행동하는 처지라, 조사詔使는 존중한 체모를 생각해서 스스로 구경 다니지 않는 거지요. 폐방이 어찌 감히 손님을 제약하겠소?"

〔…〕

묵장은 또 말했다.

"내가《유구역》을 저술하여 처음에는《구아》라 이름 지었는데 어떻소?"

"초목충어草木蟲魚가 아니고 언어와 문자를 번역한 것이어서 '아雅'라 이름하는 것이 부당하다 여겼나요? 무슨 까닭으로 고치셨소?"

"아雅란 말은 초목충어에 그치지 않습니다. 그런데 '오아五雅'의 경우 모두 다 '아'로 이름을 세우지는 않았습니다. 어제 어떤 사람 말이, 유구 말과 유구 글자를 '아'라고 하기에는 부족하다고 하기에 '역譯'이라 고친 것이오."

"남이 그렇게 말했다면, 고친다고 해서 안 될 것이 무어 있겠습니까?"

"국서國書는 나라마다 한결같지 않지만, 유구의 국서는 일본 글자였소."

"그것은 일본의 '이로하'(以呂波)인데, 중국 글자 20여 자를 가지고서 반자半字를 만들어 자모를 만들지 않았소?"

"지금 그 자모는 모두 47자로, 진眞도 있고 초草도 있지 않소?"

"일본에는 가타가나(片假文)가 있는데 알 수가 없소. 그런데 한자 곁에다 쓴 것이 있는데, 이는 그 구두口讀였습니다. 그들이 처음에는 글 지을 줄을 몰라서 음주飮酒를 주음酒飮이라 하고 작시作詩를 시작詩作이라 하는 식이었는데, 가타가나를 써서 구두를 정해 사람을 가르친 연후에 차츰 글을 하게 되었다오."

〔…〕

나는 또 물었다.

"유구의 사신 중에 정씨鄭氏 성을 가진 자가 중국말을 잘 한다면서요?"

"정득공鄭得功은 명나라 홍무 연간에 유구로 들어간 민閩 땅 사람의 후예지요. 중국에 들어오기를 네 차례나 했기 때문에 한어에 능합니다. 하지만 모씨毛氏 성을 가진 자는 한자를 한 자도 모릅니다. 그 나라는 번서番薯가 좀 특별하고, 달리 별난 물건은 하나도 없습니다. 금도 일본에서 들여오고 은도 그렇습니다. 말은 귀국에 비하여 약간 크지만, 보는 것마다 다 수놈이었소. 그러나 암말이 없으면 어떻게 수말이 있겠소."

이정원은《사유구기》를 작성하는 한편,《구아球雅》라는 연구서를 편찬하고자 했다. 그는《유구국지략》을 높이 평가하면서도 유구 언어에 관한 기술이 불충분하다고 여겼다. 그래서《이아爾雅》라는 고전을 모방하여, 한어漢語(중국어)를 아어雅語로서 게시하고 그 아래에 한어에 대응하는 유구 언어를 제시하려 했다. 그런데 그 책의 이름을 '유구역琉球譯'으로 바꾸고 유득공의 견해를 물은 것이다.

현재 북경도서관에는《유구역》이 소장되어 있다. 청나라 옹수곤翁樹崑이 초사鈔寫한 것이다. 옹수곤은 건륭·가경 연간의 금석학자인 옹방강翁方綱의 넷째 아들로, 부친과 마찬가지로 조선의 연행사들과 교류했다.

일본 학자들은 이정원이 처음에 '유아'라고 붙였던 책이름을《유구역》이라고 바꾼 것은 유구의 현실을 비로소 감지하고 불쾌해서 그런 것이라고 보고 있다. 하지만 조선의 유득공이나 청나라의 이정원이나, 유구가 일본에 사실상 예속되어 있다는 사실을 잘 알고 있었다. 중국의 어느 지식인도 '형식적인' 조공국이었던 조선의 말을 한어(중국어)로 번역하려 하지 않았던 것을 보더라도, 이정원이 애당초 '아'라는 이름을 붙이려 한 것이 반드시 조공국의 말을 한어로 번역하려는 의욕에서 나온 것은 아닌 듯하다.

유구는 사쓰마 번의 침략 후 1643년부터 에도 말기의 1850년까지 18회에 걸쳐 일본으로 사신을 보냈다. 유구 국왕의 즉위 때 파견되는 사은사와 막부 쇼군 습직의 때 파견되는 경하사가 있었다. 1873년에는 메이지유신의 경하

표17_유구 왕국의 일본 파견 사행

서력/ 간지	명나라/ 일본 연호	국왕	일본 쇼군	목적	유구 사신	비고
1634 甲戌	崇禎7/寛永11	尚豊	德川家光	慶賀	尚文·佐敷王子朝益	에도에 가지 않고 교토에 머묾.
				謝恩	尚盛·金武王子朝貞	
1644 甲申	順治元/寛永21	尚賢	德川家光	謝恩	馬國隆·國頭王子正則	
1649 己丑	順治6/慶安2	尚質	德川家光	謝恩	尚亨·具志川王子朝盈	
1653 癸巳	順治10/承応2	尚質	德川家綱	慶賀	馬國隆·國頭王子正則	
1671 辛亥	康熙10/寛文11	尚貞	德川家綱	謝恩	尚熙·金武王子朝興	
1682 壬戌	康熙21/天和2	尚貞	德川綱吉	慶賀	尚弘仁·名護王子朝元	
1710 庚寅	康熙49/寶永7	尚益	德川家宣	慶賀	尚紀·美里王子朝禎	
				謝恩	尚祐·豊見城王子朝匡	
1714 甲午	康熙53/正德4	尚敬	德川家繼	慶賀	尚監·與那城王子朝直	
				謝恩	尚氏·金武王子朝祐	
1718 戊戌	康熙57/享保3	尚敬	德川吉宗	慶賀	尚盛·越來王子朝慶	
1748 戊辰	乾隆13/延享5 寛延元	尚敬	德川家重	慶賀	尚承基·具志川王子朝利	
1752 壬申	乾隆17/寶曆2	尚穆	德川家重	謝恩	尚宣謨·今歸仁王子朝忠(義)	薩摩藩側의 인솔자는 平田靭負.
1764 甲申	乾隆29/明和元	尚穆	德川家治	慶賀	尚和·讀谷山王子朝恒	
1790 庚戌	乾隆55/寛政2	尚穆	德川家齊	慶賀	尚容·宜野湾王子朝陽(祥)	
1796 丙辰	嘉慶元/寛政8	尚溫	德川家齊	謝恩	尚恪·大宜見王子朝規	
1806 丙寅	嘉慶11/文化3	尚灝	德川家齊	謝恩	尚太烈·讀谷山王子朝敕(英)	
1832 壬辰	道光12/天保3	尚育	德川家齊	謝恩	尚楷·豊見城王子朝春	尚楷가 귀국길에 가고시마(鹿児島)에서 급서해서 普天間親雲上朝典가 대신 豊見城王子役을 수행했다.
1842 壬寅	道光22 天保13	尚育	德川家慶	慶賀	尚元魯·浦添王子朝憙	
1850 庚戌	道光30 嘉永3	尚泰	德川家慶	謝恩	尚慎·玉川王子朝達	
1873 癸酉	同治12 明治5	尚泰	明治天皇	慶賀	尚健·伊江王子朝直	朝貢使가 아니라 明治維新慶賀使.

사를 보냈지만, 이것은 일본에 사신으로 파견된 이른바 '에도노보리'(江戸上り)로는 계산하지 않는다.

유구국 사신은 6월 경 계절풍을 타고 유구를 출발해서 사쓰마 야마가와항(山川港)에 이르러 유구관琉球館에 체재하다가, 9월 무렵에 사쓰마를 출발해서 나가사키(長崎)를 거쳐 시모노세키(下關)에서 배로 세토나이 카이(瀨戸内海)를 빠져서 오사카에 상륙하고, 교토를 거쳐 도카이도(東海道)를 따라 동쪽으로 향해서 11월 무렵에 에도에 도착했다. 에도에서 1, 2개월 체재하다가 다음 해 정월에 에도를 출발해서 앞서의 길을 거꾸로 거쳐 유구에 도착했다. 왕복 1년 정도가 걸렸다.

일본의 연구자들은, 청나라의 책봉사들은 유구에 비밀스러운 부분이 있음을 느끼면서도 사태를 충분히 파악하지 못했다고 보고 있다. 메이지 시대에 유구가 완전히 일본의 판도로 들어올 때까지 중국에서도 조선에서도 유구가 실질적으로 일본의 지배를 받고 있다는 사실을 몰랐다는 것이다. 이것은 유구가 일본에 편입되어 있는 현재의 관점에서 말하는 것이고, 사실은 유구는 중국과 일본에 대해 이른바 등거리 외교를 실시했던 것은 아니겠는가?

3.

조선 후기에는 유구의 태자(세자)가 보물을 싣고 제주도에 표류하자 제주 목사가 그를 살해했다는 이야기가 널리 전했다. 이 이야기는 이중환의《택리지擇里志》가운데〈산수총론山水總論〉에 실려 있고, 박지원은《열하일기》의〈피서록避暑錄〉에서《택리지》기록을 참조하여 조금 달리 기록해 두었다.〈피서록〉의 기록은 이러하다.

> 세상에서 이런 말이 전한다.
>
> "명나라 천계天啓 연간에 왜가 유구를 쳐서 그 임금을 사로잡자, 유구 태자가 그 나라의 대대로 내려온 보물들을 싣고 가서 그 아버지를 속贖하려 하다

가, 배가 풍파에 휩쓸려서 제주에 닿았다. 목사 아무개가 배에 무슨 물건이 실렸느냐고 물으니, 태자가 주천석酒泉石과 만산장漫山帳이 있다고 답했다. 주천석은 모양이 마노瑪瑙처럼 생겼으며 가운데가 오목하게 파이고 물 한 잔이 들 정도인데 맑은 물을 채우면 곧 아름다운 술이 된다. 만산장은 바다 거미의 실에다 약으로 물빛을 들여서 뜬 것인데, 적게 펼치면 집 하나를 덮을 정도이나 넓게 펼치면 산 하나를 덮을 수 있으며, 작은 놈으로는 모기나 파리, 큰 놈으로는 뱀이나 이무기 따위가 모두 그 속에 들어가지 못한다. 목사가 그것을 얻고자 청했으나 태자는 허락하지 않으므로, 드디어 군사를 내어서 배를 에워싸니 태자가 주천석과 만산장을 모두 바닷속에 던졌다. 목사가 배에 실은 물건을 다 몰수하고는 태자를 죽였다. 태자는 죽기에 임하여 이런 시를 남겼다.

요堯임금의 말은 알기 어려우니, 걸桀의 옷을 입었구나
형장에 임하여 어느 겨를에 푸른 하늘에 하소하랴
춘추 시대 삼량三良은 임금 무덤에 순장됐으니 누구라서 속贖할꼬
두 아들 배 타고 가다 죽었으니 저 도적들 잔인했도다
백골은 모래벌판에 뒹굴어 잡초와 뒤엉키니
혼이 고국으로 간들 슬퍼할 어버이 없어라
죽서루 아래 도도히 흐르는 물
끼친 한이 분명하여 만고토록 오열하리

堯語難分桀服身(요어난분걸복신)
臨刑何暇訴蒼旻(임형하가소창민)
三良臨穴誰能贖(삼량임혈수능속)
二子乘舟賊不仁(이자승주적불인)
骨暴沙場纏有草(골폭사장전유초)
魂歸古國吊无親(혼귀고국조무친)
竹西樓下滔滔水(죽서루하도도수)
遺恨分明咽萬春(유한분명인만춘)

이 사실은 이중환의《택리지》에 실려 있다. 제주목사는 대간의 탄핵을 만나서 사형에 한 등급을 감하여 멀리 귀양보냈다 했다. 나는 일찍부터 이것이 황당한 말에 가깝다고 의심하였다. 이 일이 과연 참말이라면 목사의 죄악은 비록 거리에다 시신을 진열한다 해도 속죄받기 어려울 것인데, 이제 그의 자손이 어찌 길이 부귀를 누릴 수 있을 것인가.

> 유구 중산왕 상녕尙寧이 해마다 중국에 파견되는 사신 편에 자주 글월과 예폐를 부쳐 오더니, 갑신년 뒤로는 다시 연락이 끊어지고 말았다. 내 이번 걸음에 해외의 모든 나라 사신을 만나보지 못함이 더욱 유감이다.

유구 태자의 표류 이야기가 정말로 역사적 사실이었을까, 그것은 알 수가 없다. 사실이었다면 조선 조정은 유구와 관련된 여러 일들을 잘못 처리한 셈이 된다. 그러나 보물을 실은 배가 표류했다는 이야기는 오히려 유구국에 널리 전승되어 온 보물선 표류담이 와전된 것이 아닌가 한다.

다만, 박지원은 유구국이 중국 조정에 조공의 예를 다하고 있다고 믿었다. 그래서 《열하일기》의 〈동란섭필銅蘭涉筆〉에서 유구가 육로를 이용한 귀국을 허가해 달라고 올린 공문서를 싣고, "그 서술이 솔직하고 말이 간곡하다"라고 했다.

> 건륭 41년 병신(1776)에 유구 사신이 예부에 글을 올려 돌아가기를 청했다. 유구 정사 이목관耳目官(감찰직) 상숭유向崇猷와 도통사都通事 모경창毛景昌이 사정에 따라 빨리 돌아갈 것을 승낙해 달라고 청한 글은 이러하다. "숭유 등은 왕명을 받들고 건륭 39년(1774)에 조공을 하고자 복건 무창撫昌으로부터 병패兵牌를 발급받고, 연로沿路에서 일행의 호송을 돌봐주어 작년 12월 1일에 북경에 도착했습니다. 은혜로운 분부를 내려 반열에 따라 행례하게 되고, 조하朝賀할 때와 원조元朝와 명절에는 작은 나라의 말직 관리로서 천안天顔을 가까이서 뵙게 되고, 그 위에 상급賞給과 식사까지 돌봐주시어 숭유 등은 감격하기 그지없습니다. 이에 공무를 이미 끝내고 한가로이 거처하고 있습니다. 유구는 땅이 해외에 속하여 왕래할 때는 오로지 바람만 믿고 있으니 이때에 돌아간다고 하는 것은 귀국할 시기에 알맞은 것입니다. 숭유 등이 북경에 올 때는 바로 깊은 겨울철이라 강물이 얼어서 부득이 왕가영王家營(강소성江蘇省 회음현淮陰縣 북쪽)을 거쳐 바로 육로로 왔습니다. 지금 돌아간다면 때가 바로 중춘이라 바람은 화창하고 땅은 따뜻하여 길에 오르기에 알맞습니다. 정성을 다해서 간절히 청하오니, 대인은 황상의 지극한 뜻을 받들어 멀리서 온 자의 사정을 보살펴, 전례에 육로로 제령濟寧(산동山東 동제녕현東濟寧縣)까지 가서 배를 타고 돌아가도록 허락해 주시기 바랍니다. 이치

로 하면 응당 미리 대인께 글로 밝혀야 될 일이오나, 빨리 칙서와 병부의 문서를 2월 초승 안으로 내리도록 주청해 주시면 승유 등은 소식을 듣는 대로 출발하겠사오니, 실로 이 은혜는 천추에 잊지 못할 것입니다. 건륭 41년 1월 24일에 갖추어 올립니다." 그 서술이 솔직하고 말이 간곡하다. 이것은 당보塘報〔공문서철〕 옛 책에 난 것인데, 이번에 우리나라 사신이 몇 번 올린 글도 응당 당보에 실려서 천하에 전할 것이다.

유구국의 조공을 하는 규례는 유황 1만 근, 적동 1천 근, 석랍 3천 근이라 한다.

제물포조약을 체결할 때 조선의 대표였던 이유원李裕元은 《임하필기林下筆記》에 수록한 〈이역죽지사異域竹枝詞〉에서 '유구국'에 대해 이렇게 노래했다.

세 왕은 상 자로 성씨 삼고 풍속은 글을 숭상하며
손에 문신한 이들은 염해炎海가에서 농사 짓네
띠는 크게 하고 관은 접어 만들고 옷은 발을 덮었는데
고관들의 등급은 금잠과 은잠을 가지고 차등하네

三王姓尙以文雅(삼왕성상이문아)
黥手勤農炎海潯(경수근농염해심)
大帶圈冠衣覆足(대대권관의부족)
高官等級金銀簪(고관등급금은잠)

유구국은 동남쪽 바다 가운데 위치해 있다. 처음에 세 왕이 있어 모두 상尙 자를 가지고 성씨를 삼았다. 그 풍속은 글을 숭상하고, 그 기후는 항상 따뜻하여 곡식과 채소가 잘 된다. 벼슬의 등급은 금잠金簪과 은잠銀簪을 가지고 차등을 했고, 누런 비단을 접어서 관을 만들었으며, 옷은 헐렁하고 띠는 컸다. 그리고 부인들의 옷은 길어서 발을 덮었고, 일반 여인들은 먹으로 손을 자자刺字하여 화조花鳥 형상을 만들었다.

이미 유구는 메이지유신 이후의 일본에 번으로 소속되고 말았는데, 이유원은 그 사실을 몰랐던 것일까? 만일 그랬다면, 조선의 정보 네트워크는 대체 어떤 상태였단 말인가?

그리고, 묻건대, 유구는 정말로 일본인가?

참고문헌

原田禹雄 譯,《(李鼎元)使琉球記》, 榕樹書林, 2007.
申叔舟,《海東諸國記》, 1933년 조선사편수회 영인 간행《조선사료총간》제2집.
村尾進,〈《球雅》の行方 — 李鼎元の《琉球譯》と清朝考證學〉,《東洋史研究》59-1, 2000.
藤塚鄰,《清朝文化東傳の研究 — 嘉慶·道光學壇と李朝の金阮堂》, 東京:國書刊行會, 1975.
夫馬進 編,《增訂使琉球錄解題及び研究》, 榕樹書林, 1999.
永積洋子 編,《'鎖國'を見直す》, 山川出版社, 1999.
原田禹雄,《琉球と中國, 忘れられた冊封使》, 吉川弘文館, 2003.

일본 고전문학과 여행

구법과 선진 문화 수용의 길,

엔닌, 《입당구법순례행기》

1.

개성開成 3년(일본 승화承和 5) 12월 8일.

국기國忌의 날이다(당나라의 전 황제 경종敬宗이 붕어崩御한 기일忌日. 12월 갑오甲午). 이에 따라 양주부揚州府가 50관貫의 돈(1관은 1천 문文)이 희사하여, 내가 체류하고 있는, 이 개원사開元寺에서 재齋를 베풀어 500명의 승려를 공양했다.

이른 아침에 절의 승려들은 이 절에 모여, 동북서의 회랑에 차례대로 열 지어 앉았다. 진시辰時(8시)에 이덕유李德裕 상공相公(양주대도독揚州大都督) 및 장군(감군監軍을 말하는 듯)이 절에 들어왔다. 대문에서부터 이상공과 장군은 나란히 서서, 천천히 걸어 들어왔다. 진병陣兵은 전후좌우를 호위하고, 주부州府의 관리들은 모두 그 뒤를 따른다. 강당 앞의 벽돌 계단 아래에 이르자, 이상공과 장군은 동서로 나뉘어 간다. 이상공은 동쪽으로 가서 동쪽 장막 안으로 들어가고, 장군은 서쪽으로 가서 서쪽 장막 안으로 들어간다. 조금 있다가 가죽 신발로 바꾸어 신고 손을 물로 씻고서 나온다. 불전佛殿 앞에 두 개의 돌다리가 있다. 이상공은 동쪽 다리로 가서 다리에 올라가고, 장군은 서쪽 다리로 가서 다리에 올라간다. 굽어 돌아 각각 동쪽과 서쪽으로부터 와서 만난다. 당의 중문에 마련된 정해진 자리에 가서 예불하고 마친다. 그런즉 당의 동서 두 문에, 그곳에는 각각 수십 명의 승려가 열 지어 서서,

각각 나무로 만든 연화蓮花와 푸른 깃발을 손에 들고 있다. 한 승려가 경磬(건아犍雅. 동으로 만든 운상雲狀)을 한 번 치면서, '일체공경一切恭敬 경례상주삼보敬禮常住三寶'라고 창唱한다. 그러면 곧 이상공과 장군은 기립하여 향기香器(향로)를 들고, 주의 관리는 모두 그 뒤를 따라서 향잔香盞을 들고는, 동쪽과 서쪽으로 나뉘어 각각 나아간다. 이상공은 동쪽으로 가고, 연화와 푸른 깃발을 든 승려들은 앞을 인도하여 소리 맞춰 범패를 노래한다. '여래묘색신如來妙色身' 등의 2행의 송頌이다. 나이 많은 한 승려를 비롯하여 수군隨軍(막료)도 또한 따라가면서 호위하면서 회랑의 처마 아래에서 자리를 뜬다. 모든 승려들의 행향行香(시주가 승려들에게 향을 분배하면 승려들이 그것을 태워 손에 향기를 배게 함)이 끝나, 다시 그 길로부터 당을 향하여 되돌아오기까지 범패의 창은 그치지 않는다. 장군은 서쪽으로 향하여 행향하는데, 그것은 동쪽의 의식과 같다. 같은 시각에 와서 본소本所에서 만난다. 이 무렵 동쪽과 서쪽의 범패 소리가 교향交響하여 절묘하다. 이때 창례唱禮하는 스님 한 분은 움직이지 않고 혼자 서 있는데, 그 스님이 경을 치면 범패가 그친다. 곧 다시 '경례상주삼보敬禮常住三寶'라고 말하면, 이상공과 장군은 모두 자기 자리에 앉는다. 행향할 때 향을 넣은 향로를 손으로 들고 나란히 앉는다. 나이 많은 승려로 원승화상圓乘和尙이 있어, 주원呪願(법어를 창하여 시주나 망자의 공덕을 희구하는 일)을 읽는다. 그것이 끝나면 창례하는 스님은 '천룡팔부天龍八部' 등을 위해 송頌을 창한다. 그 송의 본지本旨는 황령皇靈(붕어한 천자의 신령)을 엄숙하게 하기 위한 것이다. 한 행이 끝날 때마다 '경례상주삼보'라고 한다. 이상공과 여러 관리들은 함께 서서 예불하기를 3, 4회 한다. 창이 다 끝나면 임의대로 한다. 이상공 등은 군사를 이끌고 당의 뒤의 대전大殿 안으로 가서 밥을 먹는다. 500명의 승려는 회랑에서 밥을 먹는다. 사찰의 크기에 따라 승려를 굴청屈請(높은 분을 삼가 모심)하는 수가 다르다. 큰 절은 30명, 중간 절은 25명, 작은 절은 20명이다. 각각 한 곳에 앉아서 길게 열을 짓는다. 각 절의 구당勾當(담당자)을 차출하여 각각 공양을 맡긴다. 각 사찰마다의 구당은 스스로 공양한다. 재齋를 베푸는 것은 한곳에서 다 할 수 없지만, 일시에 밥을 베푼다. 그래서 일시에 다 먹으면 곧 일어나서 흩어져 떠나, 각각 본사로 향한다. 이날 이상공은 별도로 돈을 내어 구당을 두 절에 파견해서, 물을 끓여서 각 절의 승려들을 목욕하게 한다. 3일을 기한으로 한다.

9세기의 일본 승려로서, 최후의 견당사를 수행한 입당청익승入唐請益僧 엔닌(圓仁, 794-864)의 여행기인 《입당구법순례행기入唐求法巡禮行記》(닛토구호준레이고키)의 일부다. 엔닌은 사이초(最澄)을 사사했던 천태승天台僧이다. 일본의 입당 유학생에는 학문생學問生과 청익승請益僧의 두 부류가 있다. 청익승은 스승을 방문해서 의문을 해결하는 것을 목적으로 하는 단기입당 연구생으로 환학생還學生이라고도 했다. 이에 비해 학문생은 정규 유학생으로 장기 체재하면서 공부를 했다. 당시 청익 법사가 엔닌, 유학법사가 엔사이(圓載)였다.

46_엔닌의 목각 두상

엔닌은 838년 7월에 견당사 후지와라노 쓰네쓰구(藤原常嗣, 796-840)를 따라 847년 초겨울까지 당나라의 여러 사찰들을 순례했다. 귀국한 뒤에는 산문파山門派의 조사祖師가 되었다. 법호는 지가쿠대사(慈覺大師)라고 한다.

838년 10월 5일, 일본 견당사는 입당청익승 엔닌과 견당승 엔사이의 여행을 허락하는 칙허를 얻기 위해, 양주揚州에서 당나라 상도上都(장안)을 향해 출발하였다. 다음 해 2월에 견당사가 칙허를 받아오기까지, 엔닌과 엔사이는 양주의 개원사開元寺에 머물렀다.

개원사는 당나라 현종이 개원 26년(738)에 각 주부에 칙명으로 명하여 도관과 함께 건립하게 한 관 운영의 사찰이다. 대개 이미 있던 절에 사액寺額을 부여하는 형식이었다. 양주의 개원사도 처음에는 청원사靑園寺라 했고, 뒤에는 용흥사龍興寺, 장락사長樂寺, 대운사大雲寺 등으로 이름을 바꾸었다.

838년 12월 8일은, 당나라의 전 황제 경종이 붕어한 기일이어서 개원사에서 500명의 승려를 공양하는 재齋가 성대하게 베풀어졌다. 엔닌은 위의 글에서 그 광경을 자세하게 묘사했다. 이날의 재는 양주대도독인 이덕유李德裕(787-849)가 시주로서 행사를 거행했다. 이덕유는 찬황贊皇 사람이며, 이길보

지도23_엔닌의 여행도(1)-전체 노정

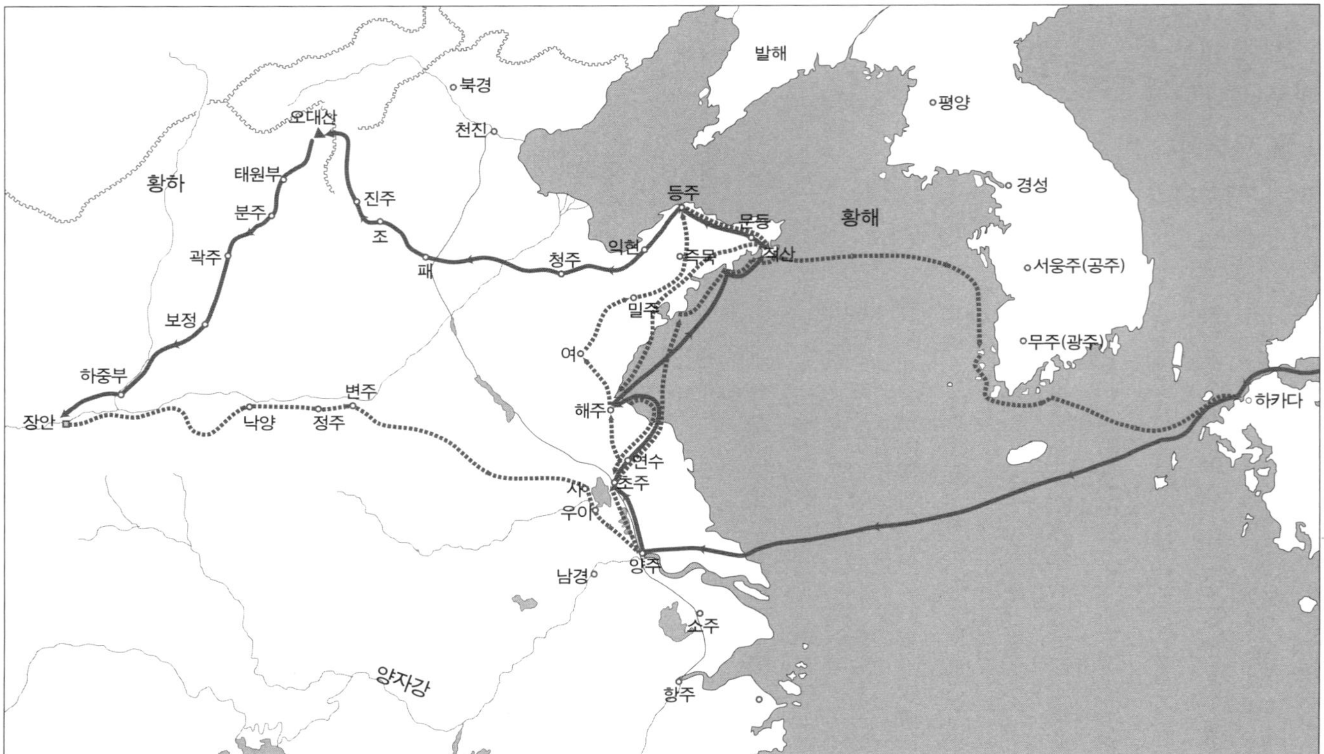

지도24_엔닌의 여행도(2)-중국 내 노정

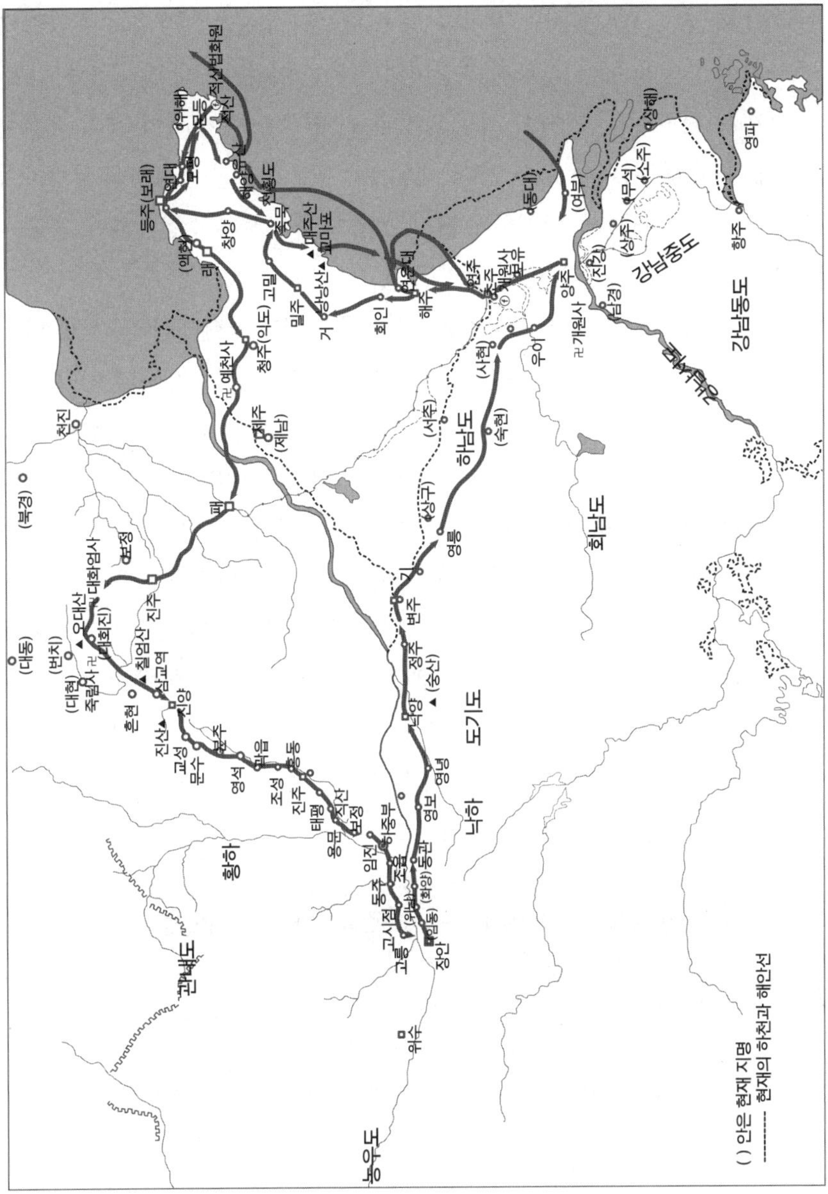

李吉甫의 아들로, 자字는 문요文饒이다. 목종 때부터 우승유牛僧孺와 이종민李宗閔 두 사람이 붕당을 꾸미자, 당시 재상이었던 부친 이길보李吉甫의 뒤를 이어 무종 때까지 전후 40년 가까이 서로 당쟁을 벌였다. 이것이 우이牛李의 당쟁이다. 《구당서》에 〈이덕유전〉이 있다. 재상으로 있으면서 중앙집권을 강화하기 위해 힘쓰고 폐불廢佛을 단행하게 된다. 선종이 즉위하면서 실각하여, 우승유 등에 의해 하이난섬〔海南島〕으로 추방된다.

《입당구법순례행기》는 당시 9세기의 중국 사회와 풍습, 그리고 뒷날 당나라 무종武宗이 행한 회창폐불會昌廢佛의 상황을 알려주는 중요한 기록이다.

이 책은 송나라에 들어간 승려 성심成尋이 북송 황제에게 진상했으나, 그 후 소재를 알 수 없게 되었다. 1291년에 교토 기온(祇園)의 초라쿠지(長樂寺)의 겐인(兼胤)이라는 승려가 72세 때 필사한 사본이 별도로 존재하여, 이것이 메이지 시대인 1883년에 교토 도지(東寺)의 간치인(觀智院)에서 발견되었다. 그 후 1955년에 전 주일대사로서 미국 하버드 대학 옌칭(燕京) 연구소 소장이었던 라이샤워(E.O.Reischauer) 교수는 엔닌의 《입당구법순례행기》에 연구하여 *Ennin's Travels in T'ang China*이라는 연구서를 간행했다. 이후 이 책은 여러 나라의 언어로 번역되어 널리 알려지게 되었다.

간치인 구장본은 4권으로 이루어져 있다.

> 권1 : 836년(당나라 개성開成 원년, 일본 승화承和 5) 6월 13일부터 839년(개성 4) 4월 18일까지
> 권2 : 839년(개성 4) 4월 19일부터 840년(개성 5) 5월 16일까지
> 권3 : 840년(개성 5) 5월 17일부터 843년(회창會昌 3)5월 25일까지
> 권4 : 843년(회창 3) 6월부터 847년(중국 대중大中 원년, 일본 승화承和 14) 12월 14일까지

1권은 엔닌이 일행과 함께 장안으로 떠났다가 자신만 구법의 길을 걷게 되는 과정을 적었다. 2권은 적산법화원에 머물면서 천태산(오대산) 여행을 한 내용을 기록했다. 3권은 천태산 성지를 순례하며 일본에 전해지지 않은 문서와

그림을 구하고, 장안에 머물며 문헌을 필사한 뒤 838년 귀국을 신청했으나 허락을 받지 못했다는 내용을 적었다. 4권은 회창법난을 당하여 환속 명령을 받고 귀국길에 오른 내용을 적었다.

2.

엔닌은 천태산 국청사國淸寺를 순례하고 싶어했다. 국청사는 천태종의 개조 지의智顗(538-597)가 수나라 때 창건한 절이다. 일본의 천태종의 개조인 사이초(最澄)도 이 절에서 배워, 엔닌 시대의 일본 승려들은 이 절을 순례하는 것을 꿈꾸었다.

엔닌은 838년 6월 13일에 후쿠오카(福岡)의 하카다노쓰(博多津)에서 세 번째 도해渡海를 시도하여 결국 견당대사 후지와라노 쓰네쓰구의 제1선에 승선했다. 하지만 바람이 나빠서 3일간 항구에서 지내고, 가까스로 출발했지만 시가노시마(志賀島) 뒤쪽에서 바람을 기다려, 6월 22일에 동북풍을 얻어 고지마(五島) 열도를 목표로 출발했다. 다음 날 저녁 제1선과 제2선은 우구지마(有救島, 지금의 宇久島)를 떠나 동지나 해로 나갔는데, 제4선과는 떨어져, 40여 명이 탄 제1선만이 7월 2일에 양자강 하구의 양주揚州 해릉현海陵縣 백조진白潮鎭 상전향桑田鄕 동쪽의 양풍촌梁豊村에 도착했다.

견당사 일행은 양주 관아의 배로 굴구掘溝에서 운하를 거슬러 올라 양주에 도착해서 개원사에 체재했다. 8월 1일에 견당사 후지와라노 쓰네쓰구는 양주부의 관청으로 가서 양주대도독 이덕유를 면회하고, 8월 3일에 엔닌 등을 태주台州 국청사國淸寺로 보내 줄 것을 청하는 공문을 제출했다. 하지만 이덕유는 일본 견당사가 상도(장안)로 가서 당나라 조정에 직접 청원하라고 했다. 이 때문에 견당사는 10월 5일에 당나라 관선官船 다섯 척에 35명이 분승하여 상도로 가고, 엔닌은 개원사에 오랜 기간 머물렀다. 견당사 일생은 50일 걸려 12월 3일에 장안에 도착했다. 견당사는 엔닌 등을 태주에 보낼 것을 허가해 달라고 예빈원禮賓院에 제출했지만, 예빈원은 먼저 천자를 알현하라고 했다. 839

년 1월 3일에 일본 견당사는 제번諸藩 다섯 나라의 하나로서 대명궁大明宮의 인덕전麟德殿에서 문종을 알현하고 여행 허가를 청원했으나 문종은 엔사이의 천태산 입산만 허가했다. 엔닌은 체재 기간이 짧으므로 허락하지 않고, 견당사와 함께 엔닌은 귀국하도록 명령했다. 견당사는 윤정월 4일 장안을 출발해서 2월 22일에 초주楚州(현재의 회안淮安)로 내려왔다.

엔닌은 개원사에 있는 동안, 양주에 와 있던 장안 서명사西明寺의 종예宗叡 법사에게 실담悉曇(산스크리트 문자)을 배우고, 숭산원崇山院의 전아全雅 화상에게서 《금강계제존의궤金剛界諸尊儀軌》를 빌려 베끼고, 양부만다라兩部曼荼羅와 작단법作壇法을 전수받았다. 그리고 대운하를 배로 거슬러 올라 초주에 이르러 견당사와 재회했다. 엔닌은 엔사이와 헤어져 견당사와 함께 초주에서 신라선을 타고 귀국하기로 했다. 3월 22일, 견당사 일행은 신라선 아홉 척에 분승하여 초주를 출발했다. 엔닌은 신라 통역 김정남金正南에게, 잔류하여 천태산으로 향할 방법을 상담했으나, 일단 제2선에 승선했다. 배는 회하淮河를 내려가 바다로 향했다. 엔닌은 배가 산동반도 동쪽 끝의 대주산大珠山에 이르렀을 때 민가에 숨어 있다가 천태산과 장안을 몰래 다녀올 계획을 세웠다. 하지만 배는 3월 29일에 동해산東海山 기슭에 정박했다. 엔닌은 견당사에게 간청하여 잔류 허가를 받았다. 그리고 839년 4월 5일에, 제자 유이쇼(惟正)와 유이교(惟曉), 종자 요보로노마사오마로(丁勝小麻呂, 중국 이름 정웅만丁雄满)과 함께, 출발하기 직전의 배에서 내렸다.

엔닌 등은 산속으로 들어가 신라승이라고 일컫고 숙성촌宿城村에 숨었다. 하지만 당일 순찰병에게 체포되어 현의 관아로 연행되었다. 4월 8일에 주의 순찰장관이 와서 작은 배에 태워져 해룡왕묘海龍王廟로 끌려 갔다. 거기에는 제2선의 선장이 병으로 쓰러져, 제2선이 되돌아와 있었다. 엔닌 등은 그 배에 태워졌으나, 4월 10일에 출항한 그 배는 4월 26일에 유산乳山에 표착漂着했다. 그 뒤로도 출항했다가 표류한 끝에 한 달 만인 6월 5일에 산동반도 동쪽 끝의 적산포赤山浦로 흘러 들어갔다.

적산포는 곧 청해진대사青海鎭大使 장보고張保皐가 지배하고 있었고, 산 위에

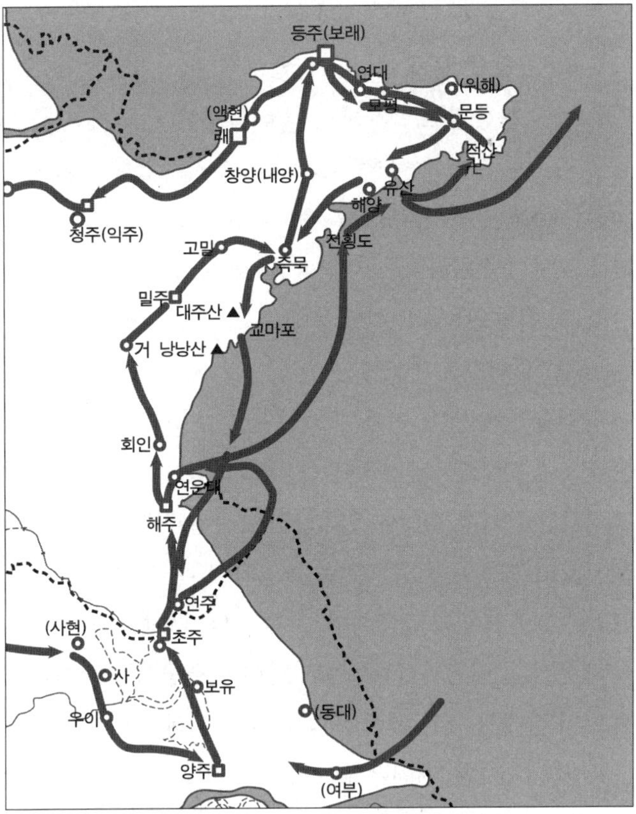

지도25_엔닌의 여행도(3)-양주에서 적산법화원까지

는 장보고가 세운 적산법화원赤山法華院이 있었다. 엔닌은 6월 8일에 법화원을 방문해서 서너 날을 거기서 지냈고, 제2선은 엔닌 등을 놓아 둔 채 출행했다. 6월 21일에는 견당사 후지와라노 쓰네쓰구를 태운 배가 표류 끝에 적산에 이르렀으나 이틀 후 엔닌 등을 남겨 두고 출항했다.

엔닌 등은 문등현文登縣과 등주登州 관아의 엄중한 조사를 받았다. 엔닌은 법화원에 있을 때, 20년간 천태산과 장안을 편력한 신라승 성림聖林으로부터, 오대산五台山 화엄사華嚴寺에서 천태종의 지원志遠 화상이 법화삼매法花三昧를 수행하여 천태의 가르침을 전한다는 말을 듣고, 그곳에서 거리가 가까운 오대산으로 갈 것을 결심했다. 엔닌은 장보고의 도움을 받아 주州나 현縣으로부터 여행증명서인 공험公驗을 얻고자 했다.

840년 2월 20일에 엔닌은 장압아張押衙와 적산원 승려와 이별한 후 630여 리를 걸어 문등현으로 가서 공험을 신청했다. 하지만 문등현 관리는 현첩縣牒을 주며 등주도독부登州都督府로 가라고 지시했다. 3월 2일, 등주에 도착해서 개원사開元寺에 묵고, 다음날 주州의 장관을 찾아갔다. 하지만 장관은 선례가 없다고 하면서, 주첩州牒을 주며 청주절도사青州節度使 수상서壽尙書에게 가 보라고 했다. 엔닌은 3월 12일에 등주를 출발해서 3월 21일에 720여 리 떨어져 있는 청주(익도益都)에 이르렀다. 엔닌은 25일에 공험 지급 신청을 하여 4월 1일에 공험을 수령했다. 이틀 후 엔닌은 청주를 떠나 오대산으로 향해, 4월 11에는 황하를 건너고, 청하清河를 지나 4월 23일에 황산黃山 팔회사八會寺에 이르고, 6일간 걸어서 28일에 오대산의 보통원普通院에 이르렀다.

5월 1일에는 죽림사竹林寺에 들어가, 15일간 체류하면서 염불과 성명聲明을 배웠다. 5월 16일에는 대화엄사大華嚴寺(현재의 대현통사大顯通寺)로 가서 7월 1일까지 체류했다. 대화엄사는 화엄도량이지만 당시는 천태교학의 도량이었다. 엔닌은 이 절에서 지원志遠과 문감文鑑에게 천태교학을 배웠다.

840년 7월 1일, 엔닌은 밀교를 배우기 위해 장안으로 향했다. 도중에 7월 3일에는 대력영경사大曆靈境寺의 말사인 칠불교계원七佛敎誡院에 들러, 자신보다 앞서 유학 왔다가 죽은 일본 유학승 영선靈仙을 추모했다. 엔닌은 50일 정도 걸려 840년 8월 22일에 장안에 이르렀다. 춘명문春明門으로부터 성내로 들어가 대흥선사大興善寺의 서선원西禪院에 묵었다. 이후 자성사資聖寺로 옮겼다. 845년 5월 14일까지 장안에 있으면서 대흥선사와 청룡사青龍寺 등에서 밀교의 대법을 배웠다. 841년 8월 7일에 엔닌은 자성사에 귀국의 뜻을 전했다.

하지만 842년 10월 9일, 회창훼불의 조칙이 내려왔다. 841년에 즉위한 무제는 도교를 보호하였는데, 재상이 된 이덕유는 승원僧院을 관리할 것을 제언했다. 마침내 무종은, 주술 등을 사용하거나 계행戒行이 없는 승려는 환속하게 해서, 843년 정월 17일과 18일에 장안 승려들의 환속 정책을 완료했다. 환속된 승려는 좌가左街에서 1,323명, 우가右街에서 2,259명이었다고 엔닌은 적었

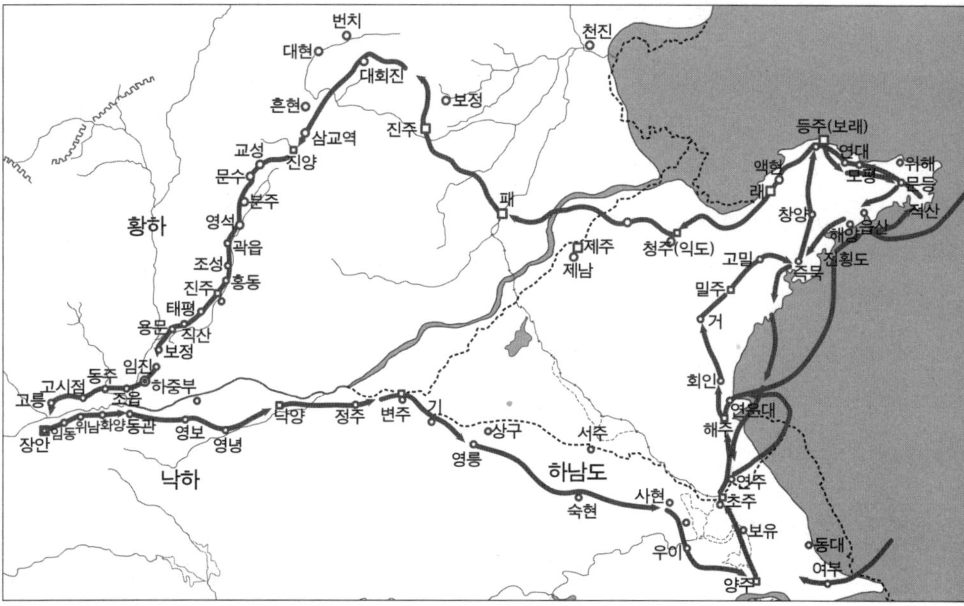

지도26_엔닌의 여행도(4)-등주에서 장안읍을 거쳐 양주로 나온 노정

다. 843년 6월에 불교를 보호하던 환관 구사량仇士良이 죽자, 장안에서는 승려의 외출을 금지했다. 845년에는 외국 승려로서 도첩이 없는 자는 강제로 환속시키고 자기 나라로 돌려보내라는 조칙이 내렸다. 5월 13일에 엔닌과 그 제자 유이쇼는 강제로 환속당했다. 또다른 제자 유이교는 이미 죽은 뒤였다. 다음 날 귀국의 허가가 내렸다.

5월 15일에 엔닌 등은 장안을 출발했다. 공험에는 한 장소에 1박만 허용하게 되어 있었고, 주현州縣의 공관公館이나 여점旅店에 묵되 음식은 스스로 조달해야 했다. 5월 22일에 동관潼關, 6월 1일에 동도 낙양洛陽, 6월 13일에 변주汴州, 6월 22일에 사주泗州를 거쳐 6월 28일, 양주에 이르렀다. 하지만 귀국할 배가 없었으므로, 산동반도의 등주登州까지 체송遞送되었다. 초주를 통과할 때는 앞서 도움을 준 신라거류민총관新羅居留民総管 설전薛詮과 신라통역新羅通譯 유신언劉愼言 등과 재회했다. 엔닌은 유신언의 도움을 초주에 머물고 있다가 배를 구해 해주海州로부터 바다로 나갈 계획이었으나, 주현의 장관이 들어주지 않았다. 엔닌은 운하로 초주에서 해주까지 간 다음 육로로 회인懷仁, 거莒, 밀주密州, 고밀高密, 즉묵卽墨, 창양昌陽을 거쳐 8월 16일에 등주에 이르고, 다시 8월 24일에 문등현, 8월 27일에 문등현 동쪽의 구당신라소勾當新羅所에 이르렀다. 여기서 총관総管 장영張詠 대사大使에게 환대를 받으며 법화원에 임시로 머물 수 있었다. 장영은 장보고의 휘하 무장인데, 장보고가 난을 일으킨 후 청해진의 대사가 되어 신라소를 관할하면서 문등현 등주에 관한 사무를 총괄하고 있었다.

846년 3월에 당나라 무제武帝가 붕어하고, 5월에 선종宣宗이 즉위하자, 대사면령이 내리고 불교중흥의 칙서가 내려왔다. 이때 장영은 스스로 배를 만들어 그 배로 엔닌 일행을 귀국시킬 방안을 세웠다. 배는 842년 2월에 준공되었지만 847년 윤3월에 참언 때문에 계획이 수포로 돌아갔다. 또한 신라사절의 부사는 신라인이 송객선送客船을 발송해서는 안 된다고 금지했다. 마침 명주明州(영파寧波)에 일본선 가미오이(神御井)가 정박하고 있었다는 말을 듣고 명주로 향했다. 하지만 6월 5일에 초주에 가 보니 일본선은 이미 출항한 뒤였다. 마침 신라인 김진金珍 등의 배가 소주蘇州의 송강松江 어구를 떠나 일본으로 향하려고 뇌산牢山에 정박해 있다는 소식을 듣고, 엔닌은 뇌산으로 향했다. 하지만 뇌산에 이르러 보니 신라선은 이미 적산포赤山浦를 향해 출발한 뒤였다. 이 배를 좇아 유산포乳山浦까지 가서 승선할 수 있었다. 8월 15일, 배로 가다가 적산포에 들렀다. 엔닌은 그곳에서 장영 대사와 이별하고, 식표품을 사고, 체발하고 다시 승복을 입었다. 9월 2일에 배는 적산포를 떠난 후, 한반도 서해안의 거문도 부근을 지나고 쓰시마 부근을 지나, 10일 밤에 히젠노쿠니(肥前國) 시카시마(鹿島)에 이르렀다. 거기서 규슈(九州)의 북쪽 해안을 항해하여, 18일에 고로칸(鴻臚館) 앞에 도착해서 이튿날 고로칸에 들어갔다. 이로써 엔닌의 입당구법 여행은 끝이 났다.

3.

엔닌이 입당구법의 여행을 할 때 한반도 서해의 항로는 신라인이 장악하고 있었다. 당나라 때 지리학자 가탐賈耽의 《황화사달기皇華四達記》에는 요동반도와 한반도의 항로에 대해 이렇게 적었다.

> 동쪽으로 바다와 접해 있는데 청니포靑泥浦, 도화포桃花浦, 행화포杏花浦, 석인왕石人汪, 탁타만槖駝灣, 오골성烏骨城, 압록강구鴨綠江口를 지난다. 남쪽으로 내려가면서 바다에 접해 있는 오목도烏牧島, 패강구貝江口, 초도椒島를 지나면 신라의 북서의 출입구인 장구진長口鎭에 닿는다. 다시 진왕석교秦王石橋, 마전도麻田島, 고사도古寺島를 지나면 득물도得物島에 닿으며, 압록강으로부터 천리 되는 곳의 당은포구唐恩浦口에 이른다.

《속일본후기續日本後記》 권8에 보면, 후지와라 견당사는 839년(개성 4) 3월 17일에 귀국할 때, 바닷길에 익숙한 신라인 60여 명을 고용하여 각 배마다 5-7명씩 타게 했다. 더구나 그들은 당초 타고 갔던 3척의 배를 버리고 윤정월閏正月에 초주楚州에서 신라인 도장都匠, 번장番匠, 선공船工, 단공鍛工 36인을 모집하여, 신라선 9척을 수리해서 이용했다고 한다.

귀국길에 오른 엔닌도 신라 향도인의 도움을 받았을 것이다. 엔닌 일행은 847년 9월 2일부터 9월 10일까지, 서웅주西熊州(9월 4일), 고이도高移島(9월 4일), 흑산도黑山島(9월 4일), 황모도黃茅島(丘草島, 9월 6일), 탐라도耽羅島(9월 6일), 대마도對馬島(9월 10일), 녹도鹿島(가고시마, 9월 10일)를 거쳐 일본에 상륙했다.

《입당구법순례행기》에 보면 847년 정월에 구당신라소勾當新羅所 장영張詠이 중국의 등주에서 그 전해 겨울부터 배를 건조하기 시작하여 그해 2월에 끝마쳤다고 되어 있고, 장영은 그 배로 엔닌을 태워 귀국시켜 주겠다고 했다. 이 계획은 무산되었지만, 신라인의 영선 기술을 짐작하게 한다.

엔닌의 입당구법의 시기에는 신라의 장보고, 그리고 그 뒤를 이은 장영이 한국 연안, 황해 및 동남아 연안까지 제해권을 지니고 있었다. 엔닌은 장보고에 대해 특히 상세한 기록을 남겼다. 《입당구법순례행기》의 권2에는 장보고가 세운 적산법화원에 대한 이야기가 나온다. 이 사원은 소유의 논에서 매년 쌀 500석을 수확했고 겨울에는 《묘법연화경》을, 여름에는 《금광명경》을 강의했다고 한다. 승려는 모두 30명이었으며 그중 일본인은 6명이라고 한다.

장보고의 이름은 당나라 두목杜牧의 《번천문집樊川文集》과 그 기록을 전재한 《신당서新唐書》, 또 《신당서》를 전재한 《삼국사기》에는 '張保皐'라 되어 있다. 하지만 일본의 《속일본후기》와 《입당구법순례행기》에서는 장보고를 '張寶高'라고 표기했다. 일본에서는 해상왕 장보고를 부富를 상징하는 의미로 그렇게 표기한 것이 아닌가 추측되기도 한다. 신라명신新羅命神은 그를 신격화한 것이라고 알려져 있다.

엔닌보다 앞서 804년에 사이초(最澄, 767-822)은 입당하기에 앞서 우사하치만신(宇佐八幡神)과 가와라(香春)의 '신라국신新羅國神'에게 뱃길의 안전을 기원했다. 그는 귀국한 후 가와라의 신라국신에게 사은하여 신궁원神宮院을 창건했다.

사이초의 제자인 엔닌도 귀국과 동시에 '신라명신'에 사은하였고, 뒷날 그의 제자들은 스승의 유지에 따라 세키잔젠인(赤山禪院)을 세우고 세키잔 명신을 봉안했다. 교토 동북쪽 히에이산(比叡山) 산중에 있는 엔랴쿠지(延曆寺)의 별원으로서 859년에 건립된 미이데라(三井寺)에 이 명신이 현재 모셔져 있다.

라이샤워 교수는 엔닌의 《입당구법순례행기》를 연구하면서, '중국의 신라인'에 깊은 관심을 두었다. 그의 저서를 번역한 일본어판을 보면 제8장이 '중국에 있어서의 조선인'이란 제목으로 되어 있다. 라이샤워는 당시 신라 출신자들은 중국 동부, 신라, 그리고 일본 사이의 무역을 장악하고 있었으며, 신라인들은 평온한 지중해 연안에서 상인들이 그 주변 영역에 대해 했던 것과 같은 역할을 연출할 수 있었다고 평가했다. 그리고 그 중심지인 회하 하류 지역의 신라인 거주 상태에 대해 다음과 같이 말했다.

신라인 무역상 사회는 산동반도 남안 일대 및 회하淮河 하류 일대에 집중하여 존재했으며, 그것들을 종합하면, 신라와 대당제국의 중심을 연결하는 자연적인 수로를 형성하고 있었다. 중국과 그 동쪽의 여러 나라 사이의 무역에서 주요한 터미널〔종착항〕은 분명히 초주였다. 즉, 그곳은 대운하와 회하를 연결하여 전략적으로도 중요한 지점이었다. 그곳은 대양으로 출항하는 배도, 양주로부터 오는 작은 보트도 만날 수가 있었다. 남쪽으로 향해서는 양자강의 조직에 통하고, 회하, 더 나아가 변하汴河 상류로 강의 배를 저어가면 서쪽으로 향해 도성 쪽으로 갈 수가 있었다.

초주에는 앞서 서술했듯이 거대한 신라 조계租界가 있어서, 신라인 총독〔총관〕이 신라인 지역의 행정을 관장할 정도로 거대했다. 조선인 사회의 크기를 잘 말해 준다. 한 가지 일례를 들면, 839년 봄 일본 사절단의 신라인 통역 김정남金正南이 초주에서 귀국하는 사절단을 위해 아홉 척의 배를 구하고 그것들을 운행할 60명의 신라인 선원들을 고용할 수 있었다. 이들 인물들 가운데 몇 사람인가는 초주에서부터 회하를 조금 내려간 장소인 연수현漣水縣의 마을에서 왔다. 엔닌이 845년에 처음으로 이 마을을 찾았을 때는 마을의 한 곳에서, 그는 또한 그들 자신의 통독 아래에 있는 신라인 지역을 발견했다.

엔닌은 그가 방문한 중국의 각 마을이나 성에서는 신라인 조계에 대해서는 전혀 언급하지 않았다. 하지만 그는 상당히 많은 조선인들이 회하의 하구로부터 북쪽으로 향하여 산동반도의 돌출부까지 해안을 따라 살고 있음을 밝혔다. 이 사회의 최대 집단의 하나가 적산원 가까이 있었음에 틀림없으며, 적산원 아래의 항만은 신라로부터 중국에 도착한 배에서 상륙하는 곳이자, 동시에 거기서부터 중국의 연안을 떠나 고국으로 향하는 항해에 오르는 지점이었던 것이다. 여기에 신라 승원僧院이 29인의 주민을 거느리고 언덕 위에 높이 솟아 있어, 중국과 신라 사이의 거친 바다의 해상안전을 수호하고 있었으며, 이 절의 주위에 엔닌의 후원자인 장영의 총 지위하에 수많은 신라인 민중이 살고 있었던 것이다.

ㅡ田村完誓 譯,《円仁 唐代中國への旅》, 講談社学術文庫, 1999, pp.428-429.

또한 라이샤워는 당시 신라의 해상지배권에 대해 다음과 같이 결론 지었다.

엔닌의 일기도, 다른 자료와 마찬가지로, 일본인들이 극동의 해상무역에서 신라인들과 경쟁하기 시작했음을 보여 주지만, 그들의 도전은 아직 역부족이었다. 비록 일본 견당사의 관료기구가 효율적이지 못하고 혼란스럽다고 하는 것을 인정한다고 하더라도, 일본선에 의한 엔닌의 중국 도해와 그 이후의 산동 연안의 항해, 일본 견당사의 비극적 항해기술〔패배를 고한〕 기록 등은, 뒤에 신라가 엔닌을 아주 쉽게 산동 연안을 몇 번이고 왕복하여 실어 날라주고 마침내 일본에 되돌려 보내 준 스피드와 기동력과 비교한다면, 현저한 대조를 이루고 있음을 인정하지 않을 수 없다.

당시의 신라인과 일본인의 항해기술의 차이는 또 한 가지 사례로 잘 알 수가 있을 것이다. 즉, 일본 견당사가 그들의 주요한 일행의 귀국에 접하여 안전을 기약하기 위해, 60인의 신라인 키잡이와 선원을 고용한 것이다. 최초의 견당사 선단의 각각에 배속된 신라인 통역의 역할도, 항해기술과 관련하여 간과해서는 안 된다. 이들은 상륙 수속 때 외교적으로 대단히 유익했을 뿐만 아니라, 엔닌 자신이 중국 도해의 양상을 전한 바에 의하면, 각 배에 있어서 항해기술상의 전문가의 우두머리 역할을 수행했음을 엿볼 수가 있기 때문이다.

극동에 있어서 제해권을 신라인이 장악하고 있었던 시기는 실제로는 이윽고 한계를 보이게 되지만, 어쨌든 엔닌의 시대에는 신라인들이 세계의 이 지역에서의 해상을 여전히 지배하고 있었던 것이다.

라이샤워는 "어쨌든 엔닌의 시대에는 신라인들이 세계의 이 지역에서의 해상을 여전히 지배하고 있었던 것"이라고 하면서도, "제해권을 신라인이 장악하고 있었던 시기는 실제로는 이윽고 한계를 보이게 되지만"이라고 말했다. 라이샤워는 당나라, 신라, 일본이 공존하던 고대사의 전성기에 주목한 것은 사실이다. 그가 신라인들의 역할을 높게 평가한 것도 사실이다. 그러나 그가 엔닌의《입당구법순례기》를 연구한 이유는 무엇이고, 그 연구의 결과 말하고자 한 것은 무엇일까? 극동 지역을 형성하는 여러 국가들의 역할을 명시하지 않고 관념적으로 극동에서의 평화체제 구축을 희망한 것일까?

4.

7월 3일, 재齋를 한 이후 두타頭陀〔탁발 공양승〕 등과 함께 일행이 되었다. 두타가 말했다. "그대를 전송해서 곧 분주汾州〔산서성 분양현汾陽縣〕에 이르러 길에서 그대를 위해 주인主人〔접대인〕이 되어 주겠소." 오대산 정상에서 남쪽을 향해서 내려가서, 70리쯤 가자 골짜기 안에 사원이 하나 있다. 건물은 허물어지고 사람은 없다. 이름하여 칠불교계원七佛教誡院이라고 한다. 사원의 편액扁額에는 팔지초난야八地超蘭若〔팔지는 보살이 있는 십지十地의 하나. 부동지不動地〕라고 쓰여 있다. 일본 승려 영선靈仙이 일찍이 이곳에서 작고했다. 발해 승려 정소貞素가 영선 상인上人을 곡哭한 시가 있어서, 판板 위에 적어 못으로 박아 벽 위에 있다. 이것을 옮기면 다음과 같다.

일본국日本國 내공봉內供奉 대덕大德 영선화상靈仙和尙을 곡하는 시, 병서幷序

나를 일으켜 준 사람은 응공應公이라고 한다. 공은 삼가 학습하여 스승을 따라 부상扶桑〔일본〕에 이르렀다. 어려서부터 품성과 행실을 크게 하여, 홀로 서서 치림緇林〔승단〕에 드러났다. 나도 또한 몸에 붉게 물들 것을 기약하여〔붉은 색은 얻기 어려운 색이므로, 이를 기원한다는 것으로 교화를 받는 것을 비유함〕, 책 보따리를 짊어지고 와서, 패업覇業〔覇는 貝, 業은 葉, 곧 패엽경의 불경〕을 종주로 삼았다. 원화元和 8년〔813〕 궁추窮秋〔만추〕의 무렵, 역려逆旅〔여관〕에서 공을 만났다. 한마디 말을 주고받는 사이에 도道가 합하여, 도를 논하면서 마음을 다하였다. 정소〔내〕가 주염周塩〔塩은 艶과 통함. 주염은 周到의 뜻〕에 이른 것〔대성大成함〕은, 소자小子가 괜찮은 자였기 때문이 아니리라. 세월의 흐름이 얼마 되지 않아서, 일찌감치 영원鴒原으로 향했다〔형제의 급난急難에 대처하듯이 스승의 명을 받들어 일본으로 향했다〕. 급난에 원조해야 할 일이 지극하여, 너의 마음을 아프게 하는 그런 지경에 이르렀다. 이 영선靈仙 대사는 나의 응공의 사부이다. 불교의 오묘한 이치는 일찌감치 근본의 근본과 계합하여, 장경長慶 2년〔822〕에 오대산에 들어가 입실入室했다. 항상 몸이 청어靑瘀〔생혈生血과 패혈敗血〕의 그릇에 불과함을 혐오하고, 마음으로 흰 원숭이의 울음을 듣지 않고자 했다〔외물에 휘둘리지 않고자 했다〕. 장경 5년〔825〕 일본의 대왕은 멀리 백금을 하사하여, 장안에 도달하였다. 소자는 금과 서신을 전해받아 수령하여, 철륵鐵勒〔금각사金閣寺〕에 이르렀다. 영선 대사는 금을 수령하고는, 1만 알의 사리, 신역 경론經論 2부, 조칙에 대한 답서 5통을 가지고 소자에게 부탁하며, 일본에 이르러 국은國恩에 답사答謝할 것을 청했다. 소자가 곧 허락하였으니, 일낙一諾의 말은 어찌 만 리의 겹겹 파도를 두려워하랴. 모든 인연들의 원조를 받아서, 원대한 목적을 실행하게 되었다. 회귀할 날에 임하여 또 백금을 부탁했다. 태화太和 2년(828) 4월 7일, 돌아와서 영경사靈境寺에 이르렀다. 영선대사를 내방하니, 돌아가신 지 오래되었다. 나는 읍혈泣血하고 나는 붕통崩痛하였다. 곧바로 사중四重(거듭거듭)으로 명발溟渤(大海原)에 배를 띄워, 죽음 보기를 귀향하는 일과 같이 하고, 연달아 다섯 번 행리行李를 식경食頃처럼 여겼다. 즉 응공과 본래 교류를 맺은 결과이다. 나는 처음 있으면 끝 있음을 믿노라(처음에 약속했으면 반드시 끝을 맺어 지켜야 한다는 것을 믿는다는 뜻). 부디 영성靈聖(대사의 영혼)과 범속凡俗이 모두 공空임을 나타내어, 시냇물에 천추의 역사를 오열하는 소리를 씻어 버리시오. 만일 운송雲松(구름에 솟은 소나무, 긴 시간)의 관점에서 나의 만 리의 여행이 실기失機한 것을 서글퍼한다면, 4월에 명협蓂莢이 떨어진 후(4월이 지난 후) (이미 져 있을 모란을 보러) 한번 길에 올라 도성을 바라보는 것이라 어쩔 수 없다고 하리라.

> 제도濟度 못하는 미망迷妄의 이 마음은 절로 눈물을 떨군다만
> 영선선사의 정은 법안에 의해 유천(저승)에서 닫혀 있노라
> 훗날 만일 창파의 객인 나에 대해 묻는다면
> 분명히 말하리라, 달마처럼 신발을 벗어놓고 백족으로 돌아갔다고
>
> 不舵塵心淚自涓(불흘진심루자연)
> 情因法眼奄幽泉(정인법안엄유천)
> 明朝儻問滄波客(명조당문창파객)
> 的說遺鞋白足還(적석유혜자족환)
>
> —태화太和 2년 4월 14일 적다

840년 7월에 엔닌은 밀교를 배우기 위해 장안으로 향했는데, 길을 가는 도중에 7월 3일에 칠불교계원에 들러, 발해 승려 정소貞素가 쓴 〈영선삼장靈仙三藏을 곡하는 시 및 서〉를 보고는 그것을 베꼈다. 칠불교계원은 대력영경사大曆靈境寺의 말사였다.

영선 즉 레이센은 일본 헤이안 시대 전기의 법상종法相宗의 승려이다. 나라(奈良)의 고후쿠지(興福寺)에서 공부하고, 804년(일본 延曆 23년, 당나라 貞元 20)에 제

18차 견당사의 한 사람으로서 45세에 당나라에 갔다. 같은 시기에 사이초(最澄), 구카이(空海) 등이 있다. 장안에서 공부하고 810년(당나라 元和 5)에 예천사醴泉寺에서, 카시미르에서 온 반야삼장般若三藏이 청해 온《대승본생심지관경大乘本生心地觀經》을 번역할 때 필수筆受와 역어譯語를 맡았다. 811년(당나라 元和 6)에 삼장법사三藏法師의 호를 받았다. 하지만 820년에 헌종이 배불론자에게 살해되자, 박해를 피해 오대산으로 갔다. 827년에 87세로 죽었는데, 독살당했다고 전한다.

발해 승려 정소貞素(?-828)는 813년 가을에 당나라의 수도 장안에 가서 응공應公을 스승으로 삼았다. 그런데 응공의 스승이 일본 승려 영선이었으므로 영선과도 친교를 맺었다. 다시 825년 당나라에 갔을 때는 일본에서 영선에게 보내는 황금 100냥과 편지를 오대산 철근사에 머물러 있던 영선에게 전달하였다. 귀국할 때 편지와 사리, 새 경전 등을 본국에 전달해 줄 것을 부탁받고, 그해 발해사 고승조高承祖를 따라 일본에 가서 그것들을 전해 주었다. 이때 일본 측으로부터 영선에게 전달할 황금 100냥을 또 다시 의뢰받았다. 827년 겨울에 사신단 일행을 따라 당나라에 간 그는 828년 4월 그것을 전달해 주기 위해 오대산에 들렀다. 그러나 영선은 이미 영경사로 자리를 옮겼고, 그곳에서 독살된 뒤였다. 그는 그해 바닷길로 귀국하다가 도리포(요동반도 끝)에서 풍랑을 만나 일행과 함께 죽었다. 이때 영선에게 전달하지 못한 황금도 침몰되었다.

엔닌의《입당구법순례행기》는 발해에 관한 기록이 상당히 많다. 특히 엔닌이 기착한 등주와 청주青州는 발해와 당나라의 무역이 활발하던 곳이었다. 당나라는 등주에 호시互市(공적 교역 장소)인 신라관과 함께 발해관을 설치했다. 엔닌은 문등현 청산포에서 발해의 교관선이 정박해 있는 것을 보았다.

발해는 713년에 대조영이 아들을 당나라에 보내 교역할 수 있도록 요구하여 당나라 현종玄宗의 허락을 얻었다. 또한 발해는 836년에 숙동熟銅을 등주에서 교역하고자 했고, 당나라 절도사나 관리들도 발해와의 무역을 행했다.

《신당서》〈발해전〉에 의하면, 발해는 대외교통로로 일본도, 신라도, 조공도, 영주도 그리고 거란도契丹道를 열었다. 일본도는 동경용원부를 지나 동남쪽의 포시에트만의 크라스키노에 도달하여 일본으로 향하는 길이며, 신라도는 남경남해부를 경유하여 신라에 이르는 길이었다. 조공도와 영주도는 모두 중국으로 가는 교통로로, 전자는 서경압록부를 지나 바닷길로 당나라 등주登州에 이르고, 후자는 육로로 장령부를 통과하여 당나라 동북 지방의 영주營州에 이르렀다. 거란도는 발해의 서쪽에 위치한 부여부를 지나 거란으로 통했다.

9세기 중엽 이연효李延孝와 이영각李英覺은 발해의 무역상으로서 이름이 높았다. 이들은 발해국 상주商主라고 불릴 정도로 무역단을 이끌고 있었다. 이연효 등은 853-877년경 8회에 걸쳐 당나라 월주나 태주를 떠나 일본을 왕래했다. 이연효는 무역활동을 하는 한편, 일본의 원진圓珍, 원재圓載 등을 입당 혹은 귀국시켰다.

이밖에도 요동 혹은 발해국 서쪽 해안 출신의 상인들은 산동반도와 양자강 사이를 왕래하며 연안 무역을 하다가, 신라의 서쪽 해안에서 무역을 하기도 했다. 발해의 민간상인들이 사무역을 행하고 있었음을 알 수 있다.

5.

엔닌은 회창법난 직전에 장안에 갔다가 법난을 계기로 귀국했다. 장안에 있는 동안 그는 여러 사찰에서 신라 승려들을 만났다. 당시 도시계획에 맞추어 조성된 장안성 안에는 적지 않은 사찰이 있었다. 그 숫자는 대략 120여 소로 헤아려진다. 사찰이 집중된 곳은 주작문朱雀門 거리 서쪽 제3가인데, 특히 포정방布政坊에 제일 많았다고 한다. 그곳의 많은 사찰에 신라 승려들이 있었다. 수, 당 때 입학승은 69명이라고도 하고 당나라 때만 53명이라고도 하며 많게는 당나라 때 신라 승려가 130명에 이른다는 설도 있다.

엔닌은 장안 남교南郊의 개화방開化坊에 있었던 대천복사大薦福寺에 들러, 신라 승려를 모시는 중국인 상좌승의 이야기를 기록했다. 신라 승려를 모시던 중국 상좌승이 법난法難 때 신라 승적에 잘못 올라 그대로 절에 남아 있다가 외국 승려가 추방될 때 그도 신라로 갈 수밖에 없었다. 그 상좌승은 가족과 헤어지지 않기 위해 관가로 찾아다니면서 백방으로 자신의 국적을 밝혔으나, 수포로 돌아갔다는 이야기이다. 그는 관원 몰래 도망을 쳤다고 한다.

해동승려는 중국 사찰에서 대덕大德, 고승高僧, 주지승主持僧으로 있기도 했고, 역경 활동에서도 증의證義, 필수筆受, 철문輟文 등을 맡았다. 황제가 내린 대덕으로는 원측圓測, 승장勝莊, 신방神昉 등이 있고 주지로는 장경사章敬寺의 법청法淸이 있었다. 엔닌은 신라인 가운데 신세를 졌던 장안 사람인 이원좌李元佐는 곧 법청法淸 스님이다. 해동의 입학·구법승들은 신라로 귀국할 때 중국의 밀교를 포함한 여러 종파의 설법은 물론, 불경과 불화를 가지고 왔을 것이다.

한편 일본 불교는 한반도를 거쳐 전해져 처음에는 도래인을 중심으로 민간에 전파되었다. 공식적으로 전래된 것은 538년 이후라 한다. 그 뒤 숭불과 배불의 찬반론이 있은 뒤 쇼토쿠 태자(聖德太子)가 불교 수용을 확정함으로써 불교가 뿌리를 내렸다. 쇼토쿠 태자는 불교에 귀의하고《법화경》과《유마경》의 의소義疏를 썼다. 이후 일본은 중국 본토로부터 직접 불교를 받아들이기 시작했다.

나라 시대에는 중국의 여러 종파가 전해져 이른바 남도육종南都六宗이 성립했다. 즉, 삼론종三論宗·법상종法相宗·성실종成實宗·구사종俱舍宗·율종律宗·화엄종華嚴宗이 그것이다. 헤이안 시대에는 사이초와 구카이가 교토로 천도한 간무천황(桓武天皇)의 신임을 얻어 새로운 불교를 열었다. 사이초는 천태종을 배우고 교토를 떠나 히에이산(比叡山)에 들어갔다. 뒤에 칙허를 얻어 당나라에 들어가 천태를 비롯하여 밀密·계戒·선禪을 합쳐 4종 합일의 천태 법화종天台法華宗을 창립했다. 구카이는 당나라 장안에서 혜과惠果로부터 진언밀교를 배우고 귀국해서 진언종眞言宗을 창설하고 고야산高野山의 금강봉사金剛峰寺, 교토의 도지(東寺)를 세워, 호국불교의 근본도량으로 삼았다. 일본에서는 가마쿠라(鎌倉)시대와 무로마치(室町)에 불교가 전성하고, 에도 시대에는 신도가 중심이 되기는 했으나 불교문화가 깊은 뿌리를 형성하여 신도습합의 독특한 문화가 형성되었다.

교토 히에이산 정상 가까이에 위치한 엔랴쿠지(연력사延曆寺)에는 2002년 1월 13일, '청해진대사 장보고'라는 비명이 새겨진 기념비가 건립되었다. 엔랴쿠지는 788년에 일본 천태종의 창시자인 전교대사傳教大師 사이초가 간무천황의 명에 의해 세운 사원으로, 많은 고승을 배출했다. 법당이 없고 히에이산 그 자체가 엔랴쿠지를 나타낸다. 곤폰추도(根本中堂, 주신전, 국보전), 가이단(戒壇, 서품소), 덴교대사의 묘소, 적산궁 등 부속건물이 있다. 1994년 12월, 유네스코의 세계유산조약에 의해 세계문화유산으로 등록되었다. 일본 최대 종파인 이 천태종의 본산 엔랴쿠지에 청해진대사 장보고 기념비가 세워진 것은 의미하는 바가 매우 크다.

참고문헌

김문경,《엔닌의 입당구법순례행기入唐求法巡禮行記》, 중심, 2001.

허일,〈8-9세기 우리나라 서해 및 인접 해역의 항로와 선형 특성에 관한 연구〉, 부경대학교 박사학위 논문.

박현규,〈渤海高僧 貞素의 중국 行蹟〉,《한중인문학연구》제21집, 한중인문학회, 2007. 8.

王承禮 저, 송기호 역,《발해의 역사》, 한림대 출판부, 1987.

류성준,《신라와 발해 한시의 당시론적 고찰》, 푸른사상, 2009.7.

陳尙勝,《中韓交流三千年》, 中華書局, 1997.

陳尙勝,《中韓關係史論》, 齊魯書社, 1997.

楊昭全,《中朝關係史論文集》, 世界知識出版社, 1988, p.51 '新羅僧侶入唐求法一覽表'.

陳景富,《中朝佛教文化交流史》, 中國社會科學出版社, 1993.

足立喜六訳注, 塩入良道補注·解説,《入唐求法巡礼行記》, 東洋文庫 全2巻, 平凡社, 1970.

深谷憲一譯,《入唐求法巡礼行記》, 中公文庫, 中央公論社, 1990.

小野勝年,《入唐求法巡礼行記の研究》全4巻, 新版, 法藏館, 1989.

エドウィン·O·ライシャワー(Edwin O.Reischauer) 著, 田村完誓 譯,《円仁唐代中國への旅—〈入唐求法巡礼行記〉の研究》, 講談社学術文庫, 1999. 구판은 実業之日本社와 原書房에서 간행.

玉城妙子,《円仁求法の旅》, 講談社, 2000.

斎藤円真,《天台入唐入宋僧の事跡研究》, 山喜房仏書林, 2006.

阿南ヴァージニア·史代(阿南惟茂夫人) 著, 小池晴子 譯,《円仁慈覚大師の足跡を訪ねて—今よみがえる唐代中國の旅》, ランダムハウス講談社, 2007.

佐伯有清,《最後の遣唐使》, 講談社現代新書, 新版講談社学術文庫, 2007.

上田雄,《渤海使の研究》, 明石書店, 2002.

예술혼의 승화와 내면 응시,

마쓰오 바쇼, 《오쿠노호소미치》

1.

일본의 닛코(日光)는 도쿠가와 이에야스의 신사인 도쇼궁(東照宮)이 있는 곳이다. 도쇼궁의 동남쪽 계단 아래에는 조선 인조 때 에도 막부의 요청으로 만들어 보낸 동종이 있다. 이식李植이 명문銘文을 짓고 오준吳竣이 글씨를 써서 새겼다. 인조는 도쿠가와 이에야스가 도요토미 히데요시를 타도했다는 사실에서 도쿠가와 막부와 우호를 맺을 명분을 찾았다. 그렇기에 막부가 동종을 요청했을 때 그 요구를 들어준 것이다.

도쇼궁 남쪽의 언덕에는 도쇼궁을 창건한 덴카이(天海) 스님의 묘역인 지겐도(慈眼堂)가 있다. 덴카이는 사후에 천황으로부터 지겐대사(慈眼大師)라는 칭호를 받았다. 그의 묘역에는 부도의 양쪽에 육부천六部天이 늘어서 있다. 덴카이는 불교의 이론을 이용해서 도쿠가와 이에야스를 신격화했다. 곧, 도쇼다이곤겐(東照大權現)을 신으로 삼고 이에야스를 군주로 승격시켜 신과 군주가 일체라는 신군神君 사상을 만들어 냈다. 에도 막부로서는 자신들의 권력을 절대화시켜 준 공로를 잊을 수가 없어서, 그의 무덤을 도쇼궁의 바로 앞에 만들어 주었다.

47_도쇼궁의 조선동종

에도 시대의 시인 마쓰오 바쇼(松尾芭蕉, 1644-1694)는 1689년에 동북 지방에로의 여행길에서 노래한 하이쿠들을 모은《오쿠노호소미치》(おくのほそ道)에서, 음력 4월 1일, 양력으로는 5월 19일에 도쇼궁을 참배하고 난 감회를 남겼다. "도쇼궁에 모셔진 이에야스의 위엄은 천하에 빛나고 성은은 방방곡곡에 넘쳐서, 사농공상의 모든 백성이 안락한 생활을 하는 태평성대를 이루고 있다. 이 성스러운 산에 대해 더 이상 언급하는 것은 황송하기에 이만 붓을 놓는다." 이렇게 적고는 다음 하이쿠를 읊었다. 김정례의 번역을 함께 소개한다.

> あらたうと青葉若葉の日の光
> あらたうと あおばわかば(青葉若葉)の ひ(日)のひかり(光)
> 아 거룩한지고 / 녹음과 신록 위에 / 빛나는 햇빛

그 뜻은 이렇다. 아아, 거룩한지고. 햇빛이 신록과 녹음 위로 찬란히 쏟아지고 있도다. 그 모습은 마치 도쇼궁에 모신 도쿠가와 이에야스 님의 위엄 넘치는 빛이 이 태평성대의 세상 방방곡곡을 비추고 있는 것 같아라. 도쇼다이

곤겐의 은덕이 천하에 가득함을 찬양했으니, 에도 막부의 체제에 순응하는 뜻을 드러내는 한편, 서민의 생활이 안정된 것에 무한한 감사의 뜻을 표한 것이다.

하이쿠는 17음의 짧은 형식으로 이루어져 있다. 김정례가 그것을 우리말의 17음으로 번역하기 위해 고심했다. 다만 '아라타우토'를 '아 거룩한지고'의 6음으로 번역했는데, 그것은 그 표현이 감탄사인 '아라'와 '거룩하다'는 뜻의 '타우토'로 이루어져 있는 원뜻을 살리기 위한 것이었으리라.

하이쿠는 사상이나 이념의 덩어리를 드러내지 않는다. 거대담론을 시도하지 않는다. 사물이나 풍경을 보고 그것을 느낀 순수한 감정을 간결한 글귀로 표현한다. 하이쿠는 장황하게 사설을 늘어놓거나 한탄이나 푸념을 내뱉지 않고 주관적 감정이나 사상을 응축시켜 하나의 이미지로 표현한다. 무거움이 아니라 가벼움을 지향하는 듯하면서, 거꾸로 고도의 정신적 긴장을 유발한다.

따라서 하이쿠는 시인의 이미지즘의 시와 유사하되, 이미지즘의 시가 객관에 충실한 그림을 그려내는 데 주력한 것과 달리, 객관에 이끌리지 않고 주관의 이미지를 드러내는 데 공을 기울인다. 초장 중장 종장으로 이루어지는 우리나라의 시조와 구조가 비슷하면서도 시조보다 훨씬 짧다. 또 일본의 전통시가인 와카(和歌)가 5·7·5·7·7의 음수율을 이용하는 데 비해 하이쿠는 5·7·5라는 극히 짧은 음수율을 이용한다. 하이쿠는 당시에는 하이카이(俳諧)라고 했다. 유머, 익살, 골계미라는 뜻을 지닌다. 여기서는 편의상 하이쿠라고 부르기로 한다.

바쇼의 《갑자음행甲子吟行》에 다음 구가 있다.

> 草枕犬も時雨るるか夜の聲
> くさまくら いぬもしぐるるか よるのこゑ
> 풀베개 맡에 / 개도 겨울비 내리는 / 밤을 짓는 소리

'풀베개'란 객지에서 자는 잠이라는 의미. 시구레(時雨)가 내리는 밤 객수에

잠 못 이루고 있노라니 멀리서 개 짖는 소리가 들려온다. 시구레는 늦가을에서 초겨울에 걸쳐 오다 말다 하는 비를 말한다. '시구루루'(しぐるる)는 '겨울비에 젖다'는 의미가 아니라 '겨울비가 내리다'의 의미이다. 어둠 속에서 우는 저 개의 마음에도 비가 내리는가! '시구레'에 담겨 있는 시적인 애감哀感을 빌려서 정서적인 함축성을 노린 것이다. '개에게도 비 내리는가'라고 하여 자신의 심경을 이입시켰다. '한밤의 소리'에는 개 짖는 소리를 묘사함으로써 오히려 겨울밤의 적막함을 극대화시킨 것이다.

古池や蛙飛びこむ水のをと
ふるいけや かわずとびこむ みずのおと
오래된 못에 / 개구리 뛰어드는 / 물의 소리

43세 때인 1686년에 에도(江戸) 혼초(本町)의 롯켄보리(六間堀)의 유명한 고이야(鯉屋, 잉어 판매업자) 도우에몬(藤右衛門)의 저택이 있던 곳이 물풀에 덮여 있는 것을 보고 지은 것이라고 한다.

인적 드문 산속 자그마한 연못에 개구리 한 마리가 뛰어드는 모습을 물소리로 응축시켰다. '오래된 연못'이란 고즈넉하고 조화로운 세계를 상징한다. 대립도 없고 경쟁도 없는 정적靜寂의 세계다. 그 정적을 깨는 것이 개구리의 행동이지만, 그 행동 때문에 더욱 고즈넉하고 조화로운 세계가 부각된다.

하이쿠를 극도의 예술성으로까지 발전시킨 인물이 바쇼다. 그가 하이쿠에 극도의 예술미를 지니게 만든 것은 기행, 곧 여행을 통해서였다.

2.

바쇼는 현재의 미에현(三重縣) 이가우에노(伊賀上野)에서 하급 무사이자 농민이었던 사람의 2남 4녀 중 셋째(차남)로 태어났다. 처음에는 호를 무네후사(宗房)나 도세이(桃青)라 하다가 나중에 바쇼라고 했다. 열아홉 살에 도도 번(藤堂蕃)이가 부(伊賀府)의 사무라이 대장 도도 신시치로(藤堂新七郎)가에서 벼슬을 살았다. 이때 도도가의 상속자 도도 요시타다(藤堂良忠)의 총애를 받으며, 그와 하이카이를 통해 교분을 쌓았다. 하지만 23세 되던 해에 요시타다가 요절하자 사무라이가 될 길이 완전히 막히고 말았다. 이때 교토로 가서 와카, 의술, 신도, 불교 등을 배운 듯하다. 30세부터 37세까지는 에도에서 생활하면서, 당시 교토를 중심으로 유행하던 단린 하이카이(談林俳諧)에 탐닉했다. 37세 되던 1680년에는 에도의 시내를 떠나 후카가와(深川)에 은둔했다. 38세 되던 1681년에 제자 리카(李下)가 보내온 파초를 심고, 그 오두막을 바쇼암(芭蕉庵)이라 불렀다.

48_바쇼 초상(今井金吾, 《奥の細道の旅》, 日本交通公社, 1989)

그런데 41세 되던 1684년 8월에 고향인 우에노(上野)에 가서 어머니 묘소에 참배하는 것을 표방하면서 '노자라시 기행'(野ざらし紀行)에 올랐다. '노자라시'는 '들판의 해골'이라는 뜻이다. 그때 그는 이런 하이쿠를 읊었다.

野ざらしを心に風のしむ身かな
のざらしを こころにかぜの しむみかな
들에 뒹굴리란 / 이 마음에 바람은 / 파고드누나

"길가에 뒹구는 해골이 되더라도"라고 각오하고 여행을 떠나려 하니 가을바람이 몸에 배어 온다는 뜻이다. 또한 서문에서는 이렇게 말했다.

천 리 먼 길 여행을 떠나는데, 중도의 식량을 준비하지도 않고, 깊은 밤 달빛을 받으며 자연 그대로의 이상향으로 들어간다고 생각하며, 옛 사람들의 정신을 따라 여행길을 떠나려 한다. 1684년 음력 8월 가을, 스미다 강가의 근처의 누추한 집을 떠나려 하니 바람의 소리도 어쩐지 차갑게 느껴진다.

千里に旅立て, 路糧を包まず, '三更月下無何に入る'と云けむ, 昔の人の杖にすがりて, 貞亨甲子秋八月, 江上の破屋をいづるほど, 風の聲, そぞろ寒氣也.

《장자》〈소요유〉에 "근교에 있는 무덤에 갔다오는 자는 하루만에 다녀올 수 있고 배 또한 부르다. 백 리를 가려는 자는 미리 양식을 준비해야 한다. 천 리를 가려는 자는 3개월 동안 양식을 모아야 한다"는 말이 있다. 그런데 바쇼는 천 리를 기행할 예정이지만 식량을 준비하지 않았다고 했다. 자유로운 마음으로 기행에 나서, 객사마저도 감내하겠다는 각오가 있기 때문이었다. 삼경은 심야를 뜻하고, 심야의 달빛 아래서 무하의 세계로 들어간다고 하는 것은, 《장자》에서 말한 무하유無何有의 경지로 떠난다는 것을 의미한다. '소요유'는 유용과 무용을 떠난 세계 속에서 자유를 즐기는 생활을 뜻한다.

곧, 바쇼의 기행은 소요유와 통한다. 장자는 "인간은 자연의 일부이기 때문에 자연에 거스르지 않고 자연으로 돌아가 자연과 일체가 되었을 때 진정한 의미의 진리가 개시된다"라고 했다. 바쇼의 기행도 자연 속에서 자신의 궁극적이고 정신적인 삶의 거처를 찾으려는 노력이었다.

바쇼는 1684년 8월부터 1685년 4월까지 약 9개월 동안 문하생인 치리(笹村千里)를 데리고 노자라시 기행을 했다. 9월 8일에 고향 이가우에노에 이르러 어머니 묘소에 참배를 하고 4, 5일 체류한 후, 에도에서부터 동행한 치리의 본집이 있는 야마토노쿠니(大和國)의 다케우치무라(竹内村)으로 갔으며, 요시노산(吉野山)으로 가서 사이교 법사(西行法師)의 암자의 흔적을 감상한다. 그 후 야마토노쿠니(大和國)에서 비와호(琵琶湖) 남안의 오우미지(近江路)로 가서 미나모토노 요시토모(源義朝)의 아내 도기와고젠(常磐御前)의 묘를 참배하고, 다시 길을 떠나 후와(不破) 관문의 자취를 감상했다. 9월 하순에는 기후현(岐阜縣) 오가키(大垣)에 이르고 거기서 구와나(桑名)로 가서 배로 아쓰다(熱田)로 갔다. 그리고 고향인 이가우에노의 형 집으로 가서 새해를 맞았다. 다시 나라(奈良)로 가서 도다이지(東大寺) 니가쓰도(二月堂)의 오미즈토리(お水取)를 참관하고 교토로 가서 나루타키(鳴瀧)에 있는 부호 미쓰이슈후(三井秋風)의 별장에 체류했다. 3월 중순에는 오쓰(大津)로 가서 그곳 문인들과 교제했다. 그리고 다시 아쓰다와 나루미(鳴海), 나고야 등으로 가서 그 주변의 하이진(俳人)들과 자주 하이카이 모임을 갖고, 4월 10일 이후 나고야를 떠나 카이(甲斐)에 들르고, 4월 말에 에도로 돌아왔다.

일본에서는 하이쿠나 한시를 지으면서 곳곳에 형성되어 있는 문단을 순회하는 작가들이 많았다. 여성 작가도 있었다. 바쇼의 문학성은 무소유를 지향한 걸식 선업, 은둔과 여행에 인생을 바친 탈속 행위와 지방 문인들과의 공감을 모태로 이루어졌다. 그는 변방에 산재하는 와카의 명소를 탐방하고 역사 속의 패자들을 진혼하는 한편, 자기 유파의 세력 확대를 꾀했다.

게다가 그는 여행에서 '시를 통한 구도求道'를 실행했다. 언어로써 표현 불가능한 것을 언어로 잡아내려 하는 시의 본질은 곧 실체를 포착할 수 없는 '도'를 포착하려는 인간의 비극적 결단과 같다. 인위적이고 주관적인 것을 벗어나 생성 변화하는 만물의 조화의 원리에 따르려는 자세를 배워 나갔으며, 그 새로운 감각을 하이쿠로 승화시켰던 것이다.

- 하코네(箱根) 관문을 넘는 날은 비가 내린 탓에 산이 모두 구름 속에 숨어 있었다.

  霧しぐれ富士を見ぬ日ぞおもしろき
  안개비 가려 / 후지산 보이지 않는 날 / 각별한 정취

  마침 안개비가 내려, 주위는 온통 뿌옇다. 맑은 날씨라면 보였을 후지 산의 모습도 오늘은 구름에 가려 보이지 않는다. 그 경치 또한 각별하여 정취가 깊구나.

- 후지카와(富士川) 강 부근에 이르렀을 때, 세 살 정도의 버려진 아이가 너

무도 슬프게 울고 있었다. 아이 부모는 급류로 이름 높은 이 강에 아이를 버리고 자신들만 이 세상 풍파를 살아가고자 한다는 것을 견딜 수 없어, 결국 이슬이 마를 때까지의 덧없는 운명인 것을 알면서도 이렇게 강가에 버려 두었을까. 이 작은 싸리꽃 같은 아이에게 부는 차가운 가을바람을 보며, 가물거리는 약한 생명이 오늘 밤에 질까 내일이면 시들까 생각하니 도무지 가여워서, 소맷자락에서 먹을 것을 꺼내 던져 주고 지나면서 읊은 하이쿠.

猿を聞人捨子に秋の風いかに
잔나비 울음 듣는 이 / 기아에게 부는 가을의 / 바람을 어쩌랴

예로부터 시인들은 잔나비 우는 슬픈 소리에 소매를 적시며 여행을 했다지만 나는 이 가을 여행길에서 하필 버려진 아이까지 서럽게 울어대는 모습과 맞닥뜨렸다니, 옛 사람이여, 가을바람 속에 우는 저 아이를 그냥 보고 지나칠 수밖에 없으니, 어찌하면 좋을까요.

- 낯선 곳에서의 나그네 잠에 질렸기에, 아직 날이 새기 전에 일어나 어둑어둑한 해변 쪽으로 나가서 본 경치.

明ぼのやしら魚しろきこと一寸
어스름 새벽 / 뱅어의 하이얀 빛 / 고작 한 치

먼동이 트기 전, 천지는 아직 희끄무레한데, 겨우 한 치 길이의 뱅어가 하이얀 색깔을 드러내고 있구나.

3.

바쇼는 다시 1687년 8월에 《가고시마모데》(鹿島詣), 그 10월에 《오이노고부미》(笈の小文) 기행, 1688년에 《사라시나기코》(更科紀行)의 기행을 했다.

일본의 기행문은 기노쓰라유키(紀貫之)와 가모노조메이(鴨長鳴), 아부쓰니(阿佛尼) 등이 뛰어난 문장으로 여정과 정취를 섬세하게 기술한 바 있다. 하지만 그 이후의 기행문은 선인들의 뒤만 좇았지, 참신하지 못했다. 바쇼는 《오이노

고부미》의 서문에서, 중국의 시인 소식蘇軾이나 황정견黃庭堅의 시에서 볼 수 있는 진기함과 새로움이 없다면 기행문은 쓰지 말아야 한다고 했다. 문학적 각오와 함께 대단한 자부심이 느껴진다.

> 일본의 기행문은 기노쓰라유키와 가모노조메이, 아부쓰니 등이 뛰어난 문장으로 여정과 정취를 섬세하게 서술한 바 있다. 그러나 그 이후 모두 어딘가 엇비슷해진 채 선인들의 뒤만 좇느라 그 누구도 거기에서 벗어나지 못하고 있다. 하물며 나야 지식이 얕고 재주가 없는 사람이고 보니, 내가 쓴다고 해도 거기에 미치지는 못할 것이다. "그날은 비가 내렸고, 저 날은 낮부터 개었으며, 거기 어디에 소나무가 있고, 저기 어디에 무슨 강이 흐르고 있었다"는 따위는 누구든 말할 수 있으리라. 중국의 시인 황산곡黃山谷〔황정견〕이나 소동파蘇東坡〔소식〕의 시에서 볼 수 있는 진기함과 새로움이 없다면 기행문은 쓰지 말아야 한다.

- 아마쓰나와테〔天津なわて, 현재의 도요하시시(豊橋市) 아마쓰초(天津町)〕라는 곳은 논 사이로 오솔길이 나 있는데, 바다에서 불어오는 바람이 아주 매서웠다.

  冬の日や馬上に氷る影法師
  겨울 햇빛에 / 말 위에 얼어붙는 / 나의 그림자

  흐릿한 겨울 햇빛 속에 아마쓰나와테를 가고 있자니, 저쪽에서는 살을 에는 듯한 바닷바람이 휘몰아쳐 온다. 그 바람 속을 헤치고 가자니, 말 위에 움츠리고 있는 내 모습은 그림자와 함께 얼어 버렸도다.

움츠러든 자기 자신을 말 위의 그림자로 객관화하여 실루엣풍으로 그려내었다. 장황한 한탄이나 푸념이 아니라 집약된 감성이 미학적 긴장을 느끼게 한다. 무거움이 아니라 가벼움을 지향하는 듯하면서, 거꾸로 고도의 정신적 긴장을 유발한다.

1689년 음력 3월 하순, 바쇼는 문하생 가와이 소라(河合曾良)를 대동하여 에도를 출발해서 '오쿠노호소미치'의 여행을 떠났다. 오쿠는 아직 문물이 발달하지 못했던 오지인 일본 동북 지방을 가리키는 말이다. 바쇼는 닛코(日光)에 들르고 시라카와노세키(白河關)를 넘어, 미야기현(宮城縣)의 센다이(仙台)와 마쓰시마(松島), 이와테현(岩手縣)의 히라이즈미(平泉), 야마카타현(山形縣)의 오바나자와(尾花澤), 아키타현(秋田縣) 데와(出羽)의 기사카타(象潟)를 돌아보았다. 이렇게 동북 지방을 돌아본 후에는 다시 이시가와현(石川縣)의 가나자와(金澤), 후쿠이현의 후쿠이(福井)를 거쳐 남쪽으로 내려가, 쓰루가(駿河)를 거쳐 음력 9월 3일에 나고야 북서쪽의 오가키(大垣)에 도착했다. 7개월에 걸쳐 약 2,400킬로미터를 걸은 것이다.

바쇼는《오쿠노호소미치》의 첫머리에서, 당나라 이백의〈춘야연도리원서春夜宴桃李園序〉에서 어구를 따와 세월(인생)이 나그네 길과 같다고 비유하면서 여행길에 오르는 자유로운 심경을 드러내었다. 김정례의 번역문을 함께 소개한다.

> 月日は百代の過客にして, 行かふ年もまた旅人也. 舟の上に生涯をうかべ, 馬の口とらへて老をむかふるものは, 日々旅にして旅を栖とす. 古人も多く旅に死せるあり. 予もいづれの年よりか, 片雲の風にさそはれて, 漂泊の思ひやまず. 海浜にさすらへ, 去年の秋江上の破屋に蜘の古巣をはらひて, やや年も暮, 春立てる霞の空に, 白川の関こえんと, そぞろ神の物につきて心をくるはせ, 道祖神のまねきにあひて取るもの手につかず, もも引の破をつづり, 笠の緒付けかえて, 三里に灸すゆるより, 松島の月先心にかかりて, 住める方は人に譲り, 杉風が別墅に移るに, 草の戸も住み替る代ぞひなの家, 面八句を庵の柱に懸置.

> 세월은 영원한 여행객이고, 오고가는 해 또한 나그네이다. 사공이 되어 배 위에서 평생을 보내거나 마부가 되어 말 머리를 붙잡은 채 노경을 맞이하는 사람은, 그날그날이 여행이기에 여행을 거처로 삼는다. 옛 선인들 중에도 많은 풍류인들이 여행길에서 죽음을 맞이했다. 어느 해부터인가, 나도 조각구름을 몰아가는 바람결에 이끌려 방랑하고픈 생각이 끊이지 않아, 저 먼 변방의 해변을 정처 없이 거닐다가, 지난해 가을 스미다가와 강가에 있는 오두막으로 돌아와 오래된 거미줄을 걷어내고 일단 정착했다. 그러나 이

읏고 한 해도 저물고 새해를 맞아 입춘의 안개가 피어오를 즈음이 되니, 봄 안개 자욱할 시라카와 관문을 넘어 저 아득한 오쿠 지방으로 여행을 떠나고픈 바람으로, 마치 소조로 신神이 들린 듯 마음이 뒤숭숭하던 터에, 도조신道祖神이 부르는 듯하니, 아무것도 손에 잡히지 않았다. 여행용 바지의 해진 곳을 깁고, 삿갓 끈을 새로 달로, 무릎 아래 경혈에 뜸을 뜨는 등 여행 채비를 하고 있자니, 마음은 어느새 예로부터 아름답기로 이름난 마츠시마 섬의 보름달에 먼저 가 있는 듯하다. 지금까지 살던 집은 다른 사람에게 물려주고, 제자 산푸의 별장으로 옮기매,

오막살이 초가도/주인이 바뀌는구나/히나 인형의 집

이것을 홋쿠(發句)로 하는 오모테 8구(表八句)를 이별의 징표로 바쇼암의 기둥에 걸어 두었다.

바쇼는 살던 집을 다른 사람에게 물려주고 떠났다.

이 여행에서 바쇼는 도쿄와는 동떨어진 황량한 풍토를 바라보면서 불안과 비애의 감정을 극대화시키고, 그것을 매우 감각적이고 찰나적인 언어로 표현했으며, 우주와 인간사의 무상함을 응시하면서 그 찬란한 슬픔을 곱씹었다.

바쇼는 기행 때 예로부터 와카(和歌)의 소재가 된 명승지인 우타마쿠라(歌枕)를 하나하나 탐방했다. 그것은 선행하는 와카 작가들의 예술세계를 추억하면서 자신의 예술세계를 열고자 한 것인데, 그와 동시에 각 명승지에 얽힌 역사를 반추하면서 인간 삶의 이미에 대해 사색하는 기회를 가진 것이다. 음력 5월 13일 이와테현의 히라이즈미(平泉)에서 바쇼는 다음과 같이 긴 서문을 동반한 하이쿠를 읊었다.

후지와라(藤原) 가문의 3대에 걸친 영화도 한순간의 꿈으로 덧없이 사라지고, 지금은 폐허가 된 히라이즈미 관저의 대문이 있었던 유적은 여기서 10리나 밖에 있어서 지난날의 크기를 짐작하게 한다. 히데히라(秀衡) 관저 유적은 논밭이 되고, 그가 저택의 정원에 만들었던 긴케이 산(金鷄山)만이 옛

형태를 남기고 있다. 먼저 미나모토 요시쓰네가 기거하던 다카다치(高館)에 오르자, 기타가미가와(北神川) 강이 눈 앞에 흐르고 있다. 이 강은 멀리 북쪽 난부(南部) 지방으로부터 흘러들어오는 큰 강이다. 고로모가와 강(衣川)은 이즈미성(和泉城)의 주변을 돌아, 이곳 다카다치 아래에서 기카가미가와 강으로 흘러 들어가고 있다. 야스히라 등 후지와라 일족의 유적은 서쪽으로 1리 정도 떨어진 고로모 관문을 사이에 두고, 난부 입구를 엄중히 경계하여 아이누족의 침입을 막고 있는 것처럼 봅니다. 그 옛날 비운의 영웅 요시쓰네가 진정 뛰어나고 정의로운 무사들과 함게 이 다카다치 안에서 장엄하게 싸웠거늘, 그 공명도 생각하면 한순간의 꿈으로 사라져 버리고, 지금 그 유적지는 그저 무성한 풀밭으로 변해 있다. "나라는 망했어도 산하는 여전하고, 성터에는 봄이 와 풀빛이 푸르도다"(國破山河在, 城春草木深)라는 두보의 시를 떠올려 읊조리면서, 삿갓을 깔고 앉아 시간 가는 것도 있고 회구懷舊〔회고懷古〕의 눈물을 흘리고 있었다.

夏草や兵どもが夢の跡
なつくさ(夏草)や つはもの(兵)どもが ゆめ(夢)のあと(跡)
여름풀이여 / 무사들이 공명을 / 꿈꾸던 이곳

여름풀이여, 이곳은 그 옛날 의로운 무사들이 공명을 꿈꾸던 유적지. 무성한 푸르름은 그들이 꾸던 꿈의 허망한 자취런가.

4.

여행은 다양한 새로운 세계의 사람들과의 만남의 연속이고, 예측할 수 없는 시간의 연속이며, 전혀 새로운 환경으로의 적응의 순간의 연속이다. 바쇼는 여행을 통해서, 종전에 경험하지 못했던 삶의 허무함과 비참함을 맛보았고 그 경험의 순간들은 지난 어떤 시간보다 소중했다.

바쇼는 야마가타(山形)의 구치베니 상인의 초대를 받고 길을 에둘러 류사쿠지(立石寺)에 들렀다. 류사쿠지는 릿샤쿠지라고도 하며, 야마테라(山寺)라고도 한다. 바쇼는 음력 5월 27일, 양력 7월 13일에 이 절을 찾아 저 유명한 "바위에

스며드는 매미의 울음"이라는 하이쿠를 남겼다. 류사쿠지에는 바쇼와 소라의 상이 있고, 하이쿠를 읊은 미타동彌陀洞 앞 세미즈카(せみ塚)에는 바쇼의 구비句碑가 세워져 있다.

> 야마가타 번의 영지에 류사쿠지라는 산사가 있다. 지가쿠(慈覺) 대사가 세운 절로, 참으로 청정하고 정적이 감도는 곳이다. 사람들이 한번 구경하는 것이 좋을 것이라고 권유해서, 오바나자와(尾花澤)에서 발길을 돌려 류사쿠지로 갔는데. 그 거리가 70리 정도다. 도착했을 때는 해가 아직 저물지 않았다 산기슭에 있는 숙방宿坊에 잘 곳을 마련해 좋고 산 위의 본당으로 올라갔다. 바위 위에 또 바위가 첩첩이 겹쳐서 산을 이루고 있고, 소나무와 떡갈나무 노목이 무성하게 우겨져 있다. 흙과 돌도 오래 되어서 이끼가 매끄럽게 자라고 있는데. 바위 위에 세워진 열두 지원支院은 모두 문을 닫아서 아무 소리도 들리지 않는다. 절벽을 돌아 바위 위를 기다시피 올라가 불각佛閣에 참배했다. 부변의 뛰어난 풍경이 적막에 싸여 있는 것을 보자니, 그저 마음이 맑아져 가는 것만 느껴졌다.
>
> 閑(しずか)さや岩(いわ)にしみ入(いる)蟬(せみ)の聲(こえ)
> 한적함이여 / 바위에 스며드는 / 매미의 울음

한적한 산사, 미타동의 여름 그늘 속에서 매미가 운다. 그 높은 음조도 기괴한 형상의 바위에 스며들어 도리어 한적한 세계의 일부를 이루는 것만 같다고 한 것이다.

나는 2010년 11월 24일에 류사쿠지를 찾았다. 매미 소리는 들리지 않았지만, 홍엽과 바위 그늘이 어우러진 세미즈카는 저 옛날의 정적靜寂을 그대로 유지하고 있는 듯했다. 또한 류사쿠지의 전경이 바라보이는 곳에 야마테라바쇼기념관(山寺芭蕉記念館)이 있어, 바쇼의 필적과 초상, 홋쿠화찬(發句畫贊)을 관람할 수 있어, 바쇼의 예술세계를 더욱 친밀하게 느낄 수 있었다.

바쇼는 오쿠, 즉 동북 지방에서 나와 지금의 야마가타현(山形縣)과 아키타현(秋田縣)에 해당하는 데와(出羽) 지방으로 가려고 음력 5월 중순에 시토마에 관

문(尿前の關)을 넘었다. 하지만 산속에서 사흘간 비바람에 막혀 있었다. 그때 그는 이렇게 읊었다.

> 蚤蝨馬の尿する枕もと
> のみ(蚤)しらみ(蝨) むま(馬)のしとする 枕元
> 벼룩 이 끓고 / 말이 오줌 갈기는 / 방랑길 숙소

삶이란 이런 것이리라. 우아하지도 찬란하지도 않다. 그렇다고 아득한 위험에 늘 노출되어 있는 것도 아니다. 개운치 않은 맛, 시큼한 냄새, 어수선한 잠자리, 이것이 삶이다. 마음의 안정과 구도를 위해 떠난 방랑의 길이 외견상 고요하고 평화로워 보이지만, 실은 내면의 고통을 더 드러내고 불안의 감정을 더 유발한다.

49_류사쿠지 경내의 바쇼 좌상

50_류사쿠지 세미즈카

오쿠 지방의 여행을 마치고 에치고(越後) 지방으로 들어섰을 때는 더위와 비 때문에 고생을 하여 기분이 좋지 않아 글을 별로 남기지 않았다. 다만 음력 7월 4일 니가타현(新潟縣) 이즈모자키(出雲崎)의 해안가 사도(佐渡)에서 이렇게 노래했다.

> 荒海や佐渡に横たふ天の川
> あらうみや さどによこたふ あまのかわ
> 거친 바다여 / 사도를 가로지르는 / 밤하늘의 강

사도는 과거 일본에는 유형지였다. 바쇼는 자신의 여행이 세상으로부터 내쫓겨진 자의 표류가 아닐까 생각했으며, 거친 바다만큼이나 마음의 정서도 거칠었다. 죽음을 예감한 것일까? 파도소리 거친 유배자들의 섬, 그 검은 바다는 마음속으로부터 공포를 자아낸다. 섬과 바다 사이의 은하수는 매우 몽환적이지만, 단절되어 있다.

여행에서, 삶에서, 가장 슬픈 것은 무엇인가? 동행할 수 없다는 사실이다. 분명히 같은 장소에 있지만 길을 달리해야 한다는 사실이다.

음력 7월 12일, 호쿠리쿠도(北陸道)에서 가장 험난한 곳을 넘어오느라 지친 바쇼는 일찍 잠자리에 들었다. 장지문 하나를 사이에 둔 바깥쪽 방에는 니가타 지방의 유곽에서 일하는 여인 둘이서 이세 신궁에 참배하러 가는 길에 묵었다. 여인의 목소리가 잠결에 들렸다. "우리는 흰 파도가 밀려오는 해변의 마을에서 몸을 파는 유녀遊女가 되어, 어부처럼 정처 없이 떠돌며 비참하게 영락한 천한 몸으로 밤이면 밤마다 다른 손님과 인연을 맺는 나날을 보내고 있으니, 도대체 전생의 업이 얼마나 깊었기에 이런 것인지……." 다음날 아침, 유녀들은 여로가 불안하므로, 출가한 승려의 행색인 바쇼를 멀리서나마 따라갈 수 있게 해 달라고 간청을 한다. 하지만 바쇼는 이세 신궁의 보살핌으로 당신들이 무사히 도착할 수 있으리라는 말만 남기고 길을 떠났다. 가여운 마음이 한참 동안 가시지 않아, 전날 밤에 생각한 하이쿠를 읊었다.

一家に遊女もねたり萩と月

ひとつやに ゆうじょもねたり はぎとつき

한 지붕 아래 / 유녀 함께 잔 날 / 싸리꽃과 달님

북쪽 변방에서 우연히 유녀와 같은 숙소에 머물게 되었지만 그들과 나의 거리는 저 중천의 가을달이 정원에 싸리꽃을 비추고 있는 것과 같다. 그 동떨어짐은 실은 인간과 인간의 거리만을 상징하는 것이 아니다. 우리가 추구하는 절대적 진리와 나와의 거리를 상징하기도 한다.

그런데 여행은 결코 순탄한 것이 아니다. 바쇼는 하이쿠에서 "병들다"는 표현을 자주 썼다. 알 수 없는 힘에 이끌려 방랑을 시작하고 무언가 찾으려 애쓰지만 결국 병들고 지친 심신으로 남는다. 김시습이 "수심 가득한 창자를 묻을 곳이 없다"라고 했던 것과 통하는 듯하다.

바쇼는 평생을 무소유의 은둔과 여행으로 보냈다. 바쇼는 기행 중에 하이쿠 시집만이 아니라, 《겐주안노키》(幻住庵記)와 《사가닛키》(嵯峨日記) 같은 산문집도 남겼다. 하지만 그의 정서와 사상의 정화는 하이쿠에 담겨 있다고 할 수 있다. 또한 그는 이백, 두보 등 중국문학을 섭렵하되, 이백이나 두보의 시에서 나타나는 비통함이나 우수, 사회참여의 의식은 버리고 순수 문학적인 것만을 받아들였다.

마쓰오 바쇼는 방랑자다. 수험도修験道의 수행자처럼 구도 여행을 했다. 이런 모습은 김시습의 여행과 유사한 부분이 있다.

初時雨猿も小蓑をほしげ也

はつしぐれ さるもこみのを ほしげなり

첫 시구/ 원숭이도 작은 도롱이 / 쓰고 싶은 듯

황량하고 한적한 초겨울의 산야에서 '시구레'를 맞고 있는 원숭이를 묘사함으로써, '사비'의 세계를 그려 내었다. 사비는 한적과 고담의 정조를 뜻한다. 시구레가 내리는 쓸쓸한 풍광과 시구레 빗방울에 움추린 작은 원숭이가 무심하게 나를 바라보고 있다. 언어로도 뛰어넘을 수 없는 적막한 공간과 시간이 거기에 있다. 원숭이는 냉랭한 겨울비를 맞고 있으면서 작은 도롱이를 원하고 있다고 했다. 연민의 적막한 공간과 시간을 연민의 감정이 가로지른다.

기행은 다양한 새로운 세계의 사람들과의 만남의 연속이고, 예측할 수 없는 시간의 연속이며, 전혀 새로운 환경으로의 적응의 순간의 연속이다. 바로 새로운 자기 자신과의 만남의 연속이다. 바쇼는 기행을 통해서, 종전에 경험하지 못했던 삶의 허무함과 비참함을 맛보았고 그 경험의 순간들은 지난 어떤 시간보다 소중했다.

《오쿠노호소미치》 가운데서, 바쇼가 음력 7월 말인가 8월 초에 읊은 나는 다음 구를 가장 좋아한다.

> 石山の石より白し秋の風
> 석영 산의 / 바위보다 더 흰 / 가을의 바람

이시카와현(石川縣) 고마쓰시(小松市) 나타데라(那谷寺)의 경내에 흰빛을 발산하는 석산에 가을 바람이 쓸쓸하게 부는 광경을 묘사했다. 흰 색은 알 수 없는 공허함, 바닥 모를 슬픔을 나타내는 색상이면서, 동아시아의 음양오행설에서는 가을의 색상이기도 하다. 나타데라의 경내에는 흰 석영이 가득하여, 기암괴석과 동굴을 이루고 있다.

5.

바쇼는 1694년 10월 8일, 임종 직전에 다음 홋쿠〔發句, 하이카이(俳諧)의 첫 구로 5-7-5 음수율로 된 17자의 짧은 시. 곧 하이쿠를 가리킴〕를 제자 시코(支考)에게 보여 주었다. 사세辭世의 구다.

旅に病で夢は枯野をかけ廻る
たびにやんで ゆめはかれのを かけめぐる
여로에 앓아 / 황량한 들 저편을 / 꿈은 헤매네

죽음과 고독, 순간과 영원에 대한 순수한 고뇌가 이 짧은 시에 담겨 있다. 여행길은 실제의 여행만을 말하는 것이 아니라 인생 전체를 가리킨다. 황량한 들녘을 거쳐 나온 오랜 방랑의 끝에서 자신을 돌이켜보면 여전히 그저 헤매고 있는 나 자신을 볼 수 있을 따름이다.

바쇼는 10월 10일에 유서를 쓰고 12일에 죽었다. 향년 51세였다.

마쓰오 바쇼는 자신의 목숨이 다해 가는 순간에 직면해 있다. 자신의 죽음을 기다리면서 그는 아직도 "꿈은 헤매고" 있다고 말한다. 그는 왜 생의 마지막 순간에 이런 내용의 시를 지은 것일까? 그는 아직도 방랑을 계속하고 있는 것일까? 어쩌면 자신의 삶의 마지막 순간을 완성하고 싶어서 그랬는지도 모른다. 그가 지금껏 그래 왔던 것처럼, 지금까지 순간의 감정을 아름답고 정갈한 언어로 닦아 내어 표현해 왔던 것처럼 자신의 삶을 하이쿠로 정리하고 싶었던 것은 아니었을까? 이 시에는 죽음과 고독, 순간과 영원에 대한 바쇼의 순수하고 숨김없는 고뇌가 담겨 있다. 여행길에 병이 들었다는 것은 그의 여행이 힘든 여정이었음을 말해 준다. 여행길은 그가 지금까지 다녔던 방랑만을 지칭하는 것이 아니라 그의 인생 전체를 가리킨다고도 볼 수 있다. 그의 인생에서 여행은 상당한 비중을 차지할 뿐만 아니라 질적으로도 큰 영향을 미쳤기 때문이다. 그런데 죽음을 눈앞에 둔 시점에서 그에게 주어진 시간은 그 흐름을 멈추었다. '꿈'은 그저 헤매고 있을 뿐 무엇을 찾고 있는지, 어디에 가려고 헤매는 것인지는 말해 주지 않았다. 이 꿈이 바쇼의 인생의 어떤 목표나 지향점이었다면 그는 영원이란 시간을 배경으로 삼고 있으며, 꿈이 바쇼 자신을 가리키는 것이라면 반대로 찰나의 순간을 노래한 셈이 된다.

에즈라 파운드(Ezra Loomis Pound)는 파리의 지하철에서 아름다운 어린 아이의 얼굴, 부인의 얼굴 등을 본 순간, 그 인상을 표현하려고 애썼으나 그 신선한 감정을 나타낼 수 있을 만한 말을 찾을 수 없었다. 처음에 그는 30행의 시 한 편을 썼지만 그것을 찢어 버렸다. 6개월 후에 그 반 정도로 시로 고쳤고, 1년 후에 〈지하철 정거장에서〉(In a Station of the Metro)라는 제목으로 2행의 짧은 시를 만들었다. 정규영의 번역을 소개하면 다음과 같다.

> 군중 속에서 유령처럼 나타나는 이 얼굴들
> 까맣게 젖은 나뭇가지 위의 꽃잎들
>
> The apparition of these faces in the crowd ;
> Petals on a wet, black bough.

돌연한 인상을 짧은 어구로 표현한 이 방식은 하이쿠의 영향을 받은 것으로 알려져 있다.

바쇼는 바로 지금의 바로 나 자신의 감정을 표현하기 위에 이미지가 선명한 언어를 선택했다. 그에게서 감명을 받은 에즈라 파운드가 〈지하철 정거장에서〉를 쓰게 된 것은 우연이 아니다. 에즈라 파운드는 30행 분량의 시를 단 두 행으로 압축해 내기 위해 공을 들였다. 바쇼는 온 인생을 통해 그러한 '응축'을 해내었다.

저 《호밀밭의 파수꾼》을 지은 제롬 데이비드 샐린저가 1953년에 발표한 소설집 《아홉 가지 이야기》(최승자 역, 문학동네, 2004)와 1963년에 발표한 소설집 《목수들아, 대들보를 올려라》(정영목 역, 문학동네, 2004)을 통해 대상에 구속되지 않고 대상을 해체하고 재구성하는 미학을 추구했다. 그는 인식주관과 대상의 합일, 무화無化의 극복을 이루어 낸 예술장르로 선시禪詩와 하이쿠를 존중한다고 했다. 도널드 킨(Keene, Donald)이 《오쿠노호소미치》(*The narrow road to Oku*)를 영역한 이후, 이 책의 영역본만 이미 7종 이상이니, 샐린저도 영역본을 보았으리라. 《오쿠노호소미치》는 일본인의 고전인데 이에 그치지 않고 세계의 고전으로 인정받고 있는 것이다.

참고문헌

中村俊定 校注,《芭蕉紀行文集》, 岩波書店, 1991.
유옥희,《마츠오 바쇼오의 하이쿠》, 민음사, 1998.
김정례,《바쇼의 하이쿠기행》(1, 2, 3), 바다출판사, 2008.
김충영,《일본 고전의 방랑문학》, 안암신서 7, 고려대학교출판부, 1997.
H.E. 퓨루초,《旅する日本人 — 日本の中世紀行文學を探る》, 武蔵野書院, 1983.
上野洋三,《芭蕉, 旅へ》, 岩波新書 95, 岩波書店, 1989.11.
白井忠巧,〈特集紀行文學を讀み解く〉,《國文學 解釋と鑑賞》, 1989.12.
小町谷昭彦,〈特集 物語·日記文學にみる信仰〉,《國文學 解釋と鑑賞》, 1992.12.

에도 서민의 폭소여행,

짓펜샤 잇쿠, 《도카이도추히자쿠리게》

1.

이러는 사이에 아베가와의 도강 인부를 길에서 만났다.

"이보쇼들, 상경하는 게요?"

야지로, "이봐, 당신, 뭐요?"

도강 인부, "도강 인부입니다. 싸게 해 드릴 테니 잘 부탁해요."

기타하치, "얼만가."

도강 인부, "어제 비로 강물이 높으니, 한 사람당 65문이오."

기타하치, "건 비싸."

도강 인부, "불어난 걸 좀 보쇼."

이렇게 해서 함께 강가로 나갔다.

야지로, "과연, 굉장한 흐름인걸. 이거 떨어뜨림 안 돼."

도강 인부, "걱정마슈. 자 저쪽을 꽉 붙드슈,"

그러고는 두 사람을 어깨로 가마 태워 강으로 철벅철적 들어간다.

기타하치, "아아, 나미아미타불, 나미아미타불, 눈이 빙글빙글 돌겠다."

도강 인부, "꽉 내 머리를 붙잡으슈. 아, 이런, 그런 식으로 내 눈을 막다니. 앞이 안 보이오."

야지로, "과연 깊군. 떨어뜨리지 마슈."

도강 인부, "어찌 떨어뜨리겠소."

51_《도카이도추히자쿠리게》 삽화, 고주산쓰기 강을 건너는 모습(鈴木勤 編, 《東海道中膝栗毛》, 世界文化社, 1977)

52_짓펜샤 잇쿠 초상(中村幸彦 校注, 《東海道中膝栗毛》, 小学館, 1995)

야지로, "그래도 혹 떨어뜨리면 어쩌오."

도강 인부, "뭐 떨어뜨린 게 고작 당신이라면, 흘러가 버림 그만이다.

야지로, "에에, 흘러가 버리기야 하겠나. 야아 다 왔군, 도착했다. 자아 수고, 수고."

이렇게 어깨가마에서 내리고는 삯을 주고는

야지로, "별도로 술값이 16문씩이오."

도강 인부, "에, 고맙수."

이렇게 도강 인부는 강 여울의 얕은 곳을 건너서 돌아갔다.

기타하치, "헤, 야지상 봐요. 우릴 깊은 곳으로 건너게 하고 64문씩 낚았구만요."

도강 인부의 가마 어깨로 우리를
깊은 곳으로 끌고 들어갔었군.

짓펜샤 잇쿠(十返舍一九, 1765-1831)의 소설 겸 기행문인《도카이도추히자쿠리게》(東海道中膝栗毛) 가운데 한 대목이다. 이 소설은 1802년〔교와(享和) 2〕부터 1814년〔분카(文化) 11〕에 걸쳐서 초판 8편 18책이 인쇄되었다. 위의 부분은 그 가운데 후편 곤坤에 들어 있다. 곧《도추히자쿠리게(道中膝栗毛) 후편後篇 곤坤》의 일부이다.

이 책은 첫 편부터 대성공을 거두었으며, 결국 작가는《속 히자쿠리케》(續膝栗毛)를 1810년(분카 7)부터 1822년(분세이 5)에 걸쳐 간행했다. 곧, 에도 서민들의 사랑을 받은 곳케이본(滑稽本)이다. '쿠리게'는 밤색 말, '히자쿠리게'는 자기 무릎을 말(馬) 대신 사용하는 도보 여행을 뜻한다. 각 편의 제목이 조금씩 달라서, 전체의 이름에 공통된 명칭을 따라 '도추히자쿠리게'로 불러야 한다는 주장도 있으나, 일반적으로 '도카이도추히자쿠리게'라고 부른다.

도카이도란 일본의 근기 지역(교토를 중심으로 한 지역)에서 동쪽으로 뻗어, 혼

53_ 야지로찬(彌次郎贊) 기타히치찬(喜多八贊)
(中村幸彦 校注,《東海道中膝栗毛》, 小学館, 1995)

표18_도카이도 고주산쓰기 슈쿠에키

	고주산쓰기(53차) 슈쿠에키(역참)	현재의 지명	기점부터 거리
武蔵國	日本橋	東京都 中央區	기점
	1. 品川宿	東京都 品川區	2里
	2. 川崎宿	神奈川縣 川崎市 川崎區	2里半
	3. 神奈川宿	神奈川縣 横浜市 神奈川區	2里半
	4. 程ヶ谷(保土ヶ谷)宿	神奈川縣 横浜市 保土ヶ谷區	1里9丁
相模國	5. 戸塚宿	神奈川縣 横浜市 戸塚區	2里9丁
	6. 藤澤宿	神奈川縣 藤澤市	1里30丁
	7. 平塚宿	神奈川縣 平塚市	3里半
	8. 大磯宿	神奈川縣 中郡 大磯町	27丁
	9. 小田原宿	神奈川縣 小田原市	4里
	10. 箱根宿	神奈川縣足柄下郡箱根町	4里8丁
伊豆國	11. 三島宿	静岡縣 三島市	3里28丁
駿河國	12. 沼津宿	静岡縣 沼津市	1里半
	13. 原宿	静岡縣 沼津市	1里半
	14. 吉原宿	静岡縣 富士市	3里6丁
	15. 蒲原宿	静岡縣 静岡市 清水區(舊·庵原郡 蒲原町)	2里30丁
	16. 由比宿	静岡縣 静岡市 清水區(舊·庵原郡 由比町)	1里
	17. 興津宿	静岡縣 静岡市 清水區(舊·清水市)	2里12丁
駿河國	18. 江尻宿	静岡縣 静岡市 清水區(舊·清水市)	1里3丁
	19. 府中宿(駿府)	静岡縣 静岡市 葵區	2里29丁
	20. 鞠子宿	静岡縣 静岡市 駿河區	1里半
	21. 岡部宿	静岡縣 藤枝市(舊·志太郡岡部町)	1里29丁
	22. 藤枝宿	静岡縣 藤枝市	1里29丁
	23. 島田宿	静岡縣 島田市	2里8丁
遠江國	24. 金谷宿	静岡縣 島田市(舊·榛原郡金谷町)	1里
	25. 日坂宿	静岡縣 掛川市	1里24丁
	26. 掛川宿	静岡縣 掛川市	1里19丁
	27. 袋井宿	静岡縣 袋井市	2里16丁
	28. 見付宿	静岡縣 磐田市	1里半
	29. 浜松宿	静岡縣 浜松市 中區	4里7丁
	30. 舞坂宿	静岡縣 浜松市 西區 舞阪町(舊·浜名郡 舞阪町)	2里30丁
	31. 新居宿	静岡縣 湖西市(舊·浜名郡新居町)	1里(海上)
	32. 白須賀宿	静岡縣 湖西市	1里24丁

三河國	33. 二川宿	愛知縣 豊橋市	2里16丁
	34. 吉田宿	愛知縣 豊橋市	1里20丁
	35. 御油宿	愛知縣 豊川市	2里22丁
	36. 赤坂宿	愛知縣 豊川市	16丁
	37. 藤川宿	愛知縣 岡崎市	2里9丁
	38. 岡崎宿	愛知縣 岡崎市	1里25丁
	39. 池鯉鮒宿	愛知縣 知立市	3里30丁
尾張國	40. 鳴海宿	愛知縣 名古屋市 綠區	2里30丁
	41. 宮宿	愛知縣 名古屋市 熱田區	1里半
伊勢國	42. 桑名宿	三重縣 桑名市	3里(川舟)
	43. 四日市宿	三重縣 四日市市	3里8丁
	44. 石藥師宿	三重縣 鈴鹿市	2里27丁
	45. 庄野宿	三重縣 鈴鹿市	27丁
	46. 龜山宿	三重縣 龜山市	2里
	47. 関宿	三重縣 龜山市(舊·鈴鹿郡 関町)	1里半
	48. 坂下宿	三重縣 龜山市(舊·鈴鹿郡 関町)	1里24丁
近江國	49. 土山宿	滋賀縣 甲賀市(舊·甲賀郡 土山町)	2里半
	50. 水口宿	滋賀縣 甲賀市(舊·甲賀郡 水口町)	2里25丁
	51. 石部宿	滋賀縣 湖南市(舊·甲賀郡 石部町)	3里12丁
	52. 草津宿	滋賀縣 草津市	2里25丁
	53. 大津宿	滋賀縣 大津市	3里24丁
山城國	三条大橋	京都府 京都市 東山區	3里

슈(本州)의 태평양 측 중부를 가리킨다. 현재의 미에현(三重縣)에서 이바라키현(茨城縣)에 이르는 태평양 연안의 지방에 해당한다. 도쿠가와 이에야스는 1601년〔게이초(慶長) 6〕에 다섯 개의 가도街道를 정비하게 하고 주크(宿)를 제정함으로서 '도카이도'라는 길이 탄생했다. 에도 니혼바시(日本橋)부터 교토 산조오하시(三条大橋)에 이르는 슈쿠에키(宿驛, 역참驛站)이 53개소였으므로, 그것을 도카이도고주산쓰키(東海道五十三次)라고 한다. 그리고 에도 막부는 하코네(箱根)와 아라이(新居)에 세키쇼(關所)를 설치했다. 1603년(게이초 8)에는 다시 도카이도마쓰나미키(東海道松並木)와 이치리즈카(一里塚, 10리마다 팽나무를 심어 표시한 이정표)를 정비했다. 에도에서 교토까지 거리는 124리里 8정丁이다.

도카이도가 정비된 이후 도카이도를 취급한 작품으로 우카가와 히로시게(歌川廣重, 1797-1858)의 우키요에(浮世繪)인《도카이도고주산쓰기》(東海道五十三次)와 짓펜샤 잇쿠의 곳게이본인《도카이도추히자쿠리게》가 출현해서, 둘 다 대성공을 거두고, 현대에까지 깊은 영향을 끼쳤다.

2.

짓펜샤 잇쿠는 1765년(묘와 2)에 현재의 시즈오카시(靜岡市)인 스루가(駿河) 부중府中에서 태어나 에도에서 부케부교(武家奉公)를 한 후 오사카에서 생활하다가, 20대 말 혹은 30대 초에 다시 에도로 나왔다고 한다. 한모토(版元)인 쓰타야(蔦屋)에서 일하면서 그 무렵 유행하던 게사쿠(戯作)를 짓기 시작해서, 1795년 무렵부터 기뵤시(黄表紙), 샤레본(洒落本), 곳게이본(滑稽本) 등의 여러 장르에 걸쳐 작품을 발표해 세간에 조금씩 알려지게 되었다. 그 가운데 가장 널리 알려진 것이 1802년에 첫 편을 발표한《도카이도추히자쿠리게》이다. 이후 전국 여행기인《가네노와라지》(金草鞋)를 짓는 등 문필 활동을 하다가, 1831년(덴포 2)에 67세로 세상을 떴다.

《도카이도추히자쿠리게》는 1802년 정월부터 1809년에 이르기까지 8편 18책이 간행되었다. 초판 제1편은 무라다야지로베에(村田屋治郎兵衛)가 출판했는데, 잇쿠는 스스로 삽화도 그리고 판하版下(인쇄하는 저본)를 깨끗이 쓰는 일도 스스로 했다고 한다. 무라다야지로베에는 '도오리아부라초'(通油町)에 있었던 출판사인데, 현재 도쿄의 주오쿠(中央區) 닛폰바시(日本橋) 오덴마초(大傳馬町)이다.

전체 이야기는 주인공은 야지로베에(야지상)과 기타하치(기타상)의 두 사람이다.

야지로베에(彌次郎兵衛)는 출발 당시 50세(만 49세)로, 뚱뚱하다. 스루가구니부중〔駿河國府中, 현재의 시즈오카시(靜岡市)〕의, 유복한 상인 집안 출신인데, 방탕하게 노느라 낭비하고 빚 때문에 에도로 야반도주했다. 에도에서는 간다 하치

표19_《도카이도추히자쿠리게》 초판본의 간행 사실

東海道中膝栗毛	1802 (享和2)	《浮世道中膝栗毛》, 品川-箱根	自畵	版元 : 通油町 村田屋治郎兵衛
	1803 (享和3)	《道中膝栗毛 後篇 乾坤》, 箱根-蒲原, 蒲原-岡部	自畵	通油町 村田屋治郎兵衛
	1804 (文化元年)	《東海道中膝栗毛 三編 上下》, 岡部-日坂, 日坂-新居	自畵	通油町 村田屋治郎兵衛
	1805 (文化2)	《東海道中膝栗毛 四編 上下》, 荒井-赤坂, 赤坂-桑名	自畵	通油町 村田屋治郎兵衛
	1806 (文化3)	《東海道中膝栗毛 五編 上下 追加》, 桑名-追分, 追分-山田, 伊勢めぐり	歌川豊國의 口絵, 自畵	通油町 村田屋治郎兵衛 이외에 江戸의 本石町二丁目 西村源六》·《通油町 靏(鶴)屋喜右衛門》과 大阪의《心斎橋唐物町 河内屋太助》
	1807 (文化4)	《東海道中膝栗毛 六編 上下》, 伏見-京都, 京都めぐり, 歌川豊國の口絵	自畵	通油町 村田屋治郎兵衛 이외에 江戸의《本石町二丁目 西村源六》·《通油町 靏(鶴)屋喜右衛門》과 大阪의《心斎橋唐物町 河内屋太助》
	1808 (文化5)	《東海道中膝栗毛 七編 上下》, 京都めぐり	勝川春亭의 口絵, 自畵	通油町 村田屋治郎兵衛 이외에 江戸의 本石町二丁目 西村源六》·《通油町 靏(鶴)屋喜右衛門》과 大阪의《心斎橋唐物町 河内屋太助》
	1809 (文化6)	《東海道中膝栗毛 八編 上中下》, 大阪見物, 生玉-住吉	喜多川式麿과 北川美丸의 口絵, 喜多川月麿의 挿絵가 각각 1葉씩이고, 나머지는 저자 자신의 그림	通油町 村田屋治郎兵衛 이외에 江戸의 本石町二丁目 西村源六》·《通油町 靏(鶴)屋喜右衛門》과 大阪의《心斎橋唐物町 河内屋太助》
	1814 (文化11)	《東海道中膝栗毛 発端》	喜多川式麿畵	馬喰町二丁目角 西村屋與八
續膝栗毛	1810 (文化7)	《金比羅参詣 續膝栗毛 初編 上下》	月麿·式麿畵, 自畵	村田屋治郎兵衛
	1811 (文化8)	《宮嶋参詣 續膝栗毛 二編 上下》	葛飾北斎의 口絵, 自畵	村田屋治郎兵衛
	1812 (文化9)	《木曾街道 續膝栗毛 三編 上下》	月麿·式麿의 畵	西村屋與八
	1813 (文化10)	《木蘇街道 續膝栗毛 四編 上下》	月麿의 畵	西村屋與八
	1814 (文化11)	《木曾街道 續膝栗毛 五編 上下》	月麿·式麿의 畵	河内屋太助, 森屋治兵衛, 西村屋與八

續膝栗毛	1815 (文化 12)	《木曾街道 續膝栗毛 六編 上下》	式麿의 畵	鶴屋金助
	1816 (文化 13)	《岐曾續膝栗毛 七編 上下》	二世喜多川歌麿의 口絵	鶴屋金助
	1816 (文化 13)	《従木曾路善光寺道 續膝栗毛 八編 上下》	二世歌麿의 口絵	鶴屋金助
	1819 (文政 2)	《續膝栗毛 九編 上下》, 善光寺道中	渓斎英泉의 口絵	伊藤與兵衛
	1820 (文政 3)	《續膝栗毛 十編 上下》, 上州草津温泉道中	勝川春亭의 口絵	伊藤与兵衛
	1821 (文政 4)	《續膝栗毛 十一編 上下》, 中山道中	春亭의 口絵	伊藤與兵衛
	1822 (文政 5)	《續膝栗毛 十二編 上中下》, 中山道中	自畵	伊藤與兵衛

조호리(神田八丁堀)의 나가야(長屋)에서 유회油繪 등을 그리면서 생활하고 있었다. 아내와는 변변찮은 신세에 진절머리가 나서 여행을 떠나기로 결심했다. 옥호屋號는 '도치멘야'(栃面屋)이다.

기타하치(喜多八, 혹은 北八)은 출발 당시 30세(만 29세)였다. 본래 야지로베에와 친숙한 가게마(陰間, 남색)였는데, 그와 함께 에도로 야반도주했다. 상점의 고용원으로 일하다가, 돈을 유용한 것이 발각되었고 여주인에게 구애하다가 역정을 사서 해고되어, 갈 곳이 없어서 야지로베에와 함께 여행을 떠나게 된다.

이 작품은 가나소지(仮名草子)의 《지쿠사이》(竹齋)나 《도카이도메이쇼기》(東海道名所記) 등 도추기(道中記) 문학 양식을 답습했다. 또 이 작품의 웃음은 풍자風刺의 독소를 전혀 포함하지 않는 홍소哄笑이다.

곧, 이야기는 야지로베에〔彌次郎兵衛, 야지상(彌次さん)〕가 기타하치〔喜多八, 北八, 기타상(北さん)〕를 데리고 이세신궁伊勢神宮(이세진구)에 참배하러 간다는 명목으로 여행길에 올라 도카이도를 따라 서쪽을 향해 이세신궁에 참배하고 교토를 구경한 후 오사카에 이르기까지 갖가지 골계를 연출한다는 내용이다. 행로를 따라가면서 벌어지는 이야기를 서술했다고 해서 도추기 형식이라고 한다. 또 서민들의 삶에 밀착한 해학을 펼쳐 보였다고 해서 곳게이본이라고 한다.

54_《도카이도고주산쓰기》 가운데 간바라초(上, 폭설이 내리지 않는 곳이지만 우치가와 히로시가 상상을 가미해서 구도를 설정한 것이다)
55_교토 산조오하시(三條大橋) 야지와 기타 상 (下)

당시 서민들 사이에서 이세신사 참배가 붐이었으므로 금세 베스트셀러가 되었다. 글 속에는 당시 유행하던 교카(狂歌)가 곳곳에 들어 있는데, 이것도 인기를 끌었다. 그래서 그 후 20년에 걸쳐 속편이 차례로 만들어져서, 서일본에서 추잔도(中山道)의 길을 따라 에도로 돌아오는 내용으로 이어졌다. 책 이름은 초편이 '우키요(浮世) 도추히자쿠리게', 2편이 '도추히자쿠리게 후편 건곤乾坤'이고, 3편부터가 '도카이도추히자쿠리게'이다. 1809년(분카 6)에 이르러 제8편 《오사카겐부쓰》(大阪見物)로 일단락을 짓게 된다. 잇쿠는 취재를 위해 자주 여행을 했지만 교토는 가지 못하고《메이쇼즈카이》(名所圖會)를 근거로 했다고 알려져 있다. 작품 속에는 교겐(狂言), 조루리(淨瑠璃), 가부키(歌舞伎), 우키요소지(浮世草子), 라쿠고(落語), 센류(川柳) 등이 잘 활용되었다.

한편, 잇쿠는 1810년부터《조쿠(續) 히자쿠리게》시리즈를 집필하기 시작해서, 작중 인물인 야지로베에와 기타는 긴피라金比羅, 미야지마(宮嶋), 기소(木曾), 젠코지(善光寺), 구사주 온천(草津温泉), 주잔도 등을 돌아다녀, 1822년에 여행을 마치게 된다. 그 중간인 1814년(분카 11)에는 도카이도 여행의 발단을 적은《도카이도추히자쿠리케 홋탄(発端)》을 간행했다. 하도 인쇄를 해서 판목版木이 망가져, 초편을 재판하거나 판목을 가공하거나 부분을 다시 새기는 일도 많았다. 1862년(분큐 2)에 개판改版되었고, 그 이후로도 번각翻刻이 거듭되었다.

짓펜샤 잇쿠는 대중을 상대하는 기리오토시(切落)의 읽을거리를 제공한다는 목표로, 샤레본(洒落本) 이래의 사실적 묘사를 이으면서, 교겐(狂言)·하나시본(噺本)·우키요소지(浮世草子) 등 선행하는 문예양식에서 사용된 갖가지 웃음의 요소를 의식적으로 도입했다.

3.

일본문학에서는 자기 자신을 되돌아보는 산문문학을 자조문학自照文學이라고 하는데, 자조문학에는 일기와 기행문학이 포함된다. 일기의 예로는《무라사키시키부닛키》(紫式部日記)나《가게로닛키》(蜻蛉日記),《사라시나닛키》(更級日記),《이자요이닛키》(十六夜日記) 등이 유명하다. 단,《사라시나닛키》와《이자요이닛키》는 일기라는 제목이 붙어 있지만 기행문이라고 볼 수 있다. 이미 '일기'라는 제목이 붙은 가장 이른 예에 속하는《도사닛키》(土佐日記)도 토사에서 교토까지의 여행일기이므로, 일본문학에서는 일기와 기행문학이 밀접한 관계를 가지고 출발했다고 할 수 있다. 다만, 기행문학이 차츰 별도의 문학세계를 형성하게 되었는데, 스즈키 보쿠유키(鈴木牧之)의《아키야마기코》(秋山紀行)와 짓펜샤 잇쿠의《도카이도추히자쿠리게》는 그 대표적인 예이다.

짓펜샤 잇쿠의《도카이도추히자쿠리게》는 모두 15일간의 일정을 적었다. 매일매일의 사건은〈표 20〉과 같다.

표20_15일간의 일정

제1일	·아침 일찍 나가야(長屋) 출발. ·허락 없이 빠져 나와 이세진구(伊勢神宮)에 참배하러 가다. ·도쓰카주쿠(戸塚宿)의 하다고야(旅籠屋, 여인숙) 묵다.
제2일	·차야(茶屋)에서 뜨거운 단고(团子)를 먹다. ·야지상, 가고(駕籠)에 타다. ·오다하라주쿠(小田原宿)의 하타고(旅籠)에 묵다. 기타하치가 고에몬부로(五右衛門風呂)의 밑을 잘못 밟아서 뚫었다.
제3일	·훈도시를 머리에 써서 창피를 당하다. ·미지마주쿠(三島宿)의 하다고야에 묵다. 밤에 자라에게 물리다.
제4일	·사기꾼에게 금전을 전부 도둑 맞다. ·간바라주쿠(蒲原宿)의 기친야도(木賃宿)에 묵다. 여성의 침실에 몰래 들어가 일을 꾸미려다가 실패하다.
제5일	·후추주쿠(府中宿)의 하타고에 묵어, 금전을 구하다. ·아베가와(安倍川) 유곽에서 놀다.
제6일	·시골어른과 갈등이 있어서, 차야(茶屋)에서 바가지쓰다. ·아베가와 나루에서 시각장애인을 속여 강에 빠뜨리다. ·마리고주쿠(丸子宿, 鞠子宿)의 도로로야(とろろ屋)에서 부부 싸움에 참견하다. ·오카베주쿠(岡部宿)의 하타고 사카라야(相良屋)에 묵다.
제7일	·오오이가와(大井川) 나루에서 사무라이 행세를 하여 닌소쿠친(人足賃, 짐 운반비)을 깎으려다가 발각되다. ·닛사카주쿠(日坂宿)의 하타고에 묵어, 무녀巫女와 갈등을 일으키다.
제8일	·차다이(茶代, 팁)로 64문文이나 지불하다. ·하마마츠주쿠(浜松宿)의 하타고에 묵어, 유령 소동을 겪다.
제9일	·아라이(新居)로 향하는 나루에서 뱀 소동을 벌이다. ·가고꾼의 돈을 사용하여 한바탕 소동을 벌이다. ·고유(御油)역의 마쓰나미키(松並木)에서 기타를 여우라고 오해하여 결박하다. ·아카사카주쿠(赤坂宿)의 하타고에 묵다.
제10일	·와라지다이(草鞋代, 짚신값)을 깎으려고 갈등을 일으키다. ·미야주쿠(宮宿)의 하타고 가기야(鍵屋)에 묵다.
제11일	·시치리(七里)의 나룻배 속에서 소변 소동을 벌이다. ·욧카이치주쿠(四日市宿)의 하타고에 묵어, 이시지조(石地藏, 돌로 만든 지장보살)을 껴안고 자다.
제12일	·말을 탔으나 빚쟁이 소동에 말려들다. ·가짜 짓펜샤 잇쿠 사건이 벌어지다. ·마쓰사카주쿠(松阪宿)의 기친야도(木賃宿)에 묵다.

제13일	·에도의 고메야(米屋, 쌀장수) 다로헤에이(太郎兵衛)의 다이다이고(大々講)에 얽혀들다. ·묘켄초(妙見町)의 하타고 후지야(藤屋)에 묵다. ·후루이치(古市)의 치쓰쿠야(千束屋)에서 여인과 놀다.
제14일	·이세진구(伊勢神宮)의 나이구(内宮)를 참배한 후 후지야로 돌아와, 다시 떠나다. ·이세진구의 가이구(外宮)를 참배하다. ·아마노이와토(天の岩戸)에서 야지상이 복통을 일으키다. ·히로고지(広小路)의 하타고에 묵어, 야부이샤(藪醫者, 가짜 의사)의 진찰로 한바탕 소동이 벌어지다.
제15일	·이세혼가이도(伊勢本街道)를 거쳐, 나라(奈良)에서 교토(京都)로 향하다. ·〔…〕 ·후시미(伏見), 교(京, 교토), 오사카(大坂)에 노닐다.

4.

짓펜샤 잇쿠의 《도카이도추히자쿠리게》가 1802년에 처음 간행된 무렵, 서민들 사이에 여행이 대중화되었다. 그래서 도추(노정)나 하타고(旅籠, 숙소)가 혼란스럽게 되었다. 1804년에는 나니와코(浪花講)라는 여관 조합이 창설되어 여행자들이 안심하고 숙박할 수 있게 되었다.

에도 시대 서민들의 여행은 통행증의 발급에서부터 통관 절차 등에 이르기까지 꽤나 복잡했다. 그러나 '고講'에 속해 있으면 안심해도 되었다. 통행증을 발급받는 요령부터 왕복 교통수단을 이용하는 절차, 여행에 필요한 물품이나 여행하기에 앞서 필요한 마음가짐에 대한 지도, 숙방 등의 모든 편의를 봐준 것이다.

여행자들은 참배나 등산할 때 필요한 의상이나 삿갓, 지팡이에 이르기까지 필요한 모든 물품을 사전에 준비해 두었다. 여러 토산품, 사례품과 족자, 장식품 등도 갖추고 있었다.

이런 여행안내서의 하나로 1810년에 《여행용심집旅行用心集》이 출간되었다. 야스미 로안(八隅蘆菴)이 썼으며, 많은 여행객들이 애독했다.

이 책이 나오기 전에도 아사이 료이(淺井了意)의 《도카이도메이쇼기》(東海道名所記)가 이미 1658년에 간행되어 여행의 호기심을 자극한 바 있다. 《여행용심

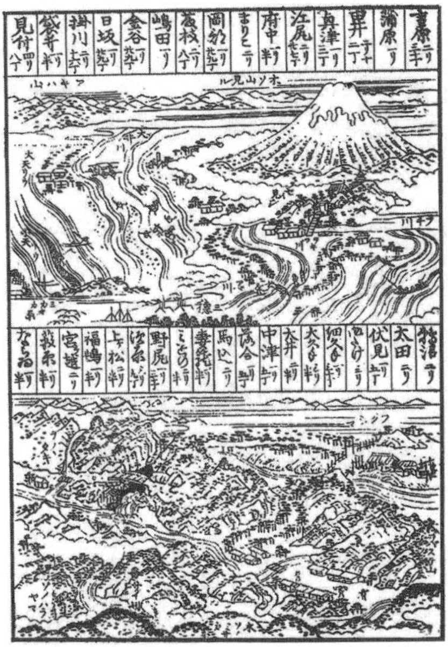

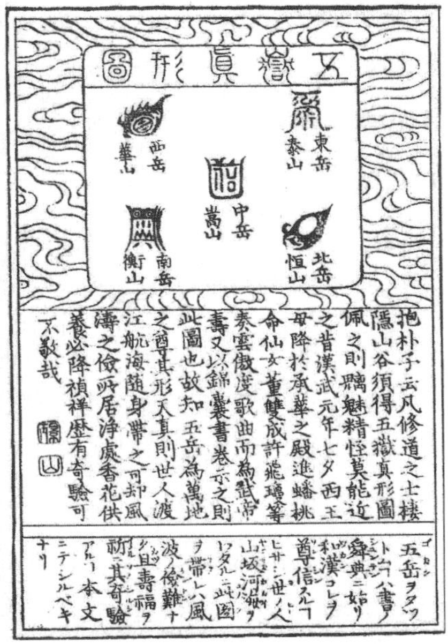

56_《여행용심집》에 나오는 〈춘연오십삼역春燕五十三驛〉과 〈추홍칠입이정秋鴻七十二程〉 가운데 도카이도 승경 이수를 표시한 '춘연오십삼역'의 첫 부분

57_그림 《여행용심집》에 실린 〈오악진형도〉, 여행자의 부적

집》 이후로는 다음과 같은 책들이 나왔다.

菊岡 沾凉 저, 《諸國行程大日本道中指南車》(1820)
鳥飼 醉雅 저, 《增補海陸行政細見記》(1836)
平亭 銀溪 저, 《江の島まうで, 浜のささ波》(1839)
松屋甚四郎 편, 《浪花講定宿帳》(개정증보판, 1852)
松屋甚四郎 편, 《伊勢道中細見記》(1890)

《여행용심집》은 도카이도와 기소 길의 이수(마을 단위로 측정한 거리)를 각지의 절경 그림과 함께 소개하고, 재난을 피하기 위한 부적 역할을 하는 오악진형五岳眞形의 그림을 실은 뒤, '여행을 위한 61개 조목'을 제시했다. 맨 뒤에는 도카이도나 기소 이외의 다른 주요 도로의 거리를 수록해 두었으며, 심지어 쓰시마·조선 이수도 실었다. 그리고 맨 뒤에 양국兩國, 질부秩父, 판동坂東의 관음영장觀音靈場 지명을 실어서, 순례자를 위해 영장을 소개해 두었다.

'여행을 위한 61개 조목'에는, 짐은 되도록 적게 가져갈 것, 숙소에 도착하면 먼저 동서남북 방향을 확인한 후 집 구조를 확인할 것, 마시는 물을 조심할 것, 병에 걸리지 않게 주의할 것, 검문소 주의사항, 사건에 휘말리지 않기 위한 여러 주의사항, 보행 중 주의사항 등이 적혀 있다. 또, 61개의 항목 다음에는 세세한 주의사항이나 사건 발생 시 대처 방법, 달이 뜨고 지는 시각, 조수간만, 천문 관측법 등도 기록되어 있고, 전국 292곳에 이르는 온천 안내까지 적혀 있다. 에도 시대의 서민들은 대부분 이런 책을 읽고 여행을 동경하며 실제로 길을 떠났을 것이다.

《여행용심집》에는 '여행 떠나는 노래'(旅立ちの歌)가 둘 실려 있다. 하나는《만요슈》(萬葉集) 권24 제4350번이고, 하나는 책의 저자가 지었거나 당시 유행하던 노래인 듯하다.

먼저《만요슈》의 노래는 가족을 떠나 있는 병사가 가족의 안녕을 기원하는 노래로 알려진 것인데, 여행자의 노래로 활용되었다.

> 마당 가운데 모신 아스하(阿須波) 신에게 섶나무 바치며 기도하나니, 그대가 돌아올 때까지 나는 몸을 깨끗이 지니리라.

또 다른 노래는 이러하다.

> 길 떠날 날의 길흉을 점칠 때는 도무지 마음먹기 어려운 법, 작심하고 떠나는 날을 길일로 삼자.

《여행용심집》에 나오는 여행자의 차림새는 다음과 같다.

· 여행용 물품
① 가죽 주머니〔손가방〕② 접은 삿갓 ③ 흡연 용품 ④ 여행안내 책자 ⑤ 필기

58_도카이도 고주산쓰기 일본 우표

도구 ⑥ 가위 핀셋, 자 등 소도구 ⑦ 휴대용 등 ⑧ 손칼 ⑨ 휴대용 촛대 ⑩ 거울과 간이 경대 ⑪ 목침 ⑫고講 참가 때의 표찰 ⑬ 동전, 약, 부적 등을 넣는 주머니 ⑭ 불 피우는 도구 ⑮ 어깨에 메는 소지품 가방

또 이런 버전도 있다.

① 호리병 ② 탄환통 ③ 화약통 ④ 연초통 ⑤ 담뱃대통 ⑥ 약봉지 ⑦ 제등 ⑧ 제등주머니 ⑨ 도실

에도 시대에는 산적과 노상강도가 많았기 때문에 여행의 장비로 무기가 요구되었다. 당시 막부는 무기 소지를 엄하게 규제했지만, 여행을 다닐 때는 평범한 백성이라도 와키자시라고 부르는 길이 1척 8부 이하의 작은 칼을 휴대할 수 있었다.

1826년 나가사키에서 에도에 이르는 여행을 떠난 독일인 의사 지볼트(Philipp Franz von Siebold)는 세세한 내용까지 기록된 여행안내서에 놀라움을 금치 못했다. 그는 *Reise nach dem Hofe des Sjogun im Jahre 1826*(일본어역은 《江戸参府紀行》 혹은 《参府旅行中の日記》)에서, "여행용품 목록, 말이나 인부의 요금, 통행증의 형식, 명산이나 순례지 명칭, 기상학 원칙, 조수간만의 시각을 나타낸표, 연표 등도 기록되어 있었다. 게다가 현재 통용되는 척도, 노끈을 세우기만 하면 되는 해시계 등 부록도 있었다"라고 감탄했다. 지볼트는 20권에 달하는 일본에 관한 기록 *Nippon*을 출판했는데, 그중 한 권에서는 표류해 온 조선 어민들을 만나 조선에 관해 들은 내용을 정리해서 우리에게도 잘 알려져 있다.

5.

'히자쿠리게'는 21년간 출판되었으므로, 간행 중에 모방작이 속속 나왔다. 심지어 게사쿠(戲作) 작자인 가나가키로분(仮名垣魯文, 1829-1894, 본명 野崎文蔵)의 《세이요도추히자쿠리게》(西洋道中膝栗毛,1870)까지 나왔다.

《도카이도추히자쿠리게》는 현대에 이르기까지 각양각색의 버전으로 변형되고 있다. 에도 시대 말기에서 메이지, 다이쇼, 쇼와 연간을 통해 아동의 유희 가운데는 '도카이도추 다비스고로쿠'(東海道旅双六)도 있었다. 도쿄의 닛본바시(日本橋)를 출발점으로 하고 교토 산조오하시(三條大橋)를 종착점으로 하여, 53차의 거점을 주사위를 굴려 거치게 되어 있다.

1928년에는 기무라 긴가(木村錦花, 1877-1960)가 각색한 《도카이도추히자쿠리게》도 나왔다.

2005년에는 〈한밤중의 야지상 기타상〉(眞夜中の彌次さん喜多さん, 2005)이라는 영화가 상연되었다. 야지상과 기타상 두 젊은이가 오토바이를 타고 시공을 뛰어넘어 이세伊勢를 향해 길을 떠나는 이야기다. 쿠도칸 월드의 종착에서 두 젊은이는 사랑한다는 것의 기쁨과 슬픔, 삶과 죽음을 경험한다. 만화작가 시리아가리 고토부키(しりあがり壽)가 그린 《한밤중의 야지상과 기타상》(真夜中の弥次さん喜多さん) 등이 원작이다.

주동인물인 야지로베에와 기타하치의 관계는 교겐(狂言)의 시테(シテ)와 아도(アド)에 해당한다. 야지로베에와 기타하치의 어리석은 행동과 실패담은, 지역사회의 갖가지 규칙이나 제약으로부터 해방을 꿈꾸어서 여행을 떠났던 서민들의 심정을 전형적으로 보여 준다.

참고문헌

中村幸彦 校注,《東海道中膝栗毛》, 新編日本古典文学全集 81, 小学館, 1995.
《十返舎一九全集》第1巻, 日本図書センター, 2001.
麻生磯次 校注,《東海道中膝栗毛》, ワイド版岩波文庫 213-214, 岩波書店, 2002.
興津要 校注,《東海道中膝栗毛》, 講談社文庫, 1978.
松田修,《十返舎一九 ― 東海道中膝栗毛》, 日本の旅人 10, 淡交社, 1973.
中西進,《中西進と読む 東海道中膝栗毛》, 2007.
淺井了意 著, 朝倉治彦 校注,《東海道名所記》, 東洋文庫, 346·361, 1979.
ジーボルト(Philipp Franz von Siebold)著, 斎藤信 訳,《江戸参府紀行(Reise nach dem Hofe des Sjogun im Jahre 1826)》, 東洋文庫 87, 平凡社, 1975(14쇄).
다카하시 치하야 저, 김순희 역,《에도의 여행자들》, 효형출판, 2004.

나오며

1.

과거에는 주로 도보와 말, 배를 타고 여행을 한 반면, 지금은 자동차, 기차, 비행기로 여행을 한다. 그리하여 여행의 수단, 여행 기간, 여행의 장소 등 여러 면에서 과거의 여행은 현재의 여행과 달랐다.

게다가 현대의 여행은 대개 편안함과 편리함을 추구한다. 거기에 약간의 고난과 역경을 금전을 주고 산다. 하지만 본래의 여행은 낯설음에 다가가는 일이었다.

물론 과거의 여행은 범위가 제한되어 있었다. 박지원의 《열하일기》, 김인겸의 《일동장유가》, 혜초의 《왕호천축국전》이라 해도 오늘날의 여행보다는 한정적이다. 하지만 오늘날의 여행이 아무리 공간 영역의 한계를 벗어난다고 해도, 스케줄의 시간표에 구속되어 있다면 공간의 경험은 제한적일 수밖에 없다. 혜초처럼 귀환하지 못한 자의 죽음을 애도하면서 시를 쓰고, 박지원처럼 한밤에 몰래 숙소를 빠져나와 중국 변방의 상인들과 필담을 나누며, 이언진처럼 오사카의 지정된 사찰 속에서 한 달 넘게 갇혀 지내면서 심란한 꿈을 꾸는 일은 불가능하다.

과거의 여행에 비해 현재의 여행은 쾌락을 얻는 장치를 대단히 많이 갖추고 있다. 하지만 여행(travel)이 본래 '고생'이라는 점을 생각하면, 그리고 그 고생 속에서 새로운 삶을 살아나갈 생명력을 환기하는 것이라는 점을 생각하면, 현대의 여행이 반드시 과거의 여행보다 질적으로 훌륭하다고는 할 수 없을 것이다.

그러나 안주하던 공간에서 훌쩍 떠날 수 있다는 것은 즐거운 일이다. 그러니 언제 떠나야 좋은지 점을 치지 말자. 에도의 서민들이 말했다. "길 떠날 날의 길흉을 점칠 때는 도무지 마음먹기 어려운 법, 작심하고 떠나는 날을 길일로 삼자."

2.

여행기(travelogues)는 각종 역사사실을 탐구하는 훌륭한 사료이기도 하다. 이를테면 여행기는 질병사의 자료가 되어 왔다. 히포크라테스 시대의 《공기, 물, 땅에 관하여》의 저자가 아니더라도, 모든 여행자들은 낯선 동네에 가면 생태적 감각을 발휘하게 되어 질병이나 환경위생에 대해 관심을 갖게 마련이다. 1325년에 이슬람 문화권의 스페인을 떠나 아프리카, 유럽, 아시아를 30년간 여행한 기록인 《이븐 바투타 여행기》는 1348년에 페스트가 창궐하고 있는 참혹한 광경을 기록해 두었다. 17세기에 네덜란드 동인도회사의 동남아시아 본거지였던 바타비아에서 일본으로 항해하던 중에 난파를 당해 조선에 왔던 하멜(Hendrik Hamel)은 《표류기》에서 조선 사람들이 전염병에 대처하는 방식에 대해 상세히 적어 놓았다. 조선통신사로서 에도를 다녀왔던 신유한의 《해유록》은 18세기 일본의 위생 상황을 기록하고 있고, 북경에서 서학의 진풍경을 구경했던 박지원의 《열하일기》는 조선과 중국의 의학을 비교했다.

비단 질병 및 의학사의 자료일 뿐이겠는가. 이 책을 읽는 분들은 이 책에서 다룬 여행기나 소설을 어떤 자료로서 활용할 것인가? 이 점도 깊이 생각하기를 바란다.

3.

여행은 자신을 허무 속으로 내던지는 행위이다. 거기서 살아 돌아올 것인지는 알 수가 없다.

김소월의 〈산〉을 되뇌면서 이 책을 맺고자 한다.

산새는 오리나무
우에서 운다.

산새는 왜 우노, 시메산골
령嶺 넘어 갈라고 그래서 울지.

눈은 나리네, 와서 덮이네.
오늘도 하룻길
칠팔십리
돌아서서 육십리는 가기도 했소.

불귀不歸, 불귀, 다시 불귀,
삼수갑산三水甲山에 다시 불귀,
사나이 속이라 잊으련만,
십오년 정분情分은 못 잊겠네.

산에는 오는 눈, 들에는 녹는 눈,
산새도 오리나무
우에서 운다.
삼수갑산 가는 길은 고개의 길.

여행 관련 참고문헌

소재영·김태준 편, 《旅行과 體驗의 文學(일본편)》, 민족문화문고간행회, 1985.
소재영·김태준 편, 《旅行과 體驗의 文學(중국편)》, 민족문화문고간행회, 1985.
김충영, 《일본 고전의 방랑문학》, 안암신서 7, 고려대학교출판부, 1997.
이혜순 외, 《우리 한문학사의 해외체험》, 집문당, 2006.
김태준, 《한국의 여행문학》, 이화여대출판부, 2006.
심경호, 《산문기행 — 조선의 선비, 산길을 가다》, 이가서, 2007.
최기숙 외, 《역사, 길을 품다》, 글항아리, 2007.
정한기, 《여행문학의 표현과 창작배경》, 월인, 2010.
柴桂子, 《近世おんな旅日記》, 歷史文化ライブラリ－13, 吉川弘文館, 2004(2쇄).
山崎昌夫, 《旅の思想》, 三一書房, 1982.
川上源太郎, 《旅の思想 — '旅ごころ'の名著を讀む》, PHP硏究所, 1993.
エリッ·クーリト(Eric Reed) 저, 伊藤誓 역, 《旅の思想史 — キルガメシュ鼓事詩ガら世界觀光旅へ》, 法政大學出版局, 1993.
伊藤益, 《旅の思想 — 日本思想にぉける'存在'の問題》, 北樹出版, 2001.

찾아보기

■ 서명·작품명

■ 인명

여행과 동아시아 고전문학

초판발행	2011년 6월 15일
초판 2 쇄	2013년 2월 25일
지은이	심경호
펴낸곳	고려대학교출판부
	www.kupress.com
	kupress@korea.ac.kr
	136-701 서울특별시 성북구 안암동
	02-3290-4230, 4232
	Fax 923-6311
찍은곳	내일기획

ISBN 978-89-7641-747-3 93910

값 23,000원